Kohlhammer

Der Autor

Nach einer Ausbildung zum Industriekaufmann und dem Abitur auf dem zweiten Bildungsweg absolvierte **Dr. Andreas Kögel** das Studium der Soziologie, Psychologie und Erziehungswissenschaften an der Universität Tübingen. Er ist Mitgründer eines privaten Forschungsinstituts und lehrte an der Universität Tübingen, der Hochschule Esslingen und beim IBB. Von 2013 bis 2016 promovierte er über das Thema »Tod und Sterben als Risiken«, seine Studie wurde 2016 in der Schriftenreihe der Universität Münster veröffentlicht. Seit 2017 ist Andreas Kögel wissenschaftlicher Mitarbeiter an der Universität Bayreuth. Seine Schwerpunkte sind Methoden der Empirischen Sozialforschung, Wissenschaftstheorie, Medizinsoziologie und Systemtheorie.

Andreas Kögel

Medizin und Gesellschaft

Eine Einführung in die Medizinsoziologie

Verlag W. Kohlhammer

1. Auflage 2021

Gesamtherstellung: W. Kohlhammer GmbH, Stuttgart

Print:
ISBN 978-3-17-037294-8

E-Book-Formate:
pdf: ISBN 978-3-17-037295-5
epub: ISBN 978-3-17-037296-2
mobi: ISBN 978-3-17-037297-9

Vorwort

Der größte Teil dieses Buches entstand im Jahr 2020, während der Covid-19-Pandemie. Die Pandemie kommt aber nur am Rande vor. Das Interesse der Soziologie ist grundsätzlicher, tagesaktuelle Geschehnisse interessieren eher als Testfälle für übergreifende Konzepte und Theorien – z. B. die systemtheoretische Beschreibung der Massenmedien im Schlusskapitel. Zunächst ist es wichtig, sich einen Überblick zu verschaffen, was mit diesem Buch versucht werden soll. Als kompakte Einführung ist es zwangsläufig lückenhaft, vieles muss gekürzt wiedergegeben oder ganz weggelassen werden. Ich möchte erste Einblicke in die Denkweisen und Theorien der Soziologie geben und Interesse wecken an einer weiteren, vertieften Beschäftigung.

Neben Theorie, Grundbegriffen und medizinsoziologischem Basiswissen finden sich in diesem Buch statistische Daten, u. a. zur Demografie, Epidemiologie und Gesundheitssystemanalyse. Die neuesten Zahlen sind für 2019 und beschreiben die Situation unmittelbar vor der Pandemie. In normalen Zeiten wären die Zahlen bei Erscheinen des Buches schon merklich gealtert; aber durch die Ausnahmesituation fallen die Jahre 2020 und 2021 aus dem Rahmen, z. B. bei der Todesursachenstatistik. Erst ab 2022/2023 dürften wieder vergleichbare Daten zur Verfügung stehen, die einen Normalzustand ohne eine massive Störung durch ein Pandemiegeschehen beschreiben; dieser wird sich hoffentlich im Laufe dieses Jahres allmählich wieder einstellen.

Noch eine grundsätzliche Anmerkung: Aufgabe der Medizinsoziologie ist in erster Linie die Beobachtung und Beschreibung der Medizin (als sozialem System, kultureller Praxis, gesellschaftlichem Phänomen) bzw. des Gesundheitswesens, aber nicht aktiver Eingriff oder Verbesserung. Sie weiß es nicht besser als die Akteure im Medizinsystem oder in anderen involvierten Bereichen. Die Soziologie ist auf die Erkenntnisse ihrer Bezugswissenschaften angewiesen und auf das Wissen, das die Gegenstände soziologischer Forschung über sich selbst erzeugen. Sie hat aber anders gelagerte Interessen und Themenschwerpunkte – und andere Voreingenommenheiten. Es wäre vermessen, für die Soziologie einen objektiven oder objektiveren Standpunkt zu beanspruchen. Die Soziologie ist Teil der Gesellschaft und damit in gesellschaftliche Bezüge verstrickt wie die anderen Wissenschaften auch. Es ist daher ausdrücklich kein Anliegen dieses Buches, eine allgemeine Medizinkritik zu üben, auch wenn die Art der Betrachtung und Beschreibung auf Manche wie Kritik wirken mag.

Die zunehmend sichtbare Wissenschaftsskepsis erschwert dies. Öffentliche Diskurse neigen zu Polarisierungen, die durch die Möglichkeiten digitaler Medien und Kommunikationskanäle befördert werden; Kritik, die bisher gängig und etabliert war, läuft plötzlich Gefahr, von der Anhängerschaft schillernder Weltanschauungen und Verschwörungstheorien aufgegriffen zu werden. Das liefert wiederum den Kritisierten Munition für Versuche, Kritik zu diskreditieren und Diskurse abzuwürgen (z. B. am Einfluss privater Geldgeber auf die WHO oder an den wirtschaftlichen Interessen der Gesundheitswirtschaft). Ich beobachte selbst, dass ich mich bei vielen Themen mittlerweile im Diskurs zurückhalte, weil ich bestimmten Personen oder Gruppen nicht als Stichwortgeber dienen möchte. Das ist eine ungute Entwicklung; ich hoffe aber weiterhin auf die Eigendynamik und Überzeugungskraft von Wissenschaft. Und dass wir bald wieder in ruhigeres Fahrwasser kommen.

Bayreuth im Januar 2021
Dr. Andreas Kögel
(kein Mediziner; aber gelegentlich Patient, potentieller Kunde der Gesundheitswirtschaft, Ziel von Gesundheitsmarketing und Gesundheitsförderungsmaßnahmen; nicht krank, aber auch nicht gesund)

Inhaltsverzeichnis

1 Soziologie, Medizin und Gesellschaft

Grundbegriffe

Bezugswissenschaft, Bindestrichsoziologie, soziales Handeln, Medizinsoziologie, Sozialmedizin, Public Health, Gesundheitswissenschaften, Biomedizin, Enhancement, Anschlussfähigkeit

1.1 Die Soziologie und ihre Bezugswissenschaften

Die Soziologie ist die Wissenschaft von der menschlichen Gesellschaft. Sie entstand im Laufe des 19. Jahrhunderts und etablierte sich an den Universitäten zu Beginn des 20. Jahrhunderts. Wichtige Vordenker der Soziologie waren der französische Philosoph Auguste Comte (1798–1858) und der Ökonom bzw. Philosoph Karl Marx (1818–1883). Comte hat erstmals die Bezeichnung Soziologie verwendet. Die Soziologie ist daher ein Kind der Aufklärung, übrigens ebenso wie die moderne wissenschaftliche Medizin. Im Übergang vom 18. zum 19. Jahrhundert gerieten die bisherigen Weltdeutungen, die von einer festen, wohlgefügten göttlichen Weltordnung ausgingen, ins Wanken. Zahlreiche Umwälzungen – z. B. die Französische Revolution oder die Industrialisierung – zeigten, dass die menschliche Gesellschaft durch Menschen veränderbar ist. Machtstrukturen und Besitzverhältnisse mussten nun neu erklärt und gerechtfertigt werden. Die Soziologie entstand aus dem Wunsch heraus, die Gesellschaft und ihren Wandel auf wissenschaftlicher Grundlage zu beschreiben. Comte sah sie als zukünftige Leitwissenschaft eines neuen »positiven Zeitalters«[1], in dem die Menschheit ihre Geschicke mit Hilfe der Wissenschaft selbst in die Hand nimmt.

Soweit ist es nicht gekommen, aber ab 1900 etablierte sich die Soziologie als reguläres Fach an den Universitäten, zuerst in Frankreich und Deutschland. Die bekanntesten frühen Soziologen sind Emilé Durkheim (1858–1917) und Max Weber (1864–1920). Die Soziologie gehört zu den Sozialwissenschaften, zusammen mit der Psychologie und den Erziehungswissenschaften. Diese Zuordnung

1 Zur Einführung z. B. Bauer in Morel 1995: 8–13.

ist nicht einheitlich. Früher wurde nur zwischen Natur- und Geisteswissenschaften unterschieden; die Soziologie galt als Geisteswissenschaft, ebenso wie die frühe Psychologie. Manche Psychologinnen und Psychologen sehen sich heute eher als Naturwissenschaftler. Auch die Zuordnung der Medizin ist nicht völlig klar. Die medizinische Forschung an Universitäten ist eindeutig eine Wissenschaft, die angewandte Medizin als ärztliches Handeln ist aber eher ein wissenschaftlich fundiertes Kunsthandwerk. Manchmal werden alle Wissenschaften, die sich mit dem Menschen befassen, als Humanwissenschaften bezeichnet. In der Soziologie herrscht Uneinigkeit darüber, ob sie selbst zu den Humanwissenschaften gehört.[2] Daher ist die Darstellung in folgender Abbildung (▶ Abb. 1a) ein Vorschlag des Verfassers, als erste Orientierungshilfe im Wissenschaftsgeflecht.

Abb. 1a: Bezugswissenschaften

Während sich die Psychologie auf den einzelnen Menschen konzentriert und die Funktion und Struktur der menschlichen Psyche untersucht, betrachtet die Soziologie die Funktion und Struktur größerer Gruppen von Menschen bis hin zur Menschheit insgesamt als sogenannte Weltgesellschaft.[3] Die menschliche Psyche wird durch die Soziologie selbstverständlich nicht ignoriert, die Psychologie ist eine wichtige Bezugswissenschaft der Soziologie.

Bezugswissenschaften

Bezugswissenschaften liefern wichtige Erkenntnisse für eine Wissenschaft, sie sind sozusagen Zuarbeiterinnen für die eigene wissenschaftliche Arbeit.

2 Mathe ordnet sie dort z. B. ein (Mathe 2005: 30); für Akteurtheorien besteht die Gesellschaft aus Menschen, für die Systemtheorie sind Menschen ihre Umwelt.

3 Nach Luhmann gibt es aufgrund der umfassenden Kommunikationsmöglichkeiten durch die Massenmedien im Wesentlichen nur noch eine Gesellschaft, die er als »das umfassende Sozialsystem« (Luhmann 1997: 145) bestimmt. Im Alltagsgebrauch wird *Gesellschaft* oft auf einzelne Staaten bezogen: Die deutsche, schweizerische oder österreichische Gesellschaft.

Zentrale Bezugswissenschaften der Soziologie sind sämtliche Sozialwissenschaften, die Geschichtswissenschaften sowie die Sprach- und Kulturwissenschaften. Hinzu kommen universelle Bezugswissenschaften[4], die für fast alle Wissenschaften Erkenntnisse und Verfahren liefern, vor allem Philosophie und Mathematik. Die Soziologie wiederum ist Bezugswissenschaft für alle Disziplinen, die gesellschaftliche Phänomene untersuchen – z. B. Politik-, Erziehungs- und Medienwissenschaften. Im Idealfall gibt es einen breiten gegenseitigen Austausch, und zwei Disziplinen sind sich gegenseitig Bezugswissenschaften.

Bindestrichsoziologien

In der Soziologie gibt es viele sogenannte *Bindestrichwissenschaften*, die sich jeweils mit bestimmten Teilbereichen oder Teilaspekten der Gesellschaft befassen. Beispiele sind die Wissenssoziologie, Industrie- und Techniksoziologie, Familiensoziologie, Kultursoziologie, Religionssoziologie, Wirtschaftssoziologie, die Soziologie der Ernährung, die Soziologie der Kindheit und Jugend, die Politische Soziologie oder die hier behandelte Medizinsoziologie.

Hinzu kommen Arbeitsfelder ohne »Soziologie« im Namen: Die Sozialstrukturanalyse, die Sozialisationstheorie und die Methodenlehre der empirischen Sozialforschung. Bis heute hat die Soziologie keine einheitliche Theorie und Methodik, was einen systematischen Überblick schwierig macht. Verschiedene Theorieschulen definieren und betrachten Gesellschaft unterschiedlich und bevorzugen unterschiedliche Methoden zur Gewinnung von Erkenntnissen. Das Verhältnis dieser Theorieschulen zueinander ist mitunter konfliktträchtig, was in Kapitel 2.6 nochmals aufgegriffen wird.

Soziales Handeln

Das Soziale ist in der Soziologie der gesellschaftliche Bezug, der Begriff *sozial* weicht also von der alltagssprachlichen Verwendung ab. Mit *sozialem Handeln* meint die Soziologie nicht solidarisches, fürsorgliches Handeln. Soziales Handeln ist jegliches Handeln in gesellschaftlichen Bezügen, unabhängig von dessen moralischer Bewertung – also in der Medizin nicht nur das Behandeln von Kranken, sondern auch deren Ausgrenzung, oder eine wohlwollende medizinische Aufklärung, aber auch Esoterik, die Verbreitung von Gerüchten oder das Schüren von Ängsten, um daraus politisch, ökonomisch oder emotional Profit zu schlagen.

4 Manchmal auch als Strukturwissenschaften eingeordnet – in der Regel Mathematik, Logik (als Teil der Philosophie), Informatik und allgemeine Systemtheorie.

Da auch die Soziologie als Wissenschaft ein Teil der Gesellschaft ist, befindet sie sich am Ende in der paradoxen Situation, dass sie sich auch selbst beobachtet, und es ist eine wichtige soziologische Frage, inwieweit das überhaupt realisierbar ist.

1.2 Die Medizin als Wissenschaft

Die moderne wissenschaftliche Medizin hat sich im Laufe des 19. Jahrhunderts herausgebildet und etabliert; sie befasst sich primär mit dem menschlichen Organismus. Die Entwicklung der wissenschaftlichen Medizin war stets von Kritik begleitet, alternativmedizinische Strömungen wie die Naturheilkunde oder die Homöopathie bezeichnen sie – abwertend gemeint – als Schulmedizin.[5]

Biomedizin

In den letzten Jahrzehnten hat sich der Begriff »Biomedizin« etabliert.[6] Die Bezugswissenschaften dieser organisch-funktional orientierten Medizin sind vorrangig die Naturwissenschaften Biologie, Chemie und Physik.[7]

Aber schon im 19. Jahrhundert zeigte sich die Notwendigkeit, auch gesellschaftliche Zustände und Entwicklungen und die psychische Verfasstheit der Patientinnen und Patienten in das medizinische Handeln mit einzubeziehen. Der Arzt Rudolf Virchow prägte im 19. Jahrhundert den Begriff der Sozialmedizin und betonte, dass bei der Bekämpfung von Krankheiten auch die Lebensbedingungen der Menschen berücksichtigt werden müssen.[8]

Medizinsoziologie

Die Medizinsoziologie untersucht bzw. beobachtet Medizin als gesellschaftliches Phänomen. Sie befasst sich beschreibend mit dem Aufbau und der Funktion der Gesundheitsversorgung, mit dem Selbstverständnis und der Reichweite medizinischen Handelns und mit geschichtlichen (zeitlich) und regionalen bzw. internationalen Unterschieden (horizontal). Hinzu kommen die Untersuchung und Beschreibung gesellschaftlicher Einflüsse auf Gesundheit bzw. Krankheit und deren Deutung. Und nicht zuletzt die Untersuchung

5 Eckart 2013: 147, 222–223.
6 Im alternativmedizinischen Umfeld wiederum abwertend gemeint.
7 Vgl. Parsons 1952: 432.
8 Vgl. Eckart 2013: 217 ff.; Hehlmann et al. 2018: 19 ff.

sogenannter sozialer Interaktionen – der Umgang zwischen Ärztinnen, Patienten, Pflegekräften, Medizin-/Gesundheitsfachkräften und anderen involvierten Personen; die Vorstellungen, Wünsche und Ängste der Menschen innerhalb und außerhalb des Gesundheitswesens, allgemein der Umgang der Gesellschaft mit Krankheit, Sterben und Tod.

Die Medizinsoziologie geht gleitend über in weitere Spezialsoziologien, vor allem die Religionssoziologie, Wissenssoziologie, Organisationssoziologie oder die Sozialstrukturanalyse. Ob Gesundheitssoziologie etwas anderes als Medizinsoziologie ist, wird weiter unten diskutiert. Aus der soziologischen Systemtheorie kommt der Begriff »Soziologie der organisierten Krankenbehandlung«,[9] der die gesellschaftliche Verschränkung des Gesundheitswesens und die Wandelbarkeit von Krankheitsdefinitionen noch stärker betont und den Umgang mit Kranken und Krankheit als kulturelle Praxis analysiert.

Ist Krankheit oder Gesundheit Gegenstand der Medizin? Lange Zeit war es selbstverständlich die Krankheit. Die wachsende Fokussierung auf Gesundheit statt Krankheit seit den 1970er Jahren ist Ausdruck gesellschaftlicher Entwicklungen – hier z. B. wachsender Individualisierung. Gesundheitssoziologie hat den Anspruch, über die Behandlung von Krankheit oder Kranken hinaus zu blicken; Medizinsoziologie betrachtet hingegen Gesundheitssoziologie als Teildisziplin mit speziellem Fokus – so auch dieses Buch. Tatsächlich gibt es kein Entweder-Oder von Gesundheit und Krankheit, da keiner der Begriffe ohne sein Gegenstück einen Informationswert hat. In der Öffentlichkeitsarbeit von Politik und Wirtschaft werden positiv klingende Begriffe bevorzugt, was auch andere Bereiche infiziert, die sie sich auf die Sprech- und Denkweisen des modernen Marketing einlassen. Positiv denken, positiv reden und damit dann eben über Gesundheit und nicht über Krankheit, außer man möchte jemandem Angst einjagen. Niklas Luhmann war dagegen der Überzeugung, dass für die Medizin als gesellschaftlichem Subsystem alleine Krankheit instruktiv sei, weil Gesundheit nicht klar bestimmbar sei, sondern eher eine Art Hintergrundrauschen von Krankheit.[10] Unterschiedliche Teilbereiche und Disziplinen setzen unterschiedliche Schwerpunkte und es ist vielleicht die beste Strategie, hier flexibel zu bleiben und nicht bestimmte Begriffe vorschnell zu tabuisieren.

Die Medizin umfasst sowohl einen wissenschaftlichen Bereich als auch einen Bereich angewandten professionellen Handelns, in einem gewissen Sinne ist sie damit auch ein Kunsthandwerk (ähnlich den Erziehungswissenschaften). Jede Wissenschaft reflektiert ihren Gegenstand, d. h., sie versucht zu umreißen, womit sie sich befasst, was zu ihrem Gebiet gehört und was nicht. Der Gegenstand wird aber nicht mit Gründung einer Wissenschaft quasi per Beschluss festgelegt, sondern hat sich oft in einem langen (manchmal jahrhundertelangen) Entwicklungsprozess herausgebildet. Solche Entwicklungen können evolutionär erfolgen,

9 Saake/Vogd 2008 und Vogd 2011.
10 Luhmann 1990/2009: 176–188; vgl. Vogd 2011: 71–76.

sie unterliegen zufälligen Einflüssen und haben kein bestimmtes Ziel; sie sind *kontingent*[11] – es ist gekommen, wie es gekommen ist, es hätte aber auch anders kommen können.

1.3 Der Gegenstand der Medizin

1.3.1 Menschen, Tiere, Organismen

Die Medizin gilt vorrangig als Humanwissenschaft, sie befasst sich mit Menschen;[12] ein nachgeordneter Sonderfall ist die Tiermedizin.[13] Diese Aufteilung resultiert aus einer alten anthropozentrischen Orientierung – der Mensch stellt sich funktional und moralisch über alle anderen Lebewesen. Entsprechend befasst sich die Medizinsoziologie überwiegend mit der Humanmedizin, medizinisches Handeln reicht aber darüber hinaus. Die Tiermedizin ist organisatorisch und moralisch von der Humanmedizin getrennt, aber diese Abgrenzung ist kulturell bedingt und Überschreitungen der Grenze zwischen Mensch und Tier kamen und kommen selbstverständlich vor. Für das Verhältnis vom Menschen zum Tier gibt es zwei grundlegende Positionen. Erstens eine strikte Trennung, die dem Menschen aus religiösen Gründen[14] oder aufgrund bestimmter zugeschriebener Eigenschaften (Bewusstsein, Intelligenz, Zukunftsfähigkeit, Kultur) eine grundsätzliche hervorgehobene Andersartigkeit und einen höheren moralischen Wert zuschreibt. Zweitens einen Gradualismus, der – unter Rückgriff auf die Evolutionstheorie – den Menschen im Stammbaum der Wirbeltiere unter den Primaten verortet und die Gemeinsamkeiten betont.[15] Unabhängig von der philosophischen und theologischen Debatte sei darauf hingewiesen, dass eine strikte Trennung von Mensch und Tier nie konsequent durchgehalten wurde. Würde man darauf bestehen, hätten z. B. Tierversuche in der Entwicklung und Überprüfung medizinischer Verfahren (Medikamente, Geräte und Materialien, Operationstechniken) keine Aussagekraft. Im Tierversuch dienen Tiere – überwiegend

11 Die Systemtheorie spricht von Kontingenz: Etwas muss nicht zwangsläufig so sein, wie es ist, es hätte auch anders kommen können. Damit wird keine Beliebigkeit behauptet, die Alternativen können bei entsprechenden Umweltbedingungen ähnlich sein. Ein Beispiel aus der Biologie ist die Entwicklung des Auges, die mehrmals im Tierreich unabhängig voneinander erfolgte. Gegenkonzepte sind Schicksal und Bestimmung oder strikte kausale Determinationen (aus A folgt zwangsläufig B).

12 Z. B. bei Mathe 2005: 30 ff.

13 Außer Acht gelassen werden hier Pflanzen, die als biologische Organismen ebenfalls krank werden und medizinisch behandelt werden können.

14 Hier sei betont, dass es hierzu in den vielen Theologien unterschiedliche Positionen gibt. Eine hervorgehobene Stellung des Menschen entspricht z. B. dem konservativen christlichen oder muslimischen Mainstream, der Status der Tiere wurde aber seit der Antike immer wieder diskutiert.

15 Vgl. Sommer 2008: 29–32.

Mäuse und Ratten, manchmal auch größere Säugetiere wie Katzen, Hunde, Schweine oder Affen – als Modelle für den menschlichen Organismus. Diese Verwendung von Tieren als Modell setzt eine grundsätzliche Ähnlichkeit voraus, um die Forschungsergebnisse auf den Menschen übertragen zu können.

Die scharfe Trennlinie wurde und wird vor allem religiös begründet, losgelöst davon mit höherwertigen Eigenschaften der menschlichen Spezies wie Intelligenz oder einem komplexeren Lebensinteresse (hervorgehoben wird u. a. die Zukunftsorientierung).[16] Leben und Lebensqualität von Menschen gelten daher als höheres Gut, weshalb zu dessen Erhaltung und Schutz niedere Lebewesen geopfert werden dürfen, quasi in Erweiterung des Fressen-und-Gefressen-Werdens. Diese moralische Grenze wurde und wird immer wieder auch in die menschliche Gesellschaft hinein verschoben. Gefährliche und moralisch fragwürdige Experimente wurden an gesellschaftlich ausgegrenzten oder niedriger gestellten Menschen vorgenommen wie z. B. Sklaven und Sklavinnen, Häftlingen, anderweitig Exkludierten (Ausgegrenzten) oder Kindern. Auf eine Aufzählung einschlägiger Übergriffe und Grausamkeiten soll hier verzichtet werden, als Beispiel sei an die Überprüfung der Pockenimpfung durch den englischen Arzt Edward Jenner erinnert, der seinen zentralen (und glücklicherweise erfolgreichen) Versuch 1796 mit dem achtjährigen Sohn seines Gärtners durchführte.[17]

Über die Verzweckung von Tieren für den Menschen hinaus kann der Austausch zwischen Human- und Tiermedizin wiederum den Tieren zugutekommen, zumindest einigen davon. Als Haustiere können sie selbst Patientenstatus erlangen – im Zuge einer Aufwertung zum Betriebskapital oder als *Pet* zum Spielgefährten, Freund oder Familienmitglied. Eine neuere Grenzüberschreitung sind Versuche zur Züchtung menschlicher Organe in Tieren und die Kombination von menschlichem und tierischem Erbgut auf zellularer Ebene. Die Mensch-Tier-Abgrenzung wird auch durch die neuere Erkenntnis irritiert, dass der Mensch kein sauber abgegrenzter Organismus ist, sondern als Träger in enger Symbiose mit gewaltigen Mengen an Mikroorganismen lebt, seinem sogenannten *Mikrobiom*, das wiederum zu einer gesunden Funktion beiträgt.[18]

1.3.2 Krankheit

Gegenstand der Medizin war zuerst Krankheit, nach Ansicht der soziologischen Systemtheorie hat sich das auch nicht geändert. Es gibt zwei grundlegende Krankheitskonzepte. Das eine – eher moderne – Konzept ist das der Funktionsstörung. Es gibt einen Normalzustand des biologischen Organismus, der bei Bedarf nach bestimmten äußeren Umständen unterschiedlich gewichtet werden

16 Sorgfältig ausgearbeitet z. B. bei Singer 1994 (1979).

17 Vgl. Eckart 2013: 162–163; Baxby 1996. Entscheidend ist hier nicht der Menschenversuch, der bis heute üblich ist, sondern die mangelnde Aufklärung und Freiwilligkeit der Probanden. Ob Jenner den Jungen oder seine Eltern gefragt hatte, ist nicht bekannt; außerdem wurden – und werden – Erfolge eher berichtet als Fehlschläge.

18 Für einen Überblick die Homepage des National Center for Biotechnology Information: https://pubmed.ncbi.nlm.nih.gov/?term=human+microbiome+project.

kann, und Krankheit ist eine schädliche oder gefährliche Abweichung davon. Das andere Konzept ist das der gestörten Harmonie. Es gibt verschiedene Prinzipien, Kräfte, Energien oder Beziehungen, die aus dem Gleichgewicht geraten sind, und Heilung besteht in der Wiederherstellung der Harmonie (Yin und Yang, vier Säfte, die Beziehung zu Gott oder anderen übernatürlichen Mächten, der Einklang mit der Natur bzw. dem Kosmos). Diese beiden Prinzipien sind sich recht ähnlich und die Unterschiede bestehen eher in den Details der Ausgestaltung. Die Wiederherstellung von Normalität ist anschlussfähiger für die moderne Wissenschaft und Technik, die Harmonie für Religion und Romantik, aber auch das ist nicht zwingend, wie in Kapitel 6.8.2 gezeigt wird (▶ Kap. 6.8.2).

Vermutlich war die Behandlung von Krankheit und Kranken aber zuerst ein religiöses Problem – im Zuge einer Religionsauffassung, wonach Religion der Versuch ist, mit unverständlichen bzw. unheimlichen Phänomenen umzugehen (aktiv als Einflussnahme oder passiv als Bewältigung/Integration). Die religiöse Deutung und Bearbeitung von Krankheit gibt es bis heute, aber sie ist weit an den Rand gerückt bzw. nur noch für gesellschaftliche Milieus bedeutsam, die eine besondere Religiosität pflegen. Heil und Heilung sind eng verwandt, und der Begriff der Heilung ist in Medizin und Religion gleichermaßen wichtig, wenn auch mit unterschiedlicher Bedeutung bzw. Reichweite. Die medizinische Heilung ist enger gefasst und kann konkret schon darin bestehen, dass eine DRG[19]-Einheit abgearbeitet, erfasst und abgerechnet ist. Medizin als Handwerk, Profession und schließlich Wissenschaft entsteht mit der Erkenntnis, dass man durch menschliches Handeln auf Krankheitsverläufe Einfluss nehmen kann und darf.[20]

Ein Blick in die Medizingeschichte zeigt, dass dies je nach Situation mehr oder weniger hilfreich war; man denke an alte Praktiken wie den Aderlass, oder an die Arzneiverwendung nach heuristischen Grundprinzipien wie dem Analogieprinzip (Walnüsse sind gut fürs Gehirn, rote Beeren sind gut fürs Blut, Nashorn als Potenzmittel) oder – im Gegenteil dazu – dem Simileprinzip, das bis heute in der Homöopathie Verwendung findet (Gleiches wird mit Gleichem behandelt – Fieber mit Wärme, eine allergische Reaktion mit dem Allergen).[21] Zu Beginn des 19. Jahrhunderts war ein Punkt erreicht, an dem medizinische Behandlung insgesamt mehr nutzte als schadete und man mit grundsätzlich positiver Erwartung bzw. Aussicht zum Arzt gehen konnte. Talcott Parsons betont, dass erst im 19. Jahrhundert der wissenschaftliche Stand der griechisch-römischen Antike wieder erreicht war.[22] Gleichwohl bleibt auch heutzutage im Einzelfall ein Unsicherheitsbereich – es gibt immer noch unheilbare Krankheiten

19 Diagnosebezogene Fallgruppe, ▶ Kap. 4.8.
20 Vgl. Parsons 1952: 431.
21 Im Einzelfall lassen sich evidente Behandlungen diesen Prinzipien zuweisen; die Schädlichkeit liegt in ihrer pauschalen Anwendung.
22 »It may also be noted, that scientific advance beyond the level to which the Greeks brought it is, in the medical field, a recent phenomenon, as a broad cultural stream not much more than a century old.« (Parsons 1951: 432).

und unangemessene, überflüssige oder schädliche Behandlungen, aber die Grenze hat sich weit in den positiven Bereich verschoben.

Für eine soziologische Betrachtung ist der Bereich der Pathologien und Dysfunktionen von größerem Interesse. Es soll hier aber nicht vorrangig darum gehen, die moderne Medizin schlecht zu reden, sondern sie als soziokulturelles Phänomen im Rahmen der Gesamtgesellschaft zu analysieren. Konflikte und Probleme haben schlichtweg einen höheren Informationsgehalt – wenn alles läuft und nichts klemmt, gibt es wenig zu bereden. Krankheit liegt vor, wenn Körper und Psyche des Menschen nicht so funktionieren, wie sie sollen, was eine Vorstellung vom Sollzustand erfordert. Dies kann ein Ideal sein oder schlicht die Normalität, der Mittelwert, das Gewöhnliche. Viele Kontroversen um Krankheit und Krankheitsmodelle drehen sich um abweichende Normalvorstellungen, Missverständnisse oder auch absichtliche Unterstellungen. Erschwerend kommt eine mehrdeutige Verwendung des Attributs *krank* in der Alltagssprache hinzu. Neben dem nüchtern-medizinischen Aspekt transportiert es noch eine ästhetische und moralische Missbilligung bis hin zur totalen Ablehnung. *Krank* kann auch – ohne medizinischen Bezug – *abartig*, *widerwärtig* und *verdorben* bedeuten, und der Umgang mit Krankheit hängt stark vom Ausmaß dieser moralischen Beigabe ab: Ob das Kranke (als vom Menschen Abgrenzbares) bzw. der Kranke geheilt werden soll oder ob es bzw. er als gefährlich, infektiös, minderwertig und schädlich separiert oder gar ausgemerzt werden soll. Die Unterscheidung von Organismus und Krankheitserreger durch die Entdeckung der Mikroben brachte auch eine moralische Entlastung der Kranken mit sich. Heutige Bestrebungen nach Ganzheitlichkeit muten zunächst harmonisch, fast schon romantisch an. Sie sollten aber mit Vorsicht behandelt werden, denn man kann sich mit der ganzheitlichen Heilung auch die ganzheitliche Krankheit einfangen – eine weniger sympathische Vorstellung. Das viel kritisierte klassische mechanistische Modell von Krankheit als einem Defekt der Körpermaschine, der repariert werden muss und kann, hat seine Vorzüge und reicht für viele Anwendungsfälle aus.

1.3.3 Gesundheit

Nach dem Zweiten Weltkrieg geriet die vorherrschende biomedizinische Leitvorstellung von Krankheit und Medizin verstärkt in die Kritik. Einen wichtigen Impuls setzte die 1948 gegründete Weltgesundheitsorganisation der Vereinten Nationen (WHO) mit einer innovativen Definition von Gesundheit: »Health is a state of complete physical, mental and social well-being and not merely the absence of disease or infirmity.«[23]

23 Präambel der Verfassung der WHO, wie sie von der konstituierenden Sitzung der WHO im Sommer 1946 beschlossen wurde und am 07.04.1948 in Kraft trat. Abrufbar unter: https://www.who.int/about/who-we-are/constitution (übersetzt: Gesundheit ist der Status eines vollständigen physischen, psychischen und sozialen Wohlbefindens und nicht allein die Abwesenheit von Krankheit oder Gebrechen).

Diese Definition wurde und wird lebhaft diskutiert, die Beurteilung reicht von Lob als mutigem Neuanfang bis zur Ablehnung als überzogen und realitätsfern.[24]

Anschlussfähigkeit

Die neuere soziologische Systemtheorie nennt das Anschlussfähigkeit: Eine Aussage erregt Aufmerksamkeit und gibt Anlass für Zustimmung, Ablehnung und Diskussionen – sie ermöglicht bzw. provoziert Anschlusskommunikation und hält damit die Kommunikation am Laufen.[25]

Jedenfalls ist Gesundheit grundsätzlich positiv besetzt und wird daher in vielen Bereichen gegenüber Krankheit bevorzugt. Ein bedeutender Ansatzpunkt hierfür ist das Konzept der Salutogenese von Antonovsky, das die Aufrechterhaltung oder Wiederherstellung von Gesundheit ins Zentrum rückt und in Kapitel 1.3.4 näher beschrieben wird (▶ Kap. 1.3.4). Strittig bleibt, ob Gesundheit eine Eigenschaft für sich ist mit eigener Qualität oder einfach Nicht-Krankheit. Jürgen Pelikan versuchte jüngst eine substanzielle Definition von »Gesundheit als eine prinzipiell beobachtbare Qualität eines Lebewesens«.[26] Gesundheit besteht demnach aus den drei Komponenten Lebensdauer, Lebensqualität und Fähigkeit zur Reproduktion (sexuell). Das zentrale Kriterium lautet: »Krankheit bemisst sich, wie Gesundheit, am Überleben des Systems.« Das ist problematisch, weil ja letztlich kein menschliches Individuum überleben wird, allenfalls die Spezies durch Reproduktion; und auch das nur länger, aber nicht ewig, weshalb Pelikan in einem weiteren Schritt das Altern von Krankheit unterscheiden muss. Viel gewonnen wird mit dieser Definition nicht – ist nun ein zeugungsunfähiger Mann, der sich ansonsten bester Gesundheit erfreut, kränker als ein Mann, der nach der Zeugung mehrerer Kinder mit 45 stirbt?

Die Definition der WHO impliziert (beinhaltet) ein zweistufiges Gesundheitskonzept: Eine Basisgesundheit als Abwesenheit von Krankheit dergestalt, dass keine akuten Krankheitserscheinungen bzw. -symptome vorliegen; und darüber hinaus eine Lebensqualität, die für diesen Zustand eine gewisse zeitliche Stabilität erwarten lässt. Aus soziologischer Sicht ist Gesundheit eine Zuschreibung, die durch ein beobachtendes System (eine andere Person, die Medizin, die soziale Umgebung) vorgenommen wird. Sie muss nicht binär sein (krank oder gesund) sondern kann auf einem Kontinuum erfolgen. Bei mehreren beobachtenden Systemen kann es zu abweichenden Einschätzungen kommen, was im nächsten Abschnitt anhand der komplementären Zuschreibung von Krankheit veranschaulicht wird (▶ Kap. 1.3.4).

---

24 Vgl. Hurrelmann 2013: 117–119; Hehlmann et al. 2018: 53–60; Eibach in Klein et al. 2011: 125.
25 Ausführlich bei Berghaus 2011: 52–53, 98–103.
26 Pelikan 2009: 31–33.

Gesundheitswissenschaften

In den letzten Jahren hat sich Gesundheit als gesellschaftlicher Leitwert etabliert. Sie gilt als wichtiges Lebensziel – und etliche Professionen, die sich mit dem Medizinsystem befassen, firmieren nun unter dem Gesundheitsbegriff und werden als Gesundheitswissenschaften zusammengefasst. Auch die wichtigsten neueren soziologischen Lehrbücher laufen als »Gesundheitssoziologie«[27] oder wenigstens »Gesundheits- und Medizinsoziologie« (Hurrelmann).[28] Tatsächlich gibt es keinen substanziellen Unterschied zwischen Gesundheits- oder Medizinsoziologie, allenfalls sind einige Interessenschwerpunkte unterschiedlich gelagert.

Thema des vorliegenden Buches ist bewusst die Medizinsoziologie, weil das Gesundheitswesen und der gesellschaftliche Umgang mit medizinischen Themen im Vordergrund stehen und nicht der Versuch, neue oder bessere Krankheitsmodelle vorzustellen oder Anregungen zu geben, wie man die Menschen gesünder machen könnte.

Gesundheit ist noch schwerer abzugrenzen als Krankheit, aber beide Konzepte können ohnehin nicht getrennt voneinander gedacht werden. Es wird eine Unterscheidung gezogen und dann die eine oder die andere Seite betont.[29] Das eine Ende der Krankheit ist der Tod, der Zusammenbruch des Organismus, und es werden dazu medizinische Kriterien im Detail diskutiert, die aufgrund spezieller Erfordernisse der Krankenbehandlung aufgestellt wurden – etwa der Hirntod zur Ermöglichung von Transplantationsmedizin. Die Abgrenzung von Krankheit und Gesundheit wird wohl bis zu einem gewissen Grad willkürlich bleiben, sie ist aber im Grundsatz für die meisten Menschen intuitiv; man hat eine Vorstellung davon was krank ist und was gesund, auch wenn die Grenze mal mehr, mal weniger scharf ist. Eine weitergehende Frage ist, ob ein Mensch völlig gesund sein kann oder ob es nicht immer noch ein bisschen gesünder geht – die Verheißung unbegrenzten Wachstums für eine florierende Gesundheitswirtschaft. Schwierig einzuordnen sind spezielle Zonen wie Devianz[30], Behinderung, chronische Krankheit und das Altern.

1.3.4 Krankheitsmodelle

Wie in den vorherigen Abschnitten gezeigt, sind Krankheit und Gesundheit eng miteinander verschränkt, weshalb Krankheitsmodelle gleichzeitig auch Gesundheitsmodelle sind, zumindest die komplexeren, die die psychosozialen Gegeben-

27 Hehlmann et al. 2018.
28 Eine Ausnahme ist Vogds »Soziologie der organisierten Krankenbehandlung« (2011).
29 Die zentrale Operation in der Systemtheorie, die Luhmann von George Spencer Brown übernommen hat, vgl. Luhmann 1991: 23 oder Luhmann 1996: 24 ff.
30 Abweichendes Verhalten – Kriminalität oder anderweitige Normabweichungen.

heiten mit einbeziehen. Die Erweiterung von Modellen hat notwendigerweise ihre Kehrseiten, weshalb man nicht mechanisch die erweiterten Varianten als besser einstufen sollte. Ein häufiges Problem ist eine zu große Ausweitung der Reichweite des Grundbegriffes, was dann seine Erklärungskraft mindert. Bezieht man zu viele Faktoren in die Definition von Krankheit mit ein, ist am Ende jeder irgendwie krank, und man benötigt dann neue Begriffe für die notwendigen Unterscheidungen im Medizinsystem: Wer zum Arzt muss und wer das bezahlt. Ebenso gibt es typische Wirkungsfelder der Medizin, für die umstritten ist, ob sie Krankheitscharakter haben – Abweichungen vom Normalen, Behinderungen[31], chronische Krankheiten, Geburten oder die Begleiterscheinungen des Alterungsprozesses.

Der Verfasser ist der Meinung, dass es nicht Aufgabe der Soziologie ist, eine bessere Definition von Krankheit und Gesundheit zu liefern, sondern die Plastizität der Begriffe aufzuzeigen und auch die Plastizität der damit bezeichneten Phänomene, insbesondere in den Rand- oder Grauzonen: Phänomene, die früher als Krankheiten galten wie Homo- und Intersexualität oder neue Krankheitsbilder wie ADHS und Burnout, darüber hinaus das Altern und die daran andockende Anti-Aging-Medizin. Zum Vergleich von Einordnungen kann man an zwei Achsen eine Vier-Felder-Tabelle konstruieren: Früher/heute und hier/woanders. Neben *Krankheit* gibt es andere, benachbarte Einordnungen: Krankhaft (als moralische Verfehlung), Befindlichkeitsstörung, Abweichung vom Normalen ohne weitere Zuschreibung, Andersartigkeit in einem Feld sozialer Vielfalt.

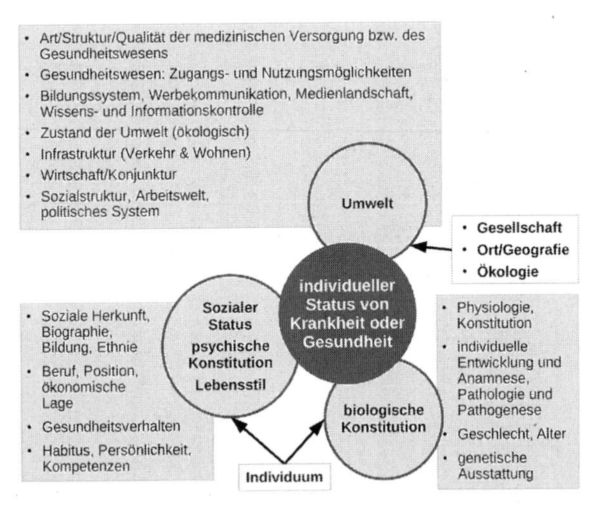

Abb. 1b: Komponenten individueller Krankheit und Gesundheit

31 Wann wird eine Abweichung vom Normalen zur Behinderung? Eine umfassende soziologische Einführung bietet Kastl 2017.

Die Kategorisierung eines Zustands bzw. einer Person als krank ist meistens schlicht ein Funktionserfordernis, um z. B. die Kostenübernahme für Untersuchungen und Behandlungen zu legitimieren. Es kann sinnvoll sein, einen Menschen als krank einzustufen, der sich nach psychosozialen Kriterien in einem Gleichgewichtszustand befindet und subjektiv nicht leidet, wenn dadurch z. B. eine erweiterte Diagnostik bei der Fachärztin ermöglicht wird, mitsamt deren Bezahlung durch einen Kostenträger. Unabhängig vom jeweiligen Krankheitsmodell unterscheidet man drei Bezugssysteme bzw. Bezugsebenen von Krankheit (oder Gesundheit): Das betroffene Subjekt, das Medizinsystem und die Gesellschaft allgemein – genauer: die nähere oder weitere soziale Umwelt (▶ Abb. 2).[32]

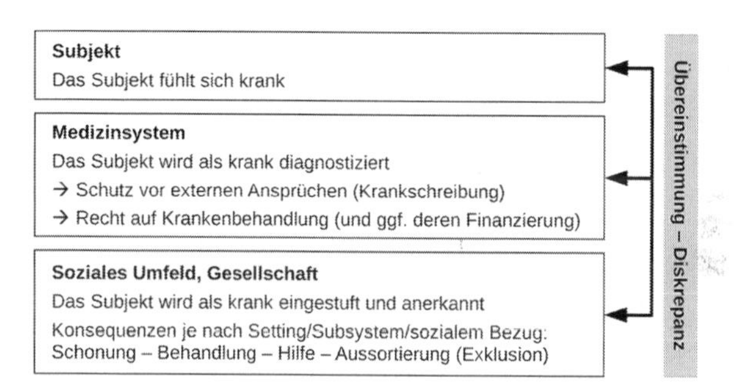

Abb. 2: Bezugsebenen von Krankheit

Der analytische Wert einer Unterscheidung von drei Bezugssystemen wird offensichtlich, wenn man sich Beispiele mit widersprüchlichen Diagnosen vor Augen hält. Es lassen sich dabei acht (2^3) Basiskonstellationen unterscheiden, in folgender Tabelle mit der Klassifikation »krank« markiert (▶ Tab. 1).

Dieses Schema lässt sich ebenso auf Gesundheit übertragen (▶ Abb. 3).[33] Wie bei Krankheit gibt es auch für die Heilung bzw. Gesundheit breite Ermessensspielräume. Das Modell eines Regelkreises (Homöostase) geht davon aus, dass Individuen ihre subjektiven Ansprüche für Gesundheit oder – weiter gefasst – Wohlbefinden an die realen Gegebenheiten anpassen. Dies betrifft alle Menschen im Zuge des Alterns, da die Maßstäbe für Gesundheit sich stets auch am Erwartbaren für die jeweilige Altersgruppe ausrichten. Ein Hörvermögen, das für eine Person im Alter von 80 Jahren als gut gilt, würde bei einem 20-Jährigen wohl schon als Schwerhörigkeit eingestuft werden. Homöostase greift eher bei sehr langsamen Verschlechterungen wie im normalen Alterungsprozess oder bei einmaligen Stufen wie z. B. einer dauerhaften Beeinträchtigung nach einem Unfall. Tatsächlich sind die meisten älteren Personen mit ihrem Gesundheitszustand zufrieden (man denke an die Floskel *den Umständen entsprechend*). Nach dem Erlei-

32 Vgl. Siegrist 2005: 25–26; Mathe 2005: 100.
33 Die entsprechende Konflikttabelle kann man als Übung mit eigenen Beispielen selbst erstellen.

Tab. 1: Krank oder nicht in verschiedenen Bezugssystemen

Bezugssysteme von Krankheit: ☑ = krank			
Subjekt	**Medizin**	**Gesellschaft**	**Deutungsbeispiele für eine Person P**
☑	☑	☑	Konsens, dass P krank ist.
☑	☐	☑	P fühlt sich schlecht und ist nicht arbeitsfähig, aber der Arzt findet nichts.
☐	☑	☑	P wird als krank etikettiert, obwohl sie sich gut fühlt. P ist krank und ignoriert ihren Zustand (»mir fehlt nix«).
☑	☑	☐	P ist krankgeschrieben, der Arbeitgeber (die Schule, ein Kunde etc.) vermutet eine Gefälligkeit des Arztes.
☐	☑	☐	Überdiagnose zur Legitimation von Übertherapie infolge ärztlicher Eigeninteressen; aber auch »Aus-dem-Verkehr-Ziehen« eines uneinsichtigen Kranken mit uneinsichtiger sozialer Umwelt.
☐	☐	☑	P funktioniert nicht so, wie sie soll (leistet zu wenig, zeigt abweichendes Verhalten, ist unvernünftig etc.).
☑	☐	☐	Hypochondrie, aber auch unerkannte Krankheit.
☐	☐	☐	Konsens, dass P gesund ist.

den einer schweren Beeinträchtigung ist die betroffene Person zunächst niedergeschlagen bis hin zu Suizidwünschen; empirische Studien zeigen, dass sich die meisten Betroffenen aber nach einiger Zeit mit ihrer Situation arrangieren und dann eine akzeptable Lebensqualität bzw. Lebenszufriedenheit berichten.[34] Das lässt sich aber nicht beliebig verallgemeinern, wie es manchmal in der Debatte über die Notwendigkeit von Sterbehilfe geschieht. Nicht alle Betroffenen sind irgendwann mit ihrer Situation zufrieden, vor allem, wenn diese objektiv sehr schlecht ist, es keine Aussicht auf Besserung gibt bzw. sich der Zustand absehbar weiter verschlechtert – laufend oder in raschen Schüben wie z. B. bei schweren Verläufen einer Multiplen Sklerose.

Durch eine Ausdifferenzierung der Medizin (Berufshierarchien, verschiedene Fachbereiche oder schlicht die Möglichkeit abweichender Einschätzungen durch andere Ärztinnen und Ärzte) oder der Gesellschaft (Arbeitgeber, Familie, Krankenkasse usw.) lassen sich die Konfliktmöglichkeiten beliebig vervielfachen. Vor allem sagt das Schema zunächst nichts darüber aus, wer Recht hat – gut sichtbar an der Konstellation Subjekt (krank)/Medizin (nicht krank)/Gesellschaft (nicht

34 Vgl. Kögel 2016: 82–86.

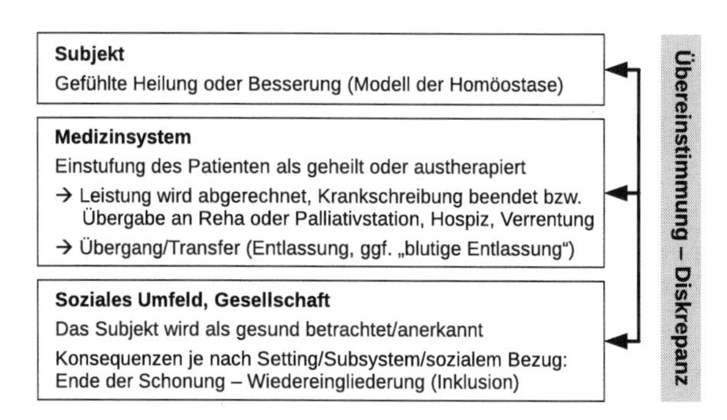

Abb. 3: Bezugsebenen von Gesundheit

krank). Haben Medizin und Gesellschaft recht, liegt Hypochondrie vor. Hat das Subjekt recht, wird seine Krankheit nicht korrekt erkannt, ignoriert oder mangelhaft gewürdigt.

Die Soziologie hat im Prinzip zwei Motive, sich mit Krankheitsmodellen auseinanderzusetzen. Ein Motiv ist die Verbesserung der Definition und Erklärung von Krankheit durch verbesserte bzw. erweiterte eigene Modelle. Das andere Motiv ist deskriptiv (beschreibend) und analytisch – zur Beobachtung des Medizinsystems ist es notwendig, die Vorstellungen und Modelle von Krankheit und Gesundheit zu kennen, die dem Handeln von Organisationen und Akteuren zugrunde liegt, um dieses Handeln verstehen zu können.[35]

Biomedizinisches Krankheitsmodell

Das basale Krankheitsmodell der wissenschaftlichen Medizin geht von einem Normalzustand des Organismus aus. Krankheit ist eine Störung dieses Zustands, Gesundheit entsprechend die Abwesenheit von Störungen. In den meisten Büchern zur Medizin- oder Gesundheitssoziologie wird dieses Modell einerseits kritisiert und als Ausgangspunkt für psychosoziale Erweiterungen verwendet, von denen einige weiter unten vorgestellt werden. Andererseits ist es für viele konkrete Anwendungsfälle ausreichend bzw. instruktiv (man kann etwas damit anfangen, positiv oder negativ).

Modell

Modelle sind immer Vereinfachungen der Wirklichkeit. Die Wirklichkeit ist beliebig komplex und kann nicht direkt oder gar vollständig erfasst werden. Ein Modell konzentriert sich je nach Bedarf auf bestimmte Einzelaspekte und

35 Ganz im Sinne von Max Webers klassischer Definition der Soziologie als »eine Wissenschaft, welche soziales Handeln deutend verstehen und dadurch in seinem Ablauf und seinen Wirkungen ursächlich erklären will« (Weber 1921: 19).

lässt andere weg. Der Verzicht auf Komplexität ermöglicht einen besseren Überblick, es kommt Information zum Vorschein, die zuvor durch die Menge anderer Informationen verdeckt war. Ein nichtmedizinisches Beispiel ist der Vergleich einer Stadt mit verschiedenen Arten von Stadtplänen, z. B. einem Straßenplan oder einem Netzplan des öffentlichen Nahverkehrs. Jeder Plan ist unter bestimmten Gesichtspunkten zweckmäßig oder nicht, es gibt aber kein Globalkriterium, um gute von schlechten Plänen zu unterscheiden. Eine Kritzelei auf einem Bierdeckel kann manchmal genügen. Ein Modell kann niemals genau zutreffen, aber es kann falsch sein. Meistens ist es mehr oder weniger zweckmäßig.

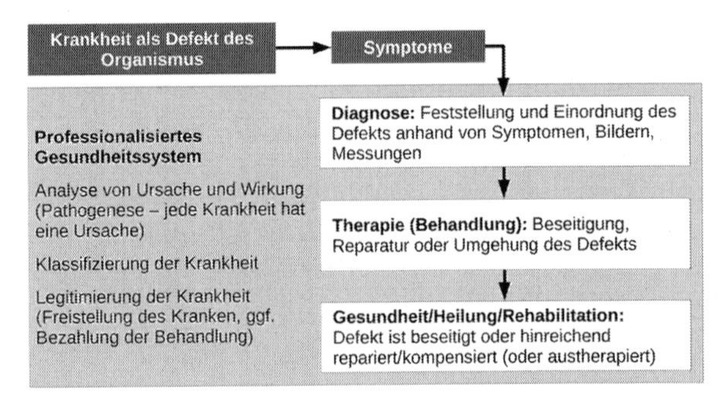

Abb. 4: Biomedizinisches Krankheitsmodell

Das biomedizinische Krankheitsmodell (▶ Abb. 4) konzentriert sich auf den Zustand des Organismus. Es rechnet mit einer relativ klaren Erkennbarkeit und Klassifizierbarkeit von Krankheiten. Unterschiedliche Krankheiten lassen sich demnach klar voneinander abgrenzen und anhand spezifischer Symptome bzw. Symptomkombinationen definieren und erkennen. Ein zentrales Instrument der modernen Biomedizin ist das ICD der WHO, ein umfassender Katalog der offiziell anerkannten Krankheiten (▶ Kap. 3.4). Krankheit ist ein Defekt des Organismus und beeinträchtigt dessen Funktion. Im Idealfall wird ein biologisch-physiologischer Krankheitsmechanismus entdeckt, der dann als Ansatz für eine Therapie dient – eine Infektion mit einem speziellen Krankheitserreger, der Verschleiß von Organen oder Gewebe, eine Fehlfunktion im Wachstum von Zellen u. v. a. Eine medizinische Intervention erfolgt, wenn die Selbstregeneration des Organismus überfordert ist oder das Subjekt, die soziale Umwelt oder das medizinische Personal nicht warten wollen.[36] Ziel ist primär die Heilung im Sinne ei-

36 Vgl. Hurrelmann 2013: 114. Hurrelmann zitiert eine ältere Definition, wonach das biomedizinische Modell davon ausgehen würde, dass sich »jede Krankheit« ohne medizinische Intervention stets verschlimmert. Das ist wohl eine Unterstellung, um die Angreifbarkeit des Modells zu erleichtern.

ner Beseitigung des Defekts und einer Wiederherstellung der vollen Funktion des Organismus. Wenn das nicht möglich ist, steht die Lebensqualität des Patienten bzw. der Patientin im Vordergrund. Heilung ist dann die Reparatur des Defekts oder dessen Umgehung, Überbrückung, Verschiebung (räumlich oder zeitlich).

Eine typische Symptomkombination, für die (noch) kein Krankheitsmechanismus erkannt ist, wird als Syndrom bezeichnet. Es kann vorkommen, dass einem Syndrom verschiedene Krankheiten zugrunde liegen, die sich oberflächlich ähneln. Diese werden getrennt, sobald die Krankheitsmechanismen unterschieden werden können.

Vulnerabilitäts-Stress-Modell

Das Vulnerabilitäts-Stress-Modell bezieht sich u. a. auf die psychologischen Stresstheorien von Selye, Lazarus oder Jerusalem, die ab den 1960er Jahren entwickelt wurden.[37] Das biomedizinische Krankheitsmodell wird erweitert, um zu erklären, weshalb manche Menschen unter ähnlichen äußeren Umständen krank werden, andere aber nicht. Vulnerabilität heißt übersetzt Verletzlichkeit, und zwar in Form einer individuell unterschiedlichen Anfälligkeit gegenüber Stress und Stressursachen (Stressoren). Vulnerabilität kann genetisch, organisch, psychologisch oder sozial verankert sein. Ein Mensch mit höherer Vulnerabilität hat ein größeres Risiko, infolge von Stress krank zu werden. Es geht dabei um Wahrscheinlichkeitswerte, die sich auf Populationen[38] beziehen; für das einzelne Subjekt kann keine sichere Voraussage gemacht werden. Beispiele für Vulnerabilität wären

- ein genetischer Defekt, der die Entstehung bestimmter Krebserkrankungen begünstigt
- eine psychosozial nachteilige Herkunftsfamilie (z. B. Elternteile, die jähzornig, alkoholabhängig oder abweisend sind)
- eine Phase unzureichender Ernährung während eines Krieges oder einer Wirtschaftskrise
- allgemein schlechte Lebens- und Arbeitsbedingungen.

Stress ist für das Modell sehr allgemein gefasst – im Prinzip jeder äußere Einfluss, der den Organismus oder die Psyche belastet. Im Alltagsverständnis denkt man bei Stress meist an schädliche Umweltreize wie Lärm oder Schadstoffe oder an soziale Konflikte. Stressoren können aber auch Mikroben sein, die den Organismus attackieren. In manchen Stresstheorien wird zwischen positivem und negativem Stress unterschieden, in anderen wird der Stressreiz vom Subjekt durch

---

37 Ausführlich z. B. Schwarzer 2000; vgl. Siegrist 2005: 83–84 und Hurrelmann 2013: 102 ff.

38 Alle Menschen oder Untergruppen – Frauen, Männer, Kinder, Erwachsene in Industrieländern, Dorfbewohner im Hochgebirge, Pflegekräfte usw.

Attribution (Zuschreibung einer Bewertung) positiv oder negativ interpretiert. Mehrheitlich geht man heute davon aus, dass länger andauernder Stress grundsätzlich schädliche Folgen nach sich zieht.

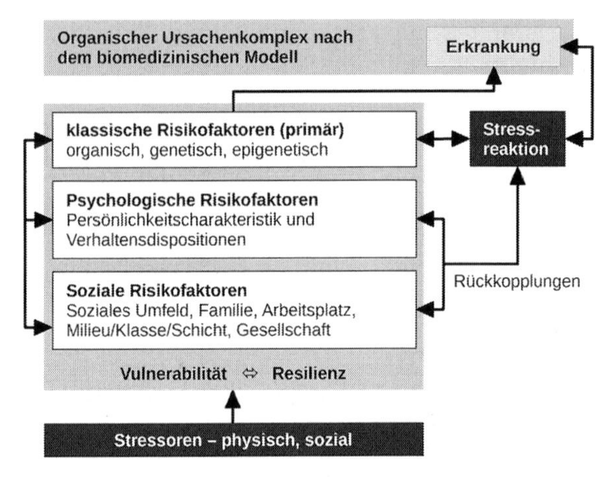

Abb. 5: Vulnerabilitäts-Stress-Modell

Die Doppelpfeile in der Darstellung (▶ Abb. 5) symbolisieren Rückkopplungsprozesse. Einige – nicht alle – Risikofaktoren sind nicht fix und können durch die Stressreaktion und ihre Folgen nachträglich verstärkt oder abgeschwächt werden. Ebenso können sich manche Risikofaktoren gegenseitig beeinflussen. So kann eine ungünstige Familienkonstellation eine ungünstige psychische Verfassung des Kindes hervorbringen, die dann wiederum die Probleme in der Familie verschärft. Anders herum kann ein förderliches soziales Umfeld zur Entschärfung eines genetischen Risikofaktors führen – im einfachsten Fall dadurch, dass in einem wohlhabenden Milieu eine gute Gesundheitsversorgung eine Diagnose des Gendefekts und entsprechende Früherkennungsuntersuchungen ermöglicht.

Salutogenese

Das Konzept der Salutogenese wurde erstmals 1979 von Aaron Antonovsky vorgestellt.[39] Salutogenese ist dabei als Gegenbegriff zur Pathogenese gedacht – anstelle der Entstehung von Krankheit soll untersucht werden, was die Bedingungen der Aufrechterhaltung bzw. Reproduktion von Gesundheit sind. Hier wird also die heute populäre Fokussierung auf Gesundheit eingeführt, wobei Antonovsky Gesundheit und Krankheit als Kontinuum auffasst, dessen beiden Endpunkte Ideal- bzw. Extremzustände sind.[40] Zentral ist das Konstrukt eines Kohä-

39 Antonovsky 1979.
40 »[E]ase/dis-ease [sic] continuum rather than the health-disease dichotomy« (ebd.: 56).

renzbewusstseins bzw. Kohärenzgefühls (im Original: Sense of Coherence, kurz SoC), das den Umgang mit krankmachenden Einflüssen bzw. Stressoren reguliert. Antonovsky definiert den SoC als eine Art übergreifendes Vertrauen in eine geordnete und vorhersagbare Umwelt, das Gefühl, dass die Welt geordnet ist und die Dinge in einem vernünftig erwartbaren Rahmen dazu tendieren, gut auszugehen.[41] Die Ähnlichkeit zu psychologischen Konzepten wie positiven Kontrollüberzeugungen bzw. hohen Selbstwirksamkeitserwartungen ist naheliegend.[42] Der Unterschied liegt laut Antonovsky in der stärkeren Handlungsorientierung von Kontrolle und Selbstwirksamkeit, während der SoC sich auch auf Aspekte bezieht, die grundsätzlich nicht direkt kontrolliert werden können. Er verdeutlicht dies später anhand einer Aufgliederung in drei Einzelkomponenten (▶ Tab. 2), für die er auch einen Fragebogen mit 29 Items entwickelt hat.[43]

Tab. 2: Sense of Coherence (Kohärenzgefühl) nach Antonovsky

Comprehensibility (Verstehen/Integration)	**Manageability** (Bewältigen)	**Meaningfulness** (Sinnhaftigkeit)
Das Gefühl, seine Umwelt zu verstehen, Wahrnehmungen in Erwartungs-/Interpretationsschemata integrieren zu können	Die Erfahrung und Erwartung, Ereignisse bzw. Anforderungen bewältigen zu können	Die Wahrnehmung von Umwelt und Ereignissen als sinnvoll (lohnend, von Bedeutung)

Wenn man Kontrolle und Selbstwirksamkeit nicht nur auf aktives Handeln beschränkt, sondern auch als eine Form der Deutung von Wahrnehmungen auffasst, kann man sie gut in den SoC integrieren. Ein Erkennen der Geschehnisse in der Umwelt als sinnvoll und erwartbar ist demnach eine Form der Kontrolle, speziell in der Systemtheorie, wo stets subjektive Prozesse maßgeblich sind, da kein direkter Zugriff auf die Umwelt möglich ist (▶ Kap. 2.4). Antonovsky erweitert mit seinem Modell der Salutogenese auch die klassischen Stressmodelle. Der Mensch ist demnach Stressoren ausgesetzt und setzt ihnen Widerstandsressourcen entgegen (General und Substantial Resistance Ressources, kurz GRR und SRR).[44] Hurrelmann gliedert diese Ressourcen in fünf Kategorien:[45]

- physikalisch und biochemisch (die Leistungsfähigkeit des Immunsystems)
- materiell (finanzielle Möglichkeiten, Wohlstand)

41 »The sense of coherence is a global orientation that expresses the extent to which one has a pervasive, enduring though dynamic feeling of confidence that one's internal and external environments are predictable and that there is a high probability that things will work out as well as can reasonably expected« (ebd.: 123).
42 Vgl. Schwarzer 1993: 46–48.
43 Sense of Coherence Questionnaire, Antonovsky 1987; vor allem 16–19 und Anhang, Deutsche Variante von Singer/Brähler 2007.
44 Antonovsky 1979: 182 ff.
45 Hurrelmann/Richter 2013: 122.

- kognitiv und Emotional (Intelligenz, Optimismus)
- sozial (Soziale Einbindung, Beziehungsnetzwerk)
- makrostrukturell (gesellschaftliche bzw. kulturelle Integration mit einem Gefühl von Status und Bedeutung)

Physikalische oder biochemische Stressoren sind z. B. Umweltgifte oder Mikroben, deren krankheitserzeugende Wirkung sich von Mensch zu Mensch verschieden auswirkt (manche werden krank, andere aber nicht). Der SoC ist ein begünstigender psychologischer Faktor, der die Widerstandsressourcen (auch das Immunsystem) unterstützt und in einer Art Rückkopplungsschleife dabei selbst gestärkt wird; er erweitert so das Vulnerabilitäts-Stress-Modell. Die Grafik gibt das Modell in der stark vereinfachten Darstellung bei Hurrelmann wieder (▶ Abb. 6).[46]

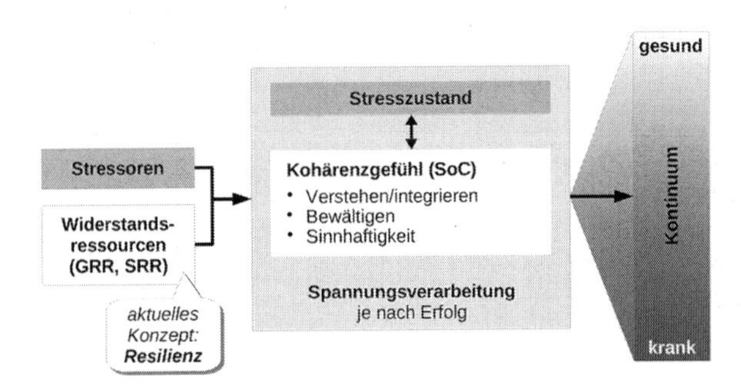

Abb. 6: Salutogenese

Der SoC verliert an Strahlkraft, wenn man die behaupteten Beziehungen von Ursache und Wirkung versuchsweise umkehrt betrachtet; empirisch nachweisen lassen sich nur Korrelationen, die Zuschreibung von Ursache und Wirkung ist letztlich immer eine Sache der Interpretation.[47] Antonovsky sieht den SoC als wichtigen Agenten der Gesunderhaltung, ebenso kann man den SoC aber auch als Begleiterscheinung, Teilaspekt oder Folge von Gesundheit interpretieren. Menschen, deren Leben bisher vorhersehbar, geordnet und positiv verlief, deren Erfahrungen weitgehend ihren Erwartungen entsprachen, die vor allem bisher noch nicht krank waren oder Krankheiten gut überstanden haben, werden die Welt entsprechend interpretieren und sich positiv aufgehoben fühlen. In diesem Sinne wäre der SoC ein habitueller Optimismus; das subjektive Vertrauen, dass alles schon gut laufen wird, als stabiles Persönlichkeitsmerkmal und/oder aus entsprechenden Erfahrungen heraus. Die Soziologie kennt das Konzept des Systemvertrauens:[48] Es wird darauf vertraut, dass die Gesellschaft, ihre Teilsyste-

46 Ebd.: 126.

47 Eine zentrale Erkenntnis von David Hume 1777/2006: 82 ff. (vgl. diverse Einführungen in die Wissenschaftstheorie, z. B. Carrier 2006; für die Soziologie u. a. Kelle 2008).

48 Luhmann 1968: 60 ff.

me und Institutionen erwartungsgemäß funktionieren; ohne dieses Vertrauen wäre die Komplexität der Welt nicht bewältigbar. Eine neuere psychologische Variante des SoC ist das Konzept der *Resilienz*, der psychischen Widerstandskraft eines Individuums gegen schädliche Einflüsse aus der physischen und sozialen Umwelt. Auch mit Resilienz soll erklärt werden, weshalb manche Menschen durch ungünstige Umwelt- bzw. Lebensbedingungen geschädigt werden, andere aber nicht. Ein Beispiel sind Kinder alkoholabhängiger oder gewalttätiger Eltern. Eine derart erschwerte Kindheit dient oft als Erklärung für spätere Krankheit oder soziale Abweichungen wie Kriminalität oder mangelnden gesellschaftlichen Erfolg; es gibt aber viele Kinder, die sich trotz solcher Umstände später normal bzw. unauffällig entwickeln. Eine gute Kenntnis von der Entstehung von Resilienz bzw. einem SoC kann helfen, Programme zur Stärkung benachteiligter oder gefährdeter Menschen zu entwickeln. Es könnte versucht werden, die individuelle Resilienz zu stärken, ähnlich wie das Training des Immunsystems durch Impfen. Allerdings kann eine Möglichkeit der Diagnostik des SoC auch dazu verleiten, schlecht ausgestattete Menschen einfach auszusortieren. Chancen werden dann eher denjenigen geboten, die aufgrund nachgewiesen guter Resilienz besser mit Schwierigkeiten werden umgehen können.

Jegliche Möglichkeit der Früherkennung von Vulnerabilität hat diese zwei Seiten – besondere Risiken erkennen, um zu helfen oder um sich die Betroffenen vom Hals zu halten. Die Beliebtheit des SoC beruht auf seiner positiven Grundfärbung, darüber hinaus wohl auch auf seiner Anschlussfähigkeit für religiöse Deutungen von Gesundheit.[49] Mit der Komponente Sinnhaftigkeit lässt sich die These stützen, dass der Mensch an sich ein Grundbedürfnis nach Religion hätte und Religiosität bzw. Spiritualität grundsätzlich gesund seien.[50] Die Einführung von systeminternen Komponenten wie dem SoC oder der psychischen Resilienz soll die Bandbreite der Reaktionen auf Stressoren und die unterschiedliche Stabilität von Gesundheit erklären. Sie können aber auch als Ansatzpunkt für die Zuweisung von Schuld oder Verantwortung verwendet werden. Schuld an der Krankheit sind dann weniger die identifizierten Stressoren als vielmehr ein Mangel an Resilienz oder ein unterentwickelter SoC. Und entsprechend sind diese dann Ziel von Behandlungsbemühungen: Wenn jemand z. B. unter zunehmender Arbeitsverdichtung leidet, muss er eben fit dafür gemacht werden, das auszuhalten.

Sozialisationsmodell

Hurrelmann stellt verschiedene Erweiterungen und Integrationen der Grundmodelle vor, die hier nicht im Detail wiedergegeben werden können. Beispielhaft sei noch ein Modell beschrieben, das eine Zeit- bzw. Entwicklungskomponente beinhaltet: das Sozialisationsmodell.

---

49 Antonovsky selbst äußert sich nicht in diese Richtung.
50 Vgl. Klein/Berth/Balck 2011: 189 ff. oder 259 ff.

Sozialisation ist der Prozess der Eingliederung eines Menschen in die Gesellschaft (▶ Kap. 2.1.3). Dies geschieht in wechselseitiger Auseinandersetzung des Menschen mit seiner sozialen Umwelt – formell durch Erziehung (Familie), Bildung (Schule), Machtinstanzen (z. B. Arbeitgeber, Regierungen, Polizei) oder informell durch Freundeskreise bzw. Bezugsgruppen von Gleichaltrigen.[51]

Das Sozialisationsmodell berücksichtigt, dass sich die Anforderungen und Ansprüche an den Menschen im Laufe seines Lebens ändern können und entsprechend die Anforderungen und Kriterien von Krankheit oder Gesundheit. Das ist besonders wichtig für die Bewertung des natürlichen Alterungsprozesses. Setzt man den Organismus junger Erwachsener als alleinigen Maßstab, wäre Altern eine fortschreitende, chronische Krankheit. Die Berücksichtigung des zeitlichen Aspekts erfolgt durch das Konzept der Entwicklungsaufgaben im Lebenslauf.[52] Hurrelmann gliedert diese in vier Aufgabenbereiche (▶ Abb. 7a), die das Subjekt bewältigen muss, wobei es jeweils darum geht, die Gegebenheiten und Möglichkeiten zu akzeptieren, aber auch, positiv auf sie einzuwirken.

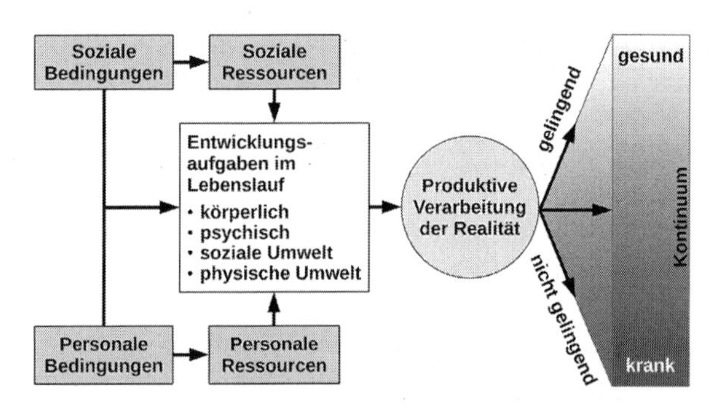

Abb. 7a: Sozialisationsmodell

Die sozialen und personalen Ressourcen entsprechen den Widerstandsressourcen bei Antonovsky, die produktive Verarbeitung der Realität dem SoC. Durch die Erweiterungen greift Hurrelmanns Modell relativ weit über den Gegenstandsbereich der Medizin hinaus. Der Vorteil hiervon ist ein erweiterter Blick in die Umwelt eines kranken oder gesunden Subjekts. Der Nachteil ist, dass der unmittelbar einleuchtende Gegenstandsbereich der Medizin verlassen wird. Die Beschreibung der Entwicklungsaufgaben läuft Gefahr, Gesundheit mit einem idealisierten Normallebenslauf zu koppeln und soziale bzw. kulturelle Abweichungen zu pathologisieren. Daher sollte man bei der Analyse konkreter Anwendungsfälle gelegentlich überprüfen, ob ein einfacheres Modell wie das biomedizinische nicht ausreicht.

51 *Peer Groups*; vgl. Baumgart 2008: 81–87 oder Zimmermann 2006: 162–164.
52 Vgl. Hurrelmann 2013: 131–133 und Hurrelmann 2002: 35–39.

1.3.5 Organisierte Krankenbehandlung

Vogd nennt seine systemtheoretische Analyse des Medizinsystems »Soziologie der organisierten Krankenbehandlung«. Mit dieser sperrigen Bezeichnung tut er einen Schritt neben die Medizin und vermeidet die Übernahme ihrer eigenen Ansprüche und Selbstdeutungen. Medizin ist bei Vogd eine kulturelle Praxis zum Umgang mit Krankheit. Krankheit ist eine unberechenbare Störung der gesellschaftlichen Verhältnisse und dank der Medizin kann die Gesellschaft darauf »in einer vertrauten, sich selbst bestätigenden und plausibilisierenden Weise antworten«.[53] Medizin ist gleichzeitig Kommunikation, Handlungspraxis; sie begründet Traditionen bzw. schließt an vorhandene an. Sie vergleicht das Eigene mit dem Anderen, folgt aber einer eigenen Logik und hat damit eine Eigendynamik. Vogd orientiert sich dabei an der Systemtheorie Luhmanns und an der Wissenssoziologie.

> »Im Sinne eines originär soziologischen Blickes lohnt es sich, zunächst von den allzu offensichtlichen Aspekten der Krankenbehandlung abzusehen. Aus analytischen Gründen ist hier zunächst einzuklammern, dass es kranke Körper, Keime, Organversagen, chirurgische Eingriffe, Spritzen, Pillen, Bestrahlungen, Röntgenbilder etc. gibt. Dieser Schritt ist notwendig, um sich von den vertrauten Kausalitätsvorstellungen des Common Sense zu lösen, und damit brauchen wir weder davon auszugehen noch infrage zu stellen, dass Medizin selbst dann attraktiv ist, wenn die Heilungschancen fraglich sind, wenn die Evidenz und Effizienz ihrer Organisationsweisen nicht nachgewiesen ist und wenn ihre Veranstaltungen eine solche Zumutung darstellen, dass man sich eigentlich wundern müsste, warum die Beteiligten so selten die Behandlungen verweigern.«[54]

Es geht Vogd also nicht um eine pauschale Medizinkritik, wie sie Ivan Illich 1977 formuliert hatte,[55] sondern um die Herstellung einer größeren Distanz zum Medizinsystem und dessen Selbstbeschreibung. Die Konzentration auf den gesellschaftlichen Umgang mit Krankheit und Kranken lässt damit die heutige Betonung der Gesundheit außer Acht, ebenso die Grenzbereiche der Medizin. Diese werden im folgenden Abschnitt angerissen.

1.3.6 Jenseits von Krankheit – Enhancement und Kosmetik

Medizinische Wissenschaft und medizinisches Handeln hat nicht immer das Behandeln von Kranken bzw. die Sicherstellung von Gesundheit als Gegenstand. Die folgende Abbildung steckt ein weiteres Feld mit Tätigkeiten ab, die medizinischem Handeln ähnlich sind und/oder von Medizinern und Medizinerinnen bzw. medizinischem Personal durchgeführt werden (▸ Abb. 7b). Eine klare Abgrenzung ist nicht möglich, allenfalls lassen sich Kriterien formulieren, die im Einzelfall mehr oder weniger passend sind. So kann ein und dieselbe Tätigkeit von verschiedenen Professionen (oder auch Laien) angeboten werden, erlaubt oder illegal, international abweichend. Dann hängt die Einordnung auch von

53 Vogd 2011: 15.
54 Ebd.: 9 f.
55 Ivan Illich: Die Nemesis der Medizin.

der Intention ab, die man dem handelnden Mediziner bzw. der Medizinerin zuschreibt. So kann z. B. eine Sportmedizinerin einen Leistungssportler betreuen, der willentlich seinen Organismus überlastet, um im Wettbewerb bestehen zu können.[56] Ziel ist dann die Verhinderung, Kontrolle oder Linderung von Folgeschäden. Dieselbe Expertise ermöglicht aber auch Leistungssteigerungen durch Verschieben der Überlastungsgrenze, und die Medizin wird damit Teil des sportlichen Wettbewerbs auf Kosten der Gesundheit.

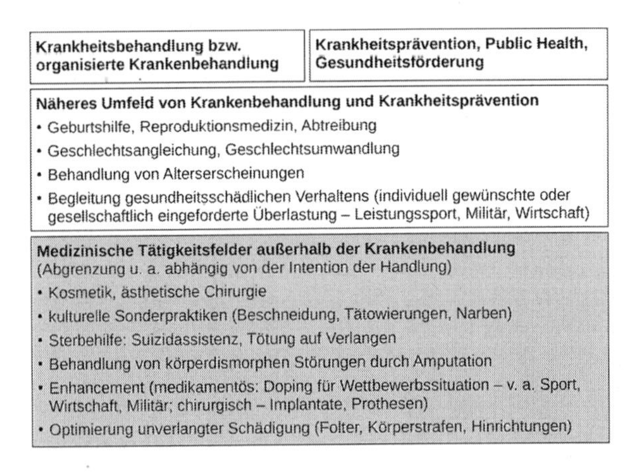

Abb. 7b: Medizinische Grenzbereiche

Zwei wichtige biomedizinische Bereiche sind Kosmetik/Ästhetik und Enhancement.

Kosmetik/Ästhetik

Kosmetik/Ästhetik umfasst Eingriffe in den menschlichen Organismus, die allein oder vorrangig ästhetische Ziele verfolgen. Das kann medizinisch indiziert sein, im Nachgang von Unfällen oder zur Milderung von genetischen Schäden. Aber es kann auch allein der ästhetischen Optimierung des eigenen Aussehens dienen – wie Schönheitsoperationen, die Veränderung von Körperteilen oder die Beseitigung von als unschön empfundenen Abweichungen von aktuellen Normen oder Moden.

Eine scharfe Grenze wird sich hier nicht ziehen lassen und die Grauzonen dürften aus konkreten Streitfällen um Kostenübernahmen durch die Krankenkassen geläufig sein: Nasenbegradigungen, Brustverkleinerungen oder -vergrößerungen,

56 Thieme zeigt, dass deutsche Olympiateilnehmer von 1956–2016 eine höhere Mortalität haben als die Vergleichsbevölkerung, Thieme 2020: 280–296.

Haar- und Hautverpflanzungen, Faltenglättung und Lifting, Kieferorthopädie, Tattoo-Entfernung u. v. m. Geht es nicht um unstrittige Restaurationen, kann eine medizinische Notwendigkeit mit einer psychosozialen Belastung durch den Ist-Zustand oder mit möglichen zukünftigen Gesundheitsschäden begründet werden. Gerade ein biopsychosoziales Krankheitsmodell unterstützt die Ausweitung medizinischer Indikationen in diese Grauzonen; aus rein biomedizinscher Sicht darf die Nase groß oder klein, gebogen oder gerade sein, solange sie ihre biologischen Funktionen erfüllt. Diese Grenze medizinischer Zuständigkeit fällt bei der Mitberücksichtigung einer psychosozialen Belastung weg: Das Subjekt S findet seine Nase unansehnlich und hat das Gefühl, deshalb angestarrt zu werden, ggf. wurde es als Kind gehänselt oder es befürchtet Einschränkungen für seine Karriere, da schöne Menschen nachgewiesenermaßen mehr Erfolg im Leben haben. Und dies gilt noch stärker für Frauen als für Männer, augenfällig in Bezug auf repräsentative Tätigkeiten wie z. B. Nachrichtensprecherin oder Musikerin. Aktuell wird diese Debatte in Deutschland wieder für kieferorthopädische Behandlungen bei Heranwachsenden geführt, nachdem der Bundesrechnungshof eine fehlende wissenschaftliche Evidenz bemängelt hatte für das medizinische Narrativ, wonach nicht korrekt stehende Zähne später anfälliger für Schäden seien.[57] Zu klären ist, ab wann schiefe Zähne als Gesundheitsproblem und nicht mehr als kosmetisches Problem kategorisiert werden können; und wie bzw. ob der psychosoziale Aspekt berücksichtigt wird.

Enhancement

Neben ästhetisch-kosmetischen Behandlungen steht der Bereich des Enhancement. Enhancement ist die Verbesserung bzw. Erweiterung der Fähigkeiten des menschlichen Körpers. Enhancement kann selbstverständlich wiederum ästhetische Aspekte haben, der Schwerpunkt liegt aber in der Sport- und Arbeitsmedizin bzw. im militärischen Bereich. Auch hier ist der medizinische Charakter in einer kurativen bzw. restaurativen Anwendung begründet, reicht aber weit darüber hinaus. Kurativ bzw. restaurativ wäre die Vermeidung und Behandlung von Sportverletzungen oder chronischen Trainingsfolgen wie Gelenkverschleiß. Eine Erweiterung ist bereits die Begleitung des Leistungssports, der an die Grenzen menschlicher Leistungsfähigkeit und damit auch an die Grenzen eines gesunden Körpereinsatzes geht. Die nächste Stufe liegt in der gezielten Leistungssteigerung, für die ab einem gewissen Punkt der sportliche Erfolg höher gewichtet wird als die Gesundheit des Sportlers oder der Sportlerin.[58] Eine Nachfrage nach Leistungssteigerung, um im Wettbewerb bestehen zu können, findet sich ebenso in der Arbeitswelt, im Bildungsbereich und im Militär.

57 Laut Bundesrechnungshof: Prüfungsmitteilung »Leistungen für Kieferorthopädie«.

58 Ausführlich dazu Bette/Schimank 2006 – ihre sportsoziologische Studie ist nach nunmehr15 Jahren immer noch aktuell.

Aus soziologischer Sicht sind hier zwei Aspekte besonders wichtig: Erstens gibt es keine klare Grenze zwischen Gesundheitserhaltung, Fitnesssteigerung und Enhancement bis hin zu moralisch und oder rechtlich sanktioniertem Doping. Grenzziehungen müssen daher gesellschaftlich ausgehandelt oder verschleiert werden. Zweitens ist keine nachweisbare Wirksamkeit der jeweiligen Verfahren erforderlich, manchmal ist sie auch gar nicht möglich. Es kann genügen, wenn man z. B. durch die Einnahme einer Tablette das Gefühl hat, sich besser konzentrieren zu können. Das einzelne Subjekt hat keine Möglichkeit, einen etwaigen pharmazeutischen Effekt vom Placeboeffekt zu unterscheiden. Viele medizinische Handlungen greifen in den Bereich der Techno-Esoterik und wirken (vermutlich oder belegt) alleine oder überwiegend durch ihre technisch-wissenschaftlich-operative Anmutung und das damit kommunizierte Vertrauen in ihre Wirkmächtigkeit. Nicht zuletzt könnte man dem Enhancement auch die Versuche zuordnen, das Altern des Organismus zu verlangsamen oder aufzuhalten. Dieses Thema ist besonders interessant, da mit dem Alter die Zahl der Krankheiten bzw. Beeinträchtigungen und Behinderungen zunimmt und viele Begleiterscheinungen des Altersprozesses Erkrankungen ähneln. Die Frage, ob das Altern per se Krankheitscharakter hat, ist ein klassischer Streitpunkt, in den oft das schwammige philosophische Konzept der Natürlichkeit miteinbezogen wird. Die Begründung lautet dann, dass Altern natürlich und damit keine Krankheit sei. Allerdings ist die Markierung eines Sachverhaltes als natürlich willkürlich, bereits innerhalb der Medizin. So werden Krankheiten als natürliche Todesursachen von gewaltsamen Einwirkungen wie Unfall oder Totschlag abgegrenzt; die Abgrenzung des reinen Alterns wäre dann eher an seiner Universalität zu verankern – ausnahmslos jeder komplexere biologische Organismus ist ihm unterworfen. Jedenfalls ist auch die Beschäftigung mit den biologischen Grundlagen des Alterns und die Bearbeitung seiner Begleiterscheinungen ein Feld der Biomedizin.[59]

Interessant ist auch die Einordnung von Geschlechtsumwandlungen oder Geschlechtsangleichungen. Geschlechtsangleichung meint dabei die Anpassung der sichtbaren Genitalien an das chromosomale Geschlecht, meist noch beim Kleinkind. Das chromosomale Geschlecht gilt dabei als das ›tatsächliche‹ Geschlecht und die Angleichung soll die kulturell vorgegebene binäre Eindeutigkeit (Mann oder Frau und nichts dazwischen) sicherstellen. An Bedeutung gewonnen hat die Praxis der Geschlechtsumwandlung, die den Körper an eine gegenläufige Geschlechtsidentität als Persönlichkeitsmerkmal anpassen soll. Jemand fühlt sich z. B. als Frau, hat aber den Körper eines Mannes und lässt diesen durch hormonelle und chirurgische Eingriffe an einen weiblichen Körper annähern.[60] Je nach

59 Eine moderne Steigerung von Enhancement ist der Transhumanismus. Es ist das erklärte Ziel seiner Protagonisten (u. a. Ray Kurzweil), die Beschränkungen des biologischen Organismus zu überwinden und am Ende unsterblich zu werden, z. B. durch Hochladen des Bewusstseins in ein Computernetzwerk. Hier treffen sich Medizin, Science-Fiction, Religion, Geschäftemacherei und Allmachtsphantasien.

60 Diese Praxis stabilisiert wiederum die Vorstellung einer strikten Zweigeschlechtlichkeit: Es gibt ein *wahres* Geschlecht, das sich im falschen Körper befindet.

soziokultureller bzw. moralischer Bewertung kann die Wahrnehmung einer Diskrepanz von Geschlechtsidentität und biologischem Körper auch dem Feld der körperdysmorphen Störungen zugeordnet werden; andererseits könnte eine solche Zuordnung dann als Pathologisierung bzw. Psychiatrisierung sexueller Abweichung missbilligt werden.

Quasi das Gegenteil von Enhancement ist das gezielte Schädigen des menschlichen Körpers im Zuge von Hinrichtungen, Folter oder Körperstrafen (z. B. die Amputation von Gliedmaßen). Vermutlich fanden und finden solche Praktiken unter Mitwirkung (oder zumindest Konsultation) von Ärztinnen und Psychologen statt, zur Sicherstellung und Steigerung ihrer Effektivität oder zur Kontrolle ihrer Auswirkungen.

Ein weiterer Sonderbereich sind Veränderungen des Körpers aus religiösen oder anderen kulturellen Gründen wie z. B. die Beschneidung von Genitalien im Auftrag einer Gottheit oder – seltener – anderweitige Beschneidungen, Tätowierungen o. ä. im Rahmen von Initiationsriten.[61] Dieser Bereich soll hier nicht weiter vertieft werden, zumal solche Eingriffe meist von nichtmedizinischem Personal durchgeführt werden[62]. Inwieweit Ärztinnen und Ärzte sich an Beschneidungen beteiligen dürfen, wird immer wieder diskutiert, vor dem Hintergrund eines schwer entwirrbaren Geflechts aus medizinischen, politischen, apologetischen und religionskritischen Argumenten.[63] Ein Lösungsweg wäre die Konstruktion einer medizinischen Indikation zur Maskierung des religiös-sexualmoralisch-kulturell-politischen Hintergrunds. So kann man hygienische Gründe anführen und versuchen, dadurch Un- oder Andersgläubige zu überzeugen oder zumindest zu beruhigen. Auf jeden Fall kommt die Medizin spätestens dann ins Spiel, wenn derartige Eingriffe zu Komplikationen führen, die ärztlich behandelt werden müssen.

Möchte man diese Bereiche in den Geltungsbereich der Biomedizin mit einbeziehen, kann man Humanmedizin definieren als eine Profession, die sich mit den Funktionen des menschlichen Organismus befasst und Eingriffe in diesen vornimmt, in der Regel mit dem Ziel einer Beseitigung oder Verhinderung von Funktionsstörungen bzw. einer Anpassung an soziokulturelle Erfordernisse. Die Medizin zur organisierten Krankenbehandlung, Prävention und Salutogenese deckt davon nur einen Teilbereich ab, wenn auch den bedeutendsten. Der biomedizinische Fokus lässt sich dann wiederum erweitern durch Berücksichtigung der sozialen Umwelt des medizinischen Handelns, wodurch man zur Sozialmedizin und den Gesundheitswissenschaften gelangt.

61 Nicht zu vergessen die Kastration von Knaben, um ihre Stimme zu bewahren.

62 Die Praxis der kastrierten Sänger hatte übrigens einen religiösen Ursprung, nämlich das Verbot, Frauen im Gottesdienst singen zu lassen, abgeleitet aus 1 Kor 14,34.

63 Z. B. ein Pro & Contra im Deutschen Ärzteblatt 2012; 109: 31 f.

2 Soziologische Grundlagen

Grundbegriffe

Differenzierung, Thomas-Theorem, Self-Fulfilling Prophecy, Sozialisationsinstanzen, Peer Group, sozialer Habitus, soziales Kapital, soziale Rolle, Rollenkonflikte, Rollenskript, Identität, Impression Management, Funktion und Struktur, System und Umwelt, Autopoiesis, strukturelle Kopplung, Anschlussfähigkeit, operative Geschlossenheit, Mikro-Makro-Übergang, Gefangenendilemma, rationales Handeln, Reduktionismus, Demografie, Ungleichheit und Ungerechtigkeit, Sozialstruktur, Migrationshintergrund

2.1 Basiskonzepte und Theoriebausteine

2.1.1 Modelle gesellschaftlicher Differenzierung

Ein typisches Thema der Soziologie ist die Beschreibung des Aufbaus und der Veränderung von Gesellschaften bzw. ihrer Summe als Weltgesellschaft.

Differenzierung

Gesellschaftliche Differenzierung meint die Beschreibung unterschiedlicher Positionen, Funktionen und Lebenschancen der Individuen in einer Gesellschaft. Es werden – sehr vereinfacht – drei Grundtypen unterschieden, nämlich segmentäre, stratifikatorische und funktionale Differenzierung.[64] Es gibt darüber hinaus viele Übergangs- und Mischformen; ebenso ist umstritten, ob bzw. inwieweit diese drei Grundtypen als Abfolge von Entwicklungsstufen im Sinne einer Höherentwicklung bzw. Modernisierung interpretiert und positiv bewertet werden können.

64 Luhmann nennt noch als vierten Typus die Unterscheidung in Zentrum und Peripherie, vgl. Luhmann 1997: 634 ff., zur Vertiefung Schimank 1996.

Tatsächlich lassen sich meistens mehrere Formen gleichzeitig finden, wenn z. B. im absolutistischen Staat eine große Hauptstadt mit zentralem, hierarchisch gegliedertem Hof in einem überwiegend bäuerlich geprägten Umland liegt. Oder wenn sich in der heutigen, eher funktional differenzierten Gesellschaft dennoch eine Hierarchie von Sozialschichten auffinden lässt (▶ Abb. 8).

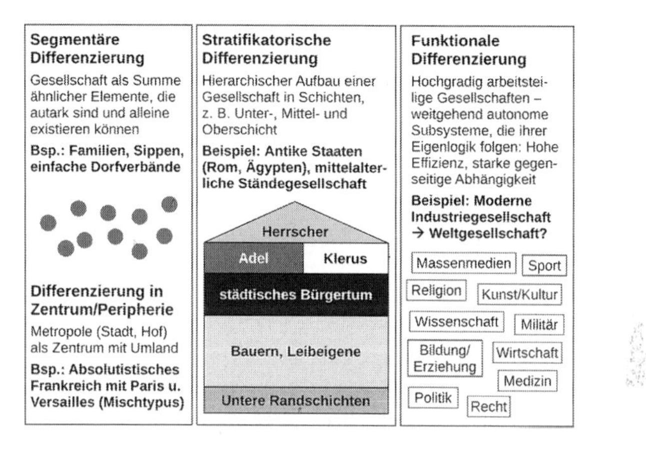

Abb. 8: Gesellschaftliche Differenzierung

Dieses Grundschema ist instruktiv und ebenso verwendbar für die Analyse von Organisationen, im Falle der Medizin z. B. für die Beschreibung von Teilstrukturen des Gesundheitswesens: Krankenhäuser, Rehabilitationseinrichtungen oder das Netz ambulanter Praxen von Ärztinnen und Ärzten und anderen Gesundheitsfachberufen in einer bestimmten Region. Hier kommt auch Luhmanns Modell der Differenzierung nach Zentrum und Peripherie wieder ins Spiel. Ein aktueller Bezugspunkt ist die Diskussion, ob es zu viele oder zu wenige Krankenhäuser gibt, ob einige wenige große Krankenhäuser besser sind als viele kleinere Häuser – allgemein die Abwägung zwischen einer breit ausgebauten wohnortnahen Versorgung und wenigen hochspezialisierten Großkliniken.

2.1.2 Thomas-Theorem und Self-Fulfilling Prophecy

Die wissenschaftliche Beobachtung von Menschen bzw. der Gesellschaft bringt das besondere Problem mit sich, dass der Forschungsgegenstand in komplexer Weise auf die Forschung reagiert, dass also Rückkopplungen auftreten. Spätestens mit dem Aufkommen der modernen Physik im 20. Jahrhundert wissen wir, dass keine Messung ohne Beeinflussung des untersuchten Objekts möglich ist. Aber ein Atom, Molekül, Asteroid oder Eichhörnchen weiß nichts von Forschung und hat keine Erwartungen an Forschungsergebnisse, daher sind etwaige Wechselwirkungen überschaubar und können entsprechend berücksichtigt (kontrolliert) werden.[65] Menschen reagieren aber, und das führt zu erheblichen Schwierigkeiten. In der Wissenschaftstheorie zur empirischen Sozialforschung wird diese Problematik als Reaktivität bezeichnet, sie wird im Kapitel über die Methoden der empirischen Sozialforschung nochmals aufgegriffen (▶ Kap. 5).

Menschen und ihre Aggregate (Soziale Gruppen, Soziale Systeme) konstruieren[66] Vorstellungen der Welt und richten ihr Verhalten und Handeln daran aus. Das machen im Prinzip auch Tiere; aber mit komplexeren kognitiven Fähigkeiten können sich diese Vorstellungen sozusagen selbstständig machen.

Thomas-Theorem

Der Soziologe Robert Merton prägte den Begriff des Thomas-Theorems, nach dem Soziologen William I. Thomas und seiner Frau Dorothy S. Thomas, die das Grundprinzip in den 1920er Jahren erstmals beschrieben hatten: »Wenn Menschen Situationen als real definieren, so haben sie reale Konsequenzen«[67].

Dieses Theorem hat eine enorme Tragweite, weil es die Kopplung der sozialen Realität an die physikalische Realität lockert. Der Glaube an übernatürliche Mächte, die Wirksamkeit einer Behandlung oder die Kompetenz der Therapeutin beeinflussen konkret die Wahrnehmung und das Handeln der betreffenden Menschen, unabhängig davon, ob andere Beobachter diesen Glauben teilen oder nicht. Und damit wird es notwendig, die Sinnzuschreibungen von Individuen nachzuvollziehen, um ihre Handlungen verstehen und interpretieren zu können (vgl. dazu Max Webers Definition des Sozialen Handelns, ▶ Kap. 2.5.1). Eine Variante des Thomas-Theorems ist die sich selbst erfüllende Prophezeiung (Self-Fulfilling Prophecy), wobei Merton im Rahmen des positivistischen Wissenschaftsverständnisses zwischen objektiver Wahrheit und Irrtum unterscheidet.

> »Die self-fulfilling prophecy ist eine zu Beginn falsche Definition der Situation, die ein neues Verhalten hervorruft, das die ursprünglich falsche Sichtweise richtig werden lässt. Die trügerische Richtigkeit der self-fulfilling prophecy perpetuiert eine Herrschaft des Irrtums. Der Prophet nämlich wird den tatsächlichen Verlauf der Ereignisse als Beweis dafür zitieren, daß er von Anfang an recht hatte. (…) So pervers ist die Logik des Sozialen.«[68]

65 Das Eichhörnchen reagiert auf einen anwesenden Menschen, auf sein Verhalten, auf Kamerageräusche. Es macht sich aber keine Gedanken darüber, was die Forscherin wohl herausfinden möchte und welche Folgen das für es selbst haben könnte.

66 Gemäß der Erkenntnistheorie von Maturana und Varela. Was und wieviel wir von der Welt wahrnehmen und letztlich wissen, hängt von unserem inneren Aufbau ab, unserer biologischen und psychischen Struktur, z. B. den Sinnesorganen. Wir erschließen uns die Welt im Rahmen unserer Möglichkeiten, haben aber keinen direkten Zugriff darauf. Es gibt für uns so viel Welt, wie wir verarbeiten können.

67 Merton 1995: 399, nach W. I. Thomas (ohne Quellenangabe und ohne Erwähnung von D. S. Thomas).

68 Merton 1995: 401. Mit der Etablierung des Konstruktivismus seit den 1960er und 1970er Jahren wird auch die Rolle der Wissenschaft kritischer gesehen und entsprechend vorsichtiger argumentiert, zumindest in den Sozialwissenschaften.

Self-Fulfilling Prophecy

Selbsterfüllende Prophezeiungen erzeugen ein soziales Phänomen, das zum Zeitpunkt der Prophezeiung (oder besser: Prognose) noch nicht – oder nicht in dem behaupteten Umfang – existiert. Die beteiligten Akteure nehmen das angenommene (behauptete, prophezeite) Phänomen aber ernst und richten ihr Handeln daran aus.

Mertons klassisches Beispiel ist eine Bank, die wirtschaftlich zunächst gut dasteht. Dann verbreitet sich das Gerücht, die Bank sei in finanziellen Schwierigkeiten. Infolge dessen heben massenhaft Kunden ihre Einlagen ab, worauf die Bank tatsächlich bankrottgeht.[69] Wenn die Mehrheitsgesellschaft davon ausgeht, dass Mädchen mathematisch unbegabt seien, richten sich die Bemühungen in der Schule auf Schadensbegrenzung, aber nicht auf die Entdeckung von Talenten und deren Förderung. Die meisten Mädchen übernehmen die gesellschaftliche Erwartung und kultivieren einen entsprechenden Habitus. In der Folge werden vorhandene Potentiale erst gar nicht entdeckt, und falls doch, nur unzureichend ausgeschöpft; schließlich zeigen Mädchen schlechtere Leistungen und die Befunde werden dann als Beleg für fundamentale Geschlechtsunterschiede angeführt (*a posteriori* – im Nachhinein, vom Ergebnis her gedacht). Am Ende lässt sich dann noch mit bildgebenden Verfahren nachweisen, dass entsprechende Hirnareale bei Frauen im Schnitt schwächer ausgebildet sind als bei Männern (▶ Kap. 6.1).

Die Self-Fulfilling Prophecy lässt sich für die Erklärung vieler Befunde der Medizin und der Gesundheitswissenschaften heranziehen. Ein Beispiel wäre die These, dass Schwangerschaftsabbrüche psychische Probleme nachziehen würden – Schuldgefühle und Depressionen, zusammengefasst als PAS (Post Abortion Syndrome). Eine breite und öffentlich kommunizierte Missbilligung der Abtreibung könnte durch die Behauptung und Erwartung entsprechender Folgen dazu führen, dass viele Frauen nach einer Abtreibung tatsächlich Schuldgefühle entwickeln und berichten. Allerdings gibt es auch die umgekehrte Erklärung, wonach das PAS durch eine mehrheitliche Tabuisierung und Beschwichtigung unterdrückt würde und viele der zunächst leidenden Frauen ihre Schuldgefühle verleugnen und verdrängen. Im DSM und ICD wird das PAS bisher nicht gelistet. Die Diskussion um die Realität des PAS ist ein Beispiel dafür, dass es keine neutrale Wissenschaft losgelöst vom Rest der Gesellschaft gibt.

Merton formuliert als Gegenstück noch die *Suicidal Prophecy*,[70] übertragen: die sich selbst zerstörende Prognose. Eine Vorhersage oder Prognose führt zu Verhaltensänderungen, was letztlich das Eintreffen des Ereignisses verhindert. In den Gesundheitswissenschaften ist dies die Grunderwartung von Maßnahmen zur Krankheitsprävention. So soll die Prophezeiung von Krankheit und Tod Raucherinnen und Raucher dazu bringen, mit dem Rauchen aufzuhören (u. a. mit

69 Ebd.: 400.
70 Ebd.: 401 (in Fußnote 1).

bedrohlichen Abbildungen auf Tabakverpackungen). Gegner und Gegnerinnen bestimmter Präventionsmaßnahmen sehen das Nichteintreten der schlimmen Entwicklung gerne als Beleg dafür, dass die Maßnahme unnötig gewesen sei – es ist ja nichts passiert. Es ist dann schwer zu klären, ob nichts passiert ist, weil keine Gefahr bestand, oder ob die Prävention die Gefahr beseitigt hat. In den Gesundheitswissenschaften wird diese Diskussion regelmäßig um Vorsorge- und Früherkennungsmaßnahmen geführt, z. B. Mammografie-Screenings oder bestimmte Messverfahren.[71]

2.1.3 Sozialisation und Habitus

Sozialisation

Durch Sozialisation wird ein Mensch in die menschliche Gesellschaft eingegliedert; akteurtheoretisch gedeutet wird er ein aktiv handelndes Mitglied der Gesellschaft. Dies geschieht am augenfälligsten in der Kindheit und Jugend durch Erziehung und ihre Nebenwirkungen. Sozialisation findet aber im Prinzip das gesamte Leben über statt. Der Mensch erwirbt dabei Wissen, Handlungskompetenzen und Handlungsschemata, Motive und Werthaltungen, zudem werden seine Gefühle und Bedürfnisse strukturiert.

Zimmermann definiert Sozialisation »als Prozess der Entstehung und Entwicklung der Persönlichkeit eines Individuums in wechselseitiger Abhängigkeit von der gesellschaftlich vermittelten, sozialen und materiellen Umwelt.«[72] Der Schwerpunkt bei der Auseinandersetzung mit dem Themenfeld Sozialisation liegt auf der Frage nach den gesellschaftlichen Integrations- und Partizipationsmöglichkeiten des Individuums, d. h. nach dessen Befähigung am sozialen Leben teilzuhaben und an der gesellschaftlichen Entwicklung mitzuwirken.

Sozialisation ist also kein einseitiges Sich-Einverleiben des heranwachsenden Individuums durch die Gesellschaft, sondern ein Wechselwirkungsprozess. Es gibt zahlreiche Versuche einer gezielten Einflussnahme auf Individuen durch Sozialisationsinstanzen – z. B. Soziale Systeme, Organisationen oder Personen. *Versuche* deshalb, weil keine beteiligte Instanz die gewünschten Ziele sicher herbeiführen kann. Viele Versuche werden erfolgreich sein oder das Ergebnis wird sich in einem für die Sozialisationsinstanz akzeptablen Rahmen bewegen; andere werden scheitern oder für eine Seite unbefriedigend sein (für das Individuum oder für die Sozialisationsinstanz; es können ja auch verschiedene Instanzen unterschiedliche Ziele verfolgen). Hurrelmann unterscheidet primäre, sekundäre und tertiäre Sozialisationsinstanzen.[73] Demzufolge ist die Familie die primäre Instanz; hier finden die grundlegenden Bindungserfahrungen und der Spracherwerb statt.

71 Eine kritische Darstellung z. B. bei Gigerenzer 2013.
72 Zimmermann 2011: 15.
73 Hurrelmann 2020: 144; bei Zimmermann »Sozialisationsbereiche«, 2011: 71 ff.

Die Familie prägt zudem die Körperhygiene, das Ernährungsverhalten und viele weitere Verhaltensweisen und Motive. Sekundäre Sozialisationsinstanz ist das Bildungssystem mit verschiedenen Einrichtungen wie Kinderkrippen, Kindertagesstätten, Kindergärten, Vorschulen und Schulen. Tertiäre Instanzen sind alle weiteren gesellschaftlichen Systeme, Organisationen, Gruppen, Akteure, die Einfluss auf das Individuum nehmen möchten; im Prinzip seine gesamte gesellschaftliche Umwelt. Ein einfaches Beispiel sind Geschmacksnormen oder Moden in Gleichaltrigengruppen (Peer Groups): Kleidungsstil, Musikhörgewohnheiten, Interaktionsrituale (wie begrüßt man sich, die Verwendung bestimmter Begriffe, allgemein: Was geht, was geht nicht).

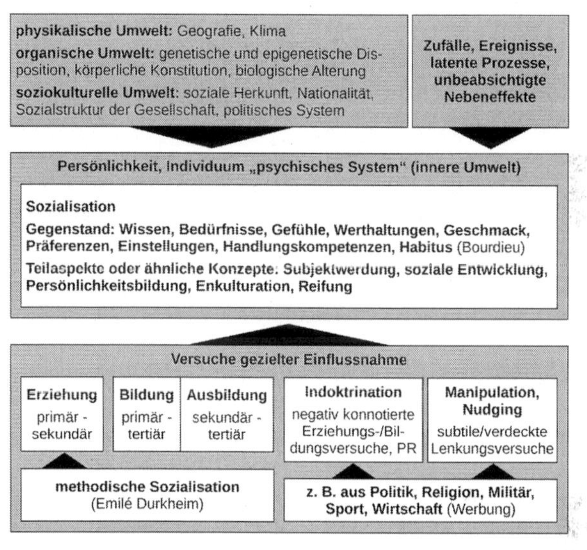

Abb. 9: Sozialisation – Übersicht

Sozialisation kann beabsichtigte und unbeabsichtigte Anteile haben, quer dazu erwünschte und unerwünschte. In allen Sozialisationsinstanzen gibt es Versuche gezielter Einflussnahme auf den Sozialisationsprozess. Im Kindes- und Jugendalter ist das die Erziehung, die deshalb von Durkheim als *methodische Sozialisation* charakterisiert wurde. Im Prinzip ist jedes Bestreben, einen Menschen zu einem bestimmten Verhalten zu bewegen, ein Erziehungsversuch, aber für erwachsene Zielpersonen werden andere Begriffe verwendet. Erziehung kommuniziert ein Autoritätsgefälle, was dem Ideal der mündigen, freien Bürgerin widerspricht. Ersatzweise ist dann von Verhaltenssteuerung, Beeinflussung, Überzeugung, Therapie oder neuerdings *Nudging* die Rede; möchte man solches Handeln kritisieren, redet man von Gängelung, Manipulation und unterschwelligem Zwang – oder ausdrücklich von Erziehung, die dann aber klar als unstatthaft markiert ist. In Abbildung 9 wird zwischen erwünschten und unerwünschten Beeinflussungsversuchen unterschieden (► Abb. 9). Diese Unterscheidung ist analytisch. In der

Praxis werden die Beteiligten oder verschiedene Beobachter manchmal zu verschiedenen Bewertungen gelangen: Politische oder religiöse Missionierung mag aus Sicht der missionierenden Instanz ein Bildungsangebot oder Erziehung sein, ein Beobachter aus einer konkurrierenden Organisation wird sie als Indoktrination missbilligen. Das lässt sich direkt auf Konfliktfelder der Medizin übertragen, man denke an Anhängerinnen von Alternativmedizinen, die bestimmte Behandlungen ablehnen. Wichtige Anhaltspunkte für moralische Bewertungen sind die Motivation der Sozialisationsinstanz (handelt sie nach bestem Wissen und Gewissen?) und das angestrebte Ergebnis (steht aufrichtig das Wohl der Patientin im Vordergrund?).

Neben aktiver, bewusster Beeinflussung findet sehr viel Sozialisation unbewusst bzw. unbeabsichtigt statt. Ein Kind lernt im Kindergarten den Umgang mit anderen Kindern, erwünscht sind in erster Linie Kooperation und Rücksicht. Nebenbei ist es mit einer neuen physischen und sozialen Umgebung konfrontiert, die irgendwo zwischen privatem und öffentlichem Raum verortet ist. Es kommt in eine größere Gruppe, die Beziehung zu den erwachsenen Personen hat ein anderes Rollenprofil als die zu den Eltern (vgl. Parsons Pattern Variables, ▶ Kap. 2.3). Nebenbei lernt es auch Schimpfwörter, eine subtile Hackordnung und ggf. das Drangsalieren schwächerer Kinder oder aber Vermeidungsstrategien, wenn es selbst das Opfer ist. Insgesamt bewertet die Gesellschaft die positiven Einflüsse des Kindergartens – und später der Schule – höher als etwaige negative Nebenwirkungen, weshalb öffentliche Kindergärten und die allgemeine Schulpflicht fast nur von Sondergruppen abgelehnt werden, die der Mehrheitsgesellschaft per se negativ gegenüberstehen.[74] Die meisten Eltern handeln innerhalb des Systems: Bei negativen Erfahrungen unterscheiden sie zwischen guten und schlechten Kindergärten bzw. Schulen und melden ihr Kind notfalls um.

Sozialisation und ihre Ergebnisse sind wesentlich für die Erklärung der Reproduktion Sozialer Ungleichheit.

Sozialer Habitus

Der Soziologe Pierre Bourdieu hat hierzu den Begriff des sozialen Habitus geprägt. Er beschreibt den Habitus als Gesamtheit oder System der Dispositionen eines Menschen. Konkret ist damit das Auftreten, Handeln, Wahrnehmen und Wünschen eines Menschen gemeint, und zwar auf einer eher subtilen Ebene – entsprechend trägt Bourdieus Hauptwerk den Titel »Die feinen Unterschiede«. Der Habitus dient der Orientierung des Individuums in der Gesellschaft und formt sein Handeln, Wahrnehmen und Entscheiden. Er umfasst Umgangsformen, Geschmacksvorlieben, Kleidungsstil und steuert Bildungsaspirationen und Freizeitverhalten. Der Habitus wird stark geprägt

74 Mehrheitlich religiöse Fundamentalisten, im deutschsprachigen Raum meist christlich-evangelikal; dieses Milieu stützt wesentlich die Home-Schooling-Bewegung.

durch das Herkunftsmilieu und erzeugt eine Art sozialen Stallgeruch, in manchen Ländern[75] ist er mit Sprachfärbungen oder Dialekten verkoppelt.

Bourdieu geht davon aus, dass die Entstehung des Habitus mit der Zeit vergessen wird und dass er stärker auf der Ebene des Körpers als im bewussten Denken wirkt.[76]

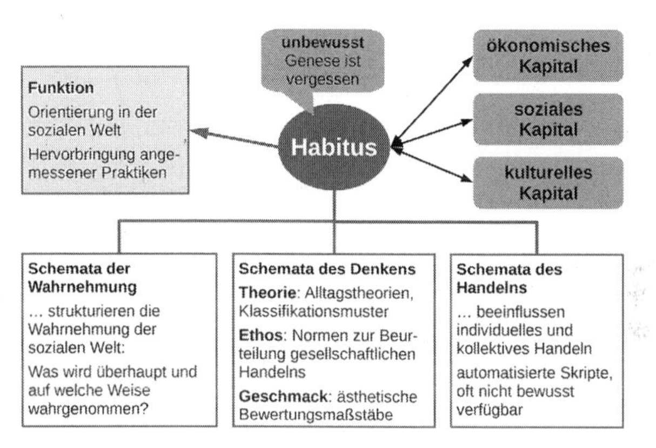

Abb. 10: Habitus nach Pierre Bourdieu

Das ökonomische, soziale und kulturelle Kapital eines Individuums prägen seinen Habitus, umgekehrt kann der passende Habitus die Vermehrung von Kapital begünstigen, was in der Abbildung durch Doppelpfeile symbolisiert wird (▶ Abb. 10). Es gilt das *Matthäus-Prinzip*: Wer hat, dem wird (noch mehr) gegeben.[77] Z. B. prägt Übung im Umgang mit hochrangigen Personen einen souveränen Umgangsstil, der neue Kontakte mit weiteren hochrangigen Personen erleichtert. Die Chancen zum Aufstieg in hohe gesellschaftliche Positionen werden also stark vom Habitus beeinflusst – manchmal bewusst, noch öfter aber unbewusst. Gruppenangehörige tendieren dazu ›ihresgleichen‹ zu bevorzugen, und das in allen sozialen Schichten. Diese Tendenz kommt besonders in persönlichkeitszentrierten Auswahlverfahren zum Tagen, z. B. Motivationsschreiben oder Assessment Center, wie sie bei der Vergabe höherer Positionen verbreitet sind: bei der Auswahl von Führungskräften, aber auch schon bei der Vergabe von Stipendien bzw. der Aufnahme in Begabtenförderprogramme. Ganz frühe Ansatzpunkte sind Tests zu Schulbeginn auf Schulreife oder Hochbegabung; be-

75 Stark ausgeprägt z. B. in Großbritannien, wo bestimmte Dialekte ›Unterschicht‹ signalisieren. Schichtspezifische Dialekte nennt man auch *Soziolekte*.

76 Ähnliche Konzepte gibt es in der kognitiven Psychologie als implizites Wissen und prozedurales Gedächtnis, eine Übersicht bei Anderson 2001: 235–238.

77 In Anspielung auf Mt 25,29 oder Mt 13,12.

reits hier können Kinder höherer Sozialschichten aufgrund ihres Habitus begünstigt werden. Laut Bourdieu ist die subtile[78] Macht des Habitus dafür verantwortlich, dass der Einfluss der sozialen Herkunft auf Lebenschancen in den meisten modernen Staaten stark geblieben ist; trotz mehr oder weniger konsequenter Anstrengungen zur Herstellung von Chancengerechtigkeit im Rahmen eines allgemeinen Leistungsprinzips. Der Habitus ist in der Medizinsoziologie für zwei Bereiche wichtig – Herkunft, Karriere und Macht des medizinischen Personals und das Verhältnis von Patienten zum Arzt oder zur Therapeutin; das moderne Ideal einer partnerschaftlichen, sachlich geprägten Beziehung wird am ehesten (wenn überhaupt) realisierbar sein, wenn sich beide sozial auf Augenhöhe befinden, eine im sozialen Sinne *gemeinsame Sprache* sprechen.

2.1.4 Soziales Kapital

Von Bourdieu stammt auch das Konzept der Erweiterung des ökonomischen Kapitalbegriffs um kulturelles und soziales Kapital. Einiges Kapital bekommen Kinder bei Geburt (je höher ihre soziale Herkunft, desto mehr); den Rest erwerben die Individuen im Zuge ihrer Sozialisation, Ausbildung und Bildung. Die drei Kapitalformen sind Idealkategorien, im Detail werden sich viele Beispiele finden lassen, in denen sie sich nicht scharf voneinander trennen lassen. Zudem können die Kapitalformen ineinander transformiert werden, wenn auch nicht unbegrenzt. So kann man mit ökonomischem Kapital ein Klavier kaufen (objektiviertes kulturelles Kapital) und Klavierstunden bezahlen, aber keine musikalische Begabung oder die Lust am Klavierspielen. Ob und wie man sich Geschmack aneignet, ist strittig, aber der protzende Neureiche als Witzfigur ist geläufig. Durch Geld wird zumindest der Zugang zu den Dingen erleichtert, die selbst mit Geld nicht gekauft werden können. Soziales Kapital und Habitus kommen besonders dann zum Tragen, wenn sich zwei Personen hinsichtlich ihrer Begabung ähneln. Dies wird bei der Entscheidung von Jugendlichen für höhere Bildungswege deutlich.

Beispiel

Man stelle sich die Entscheidungssituation einer Schülerin vor, die kurz vor dem Abitur steht und überlegt, ob sie studieren möchte und was. Wenn aus ihrem näheren sozialen Umfeld noch niemand studiert hat, handelt es sich um Neuland und es werden eher bzw. mehr Vorbehalte und Ängste formuliert werden als bei jemandem, dessen Eltern selbst studiert haben. Im Idealfall hat jemand aus dem näheren Umfeld ein ähnliches Fach studiert, kennt vielleicht sogar Personen an einer Universität, kann Kontakte vermitteln. Das

78 Der Habitus wirkt oft unterschwellig – man hat ein gutes Gefühl beim Umgang mit Menschen, die einen ähnlichem Habitus haben, ohne dass man sich dieser Ähnlichkeit bewusst ist. Vgl. Bourdieu 1982, als Einführung z. B. Bohn/Hahn in Kaesler 1999: 257 ff.

Gesamtsetting wird zuversichtlicher gefärbt sein als bei einer Bildungsaufsteigerin ohne entsprechenden Hintergrund. »Werde ich dem Studium gewachsen sein? Vielleicht ist ein Studium auch gar nicht so wichtig, meine Eltern und anderen Verwandten haben ja auch nicht studiert und haben es trotzdem zu etwas gebracht. Wie stehe ich da, wenn ich scheitere?«

Der Habitus ist selbst Teil des sozialen Kapitals, und zu ihm gehören auch Zuversicht, Gelassenheit und Selbstvertrauen, die wiederum vom übrigen vorhandenen Kapital genährt bzw. gestärkt werden. Habitus und Kapital begünstigen also den Verbleib in der Schicht der eigenen sozialen Herkunft und behindern den sozialen Aufstieg.[79]

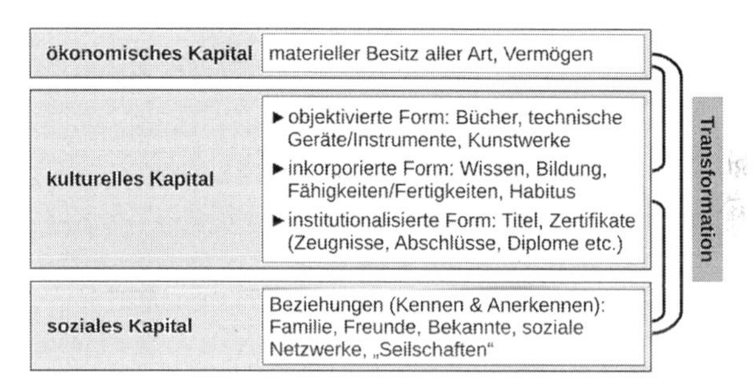

Abb. 11: Soziales Kapital

Habitus und Kapitalausstattung sind für die Medizinsoziologie wichtig, weil beides zur Erklärung der starken sozialen Unterschiede hinsichtlich Gesundheitszustand und Lebenserwartung herangezogen werden können. Zum sozialen Kapital (▸ Abb. 11) gehören so triviale Dinge wie das Interesse der Eltern an Gesundheitsthemen und ihr Gesundheitsverhalten. Das wirkt sich schon im Kindesalter aus. Kinder aus niedrigen Sozialschichten haben schlechtere Zähne, sind häufiger übergewichtig, bewegen sich weniger und konsumieren in einem größeren Ausmaß elektronische Unterhaltung wie Computerspiele oder Fernsehen. Es werden häufiger Vorsorgeuntersuchungen oder Impfungen ausgelassen und bei Gesundheitsproblemen oder Entwicklungsrückständen wird später professionelle Hilfe gesucht (z. B. Logopädie oder Psychotherapie).

Für ein umfassendes Bild der Sozialisation und Entwicklung muss die soziale Herkunft um die biologische Herkunft und die politische, geografische und soziokulturelle Umwelt ergänzt werden, die wiederum die nähere soziale Umwelt beeinflusst. Je nach Weltanschauung sind das Zufallskomponenten oder ein unbeeinflussbares Schicksal – jedenfalls ist es kein persönlicher Verdienst, als Kind von Eltern der Unter- oder Oberschicht in ein reiches Industrieland Mitteleuro-

79 Umgekehrt kann der Habitus auch die Auswirkungen eines sozialen Abstiegs verschlimmern, indem Scham und Schuldgefühle verstärkt werden.

pas Ende des 20. Jahrhunderts geboren zu werden. Ein neu geborener Mensch ist mit biologischem/genetischem sowie sozialem, kulturellem und ökonomischem Kapitel ausgestattet und sein weiterer Kapitalerwerb findet unter bestimmten Umweltbedingungen statt.

2.1.5 Vertrauen

Vertrauen ist eine Grundvoraussetzung von Kommunikation und sozialem Handeln und wird daher in vielen Wissenschaftsdisziplinen behandelt. Ein zentrales Thema im Medizinsystem ist das Vertrauen zwischen Klient und Therapeut bzw. Patientin und Ärztin. Klassische Beiträge der Soziologie stammen von Georg Simmel und Niklas Luhmann. Dieser Abschnitt basiert im Wesentlichen auf Luhmanns Buch »Vertrauen« von 1968, das folgendermaßen beginnt:

> »Der Mensch hat zwar in vielen Situationen die Wahl, ob er in bestimmten Hinsichten Vertrauen schenken will oder nicht. Ohne jegliches Vertrauen aber könnte er morgens sein Bett nicht verlassen. Unbestimmte Angst, lähmendes Entsetzen befielen ihn.«[80]

In systemtheoretischer Sprache dient Vertrauen der Reduktion von Komplexität. Damit ist gemeint, dass die Welt so kompliziert ist, dass eine ungefilterte Konfrontation mit ihr jedes Individuum überfordern würde und deshalb Vereinfachungen in der Wahrnehmung notwendig sind.[81] Dies gilt auch für die Gesellschaft, für die soziale Welt, in der sich die Individuen bewegen. Vertrauen bedeutet, dass wir mit bestimmten Ereignissen, Reaktionen und Handlungen rechnen, mit anderen aber nicht. Über unsere basale Handlungsfähigkeit hinaus erweitert Vertrauen den Handlungsspielraum. Man muss sich nicht in jeder neuen Situation mit allen Details befassen und zeitraubende Kontroll- und Sicherheitsmaßnahmen durchführen (bzw. nicht mehr als sonst auch – das Fahrrad anschließen, sich aber nicht bewaffnen). Der Patient vertraut darauf, dass eine Therapeutin kompetent ist und in seinem Interesse handelt. Die Wichtigkeit dieser Voraussetzung wird klar, wenn man sich die vielen alternativen Möglichkeiten überlegt. Die Therapeutin könnte inkompetent sein, unmotiviert, unausgeschlafen und unkonzentriert, psychisch krank, falsch oder schlecht informiert (weil einige ihrer Informationsquellen wiederum nicht vertrauenswürdig sind), korrupt, böswillig usw. Der Phantasie sind hier keine Grenzen gesetzt und das System der Massenmedien hat mit dem Psychothriller eine eigene Unterhaltungssparte dazu hervorgebracht. Eine ernsthafte Erwartung negativer Motive bzw. Verhaltensweisen bei Anderen bewegt sich bereits in den Bereich psychischer Störungen mit geläufigen Krankheitsbildern wie Hypochondrie, Verfolgungswahn und den vielen Arten sozialer Ängste.

---

80 Luhmann 2014/1968: 1.

81 Schon die Sinneswahrnehmung ist ein komplexes Zusammenspiel von Sinnesorganen und Gehirn. Das Auge bzw. die Netzhaut sieht nicht alles, sondern nur einen kleinen Ausschnitt des Lichtspektrums. Im Auge findet eine Vorstrukturierung der Sinnesreize statt. Sehen ist dann eine Interpretationsleistung des Gehirns. Die Interpretation wird von Veranlagung, Training, Erfahrungen und Erwartungen beeinflusst. Ausführlich bei Maturana/Varela 1987: vor allem 155 ff.

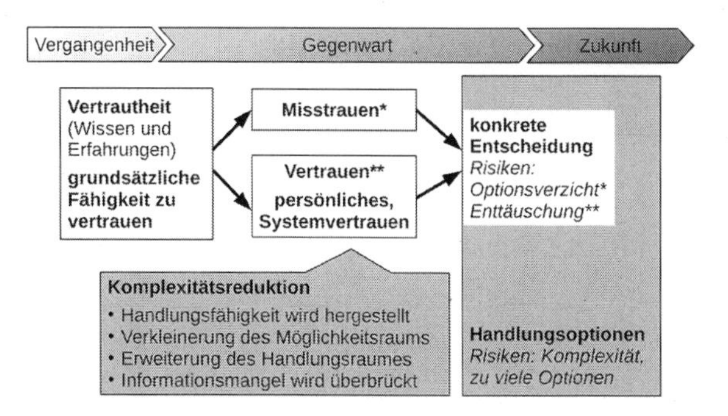

Abb. 12: Vertrauen

Vertrauen bezieht sich auf die Zukunft, findet aber immer in der Gegenwart statt (▶ Abb. 12). Wenn man weiß, was passieren wird bzw. das kontrollieren kann, braucht man nicht zu vertrauen. Entsprechend wird Vertrauen auch durch begleitende Kontrolle beschädigt. Vertrauen ist notwendig, wenn man nicht kontrollieren kann (weil es zu viel wäre) oder nicht kontrollieren möchte, weil man dadurch ja Misstrauen signalisieren würde. Hat sich erst Misstrauen eingestellt, ist dieses schwer wieder loszuwerden, es gibt aber zwischen Vertrauen und Misstrauen keine klare Grenze. Keine Patientin lässt sich beim ersten Besuch der Arztpraxis die Zulassungsurkunde der Ärztekammer vorzeigen, andererseits hängen viele Ärztinnen und Ärzte Urkunden und Prämierungen aus – aber weniger, um Zweifel an ihrer Kompetenz auszuräumen, sondern um Exzellenz zur Schau zu stellen.

Vertrauen setzt Vertrautheit voraus, also ein Minimum an Wissen über bzw. Erfahrungen mit dem Objekt möglichen Vertrauens. Vertrautheit bezieht sich somit auf die Vergangenheit. Eine völlig unvertraute Situation erzeugt Ängste und erhöhte Aufmerksamkeit und bietet keinen Ansatz für Vertrauen.

Beispiel

Der erste Besuch einer Arztpraxis oder Klinik ist für die Meisten beunruhigend. Erste Ansatzpunkte für Vertrauen könnten dann lächelnde, freundliche Menschen sein, die dadurch Wohlwollen signalisieren. Bekannte Elemente, Vorerfahrungen, Gelerntes unterfüttern Vertrautheit. Den meisten Menschen sind Ärzte und Krankenhäuser bekannt, zumindest so weit, dass sie wissen, dass ihnen geholfen werden soll – es gibt zwar einige einschlägige Psychothriller und Krimis, aber positive Darstellungen dürften in der Unterhaltungssparte der Massenmedien überwiegen; zumindest wird wohl erwartet, dass die medizinische Behandlung das kleinere Übel ist im Vergleich zur Nichtbehandlung. Die Problematik zeigt sich bei Kinder- und Tierärzten. Kleinkinder oder Katzen verstehen nicht, dass es mittelfristig gut für sie ist, sich von fremden Menschen anfassen, festhalten und vielleicht sogar mit einer Nadel stechen zu lassen. Bei mehrmaligen Arztbesuchen entsteht die Vertrautheit, dass es unangenehm wird. Die anschließenden positiven Folgen haben einen zu großen zeitlichen Abstand und können dem ärztlichen Handeln nicht zugeordnet werden. Auch unter Erwachsenen gibt es noch Arztvermeidung, manchmal wegen prägender Vertrautheiten aus der Kindheit, oder auch nur, weil der Zukunftshorizont kürzer gesetzt wird. Die Darmspiegelung ist konkret unangenehm, der Tumor ein vages Risiko, das man verdrängen oder anderweitig zurechnen kann.

Im Rahmen einer Therapie lassen dann aber die meisten Menschen erstaunlich viele Dinge mit sich geschehen, u. a. aufgrund ihres Vertrauens in das Medizinsystem und seine Akteure.[82] Entsprechend heißt diese Vertrauensform Systemvertrauen, in Abgrenzung zum persönlichen Vertrauen. Persönliches Vertrauen basiert auf der Vertrautheit mit einer Person, die man gut kennt und gehört zum Nahbereich mit Freundschaften, Verwandten und Nachbarinnen und Nachbarn. Das hat zur Folge, dass auch die Reichweite des persönlichen Vertrauens auf diesen Nahbereich begrenzt ist. Allenfalls kann der Nahbereich durch Gruppenzugehörigkeit ausgedehnt werden: Man vertraut den Freunden seiner Freunde, Gemeindemitgliedern, Menschen derselben Herkunft oder Ethnie oder derselben Berufsgruppe. Vertrauensbasis ist dann ein Vertrautheitsgefühl, das durch die mehr oder weniger diffuse Gemeinsamkeit begründet wird, möglicherweise gestützt durch soziale Einbindung: Der Freund einer Freundin mag sich mir gegenüber wenig verpflichtet fühlen, aber meiner Freundin gegenüber. Systemvertrauen ist hingegen nicht an Personen verankert, es richtet sich auf gesellschaftliche Einrichtungen und ihre Akteure. Man ist mit den Strukturen und Abläufen vertraut und vertraut darauf, dass alles seine Richtigkeit hat – alle verhalten sich gemäß den Erwartungen, sind ausreichend qualifiziert und es gibt funktionierende Kontrollmechanismen. Wer sich in logopädische Behandlung begibt, kann persönlich vertrauen (die Logopädin ist persönlich bekannt oder wurde von einem Freund empfohlen) oder den Rahmenbedingungen der Berufsausbildung und Berufsausübung und der Einbindung in Berufsverbände; allgemeiner den Systemen Wissenschaft, Erziehung/Ausbildung und Recht. Mit zunehmender Komplexität der Gesellschaft nimmt die Bedeutung des Systemvertrauens zu. Der mögliche Umfang persönlicher Kontakte als Vertrauensbasis ist begrenzt, das Ausmaß an Mobilität und Handlungsreichweiten in der modernen Gesellschaft lässt sich nur noch mit Systemvertrauen bewältigen. Man kann nicht alle Personen kennen, auf die man im Alltag angewiesen ist, die hinter den benötigten Waren und Dienstleistungen stehen, von deren Handeln man direkt oder indirekt betroffen ist. Wer sich von einer Sprechstundenhilfe Blut abnehmen lässt, verlässt sich darauf, dass sie das gelernt hat, dass sie keine ansteckende Krankheit hat, dass die Kanüle steril ist, dass das Blut tatsächlich ins Labor geschickt wird, dass die Blutproben nicht verwechselt werden; und später dann, dass die Messwerte stimmen.

Vertrauen kann nicht offen kommuniziert werden. Wenn ich einer Person oder Organisation nicht vertraue, hilft es dieser wenig, wenn sie ihre Vertrauens-

82 Vgl. Vogd 2011: 9–10.

würdigkeit betont. Dasselbe gilt für das Einfordern von Vertrauensbeweisen. Die Information, ob man jemandem vertrauen kann, kann nur aus einer dritten Quelle stammen oder sie kann indirekt, unterhalb der Schwelle offener Kommunikation, erschlossen werden. Man platziert heimlich Gelegenheiten zum Vertrauensbruch und beobachtet, ob diese ausgenutzt werden.[83] Wird das Vertrauen tatsächlich gebrochen, bezieht sich das aber auf den Versuch; man muss dann immer noch entscheiden, ob man das als Indikator für grundsätzliche Unzuverlässigkeit wertet oder noch als Nachlässigkeit durchgehen lässt. Vertrauen ohne Unsicherheitsbereich ist nicht zu haben.

Auch Personen, die expressiv Misstrauen pflegen, tun das nur in eng umgrenzten Bereichen. Der Verschwörungstheoretiker misstraut bestimmten Nachrichten im öffentlich-rechtlichen Rundfunk, aber nicht den Fußballergebnissen oder der Wettervorhersage. Die Qualität der Alternativnachrichten aus seinen bevorzugten Internetportalen wird er dagegen nicht in Frage stellen, solange sie seine Erwartungen bestätigen. Eine Ausbreitung des Misstrauensbereichs engt unausweichlich den eigenen Handlungsbereich ein. Vermutlich haben auch die meisten misstrauischen Menschen ein ausgeprägtes Systemvertrauen, nur eben in andere Akteure oder Einheiten desselben Systems. Auch ausländerfeindliche Internetportale gehören zum System der Massenmedien und können sich dessen Systemlogik nicht entziehen.[84]

Vertrauen ist ein Ersatz für Wissen und Kontrolle, es bietet im Idealfall dasselbe Sicherheitsgefühl.[85] Wenn tatsächliche Sicherheit besteht bzw. eine Situation völlig kontrolliert werden kann, dann gibt es keine Notwendigkeit für Vertrauen. Ohne Sicherheitsgefühl bleibt allenfalls noch Hoffnung, bei negativer Grunderwartung geht die Hoffnung dann in Verzweiflung über. Im Medizinsystem ist die gesamte Bandbreite anzutreffen, je nach Schwere der zu behandelnden Krankheit bzw. im Verlauf eines konkreten Krankheitsfalles und in unterschiedlicher Reihenfolge. Verzweiflung kann über Hoffnung und Vertrauen zu Sicherheit werden, aber auch umgekehrt.

83 Ein Beispiel ist das Auffüllen des Scheibenwaschmittels im Auto vor der Inspektion oder das Lancieren einer Indiskretion gegenüber einem Bekannten.

84 Sie streben nach Aufmerksamkeit, müssen aus dem Überangebot an Information auswählen, was Nachricht sein soll, und wenden die einschlägigen Selektoren (Auswahlkriterien) an, siehe hierzu Berghaus 2011: 205–217, ausführlich bei Luhmann 1996.

85 Internetgestützte Evaluationsportale für Arztpraxen oder Rankings aller möglichen Einrichtungen und Akteure im Gesundheitswesen sind ein neuerer Versuch, eine zusätzliche Informationsebene einzuziehen. Oft ist nicht klar, ob sie der Sachinformation dienen oder nicht eher der Werbung oder Unterhaltung.

2.2 Rollentheorien: Mead, Goffman

Das Konzept der sozialen Rolle wurde in den 1930er Jahren von Ralph Linton und George Herbert Mead eingeführt[86] und später von wichtigen Theoretikern wie Erving Goffman, Robert Merton und Talcott Parsons übernommen und weiterentwickelt. Der Begriff der Rolle stammt aus dem Theater, aber im Gegensatz zur Theaterrolle wird die soziale Rolle nicht gespielt,[87] sondern in die eigene Persönlichkeit integriert.

Soziale Rolle

Soziale Rollen sind die Verbindung zwischen dem Individuum und der Gesellschaft, und das Individuum geht normalerweise in seinen Rollen auf, ohne sie bewusst wahrzunehmen oder als Rollen zu hinterfragen. Rollen fassen Verhaltenserwartungen an Individuen in sozialen Situationen zusammen, sie standardisieren diese Situationen und machen den Ablauf der Geschehnisse und das Verhalten der anderen Teilnehmenden erwartbar – sie reduzieren Komplexität.

Soziale Rollen können an Berufe und Lebenssituationen gekoppelt sein und damit ein Individuum stark prägen – die Rolle als Ärztin, Politiker oder Lehrerin, aber auch als Mutter, Vater oder beste Freundin. Sie können aber auch kurz in bestimmten Sequenzen eingenommen werden, z. B. wenn jemand auf der Straße nach dem Weg fragt. Es ist klar, dass so eine Frage statthaft ist und nicht etwa übergriffig. Daher wird allgemein erwartet, dass man freundlich reagiert und aufrichtig den Weg beschreibt bzw. bedauernd einräumt, dass man sich hier selbst nicht auskennt. Es ist auch klar, welche Erwartungen den Rahmen sprengen würden, z. B. dass der Ortskundige die fragende Person über einen längeren Weg zum Ziel begleitet und ihr vielleicht noch die Tasche trägt – die Höflichkeitsnormen verlangen eine aufrichtige kurze Auskunft, alles weitere ist ein freiwilliges oder großzügiges Zugeständnis.[88] Ein anderes Beispiel ist, wenn ein Krankenpfleger den Wellensittich einer alleinstehenden Patientin für die Dauer ihres Krankenhausaufenthalts in Pflege nimmt. Sowohl die Rollenträger als auch die Personen, Gruppen oder Institutionen, mit denen sie interagieren, haben bestimmte Vorstellungen von der Rolle und entsprechende Erwartungen.[89]

86 Ausführlich bei Miebach 2014: 39 ff.

87 Manchmal doch, aber das ist eher die Ausnahme und erfordert die Fähigkeit zur Rollendistanz und besondere Aufmerksamkeit und Selbstkontrolle – quasi schauspielerisches Talent und Übung.

88 Am ehesten noch gegenüber einer alten, gebrechlich anmutenden Person.

89 Dahrendorf unterscheidet Muss-, Soll- und Kann-Erwartungen (vgl. Miebach 2014: 50 ff.; Mathe 2005: 54–55). Ggf. könnte man als vierte Option *Darf-nicht-Erwartungen* ergänzen. Die Verwahrung des Wellensittichs ist wohl eine Kann-Erwartung. Die Ein-

Rollenkonflikte

Abweichende Rollenerwartungen führen zu Rollenkonflikten. Gängig ist die Unterscheidung von Inter- und Intrarollenkonflikten. Vereinzelt werden zusätzlich Person-Rollen-Konflikte spezifiziert, wenn die Rollenerwartungen den Motiven oder Bedürfnissen des Rolleninhabers widersprechen (▶ Abb. 13).

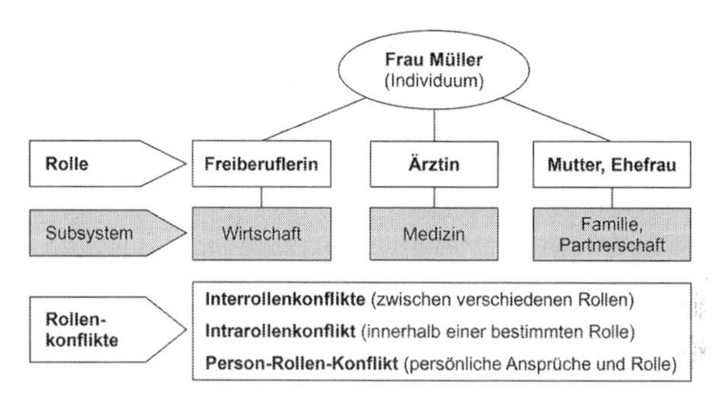

Abb. 13: Rollenkonflikte

Rollen sind zeitlich und räumlich stabile Erwartungs- und Verhaltensmuster in Verbindung mit einer bestimmten Position in der Gesellschaft. Das können natürliche Positionen sein wie Vater, Mutter, Kind oder Berufe und zugeordnete Positionen wie Kundin, Patient, Passant oder Angeklagte. Differenzierungen innerhalb bestimmter Berufe[90] sind dann Rollensegmente oder bereits wieder verschiedene Rollen (z. B. Chefärztin – Oberarzt – Assistenzärztin, Hausärzte und Fachärztinnen). Bei der Beschreibung sozialer Situationen und Beziehungen durch Rollentheorien werden bestimmte Grundbegriffe verwendet, die nachfolgend aufgelistet und beschrieben werden.

- Rollenträger: die Person, die in einer sozialen Situation eine bestimmte Rolle innehat. Eine Person trägt normalerweise viele verschiedene Rollen, manchmal gleichzeitig, manchmal sequenziell (nacheinander), was auch davon abhängt, wie viele weitere Personen an der Situation beteiligt sind. Wenn eine Mutter mit ihrem Kind bei der Kinderärztin ist, so ist das Kind gleichzeitig Patient (der Ärztin) und Kind (der Mutter).[91]

---

stufung einer Aufgabe als »Darf nicht« kann u. a. gutmütige Rolleninhaber vor überzogenen Ansprüchen und Vereinnahmung schützen.

90 Z. B. nach bestimmten Funktionen oder nach hierarchischer Position (Pflegehelferin, examinierter Pfleger, Pflegeleitung).

91 Bei Säuglingen existieren diese Rollen überwiegend aus Sicht der beiden Anderen, da der Säugling nur rudimentär (oder noch gar nicht) zur Rollenübernahme in der Lage ist.

- Skript: eine übergeordnete Typisierung einer Situation, die den Ablauf, verschiedene Rollenbeziehungen, Handlungsmuster und Umweltbedingungen umfasst. Beispiele wären ein Arztbesuch, eine Unterrichtsstunde in der Grundschule oder die Visite in einem Krankenhaus. Durch Skripte sind Situationen – in gewissen Grenzen – erkennbar und erwartbar. Starr vorgegebene Situationen nennt man auch *determiniert*. Es ist klar, was wie wann passieren wird und es gibt keinen oder nur wenig Spielraum für Variationen. Werden Situationen offener gestaltet, so dass das Skript nur grobe Anhaltspunkte liefert, können sie möglicherweise von Außenstehenden nicht mehr auf den ersten Blick klar eingeordnet werden – z. B. eine Exkursion mit einer Kleingruppe im Rahmen einer universitären Lehrveranstaltung. Skripte werden nur in Ausnahmefällen gezielt entworfen, normalerweise bilden sie sich in der Interaktion überindividuell heraus, sie werden bewusst und unbewusst verhandelt.
- Rollendistanz: die Fähigkeit der Rollenträgerin, nicht völlig in ihrer Rolle aufzugehen, sondern zumindest teilweise eine Beobachterinnenposition einzunehmen und kritisch und kreativ mit ihrer Rolle umzugehen.
- Rollenselbstbild: die Vorstellungen des Rolleninhabers von seiner Rolle, seine Rollenerwartungen und Ansprüche.
- Rollenfremdbild: die Erwartungen der Anderen an die Rolle und damit an das Verhalten der Rolleninhaberin. Verschiedene Andere können wiederum verschiedene Erwartungen an die Rolle bzw. die Rolleninhaber haben.
- Person-Rollen-Konflikt: eine Diskrepanz zwischen Rollenselbstbild und Rollenfremdbild bzw. bestimmten Rollenfremdbildern. Eine Pflegekraft möchte vielleicht in erster Linie Anderen helfen und menschliche Nähe vermitteln, sieht sich aber im Berufsalltag konfrontiert mit eng getakteten Arbeitsplänen, Zeitmangel oder unzugänglichen, undankbaren Patientinnen und Angehörigen.
- Interrollenkonflikte: Da jeder Mensch verschiedene Rollen einnimmt, können diese untereinander in Konflikt geraten (*Inter* bedeutet *zwischen* oder *dazwischen*). Eine Klinikärztin ist z. B. gleichzeitig Ehefrau und Mutter eines Schulkindes. Die Klinik verlangt Flexibilität und zeitliche Verfügbarkeit, der Ehepartner möchte emotionalen Rückhalt (und keine ausgepowerte, schlecht gelaunte Frau, die zu Hause ihre Erlebnisse des Tages aufarbeiten möchte), die Schule oder der Sportverein verlangt die Anwesenheit und Mitwirkung eines Elternteils bei einer Veranstaltung am Wochenende.
- Intrarollenkonflikte: Intrarollenkonflikte entstehen aus unterschiedlichen Erwartungen an dieselbe Rolle (*Intra* bedeutet *innerhalb*). Die Ärztin hat als Ärztin mit vielen Personen und Einrichtungen zu tun, die mit ihr unter verschiedenen Voraussetzungen und mit verschiedenen Erwartungen interagieren: Patientinnen, Kollegen, Krankenkassen, Angehörige von Patientinnen, Pharmavertreter usw.

Rollenerwartungen sind dem sozialen Wandel unterworfen. Beispielsweise hat sich die Rolle des Vaters seit dem 19. Jahrhundert stark geändert; zur modernen Vaterrolle gehört heutzutage eine liebevolle emotionale Beziehung zu seinen[92]

92 Auch zu sogenannten Stiefkindern, z. B. in Patchworkfamilien.

Kindern und eine – mindestens symbolische – Beteiligung an der Kinderbetreuung und an der Hausarbeit.

Rollenskript

Das Zusammenspiel aus Situation und Rollenerwartungen wird als Rollenskript bezeichnet. Ähnlich einem Drehbuch sind viele alltägliche Situationen vorstrukturiert und weitgehend erwartbar.

Eine Sprechstunde beim Arzt, ein Essen im Restaurant oder der Kauf eines Medikaments in der Apotheke laufen in einer bestimmten Kultur bzw. Gesellschaft relativ gleichförmig ab, auch wenn man verschiedene Ärzte, Restaurants oder Apotheken besucht.

Beispiel

Die Patientin legitimiert sich an der Rezeption der Arztpraxis durch einen Versicherungsnachweis, setzt sich danach in ein Wartezimmer und wartet, bis sie aufgerufen wird; der Arzt stellt Fragen nach dem Befinden bzw. nach Beschwerden. Die Patientin gibt Auskunft über höchst private Angelegenheiten, lässt sich vom Arzt anfassen, entkleidet sich auf Wunsch bzw. Anweisung. Von der Patientin wird ein hohes Maß an Vertrauen verlangt, das durch den standardisierten Ablauf gestützt wird: Man weiß, dass Ärzte das dürfen, und befindet sich in einer Situation, die für eine ärztliche Untersuchung typisch ist.

In diesem Sinne ermöglicht die Komplexitätsreduktion durch Rollenerwartungen und Skripte gleichzeitig eine Erweiterung der Handlungsmöglichkeiten, denn der Zugriff auf die Intimsphäre wäre in einer unbestimmten Situation unter Fremden hochproblematisch bzw. übergriffig. Die Arztrolle impliziert[93] eine wissenschaftlich-sachliche Basis der Interaktion ohne eine ästhetische oder gar erotische Komponente.[94]

George Herbert Mead verwendete das Konzept sozialer Rollen zur Erklärung der Entstehung von Selbstbewusstsein und Identität.

93 Bringt mit sich, beinhaltet (offen und unterschwellig), trägt in sich.

94 Dass diese denkbar ist, zeigt schon der »Eid des Hippokrates«, denn ohne begründeten Verdacht würde dieser Aspekt nicht ausdrücklich thematisiert. Erotik ist in der therapeutischen Beziehung ein Tabu und entsprechend reglementiert. Das regt die Phantasie mancher Menschen an und macht Grenzverletzungen zu einem beliebten Gegenstand in Unterhaltungsmedien.

Identität

Identität ist die Fähigkeit, sich selbst zum Objekt zu machen, also eine Außenperspektive sich selbst gegenüber einzunehmen.

Dies kann nach Meads Überzeugung nur im Austausch mit Anderen geschehen, weil sonst keine Unterscheidung möglich wäre. Der Austausch mit Anderen wird in der Soziologie allgemein soziale Interaktion genannt. Sie geschieht über Verhalten und Handlung, vor allem aber über sprachliche Verständigung,[95] weshalb Selbstbewusstsein für Mead, dem allgemeinen Wissensstand seiner Zeit folgend, eine allein menschliche Fähigkeit ist.[96] Die Entwicklung von Identität und Selbstbewusstsein geschieht im Prozess der Sozialisation – durch die Interaktion mit Anderen und die Übernahme der Rollen dieser Anderen. Im Verlauf der frühkindlichen Sozialisation geschieht dies spielerisch, wobei Mead zwei Stufen des Spiels unterscheidet, *Game* und *Play*. *Play* ist das selbstbezogene Spiel, z. B. wenn ein Kind alleine mit seinen Spielsachen Alltagssituationen nachspielt und alle Rollen selbst übernimmt und z. B. seinen Teddy für Fehlverhalten tadelt. *Game* ist das organisierte Spiel mit tatsächlichen Anderen, in dem immer wieder die Perspektive dieser Anderen eingenommen werden muss und das eigene Verhalten angepasst werden muss.[97] Diese Prozesse sind prägend für die Sozialisation des Kindes, finden aber das gesamte Leben über statt, selbst das *Play*: Auch Erwachsene spielen vor oder nach schwierigen Situationen bestimmte Abläufe alleine durch (was mache ich, wenn X mich kritisiert, wie reagiere ich auf dieses oder jenes Verhalten). Das Selbst des Menschen umfasst bei Mead (► Abb. 14) die beiden Komponenten *I* (die individualpsychische Komponente des Selbst) und *Me* (die soziale Komponente des Selbst).[98] Im *Me* repräsentiert das Selbst die Wahrnehmungen und Erwartungen des *I* durch die Anderen. Man weiß, dass der Andere einen wahrnimmt und auf das eigene Verhalten reagiert und versucht, seinen Erwartungen zu entsprechen – oder diese zu unterlaufen. Der Mechanismus der Sozialisation ist daher die Bildung des Selbst im Wechselspiel von *I* und *Me* bei der Rollenübernahme im Rahmen sozialer Interaktionen. Meads Ansatz wird heute als *Symbolischer Interaktionismus* bezeichnet, dieser Begriff stammt aber nicht von ihm, sondern von seinem Schüler Herbert Blumer.

Meads Überlegungen wurden von vielen weiteren Soziologen aufgegriffen, u. a. Ralf Dahrendorf, Talcott Parsons, Harold Garfinkel und Erving Goffman. Einflussreich ist Goffmans interaktionistisches Rollenkonzept. Bevorzugter Ge-

95 Außer Sprache gibt es Verhaltenszeichen wie Gebärden und Gesten; Mead verwendet als Oberbegriff »signifikante Symbole« (vgl. Preglau in Morel 1995: 58), sprachliche Kommunikation ist eine Art von symbolisch vermittelter Interaktion.

96 Ähnliche Fähigkeiten konnten mittlerweile auch bei vielen sozial lebenden Tieren nachgewiesen werden, z. B. Hunden, Affen oder Rabenvögeln.

97 Preglau in Morel 1995: 59–60.

98 Von vielen Autoren und Autorinnen als »Ich« und »Mich« übersetzt, auch von Preglau (ebd.: 61).

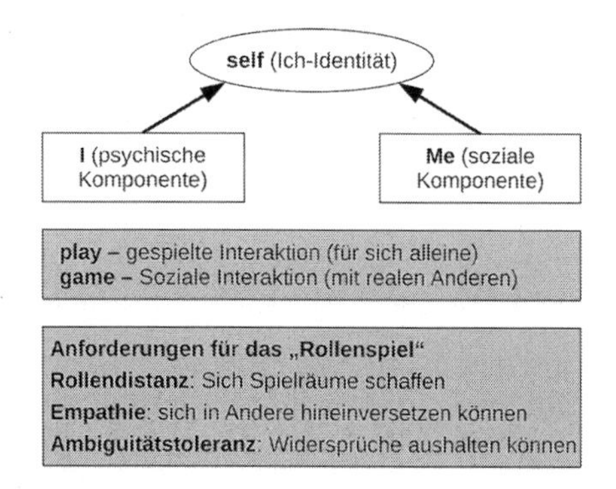

Abb. 14: Meads Identitätsbegriff

genstand ist die unmittelbare Interaktion zwischen Individuen, oft im Alltag in Face-to-Face-Situationen, die er sehr sorgfältig und kleinteilig untersucht hat. Goffmans Werk wird als *Mikrosoziologie* den großen Theorien zur Makroebene gegenübergestellt. Goffman war aber kein Reduktionist, der versucht hätte, Makrostrukturen allein aus der Mikroebene abzuleiten.[99]

Goffman zeigt, wie fremdartig, seltsam und bedrohlich Interaktionssituationen im Alltag erscheinen können, wenn man sie aus der Distanz betrachtet. Ihn interessiert, wie es dennoch zu der uns vertrauten Ordnung und Stabilität kommt. Goffman geht davon aus, dass Rollen in der direkten Interaktion immer wieder neu verhandelt werden und daher grundsätzlich instabil und wandelbar sind. Seine Erkenntnisse werden daher als interaktionistisches Rollenkonzept charakterisiert. Der Gegenbegriff ist ein normatives Rollenkonzept, das u. a. Parsons zugeschrieben wird (▶ Tab. 3).[100]

Tab. 3: Rollenkonzepte – normativ/interaktionistisch

Normatives Rollenkonzept	Eher statisch, Auswahl und Gestalt der Rollen sind von der Gesellschaft vorgegeben; Rollen setzen den Rahmen für das Handeln der Individuen.
Interaktionistisches Rollenkonzept	Eher dynamisch, Rollen werden situativ ausgehandelt (in gewissen Grenzen); Spannungsfeld zwischen Fremd- und Selbstbestimmtheit; die grundsätzlich gegebene Unsicherheit muss im Handeln bewältigt werden.

Eine umfassende Beschreibung von Goffmans Werk würde an dieser Stelle den Rahmen sprengen, stattdessen werden einige wichtige Grundbegriffe und Konzepte herausgegriffen und erläutert.

99 Vgl. Hettlage: 201 in Kaesler 1999.
100 Parsons selbst hat seinen Ansatz nicht so bezeichnet.

- Begegnungen (Encounters): Goffman unterscheidet *zentrierte* und *nicht-zentrierte* Begegnungen. Zentrierte Begegnungen sind herkömmliche Interaktionen, in denen zwei oder mehrere Personen direkt und bewusst aufeinander Bezug nehmen, typischerweise durch Sprache. Nicht-zentrierte Begegnungen beschreiben die bloße gemeinsame Anwesenheit in einer Situation, z. B. mehrere einander fremde Personen in einem Fahrstuhl oder einem Wartezimmer. Ohne aktive Kommunikation wird dennoch die Situation gedeutet und das Verhalten der Anderen wahrgenommen. Indirekt und subtil gibt es Verständigungs- und Aushandlungsprozesse. Ein wichtiges Element zur Stabilisierung von Situationen sind Verhaltensregeln, allgemein geläufig oder gar festgeschrieben oder informell und flexibel. Goffman unterscheidet noch substanzielle Regeln (die das regeln, was sie regeln) und *zeremoniale* Regeln. Bei zeremonialen Regeln steht der Inhalt der Regel im Hintergrund, wichtiger ist ihre indirekte Wirkung und die Funktion der Vertrauensbildung. Es handelt sich um Gepflogenheiten wie Komplimente, Grüße und die indirekte Ehrerbietung durch das Ignorieren von Peinlichkeiten wie z. B. Körperäußerungen. Die Floskel »Wie geht's« ist im Alltag keine Aufforderung zu einer detaillierten Auskunft, sondern eine kurze Aufmerksamkeitsgeste, die meistens nicht mehr erwartet als eine ebensolche kurze Antwortgeste oder Floskel: »gut« oder »geht so«.
- Impression Management: Im Zuge der Selbstdarstellung im Alltag ist es ein wichtiges Bedürfnis, den Eindruck zu kontrollieren, den man auf Andere macht, was bereits Mead mit seinem Mechanismus der Rollenübernahme beschreibt. Impression Management findet nicht nur gegenüber anderen statt, sondern auch sich selbst gegenüber. Eine wichtige Anwendung in der empirischen Sozialforschung ist die Kontrolle des Effektes der sozialen Erwünschtheit bei Befragungen – wenn also die befragte Person ihr Antwortverhalten an soziale Normen anpasst, tatsächliche oder vermutete. Typisch sind Fragen nach der Compliance: Hat der Patient auch seine Übungen regelmäßig durchgeführt, die Zähne geputzt, das Medikament genommen, weniger geraucht? Die Norm ist hier nicht nur an den Anderen verankert, sondern auch an den Erwartungen an sich selbst: Ich sehe ein, dass ich mich mehr bewegen sollte und korrigiere meine Antwort nach oben – möglicherweise sogar meine Erinnerungen an mein tatsächliches Verhalten. Ich manage den Eindruck, den ich von mir selbst habe – ich bin nicht so, sondern eher so, wie ich mich haben möchte. Das gilt selbstverständlich auch für die Ärztin: Ich informierte mich sorgfältig und lese Fachartikel und lasse mich nicht von Pharmavertretern und ihren kleinen Geschenken beeinflussen. Die Gesundheit des Patienten steht im Vordergrund, auf das Geld kommt es mir nicht an.
- Vorder- und Hinterbühne: Auch Goffman verwendet das Modells des Theaters für menschliches Rollenhandeln. Sein bekanntestes Buch trägt den Titel »Wir alle spielen Theater«[101] und lotet die Theatermetapher offensiv aus. Auf der

101 Goffmann 1996, im Original 1959 mit dem Titel: The Presentation of Self in Everyday Life.

Vorderbühne findet das offizielle Spiel für das Publikum statt, auf der Hinterbühne verdeckte Prozesse wie z. B. Machtkämpfe, Interessenkonflikte oder das bereits erwähnte *Impression Management.* Ein Beispiel für die Medizinsoziologie ist die klinische Visite: auf der Vorderbühne eine Veranstaltung zum Informationsaustausch von Arzt und Patientin, auf der Hinterbühne u. a. eine Demonstration von Hierarchie und Machtverhältnissen.[102]
- Framing: Eine Handlung oder Kommunikation hängt von dem Rahmen ab, in den sie eingebettet ist. Das kann die gesamte Situation sein oder ein Detail davon – die Kleidung der Anwesenden oder auf noch kleinerer Ebene ein Gesprächsthema.[103] Der Rahmen dient den Beteiligten zur Orientierung, er hilft bei der Klärung der Frage: »Was geht hier eigentlich vor?«.[104] Dieser Rahmen kann dann im weiteren Verlauf selbst zum Gegenstand der Interaktionen werden und z. B. umgedeutet werden. Goffman unterscheidet Primäre Rahmen (natürlich und sozial) und Arten der Transformation (Modulationen und Täuschungen).[105]

Goffmans Konzepte galten lange Zeit als schwer zugänglich für die empirische Sozialforschung. Ein gängiger Vorwurf war, dass sie spekulativ und kaum überprüfbar seien. Unbewusstes bzw. unreflektiertes Verhalten und Handeln ist in der Tat durch Umfragen oder Befragungen nicht greifbar und klassische Beobachtungstechniken im Feld stehen unter dem Verdacht mangelnder Objektivität. Zumindest für die Außenperspektive ermöglicht die Videografie sehr sorgfältige und kleinteilige Untersuchungen von Interaktionen im Alltag. Im Zuge der verbesserten und kostengünstigeren technischen Umsetzbarkeit erfreut sie sich seit einigen Jahren einer steigenden Beliebtheit.[106]

102 Zur Illustration die Schilderung eines Arztes: »Das sehen Sie in der Visite sehr genau, denn die schreiten zur Ordnung kann man sagen, ja, der Vorantritt in der Visite gilt selbstverständlich dem Ranghöchsten, es folgen die Adjutanten und Sekundanten zweiter und dritter Ordnung, und ganz hinten macht die Schwester die Tür zu. Und so – und dass ist das Witzige – in engen Zimmern sehen Sie auch, wie der ganze Pulk sich so dreht und so schwenkt, dass der Chef immer vorne geht und alle versuchen wirklich wie im Fluss umeinander herumzukommen, dass ja die Gruppenformation aufrecht bleibt. Das ist zum Schreien.« O-Ton Paul Brandenburg in Schrum/Aster 24.02.2016: 01:58–02:25.

103 Der Rahmen entscheidet darüber, ob eine Äußerung als Scherz oder Beleidigung gedeutet wird. Es macht einen Unterschied, ob eine Frau einen sexistischen Spruch über Frauen klopft oder ein Mann, ob ein Kabarettist oder ein Manager.

104 Goffmann 1977: 35.

105 Zur Übersicht Miebach 2014: 130–138, nach Goffmann 1977.

106 Eine praxisorientierte Einführung z. B. bei Tuma/Schnettler/Knoblauch 2013.

2.3 Strukturfunktionalismus: Parsons

Talcott Parsons' (1902–1979) Hauptwerk »The Social System« von 1951 begründet die soziologische Systemtheorie und liefert gleichzeitig eine klassische Betrachtung der Medizinsoziologie. Für Parsons ist die Gesellschaft ein umfassendes System, das sich aus verschiedenen Subsystemen zusammensetzt, die jeweils unterschiedliche Funktionen für die Gesamtgesellschaft beisteuern. Gesamtgesellschaften sind dabei im wesentlichen Nationalstaaten als politisch abgegrenzte Gebilde. Im zehnten Kapitel von »The Social System« wendet er die bis dahin erarbeiteten Konzepte beispielhaft auf die moderne Medizin als Subsystem der Gesellschaft an.[107] Dabei arbeitet er eine ausführliche Analyse der sozialen Rollen des Arztes/der Ärztin und des Patienten/der Patientin aus, die auch heute noch erstaunlich zutreffend sind. Der Vollständigkeit halber soll Parsons Systemtheorie in Grundzügen beschrieben werden, für die heutige Medizinsoziologie ist aber vor allem seine Analyse sozialen Rollenhandelns relevant.

Parsons[108] unterscheidet drei grundlegende Arten von Systemen; biologische, psychische und soziale. Der menschliche Organismus ist ein biologisches System, das sich wiederum aus verschiedenen Organsystemen zusammensetzt, etwa dem Nervensystem, dem Blutkreislauf oder dem Verdauungsapparat. Bereits in der Antike wurde der menschliche Organismus als Analogie für die Gesellschaft herangezogen, breiter bekannt ist die Fabel vom Magen und den Gliedern.[109] Parsons beschreibt sämtliche Systeme unter zwei Aspekten: Struktur und Funktion (▶ Tab. 4).

Struktur und Funktion

Die Struktur ist der innere Aufbau eines Systems, die Funktion die Aufgabe, die es in einem übergeordneten System erfüllt. Die Gesellschaft besteht aus drei Grundtypen von Systemen, den oben genannten biologischen, psychischen und sozialen Systemen.

Der Organismus als biologisches System ist Träger des psychischen Systems, das als Persönlichkeit den Menschen als Individuum ausmacht. Die Struktur des psychischen Systems ist Gegenstand der Psychologie und wird durch geeignete psychologische Theorien beschrieben. Parsons bezieht sich noch auf die Psychoanalyse;[110] seit den 1960er Jahren hat sich die kognitive Psychologie als vorherrschende

---

107 Parsons 1951: 428 ff.: »Social Structure and dynamic process: The case of modern medical practice«.

108 Ebenso Luhmann; für einen kurzen Überblick Messmer 2003: 48.

109 Livius: Ab urbe condita, 2. Buch 32-9.

110 Mead war noch vom Behaviorismus beeinflusst, obwohl er sich ausdrücklich davon abgrenzte; behavioristisch ist z. B. die Vorstellung, dass Denkprozesse immer von äußeren Geschehnissen abhängig seien, vgl. Anderson 2001: 367 f.

Tab. 4: Grundlegende Systemebenen

Systemtypen	**Organisches System**	**Psychisches System**	**Gesellschaftliche Subsysteme**
Struktur	biologischer Organismus, Mensch als Säugetier mit komplexem Gehirn	gemäß psychologischen Persönlichkeitstheorien; zu Parsons Zeit: Psychoanalyse oder Behaviorismus, heute: kognitive Theorien	Beispiel Medizinsystem: Gesundheitspolitik, stationäre und ambulante Versorgung, Allgemeinärzte, Fachärztinnen, Krankenversicherungen, Medizinalberufe usw.
Funktion	Träger des psychischen Systems	Träger von Handlungen, Motiven, Kommunikation; über Rollen Schnittstelle zu den sozialen Systemen	Sicherstellung der Funktionsfähigkeit der Individuen; Legitimation, Organisation und Durchführung der Krankenbehandlung
Gesamtgesellschaft, bestehend aus Subsystemen: Bildungswesen, Wissenschaft, Politik, Medizin, Recht, Religion, Massenmedien, Sport, Kunst, Wirtschaft, Militär			

Richtung (Paradigma) etabliert. Das psychische System steuert den Organismus[111] und ist gleichzeitig die Schnittstelle zur Gesellschaft. Über das psychische System findet das Rollenhandeln der Menschen statt, es liefert Motive für Handlungen und Kommunikationen. Bei Parsons besteht somit die Gesellschaft aus Menschen, was der entscheidende Unterschied zu Luhmanns Systemtheorie ist (▶ 2.4). Die menschlichen Individuen (bzw. ihre psychischen Systeme) nehmen über ihre Rollen an verschiedenen Subsystemen der Gesellschaft teil, die wiederum in einem mehr oder weniger harmonischen Zusammenspiel die Gesamtgesellschaft bilden. Wie die Organe erfüllen die Subsysteme unterschiedliche Funktionen für die Gesellschaft. Das Medizinsystem ist dafür zuständig, die Funktionsfähigkeit der Individuen sicherzustellen.

Die Trennung von Struktur und Funktion gilt als entscheidende Schwäche von Parsons Systemtheorie, und zwar aus zwei Gründen: Erstens kann sie nur unbefriedigend erklären, wie Systeme entstehen und wie (und warum) sie sich verändern. Sie beschreibt bereits bestehende Systeme in ihren aktuellen Zusammenhängen. Außerdem ist das Konzept der Funktion unklar, da die meisten Systeme unterschiedliche Funktionen erfüllen und bestimmte Einzelfunktionen nicht klar am jeweiligen System festgemacht werden können. Üblicherweise wird eine konkrete Funktion durch Beobachtung des bestehenden Systems bestimmt, dies ist aber eine nachträgliche Zuweisung und streng genommen keine Erklärung, denn es könnte auch anders sein. Parsons hat die hier beschriebene erste Variante seiner Systemtheorie später durch das AGIL-Schema ergänzt, das sich aber nicht durchsetzen konnte und hier nicht weiter behandelt werden soll. Bis heute nützlich ist Parsons Analyse sozialer Rollen und die ausführliche Beschreibung der Arzt-Patienten-Beziehung.

---

111 Die neuere Systemtheorie arbeitet mit Rückkopplungsprozessen. Selbstverständlich beeinflusst der Organismus auch das psychische System.

Krankheit führt dazu, dass ein Mensch seinen sozialen Rollenverpflichtungen nicht mehr vollumfänglich nachkommen kann. Parsons beschreibt dazu vier Aspekte der Patientinnenrolle:

1. Der Kranke wird von seinen anderen Rollen befreit – zumindest temporär (Bescheinigung der Arbeitsunfähigkeit bzw. Krankschreibung durch Arzt oder Ärztin).
2. Dem Kranken wird keine Verantwortung oder Schuld für seinen Zustand zugeschrieben (die Krankheit ist schuld).
3. Dem Kranken wird auferlegt, möglichst schnell wieder gesund zu werden (Pflicht zur Compliance).
4. Der Kranke muss das institutionalisierte bzw. professionelle Gesundheitssystem in Anspruch nehmen.

Vor allem der zweite Aspekt ist erklärungsbedürftig. Es geht hier nicht um die Verantwortung bzw. Beteiligung am Eintreten einer Krankheit oder einer Verletzung (z. B. durch leichtsinniges Verhalten), sondern darum, dass der daraus resultierende Krankheitszustand nicht beabsichtigt war. So erhöht zwar ein Mensch durch Rauchen sein Krebsrisiko, aber die Krebserkrankung und ihre Auswirkungen für das Individuum und die Gesellschaft sind von ihm nicht beabsichtigt.[112] Meist werden Risiken verdrängt – der Umgang damit ist ein typischer Gegenstand der Gesundheitserziehung, Gesundheitspsychologie und Public Health. Der Kranke wird durch die Ärztin als krank legitimiert und damit zum Patienten erklärt. Im Idealfall wird er damit temporär von seinen üblichen Rollenverpflichtungen befreit. Als Gegenleistung ist er zur Kooperation mit der Ärztin und den anderen zuständigen Akteurinnen des Gesundheitswesens verpflichtet (Compliance – den ärztlichen Anweisungen ist Folge zu leisten). Es besteht also ein Geflecht gegenseitiger Verpflichtungen.

Die Detailanalyse konkreter Rollen bzw. konkreten Rollenhandelns erfolgt anhand von fünf Grundorientierungen, die Parsons *Pattern Variables* nennt. Jede Grundorientierung besteht aus einem gegensätzlichen Begriffspaar, eine soziale Rolle wird anhand des Musters (*Pattern*) der Grundorientierungen charakterisiert. Allerdings sind die Begriffspaare ziemlich abstrakt, daher werden sie weiter unten näher erläutert. Die *Pattern Variables* sind Leitvorstellungen, die in der Praxis mehr oder weniger konsequent umgesetzt werden.

Pattern Variables sozialer Rollen (Parsons)

Affektivität	↔	Affektive Neutralität
Diffusität	↔	Spezifität
Partikularismus	↔	Universalismus
Zuschreibung	↔	Erringen
Gemeinschaftsorientierung	↔	Selbstorientierung

112 Parsons nennt als Ausnahme die Selbstverstümmelung von Soldaten im Krieg.

- Affektivität/Affektive Neutralität beschreibt die emotionale Komponente einer Rollenbeziehung. Affektiv ist z. B. die Interaktion zwischen Eheleuten, Eltern und Kind oder Freundinnen und Freunden; affektiv neutral sollen hingegen professionelle Beziehungen sein – das gilt für sämtliche Arbeitsbeziehungen im Berufsleben, aber auch für die Beziehung zwischen Lehrkräften und Schülern und Schülerinnen.
- Diffusität/Spezifität beschreibt die Reichweite einer Rollenbeziehung. Eine spezifische Beziehung beschränkt sich auf einzelne Rollen bzw. Funktionen der betreffenden Personen, z. B. die Interaktion zwischen Verkäufer und Kundin bei einem Kaufakt. Eine diffuse Rolle bezieht sich auf die gesamte Person, was wiederum für verwandtschaftliche oder freundschaftliche Beziehungen gilt.
- Das Begriffspaar Partikularismus/Universalismus beschreibt die Zugänglichkeit bzw. Verfügbarkeit einer Rollenbeziehung. Universalismus ist ein Charakteristikum sachlicher, professioneller Beziehungen. Eine Dienstleistung wird allgemein angeboten und kann grundsätzlich von jeder Person nachgefragt werden. Partikularismus ist wiederum die Beschränkung auf bestimmte Personen bzw. einen willkürlich ausgewählten Personenkreis. Das betrifft wiederum Verwandte sowie Freundinnen und Freunde, aber z. B. auch Ständegesellschaften oder andere Arten von Gesellschaften mit starken sozialen Schranken. Beispiele sind exklusive Kulturangebote für Adlige oder eine Rassentrennung in öffentlichen Verkehrsmitteln.
- Zuschreiben/Erringen (Ascription/Achievement) bezieht sich darauf, ob eine Rolle bzw. gesellschaftliche Position durch eigene Motivation und Leistung erreicht werden kann oder ob sie von anderen zugeschrieben wird, etwa durch Verwandtschaft oder Erbschaft. In der modernen Gesellschaft gilt vordergründig das Leistungsprinzip, so dass ›Erringen‹ die Leitorientierung ist. Eine Person wird durch eigene Anstrengung und Leistung Staatschef, und nicht, weil der Vater Staatschef gewesen ist – im Gegensatz zum klassischen Erbadel.[113]
- Gemeinschafts- oder Selbstorientierung ist schließlich die grundlegende Motivation des Handelnden. Selbstorientierung ist der Vorrang eigener Interessen, im Gegensatz zur Ausrichtung am Gemeinwohl. Parsons ordnet der modernen Gesellschaft die Selbstorientierung zu, gemäß dem vorherrschenden kapitalistischen Menschenbild des *homo oeconomicus*.

Parsons verwendet Universalismus/Partikularismus auch als übergeordnete Leitvorstellung, die den Grundcharakter der einzelnen *Pattern Variables* zusammenfasst. Universalismus steht für die moderne, technisierte, individualisierte Gesellschaft und den dort vorherrschenden Typus professionalisierter Rollenbeziehungen. Vormoderne Gesellschaften sind eher partikularistisch; Familien und

113 Wie das Vererben von Reichtum einzuordnen ist, bleibt bei Parsons offen, ebenfalls die Rolle von genetischen Anlagen. In der Psychologie gilt die Faustregel, dass Intelligenz und andere Persönlichkeitseigenschaften zu mindestens 50 % genetisch veranlagt sind.

andere Arten intimer Beziehungen sind in modernen Gesellschaften sozusagen Überbleibsel der Vormoderne.

Die Arztrolle ist bei Parsons gemäß den *Pattern Variables* affektiv neutral, spezifisch, universalistisch, gemeinschaftsorientiert und sie wird errungen – durch eine prinzipiell frei zugängliche Ausbildung, meist in Form eines universitären Studiums mit anschließenden Zusatzausbildungen. Diese Charakterisierung wird durch einige geläufige Normen (teils informell, teils in Form konkreter beruflicher Regeln) unterstützt. So soll sich der Arzt um alle Kranken gleichermaßen kümmern und darf keine Unterschiede nach gesellschaftlichem Status machen (Universalismus). Die Behandlung von Verwandten oder anderen nahestehenden Personen soll vermieden werden (Affektive Neutralität), um die Konzentration auf das Medizinische sicherzustellen. Die Ärztin kümmert sich um die Krankheit der Patientin und blendet individuelle Merkmale wie nett, unsympathisch oder jung/alt aus (spezifisch). Das oberste Ziel ärztlichen Handelns soll das Wohl der Patienten und Patientinnen sein, nicht hohes Vermögen und persönlicher Ruhm – letztere allenfalls als abgeleitete Folgeerscheinungen des ärztlichen Erfolgs. Eine gute Ärztin wird man, indem man sich durch Leistung für die Ausbildung qualifiziert, das Studium inklusive der Initiationsriten durchläuft (vor allem die Leichensektion im Grundstudium) und medizinische Erfolge erzielt, nicht durch Abstammung aus einer Arztdynastie oder den Erwerb von Geheimwissen (Erringen). Diese Kombination der *Pattern Variables* lässt sich deckungsgleich auf Medizinal- und Pflegeberufe übertragen. Besondere Beachtung verdient die Abweichung der Gemeinschafts-/Selbstorientierung von der übergeordnet universalistischen Orientierung, mit der Parsons die moderne Gesellschaft insgesamt charakterisiert. Selbstverständlich gibt es in der Realität Abweichungen von diesem Orientierungsmuster; diese sind dann aber Gegenstand missbilligender Aufmerksamkeit, und sei es als Konfliktpunkt in Arztromanen bzw. -serien oder in Krimis.[114] Während die mediale Unterhaltung sich bevorzugt mit Verletzungen der affektiven Neutralität beschäftigt, sind für die aktuelle medizinsoziologische und gesundheitswissenschaftliche Debatte alle *Pattern Variables* interessant. Der Vorwurf der Selbstorientierung ist typischer Bestandteil von Diskursen um Bereicherung und Übertherapie, Diffusität versus Spezifität betrifft den Anspruch mancher Alternativmedizinen, den Menschen ganzheitlich zu behandeln, während sie der Schulmedizin die Konzentration auf die Krankheit eben gerade vorwerfen. Hier wäre genau zu analysieren, inwieweit der Anspruch der Ganzheitlichkeit tatsächlich eingelöst wird oder nicht nur die Spezifität etwas weiter gefasst wird. Und ob eine konsequent diffuse Orientierung tatsächlich zum Vorteil der Patientinnen und Patienten wäre.

114 Ein Schicksal, das Ärzte und Ärztinnen mit katholischen Priestern teilen – in Unterhaltungsmedien sind sie häufig in verbotene Liebesbeziehungen verstrickt.

2.4 Systemtheorie: Luhmann

Niklas Luhmann (1927–1998) war ein Schüler von Talcott Parsons und entwickelte eine eigene Systemtheorie, die Konzepte der Biologie und Kybernetik integriert[115] und bis heute eine große Wirkung entfaltet hat – mit Verzögerung, weil Luhmanns Texte schwer zugänglich sind. Zugangshürden sind ungewohnte Denkweisen, aber auch ein fremdartiger Jargon.[116] Nachfolgend soll versucht werden, diesen Jargon nur sparsam zu verwenden und ungewohnte Begriffe zu erläutern. Ein zusätzliches kurzes Glossar befindet sich im Anhang (▶ Anhang).

Die moderne Gesellschaft ist bei Luhmann ein umfassendes System,[117] das sich aus verschiedenen Subsystemen zusammensetzt. Das sieht auf den ersten Blick ähnlich aus wie bei Parsons. Luhmann unterscheidet aber nicht Struktur und Funktion, vielmehr existieren bei ihm die Systeme dadurch, dass sie operieren und sich dabei fortwährend selbst reproduzieren. Es gibt keine spezifischen Systemstrukturen mehr, die einzige allgemeine Struktur ist, dass ein System von seiner Umwelt abgegrenzt ist. Diese Grenze muss aber nicht physisch bzw. räumlich lokalisiert sein, sondern sie ergibt sich aus der Art, wie das jeweilige System operiert. Operieren ist das reine Funktionieren, ohne dass es Zwecke oder Ziele gäbe, die außerhalb des Systems liegen. Das System besteht, weil es operiert, und zwar solange, wie es damit weitermacht. Es folgt dabei seiner Eigenlogik und entnimmt, das, was es braucht, aus seiner Umwelt, ohne diese aber jemals voll erfassen zu können. Dieses Systemkonzept stammt aus der Biologie und wurde entwickelt,[118] um Leben und Evolution besser definieren und beschreiben zu können.

Autopoiesis

Diese Art der Systemexistenz wird als Autopoiesis bezeichnet, das bedeutet ungefähr: Selbsterschaffung, Selbstaufrechterhaltung. Das System ist zugleich Gebilde und Prozess.

Lebewesen sind biologische Systeme, oberhalb dieser Ebene gibt es Gemeinschaften bis hin zu staatenähnlichen Gebilden[119] und schließlich Ökosystemen. Die Theorie sozialer Systeme beschäftigt sich mit menschlichen Gesellschaften bzw.

115 Bedeutende Vordenker sind Humberto Maturana und Francisco Varela, George Spencer Brown, Gregory Bateson, Heinz von Foerster und Gotthard Günther.

116 Luhmann hielt diesen Jargon für notwendig, um dem Gegenstand gerecht zu werden. Berghaus zeigt, dass es auch verständlicher geht (Berghaus 2011).

117 Luhmann geht von einer einzigen Weltgesellschaft aus, da fast alle Menschen über die Massenmedien Informationen beziehen und kommunizieren können.

118 Maturana und Varela, von denen auch der Begriff *Autopoiesis* stammt, zur Einführung dies. 1987.

119 Bienen- oder Ameisenstaaten, aber z. B. auch die Gemeinschaften der Nacktmulle.

der Weltgesellschaft und ihren sozialen Subsystemen. Soziale Systeme bestehen bei Luhmann nicht mehr aus Menschen, sondern aus Kommunikationen. Menschen sind Teil der Umwelt der sozialen Systeme – die Systeme sind auf Menschen angewiesen, aber die Menschen sind selbst kein Teil der Systeme. Ohne die Menschen gäbe es keine Kommunikationen. Man kann Personen bzw. Individuen als Bewusstseinssysteme beschreiben, die wiederum auf ihren Körper als Träger angewiesen sind. Die individuelle Person ist ohne funktionierende Organsysteme nicht lebensfähig, aber sie ist nicht die Summe ihrer Organe. Vom Funktionieren bzw. Operieren der Organe bekommt sie nur wenig mit: Sie sieht nicht, dass ihre Augen sehen, dass ihre Leber Glukose verarbeitet, dass die Lungenbläschen Sauerstoff aus der Atemluft an das Blut abgeben. Allenfalls bekommt man vage Hinweise,[120] wenn der Magen Geräusche von sich gibt, man seinen Puls fühlt oder nach sportlicher Anstrengung ein leichtes Pulsieren sieht – ein Blutgefäß auf der Netzhaut, wie man in einem wissenschaftlichen Text nachlesen kann. Und man spürt Schmerzen bei Verletzungen oder anderen Störungen. Aber man sieht nicht sein eigenes Sehen und man spürt nicht die Zerlegung der Nahrung im Verdauungstrakt. Die allermeisten substanziellen Informationen gewinnen wir nicht aus unmittelbarer eigener Wahrnehmung bzw. Erfahrung, sie sind vielmehr das Produkt zweier gesellschaftlicher Subsysteme – der Wissenschaft und der Massenmedien.[121]

Unterhalb der Ebene der Subsysteme gibt es weitere soziale Systeme, bis hin zur kurzlebigen punktuellen Interaktion zwischen zwei Individuen. Auch Paarbeziehungen oder Familien haben Systemcharakter und es hat sich in den letzten Jahrzehnten ein reichhaltiges Angebot an Therapien für Individuen, Paare und Gruppen unter dem Etikett »systemisch« etabliert. Die Soziologie beschäftigt sich aber vorrangig mit den gesellschaftlichen Subsystemen – die Makroebene der Gesellschaft.

Jedes gesellschaftliche Subsystem folgt einer eigenen inneren Logik, die Luhmann durch einen binären (zweiwertigen) Code bestimmt. Mithilfe dieses Codes erzeugt jedes System aus dem Überangebot an Reizen seiner Umwelt die Informationen, die es für seine eigenen Operationen benötigt.

Beispiel

Das Wirtschaftssystem operiert z. B. mit dem Code Zahlung/Nichtzahlung, und dieser Code bestimmt seine Wahrnehmung von Umweltreizen. Das bedeutet konkret, dass vom Wirtschaftssystem alles nach seiner Profitabilität eingeordnet wird. Mit Wahrheit (dem Code der Wissenschaft) kann es nur etwas

120 In der Systemtheorie spricht man von *Perturbationen.* Es passiert etwas in der Umwelt, und das betroffene System macht sich einen Reim darauf. Es generiert Information. Was ›tatsächlich‹ da draußen passiert, kann nur indirekt nachvollzogen werden. Bei Schmerzen überlegt man, ob man vielleicht etwas Falsches gegessen hat und versucht sich an die letzten Mahlzeiten zu erinnern.

121 Der Blinde Fleck der Netzhaut kann im Selbsttest erschlossen werden, Konzeption und Deutung dieses Tests sind aber Operationen des Wissenschaftssystems.

anfangen, wenn dies Konsequenzen auf die Profitabilität hat, wenn also z. B. die Berücksichtigung von Wahrheit Gewinne ermöglicht, erhöht, vereitelt oder mindert. Das kann man gut am Beispiel von Werbung sehen. Unwahrheiten werden erst dann zum Problem, wenn viele Kundinnen und Kunden durch sie verärgert werden und das Produkt nicht mehr kaufen oder die Marke wechseln.[122] Das Unternehmen reagiert aber nicht auf die Verwerflichkeit der Unwahrheit, sondern auf den Rückgang des Umsatzes oder Gewinns. Wenn Unwahrheit zu höheren Gewinnen führt, geraten womöglich sogar ehrlichere Konkurrenten ins Hintertreffen und müssen nachziehen; wenn es um Marktmacht oder Insolvenz geht, zählt am Ende die wirtschaftliche Bilanz. Alles andere zählt nur indirekt, nämlich dann, wenn es der Bilanz nützt oder ihr zumindest nicht schadet. Ein Beispiel sind Produkte im medizinischen Graubereich – Nahrungsergänzungsmittel oder Kosmetika.

In Abbildung 15 werden die bisher ausgearbeiteten bzw. allgemein akzeptierten Systeme mit ihren Codes dargestellt (▶ Abb. 15). Darüber hinaus gibt es immer wieder Vorschläge für weitere Subsysteme, z. B. in Abgrenzung vom Medizinsystem die Pflege (mit dem Code gepflegt oder nicht) oder die Gesundheitsförderung.[123]

Abb. 15: Soziale Subsysteme und binäre Codes

Die Systeme bilden keine Hierarchie und haben – anders als bei Parsons – auch keine klar definierten Funktionen für die Gesellschaft als Ganzes. Sie sind voneinander abhängig, aber indirekt; sie gehen zugrunde, wenn sie sich nicht an ihre Umwelt anpassen können, sie können aber nicht die innere Logik der anderen Systeme übernehmen. Systeme operieren und verändern sich durch Evolutionsprozesse ohne Zielrichtung. Wie in der Evolutionsbiologie von Maturana

122 Bis zu einem gewissen Grad sind Unwahrheiten akzeptiert, als Beschönigung, Übertreibung, ironische Überspitzung, Prahlerei. Beschwert sich jemand, wird darauf verwiesen, dass die Übertreibung doch offensichtlich sei.

123 Eine Übersicht bei Pelikan 2009.

und Varela wird auf Begriffe wie *Fortschritt* oder *Höherentwicklung* verzichtet, weil es kein allgemeingültiges Kriterium für ›höher‹ gibt. Die einzige klare Richtung ist, dass Systeme sich ausdifferenzieren, also komplizierter werden, und dass sie dazu tendieren, sich auszubreiten. Ausbreiten bedeutet nicht, dass die anderen Systeme zurückgedrängt werden, sondern dass immer weitere Bereiche der Umwelt in die eigene Logik übersetzt und in die eigenen Operationen integriert werden. Ebenso, wie sich z. B. wirtschaftliches Denken im Gesundheitswesen ausbreitet, gibt es eine Tendenz im Medizinsystem, gesellschaftliche Phänomene zu pathologisieren bzw. medikalisieren. Ein Indiz hierfür ist die Zunahme von Krankheitsbildern im DSM oder ICD, die in Kapitel 3.4 näher beschrieben werden (► Kap. 3.4).[124] Die Vorstellung, dass sich die Gesellschaft aus autonomen Subsystemen zusammensetzt (und der Prozess ihrer Entstehung), wird funktionale Differenzierung genannt. Ob diese Gesellschaftsstruktur jetzt ein Fortschritt ist im Sinne eines besseren Zustands als vorher, hängt von der Perspektive ab: Für wen ist der Zustand besser und nach welchen Kriterien?[125] Das Urteil einer erfolgreichen Unternehmerin wird hier anders ausfallen als das eines indigenen Regenwaldbewohners oder eines Tagelöhners im Slum einer beliebigen Megacity Zentralafrikas oder Asiens.

Weiter oben wurde schon erwähnt, dass soziale Systeme bei Luhmann nicht aus Menschen bestehen, sondern aus Kommunikationen. Der Kommunikationsbegriff wird sehr weit gefasst und umfasst auch soziales Handeln. Die Systemtheorie beschreibt Kommunikation zunächst sehr abstrakt als eine Abfolge von drei Selektionen – die Selektion der Information, die Selektion der Mitteilung und die Selektion des Verstehens. Das ist ungewohnt, weil man im herkömmlichen Verständnis davon ausgeht, dass ein Sender Informationen an einen Empfänger übermittelt. Die Systemtheorie geht davon aus, dass Information nicht übertragen werden kann, sondern von den beteiligten Systemen stets intern erzeugt wird.

Eine Beschreibung im Detail am Beispiel der Kommunikation von zwei Systemen A und B

1. **Selektion der Information**: System A erzeugt aus den Reizen, denen es ausgesetzt ist, Informationen. Je nachdem, um was für ein System es sich handelt, können diese sehr unterschiedlich sein. Psychische Systeme konstruieren eine andere Welt als Unternehmen, Gerichte oder Nachrichtensendungen.
2. **Selektion der Mitteilung**: System A entscheidet sich, was es System B mitteilen möchte, und generiert die Mitteilung.
3. **Selektion des Verstehens**: Die Mitteilung von System A findet in der Umwelt von System B statt. Die Grenze zwischen System A und System B

124 Vgl. die Darstellung und Kritik bei Frances 2013.
125 Auch in der Biologie – Lebewesen können einfach oder komplex aufgebaut sein, Kriterien für ›Fortschritt‹ sind hochgradig willkürlich.

kann aber nicht überschritten werden. Die Mitteilung ist ein Umweltreiz unter vielen anderen und System B generiert daraus – nach seiner eigenen inneren Logik – das Verstehen.

In vielen Anwendungsfällen unterscheidet sich das klassische Kommunikationsmodell mit Sender und Empfänger in der Konsequenz nicht vom systemtheoretischen Modell. Die Systemtheorie kann aber Missverständnisse besser integrieren, bereits auf der Personenebene (psychische Systeme).

Beispiel

Person A hat großen Hunger. Von der kognitiven Psychologie wissen wir, dass dies sogar die Sinneswahrnehmung direkt beeinflusst. Alles, was mit Essen zu tun hat, erhält besondere Aufmerksamkeit. Person A hat gerade Person B getroffen. Person A schlägt Person B vor, in die Mensa oder Kantine zum Mittagessen zu gehen. Person B kennt Person A nur flüchtig, findet sie aber sehr attraktiv und möchte sie näher kennenlernen. Person B deutet die Einladung durch A als Bekundung persönlichen Interesses. Die beiden Personen A und B bleiben als zwei Bewusstseinssysteme autonom.

Sie wirken gegenseitig aufeinander ein, interpretieren aber die Situation jeweils gemäß ihrer individuellen inneren Struktur, was manchmal auch sehr unterschiedlich ausfallen kann. Die Systemtheorie nennt dies operative Geschlossenheit. Tatsächlich ist kein System für sich alleine lebensfähig, das psychische System ist auf den Körper (Organsystem) angewiesen, auf andere psychische Systeme und deren Körper, und auf viele soziale Systeme. Aber all das ist Teil der Systemumwelt und bleibt auch dort. Seine notwendigen Informationen – das, womit es operiert – generiert ein System selbst nach seiner eigenen Systemlogik. Im Beispiel des psychischen Systems geht es dabei um die Aufrechterhaltung von innerer Konsistenz, Selbstwert und um speziellere persönliche Motive; Wahrnehmung, Kommunikation und Handeln richten sich danach aus. Diese Art der Abhängigkeit wird strukturelle Kopplung genannt. Ein System ist infolge seiner operativen Geschlossenheit autonom, aber dennoch von seiner Umwelt abhängig, aber indirekt durch strukturelle Kopplung.

Eine Apothekerin kann beispielsweise als psychisches System mit einer bestimmten Motivlage interpretiert werden, das strukturell an verschiedene soziale Systeme gekoppelt ist, u. a. an das Medizinsystem und an das Wirtschaftssystem.

Beispiel

Ein Kunde kommt in eine Apotheke und möchte ein OTC-Produkt kaufen, das aktuell im TV beworben wird. Die Apothekerin weiß, dass es keine wissenschaftliche Evidenz für die vom Hersteller behauptete bzw. im Werbespot suggerierte Wirkung gibt. Das Produkt wird aber nachgefragt und bringt ordentlich Umsatz. Die drei beteiligten Systeme sind operativ geschlossen und strukturell gekoppelt.

- Psychisches System: Die Apothekerin legt Wert auf ihre Fachkompetenz, ihre wissenschaftliche Redlichkeit und möchte Anderen helfen.
- Wirtschaftssystem: Die Apotheke läuft nicht besonders gut, sie kommt gerade so über die Runden; etwas mehr Umsatz würde die Lage entspannen.
- Medizinsystem: Das OTC-Produkt hat keine biomedizinische Wirkung, richtet aber auch keinen Schaden an, allenfalls gibt der Kunde unnötig Geld aus.

Die Apothekerin verkauft das Präparat. Sie rechtfertigt das vor sich selbst damit, dass der Kunde es ja verlangt hat, dass es wenigstens nicht schadet und vielleicht über den Placeboeffekt sogar doch positiv wirken wird. Wenn der Kunde es nicht bei ihr kauft, kauft er es woanders, durch ein Abraten wäre also niemandem geholfen, nur der Konkurrenz, die weniger Skrupel hat. Die Apotheke kann den Umsatz gut gebrauchen und wird wirtschaftlich stabilisiert. Dadurch erhält sie mehr Spielraum, um bei einem wirklich kritischen Fall standhaft zu bleiben.[126]

Es ist aber für kein System möglich, in ein anderes quasi einzudringen. Allenfalls kann die strukturelle Kopplung der Systeme dazu verwendet werden, Beeinflussungen zu versuchen. Ein reicher Mensch kann sich keine Gesundheit kaufen, sein Tod infolge einer Krankheit ist ein medizinisches Ereignis, kein ökonomisches.[127] Gleichwohl ist das Medizinsystem von finanziellen Ressourcen abhängig. Der reiche Mensch kann sich einen bevorzugten Zugang zu Behandlungsmöglichkeiten kaufen, er kann Geld in die Erforschung seiner Krankheit investieren – Expertinnen und Experten engagieren, Geräte anschaffen, Projekte anstoßen oder ausweiten. Aber er kann sich letztlich keine Gesundheit kaufen. Wenn er eine entsprechende Krankheit hat, wird er daran sterben, weil am Ende der medizinische

126 Das Beispiel der Apothekerin lässt sich auch mit anderen Theorien beschreiben. Die Akteurtheorie würde eine rationale Bewertung der Situation konstruieren, mit einer anschließenden Handlungsentscheidung nach dem Prinzip der Nutzenmaximierung. Die Rollentheorie würde die Apothekerin als Person beschreiben, die verschiedene Rollen innehat, und die Anforderungen der einzelnen Rollen und die sich daraus ergebenden Rollenkonflikte analysieren. Ob einer dieser Ansätze den anderen grundsätzlich überlegen ist (und welcher), bleibt in der Soziologie umstritten. Pragmatische Wissenschaftlerinnen und Wissenschaftler arbeiten mit einem Theoriebaukasten (ähnlich dem Methodenbaukasten) und verwenden die Konzepte, die zur Klärung der untersuchten Fragestellung beitragen. Treibt man das zu weit, droht freilich Beliebigkeit, in der die verwendeten Theorien zu Stichwortgeberinnen degradiert werden. Die Gegenstrategie ist, die persönlich bevorzugte Theorie oder Theorieschule sauber zu halten und Lücken oder blinden Flecken durch Anpassung der Theorie zu begegnen.

127 Es kann freilich das Wirtschaftssystem beeinflussen (in systemtheoretischer Sprache wird das Wirtschaftssystem durch Vorgänge in seiner Umwelt *irritiert* oder *perturbiert* und reagiert darauf), indem z. B. infolge der Nachricht vom Tod eines Firmeninhabers die Aktienkurse einbrechen, weil manche Anteilseigner Aktien verkaufen.

und/oder wissenschaftliche Erfolg entscheidet. Die ökonomische Intervention verändert Umweltbedingungen des Medizinsystems und im günstigen Fall Heilungschancen, aber der Code der Medizin bleibt krank/nicht krank.

Ein soziales Geschehen – eine Einrichtung, eine Gruppe, ein Konflikt – ist nicht fester Bestandteil eines bestimmten Systems, sondern kann von jedem System als eigener Bestandteil behandelt werden. So ist eine Ehekrise aus der Sicht der einzelnen Ehepartner eine Erschütterung des eigenen Selbstwerts und emotionaler Bedürfnisse, aus Sicht der Schule ein Risikofaktor für die Leistungsfähigkeit der Kinder, aus Sicht des Wirtschaftssystems ein ganzes Risikobündel (etwaige Arbeitgeber müssen mit Leistungseinbußen rechnen, nach einer Trennung ggf. mit Ausfällen oder ganz im Gegenteil mit enormen Leistungszuwächsen, wenn einer der Partner sich in die Arbeit flüchtet; im Handel verschieben sich Verkaufschancen – weniger Blumen, dafür Alkohol, Sportgeräte oder Möbel), aus Sicht des Medizinsystems die Erklärung von Befindlichkeitsstörungen oder psychischer Erkrankung usw. Die Ehekrise existiert nicht als eigenständiges Objekt, sondern als Repräsentation der betroffenen sozialen Systeme. So lassen sich medizinisch relevante Ereignisse bzw. jede Operation des Medizinsystems durch Betrachtung der beteiligten Systeme analysieren (▶ Tab. 5).

Ein gängiger Ansatz für Kritik an Luhmanns Systemtheorie ist seine Ausgliederung des Menschen aus der Gesellschaft.[128] Wie weiter oben bereits beschrieben wurde, ist der Mensch Teil der Umwelt der gesellschaftlichen Subsysteme. Das meint nicht, dass er nichts mit der Gesellschaft zu tun hätte – dann hätte auch kein Subsystem mit den anderen Subsystemen zu tun. Jedes System existiert in seiner Umwelt und ist von ihr abhängig, es kann sich aber nicht die Logik der anderen Systeme für seine Operationen zu eigen machen. Die Ärztin muss Geld verdienen, um ihre Praxis führen zu können, aber das medizinische System arbeitet nicht mit Geld, sondern mit Diagnosen und Therapien. Der Krankenpfleger muss gesund und fit sein, um gut arbeiten zu können, aber sein Gesundheitszustand ist die Umwelt seiner Pflegetätigkeit, verkoppelt mit seinem psychischen System. Das psychische System wird von körperlichen Vorgängen irritiert, z. B. von Schmerzen. Das hierbei schon autonome Subsysteme am Werk sind, merkt man an der großen Variabilität des Umgangs mit Schmerzen. Schmerzen werden zu Schmerzen durch deren kognitive Wahrnehmung.[129] Sie können vom psychischen System verstärkt, abgeschwächt, verdrängt oder sogar in Lust transformiert werden – man denke an selbstverletzendes Handeln (z. B. Ausreißen von Haaren, Ritzen der Haut) oder einschlägige religiöse oder sexuelle Praktiken. Dies natürlich in gewissen Grenzen,[130] die Plastizität betrifft eher leichte und selbst verursachte Schmerzen.

---

128 Luhmann nennt das Beharren auf Menschen ein Erkenntnishindernis und beruft sich auf den französischen Wissenschaftsphilosophen Gaston Bachelard (Luhmann 2005: 32).

129 Die Diskussion um Bewusstes und Unbewusstes wird hier ausgeblendet, Kognition ist nicht zwingend auf Bewusstsein angewiesen (vgl. Anderson 2001: 105).

130 Religiöse Ekstase oder sexuelle Lust durch Bauch- oder Zahnschmerzen sind dem Verfasser nicht bekannt, gegenteilige Hinweise sind stets willkommen.

Tab. 5: Kopplungen der Medizin an andere Subsysteme

Gekoppeltes System	Code	Beispiele für Kopplungen
Wirtschaft	Zahlung – keine Zahlung (Profit)	Gesundheitsökonomie – Absatz von Produkten und Dienstleistungen, die auf Krankheit zielen oder die Angst davor
Wissenschaft	wahr – falsch (Wahrheit)	Medizinische Forschung, Transfer wissenschaftlicher Informationen in medizinisches Handeln
Politik	Regierung – Opposition (politische Macht)	Politische Steuerung des Gesundheitswesen, die Angst der Wählerschaft vor Krankheit und Alter (und mögliche Auswirkungen auf das Wahlverhalten)
Kunst	Kunst – keine Kunst (Ästhetik)	Kunst, die durch Krankheit inspiriert oder für das Publikum interessanter wird (manische oder depressive Künstler), Medizin als Feld künstlerischen Ausdrucks (Körperwelten, Zweige der ästhetischen Chirurgie)
Sport	Sieg – Niederlage	Sport als Therapie, Trainings- und Regenerationsoptimierung, Enhancement, Doping, Dopingverschleierung
Religion	Transzendenz – Immanenz	Religiöse Deutung von Krankheit und Gesundheit, Religion und Spiritualität zur Gesundheitsförderung oder in der Therapie
Massenmedien	Information – keine (Aufmerksamkeit)	Medizin als Thema in Nachrichten und Berichten, Unterhaltung und Werbung
Militär	Sieg – Niederlage	Techniken und Organisationsprozesse zur Behandlung von Verletzten, Entwicklung und Optimierung neuer Waffen
Erziehung	gut – schlecht	Gesundheitserziehung, Prävention, Sicherstellung oder Herstellung von Compliance
Recht	Recht – Unrecht	Rechtliche Einbettung des Gesundheitswesens, z. B. Kunstfehler, Berufsrecht, Patientenverfügungen, Datenschutz

Beispiel

Wenn der Körper des Krankenpflegers (sein organisches System) überlastet ist und Schmerzsignale generiert, irritieren diese das psychische System. Die Schmerzempfindung ist eine interne Konstruktion des psychischen Systems und kann in unterschiedlichen Systemen bzw. unter unterschiedlichen Bedingungen unterschiedlich verarbeitet werden. Das Bewusstsein kann die Schmerzen verdrängen, der Krankenpfleger arbeitet weiter, möglicherweise schlecht gelaunt oder beeinträchtigt, was von ihm (seinem Bewusstsein) wiederum verdrängt oder anderweitig gedeutet werden kann (z. B. dahingehend, dass die Patienten und Patientinnen auf der Station heute besonders quengelig sind).[131] Es kann aber auch die Schmerzen als Alarmsignal wahrnehmen, für eine eigene Erkrankung oder dafür, dass Organsystem und psychisches System infolge von Arbeitsstress und ständiger Überstunden langsam an ihre Leistungsgrenzen kommen. Dies alles ist aber nicht Teil des pflegerischen Handelns im Medizinsystem, sondern Teil von dessen Umwelt. Ebenso wie die Verliebtheit eines Arztes in eine Kollegin, der Optimismus einer Logopädin oder die ausgeprägte Statusorientierung einer ärztlichen Führungskraft.

Luhmanns Systemtheorie wurde von Anfang an sehr kontrovers diskutiert und polarisiert die sozialwissenschaftliche Community bis heute. Ob sie eine nachhaltige Wirkung entfaltet hat oder ganz im Gegenteil allmählich in Vergessenheit gerät, ist ebenso umstritten. Die Wirkung im fremdsprachigen Ausland ist bisher überschaubar, bereits eine Übersetzung von Luhmanns Texten ist eine beträchtliche Hürde. Hauptkritikpunkt ist aber, dass die Theorie als Makrotheorie nicht widerlegbar ist – sie erkläre alles und damit im Umkehrschluss nichts. Jedes soziale Phänomen kann systemtheoretisch analysiert und integriert werden, sogar die innerwissenschaftliche Kritik an der Systemtheorie, da die Wissenschaft ja auch ein soziales Subsystem ist. Die Erklärungen seien am Ende logische Zirkel – die Theorie erklärt sich mit sich selbst und zieht sich quasi an den eigenen Haaren aus dem Sumpf wie einst der Baron von Münchhausen. Anderseits haben sich viele Begriffe und Konzepte der Systemtheorie etabliert und sind fester Bestandteil sozialwissenschaftlicher Erklärungen geworden, in der Soziologie und ihren Bezugswissenschaften. Trotz der Gefahr logischer Zirkel eröffnet die Systemtheorie neue Perspektiven. Entscheidend bleibt, ob die Systemtheorie manche Dinge besser beschreiben und analysieren (vielleicht auch: erklären) kann als andere Theorien, ob sie also einleuchtend und brauchbar ist.

2.5 Akteurtheorien

2.5.1 Soziales Handeln, Individualismus und Kollektivismus

Eine einheitliche soziologische Akteurtheorie gibt es nicht; Miebach spricht von einer »lose gekoppelten Menge von Bezugsrahmen und Modellen mit unterschiedlichen Traditionen, Fragestellungen und Forschungsprogrammen.«[132]

131 In der Psychologie gibt es hierzu das Konzept der sozialen Attribution, vgl. Parkinson in Jonas et al. 2014: 71 ff.

132 Miebach 2014: 395.

Akteurtheorie

Grob umrissen beschreiben Akteurtheorien die Gesellschaft als Ergebnis des (mehr oder weniger) rationalen Handelns der einzelnen Menschen, was dem Alltagsverständnis und der Alltagserfahrung entspricht.

Strittig ist, ob als Ergebnis des Zusammenwirkens noch eine zusätzliche Informationsebene bzw. Qualität entsteht, die über die Summe der Einzelhandlungen hinausgeht – z. B. die Gruppendynamik als eine neue, zusätzliche Eigenschaft einer sozialen Gruppe auf Ebene der Gruppe. Diese Vorstellung wird in der Soziologie *kollektivistisch* genannt, allgemeiner spricht man von *Holismus*. Der *Reduktionismus* geht hingegen davon aus, dass sich komplexe Gebilde wie soziale Gruppen und letztlich die gesamte Gesellschaft vollständig beschreiben lassen, wenn man die Akteure – also letztlich die einzelnen Menschen – beschreiben kann (▶ Abb. 16).

Diese Vorstellung wird in der Soziologie *individualistisch* genannt. Der Gegensatz Holismus versus Reduktionismus ist eine wissenschaftstheoretische bzw. philosophische Grundfrage, kein spezifisch sozialwissenschaftliches Problem.[133]

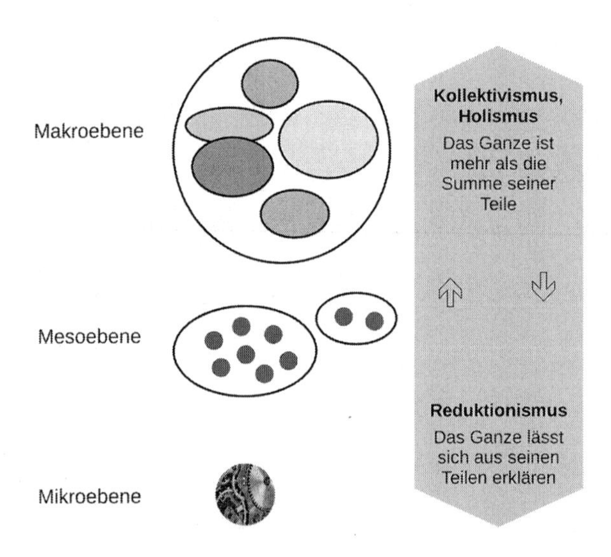

Abb. 16: Reduktionismus

133 Klassisch ist etwa die Frage, ob sich Leben oder Intelligenz aus den Eigenschaften der Materie ableiten lässt oder ob dafür metaphysische Zusätze (Geist, Gott, spirituelle Energie) erforderlich sind. Vgl. auch Hofstadter 1979: 333–360.

Die Unterscheidung einer eher reduktionistischen oder eher kollektivistischen Orientierung kann schon auf die soziologischen Klassiker angewendet werden. Emilé Durkheims Anspruch, dass Soziales nur mit Sozialem erklärt werden könne, ist eindeutig kollektivistisch, während Max Webers Konzept des sozialen Handelns eine Form der Akteurtheorie ist.[134] Weber geht vom handelnden Subjekt aus und definiert soziales Handeln als Grundeinheit der Gesellschaft folgendermaßen: »›Soziales‹ Handeln aber soll ein solches Handeln heißen, welches seinem von dem oder den Handelnden gemeinten Sinn nach auf das Verhalten *anderer* bezogen wird und daran in seinem Ablauf orientiert ist.«[135] Weber unterscheidet vier Motive für Handlungen, die im konkreten Fall aber nicht in Reinform wirken, sondern in unterschiedlichen Anteilen gemischt sind.

- Zweckrational (Handeln als Folge einer bewussten, rationalen Entscheidung)
- Wertrational (Handeln als Folge verinnerlichter Werte und Prinzipien)
- Traditional (Handeln auf Grundlage von Sitten und Bräuchen)
- Affektiv (Handeln infolge von Emotionen, Trieben, Affekten)

Weber unterscheidet soziales Handeln als Sonderform von anderen Formen des Handelns bzw. von Verhalten als der allgemeinen, übergeordneten Kategorie. Reines Verhalten ist automatisiert oder reflexhaft und findet ohne bewusste Denk- oder Entscheidungsprozesse statt, manchmal wird es vom Subjekt nicht einmal bemerkt. Verhalten kann auch angeboren oder erlernt bzw. sozialisiert sein (vgl. Bourdieus Theorie des sozialen Habitus, ▶ Kap. 2.1.3). Wichtige neuere Vertreter von Akteur- bzw. Handlungstheorien sind bzw. waren George Caspar Homans (1910–1989), James Samuel Coleman (1926–1995) und Hartmut Esser (geb. 1943). Homans war ein Kollege und Gegner von Talcott Parsons.[136] Er formulierte seinen Ansatz als Verhaltenstheorie mit dem Anspruch, konkretes Verhalten erklären zu können – im Gegensatz zur funktionalistischen Systemtheorie, die keine Erklärungen liefere, sondern logische Zirkel.[137] Die Erklärung eines empirischen Sachverhalts (hier: einer Handlung) muss nach Homans aus einer Theorie und verschiedenen Randbedingungen abgeleitet werden (Deduktion).[138] Homans formulierte die folgenden fünf Verhaltenshypothesen, basierend auf der in den 1950er Jahren vorherrschenden behavioristischen Psychologie.

---

134 Vgl. Miebach 2014: 32 f.; Kaesler 1999: 138.

135 Weber 1984: 19 (aus »Wirtschaft und Gesellschaft« 1921).

136 Vgl. Miebach 2014: 439.

137 Auch der Begriff »Erklären« wird nicht einheitlich verwendet und ist daher für sich wiederum erklärungsbedürftig. Als Beispiel vier Erklärungen für die Ursache der Krankheit einer Person A: 1. A hat sich mit einem Krankheitserreger angesteckt; 2. A wurde von Gott für seine Sünden bestraft; 3. A hat einfach Pech gehabt; 4. A hat durch gesundheitsschädliches Verhalten sein Immunsystem geschwächt. Es hängt vom Relevanzsystem der Beobachterin ab, was sie als Erklärung akzeptiert und was nicht. Homans Anspruch an eine »Erklärung« ist relativ eng geführt.

138 Vgl. Morel 1995: 31.

1. Erfolgshypothese (Verhalten wird durch Belohnung verstärkten)
2. Reizhypothese (Verhalten aufgrund von Konditionierung – ähnliche Situationen wirken als Trigger)
3. Werthypothese (höhere Belohnungen erhöhen den Anreiz)
4. Entbehrungs-Sättigungs-Hypothese (zu viel Belohnung senkt den Anreiz, fallender Grenznutzen)
5. Frustrations-Aggressions-Hypothese (eine ausbleibende Belohnung führt zu Aggressionen)

Eine Besonderheit der behavioristischen Psychologie war das Ausblenden von Denkprozessen. Denken und Bewusstsein galten als *Black Box* (als einer wissenschaftlichen Beobachtung unzugänglich), und man beschränkte sich konsequent auf das beobachtbare Verhalten von Menschen (und Tieren). Die ab den 1960er Jahren aufkommende kognitive Psychologie konnte aber zeigen, dass Denkprozesse durchaus zugänglich sind und u. a. indirekt erforscht werden können.[139] Ein besseres Verständnis von Kognition (Wahrnehmung, Denken, Gedächtnis) und Bewusstsein ermöglicht verfeinerte Akteurmodelle und wirkte sich auch auf soziologische Theorien aus. Die heutigen Akteurtheorien blenden das menschliche Denken nicht mehr aus, sondern verwenden selbstverständlich die Erkenntnisse der kognitiven Psychologie und der Neurowissenschaften. International werden Akteur- und Handlungstheorien unter dem Begriff *Rational Choice* (RC) zusammengefasst. In seiner engsten Fassung bedeutet RC, dass das Handeln von Menschen aus bewussten Überlegungen und Entscheidungen folgt, und stützt sich auf das Menschenbild des *homo oeconomicus*. Der *homo oeconomicus* handelt infolge rationaler Entscheidungen und versucht, seinen individuellen Nutzen zu maximieren. Esser fasst das Grundmodell der Nutzentheorie auf vier Annahmen zusammen und betont ausdrücklich, dass es sich um eine starke Vereinfachung handelt.[140]

1. Jeder Akteur hat eine klar definierte Menge von Alternativen für seine Entscheidung.
2. Jeder Akteur hat eine vollständige, konsistente und bestimm- und überschaubare Präferenzordnung (darstellbar als Nutzenfunktion) – er weiß genau, was er will und was ihm wie wichtig ist.
3. Jeder Akteur kann den Ereignissen, die er erwartet, konkrete Wahrscheinlichkeiten zuweisen (Möglichkeit einer rationalen Risikokalkulation).
4. Jeder Akteur wird die Alternative wählen, für die der zu erwartende persönliche Nutzen maximal ist.

Die Engführung des Handlungskonzepts erleichtert die Modellbildung, läuft aber Gefahr, als realitätsfern kritisiert zu werden. Esser selbst beschreibt ausführlich Ausnahmen und Gegenbeispiele aus der Psychologie, hält das Konzept letztlich aber im Kern für zutreffend.

139 Vgl. Anderson 2001: 8 ff.
140 Übernommen aus Esser 1999: 297.

Es bleibt aber unklar inwieweit die Vorstellung von rationalen Handlungen unbewusste bzw. sozial verursachte Handlungen ausblendet. Man kann den Begriff *rational* auch weiter fassen, so dass er einen größeren Bereich des Handelns und Verhaltens umfasst; auf jeden Fall alle Handlungstypen Max Webers. Wichtig ist, sich vom Alltagsverständnis zu lösen, das *rational* mit *vernünftig* gleichsetzt und Handlungen aus einer Beobachterperspektive bewertet, nach der es dann auch objektiv irrationales Verhalten geben kann. RC unterscheidet – zumindest in der Soziologie – nicht zwischen rational und irrational, sondern versucht, die Struktur der subjektiven Rationalität für jeden Akteur zu beschreiben und damit dessen Handlungen zu erklären. Wenn eine Therapeutin nach einer unbefriedigenden Therapiesitzung ihre Sprechstundenhilfe anlässlich einer Lappalie zusammenfaltet, mag dies unsouverän und unklug sein, aber angesichts des punktuellen Spannungsabbaus rational. Das Beispiel verdeutlicht, dass der individuelle Nutzen ein vielfältiges Gebilde ist, das sich nicht auf rein ökonomische Erwägungen reduzieren lässt. Die Analyse und Darstellung der Denk- und Motivstrukturen eines Individuums lässt sich im Prinzip so weit verfeinern, dass diese schließlich genauso komplex sind wie bei holistischen Ansätzen. Die Komplexität der Welt wird dann einfach in den Akteur verlagert, als kognitive Repräsentation, die dann das Handeln bestimmt;[141] die Vereinfachung dieser Welt ist Teil der wissenschaftlichen Beobachtung, aber kaum anders, als wenn die tatsächliche Umwelt des Akteurs analysiert würde. RC muss die Gefahr vermeiden, am Ende lediglich mit »plausiblen Motivunterstellungen«[142] zu arbeiten, deren dürftige Fundierung dann verschleiert wird; indem z. B. durch den Einsatz von Formeln oder formalisierten Sätzen eine Atmosphäre[143] von Objektivität und Präzision hervorgerufen wird. Zwangsläufig muss man mit Typen von Handlungen und Typen von Nutzen arbeiten. Die Typisierung verschiedener Nutzenaspekte gehört zur Analyse von Interessenkonflikten, die in Kapitel 6.6 behandelt werden (▶ Kap. 6.6). Eine andere Ebene der Komplexität ist die gleichzeitige Berücksichtigung mehrerer Akteure und der Wechselwirkungen ihrer Handlungen. Auch RC-Theorien kennen den Befund, dass viele individuell rationale Handlungen in Summe zu allgemein unerwünschten Ergebnissen[144] führen können oder umgekehrt. Ein wichtiges Analyseinstrument hierzu ist die Spieltheorie, die weiter unten näher erläutert wird (▶ Kap. 2.5.3). Allgemein stehen RC-Konzepte der Sozialpsychologie sehr nahe; die Psychologie interessiert sich dabei mehr für die inneren Vorgänge des Individuums, die Soziologie mehr für die daraus resultierenden sozialen Vorgänge.

---

141 Inklusive unbewusster kognitiver Prozesse wie dem Erwerb und der Anwendung impliziten Wissens bzw. impliziter Fertigkeiten.

142 Vogd 2011: 36.

143 Ein Rahmen im Sinne Goffmans, ▶ Kap. 2.2.

144 Ein wichtiger Erklärungsansatz dafür, wieso es nicht gelingt, global wirksame Maßnahmen zum Umweltschutz durchzusetzen.

2.5.2 Mikro-Makro-Modelle als Wanne

Dass sich Handlungen auf der Mikroebene – also die direkten Interaktionen von Akteuren – durch RC beschreiben lassen, ist naheliegend. RC beansprucht aber darüber hinaus, soziale Zusammenhänge auf der Makroebene erklären zu können; und zwar ausschließlich – im Gegensatz z. B. zur Systemtheorie, die nach Ansicht von Homans oder Esser nichts erklären kann, sondern nur Begriffssysteme liefert. Die grafische Darstellung dieses Grundschemas der Erklärung des Mikro-Makro-Übergangs ähnelt einer Wanne (▶ Abb. 17). Es wird von Coleman und Esser ausführlich beschrieben[145] und manchmal auch mit ihren Namen bezeichnet (Essersche Wanne).

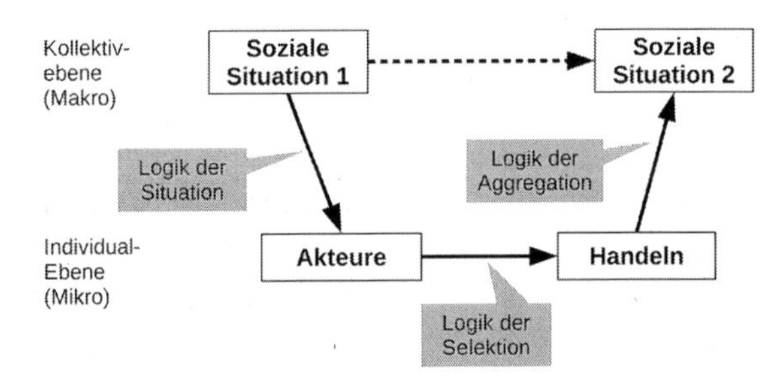

Abb. 17: RC – Mikro-Makro-Übergang als Wanne

Die Grafik zeigt die abstrakte Grundform der Wanne mit Essers Bezeichnung der einzelnen Pfade als Logik der Situation, Selektion und Aggregation.[146]

Coleman führt als Beispiel für das Erklärungsschema des Mikro-Makro-Übergangs eine Theorie an, wonach Revolutionen nicht zur Zeit der stärksten Unterdrückung stattfinden, sondern danach, wenn es bereits Reformen bzw. Erleichterungen gibt. Das wird auf der Mikroebene dadurch erklärt, dass viele Individuen von Ausmaß und Tempo der Reformen enttäuscht sind und dies zu Frustration führt, die sich dann in Aggressionen entlädt. Diese Theorie ist umstritten, auch Coleman hält sie für unplausibel. Es finden sich Beispiele dafür, aber ebenso auch dagegen – z. B. die Sozialreformen unter Bismarck Ende des 19. Jahrhunderts, die den Unmut in der Arbeiterschaft dämpfen sollten.

Entscheidend ist, dass es keine direkte Wirkung auf der Makroebene gibt. Wenn man zwischen zwei sozialen Situationen bzw. sozialen Phänomenen einen Zu-

145 Coleman 1991: 10–13; Esser 1999: 17–19.
146 Ebd.; vgl. Miebach 2014: 396 ff.

sammenhang feststellt, so ist das lediglich eine Korrelation,[147] aber keine Ursache-Wirkungs-Beziehung. Die Wirkung läuft immer über die Mikroebene, indem die soziale Situation 1 die Handlungsbedingungen der Individuen setzt bzw. ändert. Die Individuen handeln aufgrund der Situation in einer bestimmten Art und Weise, was als Summe der Einzelhandlungen (Aggregation) schließlich die soziale Situation 2 erzeugt. Die kollektivistische Erklärung, dass die soziale Situation 1 die Soziale Situation 2 hervorbringen würde, sitzt nach dieser Theorie einer Art optischer Täuschung auf; denn tatsächlich können nur Individuen handeln, nicht Aggregate (Gruppen, Institutionen, Systeme) oder Situationen. Ein ähnlich gelagertes medizinsoziologisches Beispiel ist der Zusammenhang zwischen dem Sozialstatus und dem Gesundheitszustand. Ein niedriger Sozialstatus für sich verursacht keine Krankheiten, aber bestimmte Voraussetzungen. Akteure mit niedrigem Sozialstatus haben öfters ungünstigere Wohnverhältnisse (Platzmangel, ungünstige Lage mit z. B. Verkehrslärm und hoher Feinstaubbelastung), sind häufiger übergewichtig, rauchen mehr, sind weniger konsequent bei der Gesundheitserziehung ihrer Kinder usw. Der Sozialstatus führt zu einer ungünstigeren Lebenssituation und beschränkt gesundheitsförderliche Handlungsmöglichkeiten (Esser spricht von Opportunitäten und Restriktionen, auch Bourdieus Habitus kann hier eingesetzt werden). Die Summe dieser Verhaltensweisen führt dann zu höheren Krankheitsrisiken und schließlich einer statistisch niedrigeren Lebenserwartung; und sie behindert einen sozialen Aufstieg.

2.5.3 Spieltheorie

Die Spieltheorie analysiert die Wechselwirkungen zwischen verschiedenen handelnden Akteuren, sowohl für die tatsächlichen Handlungen als auch für die Erwartungen bezüglich des Handelns der Anderen; und für Überlegungen, welche Erwartungen die Anderen wohl haben.[148] Das hört sich kompliziert an, entspricht aber den Alltagserfahrungen des Typs »wenn ich jetzt [A] tue, was denkt sie dann, warum ich das getan habe?«.

Gefangenendilemma (Prisoner's Dilemma)

Die einfachste spieltheoretische Konstellation sind zwei Akteure mit zwei Handlungsoptionen, das klassische Beispiel ist das Gefangenendilemma (Prisoner's Dilemma).[149] Zwei Tatverdächtige befinden sich in U-Haft, die Haupttat konnte ihnen aber bisher nicht nachgewiesen werden. Beiden wird eine Kronzeugenregelung angeboten: Wenn einer gesteht und der andere damit

147 Eine Korrelation besagt, dass zwei Eigenschaften A und B zusammenhängen bzw. sich zusammen verändern. Es gibt dann drei mögliche Erklärungen: A wirkt auf B; B wirkt auf A; ein dritter Einfluss C wirkt gleichzeitig auf A und B.

148 Luhmann spricht von Erwartungserwartungen, vgl. Luhmann 2017: 131.

149 Darstellung nach Miebach 2014: 404–409, vgl. Diekmann 2013: 204–208, Bette/Schimank 2006: 250 ff. (mit anderen Beispielparametern).

der Tat überführt werden kann, kommt er mit Strafmilderung davon (drei Monate Haft), der überführte erhält hingegen zehn Jahre. Gestehen beide, erhalten beide acht Jahre wegen mildernder Umstände. Gesteht keiner, kommen beide mit einem Jahr davon (aufgrund einiger Begleitdelikte). Jeder der beiden muss nun für sich entscheiden, ob er gesteht oder nicht. Dieses Dilemma bleibt auch dann bestehen, wenn sich die beiden vorher austauschen bzw. absprechen können, denn es gibt ja keine Garantie, dass sich der andere an die Absprache hält.

Das Dilemma lässt sich anschaulich als Vier-Felder-Tabelle darstellen (▶ Tab. 6)

Tab. 6: Gefangenendilemma

Prisoner's Dilemma		Gefangener B	
		gesteht	gesteht nicht
Gefangener A	gesteht	*beide 8 Jahre*	*A: 3 Monate, B: 10 Jahre*
	gesteht nicht	*A: 10 Jahre, B: 3 Monate*	*beide 1 Jahr*

Spieltheoretische Analysen können theoretisch-analytisch, aber auch empirisch angewendet werden – als Befragung oder in einer tatsächlichen Spielsituation mit Versuchspersonen. Die formalisierte Darstellung mit Wahrscheinlichkeiten oder anderen Zahlenwerten suggeriert allerdings allein durch ihr Erscheinungsbild eine Präzision und Objektivität, die tatsächlich nicht gegeben ist. Die Zahlen werden meist willkürlich gewählt und können nach Bedarf variiert werden, was der Vergleich verschiedener Beispiele für das Gefangenendilemma veranschaulicht. Bette/Schimank arbeiten mit Mord und setzen als Höchststrafe lebenslänglich an, was das wahrgenommene Risiko für die Kombination »gestehen – nicht gestehen« stark erhöht. Simuliert man die hier abgebildete Konstellation, dann tendieren beide Gefangenen zum Geständnis, weil sie ihr persönliches Risiko über beide Reaktionsmöglichkeiten des anderen grob mitteln.[150] Wenn A gesteht, drohen ihm entweder acht Jahre oder drei Monate, im Mittel knapp über vier Jahre. Wenn A nicht gesteht, drohen ihm entweder zehn Jahre oder ein Jahr, im Schnitt fünfeinhalb Jahre. Setzt man aber Straffreiheit ein, wenn beide nicht gestehen und erhöht die Kronzeugenstrafe auf zwei Jahre, sind die Mittelwerte für beide Handlungsoptionen gleich.

150 Im Beispiel von Bette/Schimank 2006 wird für beiderseitiges Schweigen jeweils zwei Jahre Haft angesetzt, aber nur ein Jahr für den Kronzeugen. Das führt dazu, dass die Option »Kronzeuge« optimal wird, was Absprachen riskant macht – selbst wenn beide vereinbaren zu schweigen, bleibt das Risiko, dass sich der Andere nicht daran hält, um in den Genuss der Minimalstrafe zu kommen.

Das erwartete Verhalten des Anderen hängt von seiner sozialen Einbettung ab, von Werten, Normen und seiner emotionalen Verfassung. So könnte eine Aussageverweigerung sozial abgestützt sein, z. B. in Form eines Schweigegebots in der gemeinsamen Peer Group der beiden Verdächtigen,[151] was die erwarteten Kosten für alle Gruppenmitglieder stark minimiert. Die Modellierung kann beliebig erweitert werden, und eine zunehmende Komplexität spiegelt entsprechend die Schwierigkeit der beteiligten Akteure bei der Entscheidungsfindung wider. Grundsätzlich hängen spieltheoretischer Überlegungen nicht von bestimmten Theorietraditionen wie RC ab, auch wenn sie dort am weitesten verbreitet sind. Sie erfordern keine Formalisierung, auch nicht das Menschenbild des *homo oeconomicus*,[152] und lassen sich ohne Weiteres im Rahmen der Systemtheorie einsetzen. Das Analyseschema ist dann in den beobachtenden Systemen repräsentiert, in den Bewusstseinssystemen der jeweiligen Akteure und bei der wissenschaftlichen Beobachterin, möglicherweise dann in abweichender Form. Die Systemtheorie organisiert die Berücksichtigung der Umstände bzw. der Umwelten anders als die Akteurtheorie, aber das hat zunächst nur die Konsequenz einer veränderten Beobachterinnenperspektive, es führt nicht zu völlig anderer Forschung und völlig anderen Erkenntnissen.

Die Qualität einer spieltheoretischen Analyse hängt von der Angemessenheit des Modells ab (nicht zu einfach, aber auch nicht zu komplex) und von den eingesetzten Parametern, wie bereits verdeutlicht. Zur Reduktion der Komplexität auf Seiten der ›Spieler‹ (Akteure) gibt es außerdem Spielstrategien. Das Sichverlassen auf ein Schweigegebot wäre eine davon. Außerhalb mafiöser Kreise hat die Einhaltung grundlegender moralischer Prinzipien eine ähnliche Funktion – tue nichts Unrechtes; liebe deinen Nächsten; handle so, wie du es vom Anderen wünschen würdest oder wie alle handeln sollten.[153] Im alltäglichen Umgang, z. B. unter Kolleginnen am Arbeitsplatz oder bei Verhandlungen, gibt es iterative Strategien. Die Akteure tasten sich dann schrittweise an ihr Ziel heran, was in der Spieltheorie als *Tit-for-Tat* bezeichnet wird.[154] Man macht kleine Zugeständnisse oder stellt kleine Forderungen, um zu schauen, wie der andere darauf reagiert; und auch um ihm zu signalisieren, womit er rechnen kann. Der Einsatz bleibt aber stets so gering, dass das Risiko im Falle eines Scheiterns überschaubar bleibt. Diese Vorgehensweise ist typisch für den Aufbau von persönlichem Vertrauen.[155] Der Aufbau selbst kann nicht offen kommuniziert bzw. verhandelt werden, weil dadurch das Vertrauen untergraben würde. Stattdessen wird in kleinen Schritten versuchsweise vertraut, bis man sich hinreichend sicher fühlt. Auf welche Weise der Andere sich rational verhält, ist hierbei Teil der Kalkulation

---

151 Der Mafiabegriff »Omertá« wird mittlerweile auch in anderen Bereichen verwendet, um die moralische Missbilligung mit zu kommunizieren, z. B. in der Debatte um Doping im Profisport.

152 Vgl. Ryll 1989: 7.

153 Das entspricht in etwa der antiken »goldenen Regel« oder Kants Kategorischem Imperativ.

154 Miebach 2014 beschreibt dies am Beispiel von Zielvereinbarungsgesprächen, ders.: 408.

155 Vgl. Luhmann 1968: 50 ff.

und damit beliebig. Auch Verhalten, das unbewusst oder dem Alltagsverständnis nach irrational ist, kann mit eingerechnet werden, z. B. die Eitelkeit oder leichte Verärgerbarkeit bestimmter Vorgesetzter, Kolleginnen oder Patienten. *Tit-for-Tat* kann auch im unmittelbaren Spielverlauf steuernd eingesetzt werden, indem unfaires Verhalten sofort sanktioniert wird, was die Wahrscheinlichkeit einer Kooperation erhöht. Formalisierte Modelle sind notorisch unvollständig, denn es können niemals alle relevanten Umstände und Einflüsse (Variablen) berücksichtigt werden. Ihr Reiz liegt in der Konzentration auf einzelne Mechanismen und in der naturwissenschaftlich-nüchternen Anmutung der Formeln und schematischen Darstellungen (für diejenigen mit einem Faible dafür).

2.6 Welche Theorie ist die richtige?

In der Soziologie gibt es keine Leittheorie, sondern mehrere konkurrierende soziologische Theorieschulen, die für sich den besten Zugang zur Beschreibung oder Erklärung der Gesellschaft beanspruchen. Erklärungslücken anderer Theorieschulen gelten dann als Beleg für deren allgemeine Unzulänglichkeit, auch wenn die eigene Theorie wiederum eigene, andere Lücken aufweist. Diese Auseinandersetzungen reichen bis an die Grundlagen der Erkenntnis- und Wissenschaftstheorie und können hier nicht vertieft werden.[156] Verbreitet ist eine scharfe Abgrenzung von anderen Theorieschulen mit dem gleichzeitigen Bemühen, die eigene Theorie möglichst umfassend auszugestalten. Die Akteurtheorien und die Systemtheorie sind Beispiele dafür. Ihre beiden Hauptvertreter im deutschsprachigen Raum, Niklas Luhmann und Hartmut Esser, betrachten ihre Ansätze als grundsätzliche Gegensätze und haben sich in den 1990er Jahren ausgiebig aneinander abgearbeitet. Ihre Ansätze schließen sich aber nicht zwangsläufig gegenseitig aus. Sie analysieren und beschreiben dieselben sozialen Phänomene aus unterschiedlichen Perspektiven, und beide können wertvolle Erkenntnisse liefern, besonders, wenn man auch wissenschaftliches Arbeiten konstruktivistisch versteht. Gemäß dem konstruktivistischen Denken haben wir keinen direkten Zugang zur Welt, sondern erzeugen von der Welt intern Vorstellungen (Repräsentationen, Modelle), die mehr oder weniger brauchbar sind.[157] Sowohl die Systemtheorie als auch die Akteurtheorien liefern Modelle und Erklärungen; z. T. werden auch die Kriterien für Erklärungen auf die eigene Theorie zugeschnitten.[158] Die Analyse konkreter gesellschaftlicher Phänomene kann man aber auch

156 Eine ausführlichere Diskussion z. B. bei Kelle 2008.

157 Das entspricht der biologischen Systemtheorie von Maturana und Varela. Streng genommen sind nicht einmal Modelle oder Vorstellungen notwendig, einfach gebaute Organismen kommen auch ohne aus. Repräsentationen und Vorstellungen sind Produkte von Nervensystemen, in komplexerer Form mit Zentren wie dem Gehirn.

158 Z. B. bei Esser 1999: 83 ff.

pragmatischer angehen. Wir haben hier eine komplizierte Variante das Henne-Ei-Problems;[159] die biologische Systemtheorie versteht dabei Henne und Ei als integratives Gesamtsystem, das nicht auseinanderdividiert werden kann. Es spricht nichts dagegen, die Belange des Eis vom Ei her zu betrachten und die Belange der Henne von der Henne her, solange man nicht durch eigens dafür konstruierte Erklärungsanforderungen die Erklärungen der Anderen kategorisch ausschließt. Man kann die Uneinigkeit innerhalb der Soziologie und die theoretische Unterentwicklung daher auch als Stärke deuten.

- Bei einer pragmatischen Herangehensweise an seine Forschungsgegenstände kann man sich (je nach Anforderungen und Interessen) verschiedener Theorie- und Methodenansätze nach dem Baukastenprinzip bedienen. Das erleichtert auch eine Integration der Erkenntnisse aus anderen wissenschaftlichen Disziplinen.
- Studierende der Soziologie lernen von Anfang an, ihr Fach und dessen Ansprüche kritisch zu hinterfragen. Das wirkt sich anders aus als Kritik von außerhalb – denn die führt eher zu Abwehr und Immunisierungsversuchen. Voraussetzung für ein produktives Hinterfragen ist aber, dass die Theorieschulen sich miteinander austauschen und nicht in eigenen Ökosystemen einigeln.
- Eine stabile Leittheorie mit ausgearbeiteter, standardisierter Methodik vermittelt Sicherheit und Orientierung, kann aber mittelfristig zu einem Kreativitätsschwund führen und die Kritikfähigkeit beeinträchtigen – aus etablierten Verfahren und Vorgaben werden dann verkrustete Strukturen und Traditionen, die den Blick auf Neues verstellen (hier setzt die Theorie wissenschaftlicher Revolutionen von Thomas S. Kuhn an[160]).

2.7 Sozialstrukturanalyse

2.7.1 Gegenstand

Die Sozialstrukturanalyse befasst sich mit dem inneren Aufbau der Gesellschaft, meist in den Grenzen eines bestimmten Staates oder im Vergleich verschiedener Staaten. Dazu gehört auch die Zuordnung von Staaten bzw. ihren Gesellschaften zu einem Differenzierungstyp (▶ Kap. 2.1.1). Eine Lerneinheit zur Sozialstruk-

159 Ist das Ei ein Mittel der Henne, um weitere Hennen zu produzieren, oder ist die Henne ein Mittel des Eis, damit es neue Eier gibt? Noch deutlicher wird das Problem, wenn man als Beispiel Insekten mit komplizierten Metamorphosen verwendet, z. B. Schmetterlinge mit Ei, Raupe, Puppe und Falter. Die Gestalt des ausgewachsenen Schmetterlings ist nur eine kurze Episode der Entwicklungsperiode, gilt aber als der *eigentliche* Schmetterling.

160 Eine kurze Übersicht z. B. bei Carrier 2006: 143–147.

tur[161] ist in Deutschland und Österreich Kernbestand des Soziologiestudiums. Die Sozialstrukturanalyse ist eine wichtige Informationsquelle für Steuerungs- und Einflussversuche aus Politik und Wirtschaft auf gesellschaftliche Gegebenheiten.[162] Eine Eingrenzung des Begriffes »Sozialstruktur« ist schwierig,[163] als Beispiel die Definition von Rainer Geißler:

> »Sozialstruktur umfasst die Wirkungszusammenhänge in einer mehrdimensionalen Gliederung der Gesamtgesellschaft in unterschiedliche Gruppen nach wichtigen sozial relevanten Merkmalen sowie in den relativ dauerhaften sozialen Beziehungen dieser Gruppen untereinander.«[164]

Anschaulicher ist eine Liste typischer Themen bzw. Gegenstände.[165] Die weitere Analyse eines Themas umfasst dessen Geschichte, den aktuellen Stand und die Ermittlung von Zukunftstrends. Untersucht werden bei der Sozialstrukturanalyse vor allem:

- Demografie (Umfang, Dynamik und sozialstatistische Zusammensetzung der Bevölkerung, Geburten und Todesfälle, Lebenserwartung)
- Migration und ggf. die Verteilung verschiedener Ethnien oder Nationalitäten, ggf. die geografische Herkunft von Bevölkerungsgruppen
- Verbreitung und Form Sozialer Ungleichheit hinsichtlich Bildung, sozialem Prestige, Einkommen und Vermögen; Modelle Sozialer Ungleichheit (Klassen, Sozialschichten, Lebensstile und Milieus)
- Ausmaß und Struktur sozialer Mobilität (sozialer Auf- und Abstieg)
- Randbereiche der Bevölkerung: Eliten, Unterschicht, prekäre Lebenssituationen, soziale Diskriminierung
- Wirtschaft und Wertschöpfung, Industrialisierung, die Verschiebung der Wertschöpfung von der Industrie zum Dienstleistungssektor
- Aufbau und Entwicklung gesellschaftlicher Teilbereiche: Institutionen (Familie, Ehe etc.), gesellschaftliche Subsysteme (Bildung, Erziehung, Politik), große Organisationen und politische Strukturen (Arbeitswelt, Kirchen, Gesundheitswesen)
- Geschlechterverhältnisse
- Spezielle Themen, je nachdem, welche Rolle sie in der jeweiligen Gesellschaft spielen (die Lebensstilanalyse widmet sich auch Themen wie Medienkonsum, Ernährung und Freizeitverhalten)

---

161 Entsprechend die Sozialstruktur Deutschlands oder Österreichs.

162 Das ist eine systemtheoretische Formulierung: Politisches Handeln kann gelingen oder nicht, daher *Versuch*. Dasselbe gilt auch in der Medizin: Ärzte und Ärztinnen versuchen zu heilen, von Fall zu Fall mehr oder weniger erfolgreich. Entsprechend spricht Vogd von »organisierter Krankenbehandlung«.

163 Verschiedene Definitionen stellt Geißler 2014: 1 f. zusammen. Dieser Art der Definition eines Begriffs nennt man *Wesensdefinition* (vgl. Bette/Schimank 2006: 156).

164 Geißler 2014: 3.

165 Die Definition eines Begriffes über eine Liste von Dingen, die dazugehören, nennt man *enumerativ* (vgl. Bette/Schimank 2006: 167 ff. für den Begriff *Doping*). Man könnte auf diese Weise auch Medizin definieren: Medizinische Praktiken sind Krankenbehandlung, Vorsorgeuntersuchungen, Impfen, Abtreibung, Sterbehilfe, Dopingbetreuung, kosmetische Operationen, aber z. B. nicht Tätowieren oder Beten für Gesundheit.

2.7.2 Bevölkerungsdynamik

Deutschland, Österreich und die Schweiz sind typische[166] westliche Industriegesellschaften – sie sind funktional differenziert, aber in Verbindung mit einer starken vertikalen Sozialen Ungleichheit hinsichtlich Einkommen, Vermögen und Bildungschancen (Soziale Schichtung).[167] Die durchschnittliche Lebenserwartung ist mit ca. 80 Jahren hoch mit gleichzeitig niedrigen Geburten- bzw. Fertilitätsraten,[168] was zu einer Verschiebung der Altersstruktur geführt hat, die meist kritisch als *Überalterung* charakterisiert wird. In der Demografie ist neutraler von einem Demografischen Übergang die Rede. In der Übergangszeit wirkt sich die höhere Lebenserwartung stärker aus, da die Menschen, die in Zeiten hoher Geburtenraten geboren wurden (in Deutschland von den 1950er Jahren bis Mitte/ Ende der 1960er Jahre), noch da sind, während bereits weniger Jüngere nachkommen. Alle drei Staaten sind durch eine starke Einwanderung seit den 1960er Jahren geprägt, der Anteil von Menschen mit Migrationshintergrund[169] liegt je nach Definition (► Tab. 7) bei ca. 20 %.

Tab. 7: Migration – Begriffsklärung

Begriffe zur Migration (vgl. Geißler: 2014: 267–268, Huinink 2019: 57)	
Ausländerinnen und Ausländer	Personen, die nicht die Staatsbürgerschaft des Staates haben, in dem sie sich gerade aufhalten. Das können Migranten sein, aber auch Besucherinnen – z. B. Gäste, Touristinnen oder Geschäftsleute.
Migration	Aus- oder Einwanderung von Personen mit dem Ziel eines längeren oder dauerhaften Aufenthalts.
Migrantinnen und Migranten	Personen, die aus einem Gebiet in ein anderes eingewandert sind; dauerhaft oder mindestens für längere Zeit. Migranten und Migrantinnen haben eine persönliche Migrationserfahrung.
Spätaussiedlerinnen und Spätaussiedler	Migrantinnen und Migranten mit deutscher Abstammung nach dem deutschen Staatsbürgerschaftsrecht aus verschiedenen Staaten Osteuropas, u. a. Russland und Rumänien.
Migrationshintergrund	Überbegriff: Personen mit eigener Migrationserfahrung und Nachkommen von Personen mit eigener Migrationserfahrung (in 2. Generation: Kinder; in 3. Generation: Enkel)

Im weiteren geschichtlichen Horizont ist Migration weltweit der Normalfall. Migration führt zu wechselseitigen Beeinflussungen (Sozialisation): Migrantinnen

166 Hinsichtlich des allgemeinen Wohlstandniveaus in der Spitzengruppe.
167 Für Deutschland vgl. Geißler 2014: 93 ff.
168 Die Lebenserwartung ist eine statistische Modellvorstellung und kein objektiver Messwert, ebenso wie die Fertilität. Für prognostischen Kennziffern gilt: Sicher weiß man es erst hinterher, und das auch nur bei sorgfältiger Buchführung.
169 Ausländer, Zuwanderinnen, Gastarbeiter, Migrantinnen; vgl. Geißler 2014: 167 f.

und Migranten verändern die Zielgesellschaft und ebenso verändert die Zielgesellschaft die Eingewanderten. Ob das gut oder schlecht ist und für wen, ist dauerhaft Gegenstand politischer Kontroversen.[170] Insgesamt nimmt die Bevölkerung in Europa derzeit noch leicht zu, in erster Linie in Folge von Migration, für die nächsten Jahrzehnte wird aber ein Rückgang erwartet.

Am anderen Ende des Lebens wächst die Zahl alter und sehr alter Menschen. Die Klage über eine Überalterung der Gesellschaft steht im Widerspruch zum Ideal eines langen Lebens. Die durchschnittliche Lebenserwartung liegt in den wohlhabenden westlichen Ländern mittlerweile bei knapp über 80 Jahren.[171] Es gilt das Sprichwort: Jeder will alt werden, aber niemand will alt sein. Die Markierung des längeren Lebens als »Überalterung der Gesellschaft« sieht alte Menschen als passive Nutznießerinnen und Nutznießer, die nicht mehr produktiv sind; das liegt aber auch an der Beschränkung ökonomischer Nutzenrechnungen auf Erwerbsarbeit.[172] Die Normalbiografie wird grob in drei Abschnitte aufgeteilt: Kindheit/Erziehung/Ausbildung – Erwerbsleben inklusive Familie bzw. Reproduktion – Ruhestand. Das bismarcksche Sozialversicherungssystem basiert auf einer Umlagefinanzierung mit der Erwartung, dass die Restlebenserwartung nach dem Renteneintritt rasch abnimmt. Die Erwerbstätigen finanzieren die Nichterwerbstätigen, Kinder und Alte. Durch verlängerte Ausbildungszeiten und die höhere Lebenserwartung mit längerem Ruhestand verschieben sich die Leistungsbilanzen zuungunsten der Erwerbstätigen. Auf diese Entwicklung reagiert die Politik mit verschiedenen politischen Strategien:

- Ausdehnung der Erwerbsphase durch ein späteres Renteneintrittsalter
- Absenkung von Ruhestandsbezügen wie Renten und Pensionen (in der umlagefinanzierten Rente werden die Beiträge von weniger Erwerbstätigen auf mehr Rentnerinnen und Rentner verteilt)
- moralische Appelle und Schuldzuweisungen, vor allem an kinderlose Frauen
- Anreize zur Erhöhung der Fertilitätsrate (liberal: bessere Angebote zur Kinderbetreuung und Vereinbarkeit von Familie und Beruf; konservativ: Förderung traditioneller Lebensentwürfe wie der Hausfrauenehe durch finanzielle Anreize, in Deutschland z. B. durch Betreuungsgeld und Mütterrente)
- Ergänzung oder Ablösung der Umlagefinanzierung durch individuelle Altersvorsorge (Versicherung oder Geldanlage)

2.7.3 Soziale Ungleichheit

Die Beschreibung und Beurteilung Sozialer Ungleichheit ist ein zentrales Anliegen der Sozialstrukturanalyse, einem wichtigen Themenfeld der Soziologie und der Volkswirtschaftslehre. Huinink und Schröder unterscheiden vier Grunddi-

---

170 Kaum noch präsent sind die Vorbehalte in Deutschland gegen Flüchtlinge aus den ehemaligen Ostgebieten am Ende des zweiten Weltkriegs und danach. Vgl. Geißler 2014.

171 Vgl. Feldmann 2010: 154; Kögel 2016: 52–54. Konkrete Zahlen: ▶ Kap. 3.3.

172 Unter den Tisch fällt z. B. die Kinderbetreuung durch Großeltern.

mensionen Sozialer Ungleichheit;[173] ökonomisch, wohlfahrtstaatlich, sozial und emanzipatorisch. Die Aufstellung in Tabelle 8 übernimmt diese Aufteilung, ordnet aber Bildungskapital nicht den ökonomischen Ressourcen unter (▶ Tab. 8; ▶ Kap. 2.1.4).

Tab. 8: Dimensionen Sozialer Ungleichheit (nach Huinink/Schröder)

Grunddimension	Bedürfnis	Einzelaspekte
eigene Ressourcen (Bildung, Geld)	Vermögen im Wortsinne (genug Ressourcen haben zur Erreichung von Zielen)	Bildung, Qualifikation, Fertigkeiten, Wissen, materieller Besitz (Geld, Sachwerte), Einkommen
wohlfahrts-staatlich	Sicherheit, Gesundheit (keine größeren Risiken haben als die Anderen)	soziale Absicherung bei Krankheit oder Arbeitslosigkeit, Arbeitsschutz, Gesundheitsschutz, Infrastruktur, Umwelt, Wohnen
sozial (nicht alleine sein)	Integration (dazugehören), Anerkennung, Wertschätzung (nicht weniger wert sein)	persönliche Einbindung, Teilhabe, soziale Kontakte, soziales Netzwerk
emanzipatorisch	Selbstverwirklichung, Autonomie (nicht weniger Möglichkeiten haben)	eigene Interessen durchsetzen können (Mitbestimmung, Wahlen), selbst über eigene Belange entscheiden, etwas aus sich machen

Soziale Ungleichheit

Soziale Ungleichheit liegt dann vor, wenn Personen durch gesellschaftliche Gegebenheiten unterschiedliche Chancen auf eine Befriedigung ihrer Bedürfnisse haben. Es geht also nicht um eine Leugnung oder Beseitigung physischer Ungleichheiten, sondern deren Auswirkung auf soziokulturelle Ungleichheiten wie Bildung, Einkommen, Vermögen, Machtchancen und Prestige.

Z. B. unterscheiden sich Menschen hinsichtlich ihrer Körpergröße, und es gibt kein Recht auf eine bestimmte oder einheitliche Körpergröße. Niemand soll aber aufgrund seiner Körpergröße in seinen Lebenschancen benachteiligt werden, indem z. B. kleinen Menschen Führungspositionen verwehrt werden, obwohl sie dazu qualifiziert wären.[174] Dasselbe gilt für das Geschlecht, die körper-

173 Huinink/Schröder 2019: 111.

174 In der Tat gibt es Befunde, wonach die Körpergröße mit dem Einkommen korreliert (allerdings nur bei Männern), vgl. Huebler 2009. Eine Ausnahme ist es, wenn die Körpergröße unmittelbar funktional ist, z. B. für Basketballspielerinnen und Basketballspieler.

liche Konstitution, die soziale Abstammung oder geografische Herkunft. Blinde Menschen können kein Recht auf Sehkraft einfordern; aber gleiche Lebenschancen und keine zusätzlichen Benachteiligungen, die über ihre unmittelbare Beeinträchtigung hinausgehen. Und damit kann ein Anspruch auf Unterstützungsleistungen und Privilegien von Seiten der Gesellschaft begründet werden.[175] Die Bedürfnisse der Gesellschaftsmitglieder sind in der Tabelle absichtlich negativ formuliert; Soziale Ungleichheit wird in der Regel nicht von denjenigen problematisiert, die besser dastehen als andere, sondern von denen, die schlechter dastehen. Der Leidensdruck entsteht aus dem Empfinden, gegenüber anderen benachteiligt zu sein, größeren Risiken ausgesetzt zu sein, weniger Handlungsspielräume zu haben und weniger Wertschätzung zu erhalten. Das Bedürfnis, aus einer privilegierten Position heraus noch mehr zu wollen, gilt hingegen als narzisstisch.

Ungleichheit und Ungerechtigkeit

Soziale Ungleichheit wird oft mit sozialer Ungerechtigkeit gleichgesetzt, es handelt sich aber um zwei verschiedene Dimensionen. In manchen politischen Milieus gilt Soziale Ungleichheit als Notwendigkeit für gesellschaftliche Dynamik und Fortschritt und als gerechte Folge unterschiedlicher Anstrengung und Leistung (▶ Tab. 9).[176]

Tab. 9: Politik und Soziale Ungleichheit]

Moralische/politische Grundorientierung	Soziale Gleichheit	Sozial Ungleichheit
Sozial gerecht	sozialistisch	libertär
Sozial ungerecht	libertär	sozialistisch

Der Zusammenhang zwischen Gleichheit und Gerechtigkeit umreißt zwei sozialmoralische Grundorientierungen, die in der Tabelle (▶ Tab. 10) grob vereinfacht als libertär und sozialistisch bezeichnet werden (ohne moralische Wertung oder Bezug auf konkrete politische Etikettierungen – manche Aspekte finden sich auch in politischen Lagern, wo man sie eigentlich nicht vermuten würde).

175 Im Detail wird das schnell kompliziert, z. B. die Abgrenzung von Behinderung und mangelnder Begabung; oder der Umgang mit prinzipiell veränderbaren Eigenschaften wie Übergewicht. Das lässt sich abbauen, aber nicht einfach und nicht sofort. Möchte jemand, dass Übergewicht nicht zur Disposition steht, werden Hinweise auf genetische/epigenetische Determination attraktiv, weil sie von persönlicher Verantwortung entlastet und in die Nähe der Kategorien *Krankheit* oder *Behinderung* rückt.

176 Man nennt dies eine funktionalistische Rechtfertigung; vgl. Huinink 2019: 172–174.

Tab. 10: Sozialmoralische Grundorientierungen

Orientierung	»Sozialistisch«	»Libertär«
Charakteristika	• Arme sind Opfer Anderer bzw. der Verhältnisse • Soziale Hilfe als notwendiges Korrektiv des Kapitalismus • Gleichheit bzw. Gerechtigkeit muss hergestellt werden	• Markt und Wettbewerb als Grundwerte • Wohlfahrt bzw. Sozialhilfe lähmen Eigeninitiative (»erlernte Hilflosigkeit«) • (Teil-)Schuld der Armen an ihrer Lage • Hilfe allenfalls durch Fördern (ggf.) und Fordern (bevorzugt)
Politische Ziele	• Sozialer Ausgleich • Angleichung der Lebensverhältnisse	• Freies Spiel der Marktkräfte • Nachtwächterstaat
Verständnis von Gerechtigkeit	• Jeder nach seinen Fähigkeiten • jede nach ihren Bedürfnissen	• Jeder nach seiner Leistung; allenfalls Sicherstellung von Chancengleichheit • Gerechtigkeit als Produkt der Marktkräfte

Seit den 1980er Jahren hat die Soziale Ungleichheit in den meisten europäischen Staaten, auch Deutschland, zugenommen, vor allem hinsichtlich der Vermögen. Solche Entwicklungen werden u. a. von den statistischen Behörden der Einzelstaaten beobachtet; in Deutschland ist dies das Statistische Bundesamt, in der Schweiz das Bundesamt für Statistik, in Österreich die Bundesanstalt Statistik Austria (STATISTIK AUSTRIA); auf europäischer Ebene das Statistische Amt der Europäischen Union (Eurostat); international u. a. die OECD[177] und die Weltbank.[178]

Für die Medizinsoziologie ist der Einfluss der Sozialstruktur – und damit Sozialer Ungleichheit – auf das Medizinsystem, Gesundheit bzw. Krankheit interessant. Wie sind Gesundheitswesen bzw. -systeme aufgebaut, wieviel Geld wird dafür ausgegeben, wieviel kosten sie im internationalen Vergleich? Warum haben Menschen aus niedrigen Sozialschichten eine geringere Lebenserwartung? Ist das sozial ungerecht und aus wessen Perspektive? Haben verschiedene Bevölkerungsschichten oder -gruppen verschiedene Krankheiten? Wird die Soziale Ungleichheit in einer Gesellschaft durch das Gesundheitswesen einfach nur abgebildet oder darüber hinaus vermindert oder verstärkt?

Wichtige Indikatoren für Soziale Ungleichheit sind Einkommens- und Vermögensunterschiede. Diese können auf beliebigen Ebenen verglichen werden, beispielsweise für geografische Einheiten wie Staaten oder Gebiete, für Branchen wie Industriezweige oder das Gesundheitswesen, für Organisationen, soziale Gruppen (Männer und Frauen, Junge und Alte, Ethnien) oder Berufszweige. In Deutschland, Österreich und der Schweiz sind die Abstände zwischen den nied-

177 Organisation für wirtschaftliche Zusammenarbeit und Entwicklung; www.oecd.org.
178 Eine Gruppe verschiedener Teilorganisationen der UN; www.worldbank.org.

rigsten und den höchsten Einkommen in den letzten Jahren leicht angestiegen. Die Armen werden zwar absolut gesehen nicht ärmer, aber die Reichen werden tatsächlich immer reicher, wobei die Vermögensunterschiede erheblich größer sind als die Einkommensunterschiede. Eine verbreitete Kennzahl für ungleiche Verteilungen (ein sogenanntes Konzentrationsmaß) ist der Gini-Koeffizient mit einem Wertebereich von 0 bis 1.[179] Der Wert 0 ergibt sich bei Gleichverteilung, der Wert 1 bei einer extremen Ungleichverteilung. Die Einkommensungleichheiten haben sich in den deutschsprachigen Ländern nach 2000 kaum verändert. Die Vermögensungleichheit hat in der Schweiz leicht abgenommen, in Deutschland ist sie dagegen angestiegen (▶ Tab. 11).

Tab. 11: Einkommens- und Vermögensungleichheiten im internationalen Vergleich

Gini-Koeffizienten	D	A	CH	USA	NOR	UK	SV	IND
Einkommen 2017	0,289	0,275	0,299	0,390	0,262	0,357	0,282	0,495
Vermögen 2019	0,816	0,739	0,705	0,852	0,798	0,746	0,867	0,832

Quelle: credit suisse – global wealth databook; https://www.credit-suisse.com/about-us/en/reports-research/global-wealth-report.html

Bei einer Analyse von Einkommensverhältnissen muss man auf eine Vergleichbarkeit der Zahlen achten. Grundsätzlich gibt es abhängig Beschäftigte und Selbstständige. Bei Angestellten muss zwischen Brutto- und Nettoverdienst unterschieden werden; bei Selbstständigen zwischen Umsatz, Einnahmen, Reinertrag (Einnahmen minus Ausgaben) und schließlich dem Einkommen, von dem dann aber nochmals Beiträge für Krankenversicherung und Altersvorsorge abgezogen werden. Diese Beträge können weit auseinander liegen. Und nicht zuletzt hängt das Einkommen einer Person auch noch von ihrem Tätigkeitsumfang ab – Teilzeitkräfte verdienen in Summe weniger als Vollzeitkräfte.[180] Im Ländervergleich muss dann noch das allgemeine Preisniveau beachtet werden, was z. B. die deutlich höheren Eurobeträge in der Schweiz wieder relativiert. Einen Einfluss auf das Einkommen hat auch die Lebenssituation der beobachteten Personen. Ob man alleine lebt, in einer Partnerschaft und/oder Kinder hat, wird beim bedarfsgewichteten Haushaltsnettoeinkommen (auch: Nettoäquivalenzeinkommen) berücksichtigt (▶ Tab. 12).[181]

Je höher das persönliche Einkommen oder Vermögen, desto intransparenter werden die tatsächlichen Einkommens- und Vermögensverhältnisse und desto professioneller auch deren Rechtfertigung. Tatsächlich ist die statistische Daten-

179 Vgl. Diaz-Bone 2018: 62, Huinink/Schröder 2019: 125.

180 Jemand, der zehn Stunden pro Woche mit einem Stundensatz von 30 € netto arbeitet, verdient zwar in Summe sehr wenig, die Tätigkeit ist dennoch gut bezahlt (in D oder A).

181 Vgl. Geißler 2014: 72. Faustregel: Bei vergleichenden Tabellen sind die Fußnoten und Erläuterungen genauso wichtig wie der Tabelleninhalt.

Tab. 12: Das Einkommensniveau in D, A und CH

Land	D 2018	CH 2016	A 2018
NÄE: Mittelwert	**2.157**	**4.247**	**2.317**
NÄE: Median	**1.893**	**3.678**	**2.098**
S80/S20	5,1	4,4*	4,0

* CH 2018 4,5 (S80/S20 ist das Verhältnis des NÄE des oberen Fünftels zum unteren Fünftel; in D verdient das obere Fünftel ungefähr fünfmal mehr als das untere)
NÄE = Nettoäquivalenzeinkommen pro Monat in €
Quelle: Eurostat 2020

basis im oberen Einkommens- und Vermögensbereich sehr dünn und unzuverlässig.[182] Die amtliche Statistik (in Deutschland der Mikrozensus) berücksichtigt die höchsten Einkommen und Vermögen gar nicht; man muss auf unsichere Schätzungen von Banken oder Medien zurückgreifen wie z. B. die Forbes-Liste der Milliardäre.[183] Kritik an großen Einkommensunterschieden wird gerne als »Neiddebatte« diskreditiert und die eigene Leistung hochgerechnet.[184] Allerdings sei daran erinnert, dass Neid nicht nur nach oben, sondern auch nach unten zielen kann. Auch die Kritik an vermeintlich zu hohen Sozialleistungen für bestimmte Gruppen oder Individuen kann Ausdruck von Neid sein.

Zum Abschluss des Kapitels eine Liste von typischen Rechtfertigungen von Einkommensungleichheiten bzw. hohen Einkommen.[185] Bei Debatten um das Einkommen von Berufsgruppen oder einzelnen Personen sind sie obligatorisch, im Gesundheitswesen regelmäßig in Bezug auf die Ärzteschaft.

- Leistungsprinzip: Wer mehr leistet, soll auch mehr verdienen. Umgekehrt wird damit beruflichen Positionen mit höherem Einkommen eine höhere Leistung oder Leistungsbereitschaft zugeschrieben. Kapitalistische Gesellschaften beanspruchen für sich, vorrangig nach dem Leistungsprinzip organisiert zu sein. Soziale Gerechtigkeit ist demnach Leistungsgerechtigkeit.
- Begabung oder Talent: Eine hohe Begabung wird honoriert, wenn sie knapp und nachgefragt ist. Es ist eine philosophische Frage, ob das gerecht ist, da eine Begabung ja nicht ein Verdienst der begabten Person ist, sondern ihr quasi zufällt. Begabung verschafft ihrer Trägerin größere Chancen, sie multipliziert die investierten Anstrengungen. Die begabte Person muss für das gleiche Ergebnis weniger leisten und ist somit allein durch ihre Begabung schon belohnt. Letztlich wird Leistung vom Ergebnis her gewertet und es spielt keine Rolle, ob z. B. eine gute Klausurnote ein Produkt aus *[wenig Begabung]* * *[viel Fleiß]* oder *[viel Begabung]* * *[wenig Fleiß]* ist. Eine weitere Begründung für eine Honorie-

182 Vgl. Geißler 2014: 85.
183 2020 kam übrigens erst auf Platz 15 der Rangliste eine Frau, Francoise Bettencourt Meyers; siehe dazu https://www.forbes.com/billionaires/ [01.08.2020].
184 Vgl. Hartmann 2018: 177 ff.
185 Vgl. dazu auch Schürz 2020: 114 ff.

rung von Begabung ist, dass damit die aus der Begabung resultierende Leistung maximiert bzw. optimiert wird, was dann wiederum der Allgemeinheit zugutekommt. Das Ideal ist die Hochleistung, also *[viel Begabung] * [viel Fleiß].*

- Arbeitsproduktivität: Wer mehr produziert bzw. mehr Profit erwirtschaftet, erhält auch ein höheres Einkommen. Nun gibt es in einer Gesellschaft viele Tätigkeiten, die nichts produzieren, also keinen unmittelbaren oder bezifferbaren Profit erwirtschaften. Diese müssen in Gesamtrechnungen aufgenommen und entsprechend bedacht werden, innerbetrieblich durch Mischkalkulationen, auf gesellschaftlicher Ebene über Steuern und Abgaben. Der organisierten Krankenbehandlung kann man die Aufrechterhaltung oder Wiederherstellung der Arbeits- und Leistungsfähigkeit direkt produktiven Menschen zurechnen. So gesehen dient sie der Erhaltung sozialer Ressourcen (Humankapital). Für die Behandlung und Pflege von Alten und Sterbenden ist diese Zurechnung nicht oder nur noch indirekt möglich.[186]
- Qualifikation: Berufe bzw. Tätigkeiten mit höherer Qualifikation werden besser bezahlt. Höhere Qualifikation ist das Produkt von Begabung, Anstrengung und Ressourcenaufwand. Höhere Gehälter für Ärztinnen und Ärzte können mit dem hohen Aufwand eines Medizinstudiums gerechtfertigt werden, umso mehr, je größer die individuellen Investitionen sind – stärker in Staaten mit hohen Studiengebühren als in Staaten, in denen auch höhere Bildungswege durch die Allgemeinheit finanziert werden, wenigstens teilweise. Qualifikation oder Bildung werden durch Zertifikate angezeigt: Schulabschlüsse, Studienabschlüsse, akademische und berufliche Titel (Doktor, Techniker, Meister).
- Seniorität: Das Einkommen bzw. die formalen Einkommensansprüche steigen mit dem Alter. Dieses Prinzip findet man z. B. bei Beamten und Beamtinnen oder im öffentlichen Dienst. Es honoriert berufliche Erfahrung und Lebensleistung.
- Verantwortung und Risiko: Berufe bzw. Tätigkeiten mit großer Verantwortung bzw. hohen individuellen Risiken werden höher bezahlt. Die genaue Definition von Verantwortung und Risiko eröffnet aber breite Interpretationsspielräume. Personen in bestimmten Führungspositionen (hohe Politikerinnen oder Manager) wird eine hohe Verantwortung zugesprochen, weil sie mit unglücklichen Handlungen große Schäden verursachen können. Anderseits sind die persönlichen Risiken bzw. Konsequenzen sehr unterschiedlich. Im günstigsten Fall tritt die Person zurück, zieht eine Welle öffentlicher bzw. medialer Missbilligung auf sich, kann sich dann aber mit einer großzügigen Abfindung oder Pension ins Privatleben oder eine andere Branche zurückziehen. Ein Arbeiter des Sprengmittelräumdienstes hingegen sprengt sich in die Luft, der Führer oder Lotse eines Massenverkehrsmittels (Bus, Bahn, Schiff, Flugzeug) nimmt alle Insassen mit, vielleicht noch weitere Personen in weiteren

186 Die Wohlfahrt der Unproduktiven beruhigt die Produktiven, die Honorierung der Lebensleistung der Alten nimmt den Jüngeren die Angst vorm Altern und verhindert unproduktiven Hedonismus oder Egoismus etc.

Fahrzeugen oder einem Absturzgebiet. Der Begriff Verantwortung ist für sich wenig informativ, es muss genau bestimmt werden, was damit gemeint ist.

- Bedürftigkeit: Wer mehr benötigt, erhält mehr Einkommen. Die Kriterien für diesen Bedarf werden wiederum gesellschaftlich ausgehandelt; breiter akzeptiert sind Kinder, besondere Lebensumstände wie Behinderungen oder andere Beeinträchtigungen, lange Arbeitswege. Die Berücksichtigung von Bedürftigkeit gehört zum Sozialstaatsprinzip.

3 Medizin, Krankheit, Gesundheit in Zahlen

Grundbegriffe

Demoskopie, Lebenserwartung, DALY, QALY, HALE, Lebensminderung, DSM und ICD, Epidemiologische Transition, Geburtenziffer, Geburtenquote, Fertilitätsrate, monokausal

3.1 Epidemiologie

Die Epidemiologie ist ein Teilgebiet der Medizin und befasst sich mit der statistischen Darstellung von Krankheiten, krankheitsbezogenen Beeinträchtigungen, Lebenserwartung, Sterblichkeit und Todesursachen. Diese können im Querschnitt (Verteilung in einer Population), im Längsschnitt (Veränderungen über die Zeit) oder im Vergleich von Untergruppen untersucht werden (z. B. geografische Gebiete, Nationalstaaten, Bevölkerungsgruppen).

Die wichtigsten Datenquellen sind amtliche Statistiken und die Ergebnisse spezieller wissenschaftlicher Studien. Zu den amtlichen Statistiken zählen hier interne Daten der ärztlichen Selbstverwaltung und Daten aus der laufenden Beobachtung der Gesellschaft durch die staatlichen Statistikbehörden. Weitere bedeutende Datenlieferanten sind die WHO und die bereits erwähnte OECD. Für die statistische Erfassung von Krankheiten und Todesursachen wird das international gültige Klassifikationssystem ICD verwendet. Eine ausführlichere Beschreibung und Typisierung von Datenquellen befinden sich in Kapitel 4.8 (▶ Kap. 4.8).

Dem Komplex Krankheit können Vorstufen bzw. Risikofaktoren zugeordnet werden, z. B. Übergewicht, genetische und epigenetische Besonderheiten, die oft schon aufgrund der Abweichung vom statistisch Normalen einen krankheitsähnlichen Status erhalten, oder anderen Systemen als Legitimation dienen, den Betroffenen einen krankheitsähnlichen Status zuzuschreiben.[187] Über den unmittelbaren Krankheitsbezug hinaus können weitere Merkmale Gegenstand statistischer

Beschreibungen sein, die in den Aufgabenbereich verschiedener Human- bzw. Sozialwissenschaften fallen:

- Epidemiologie im weiteren Sinne: biologische oder anatomische Unterschiede (z. B. Haarfarbe, Blutgruppe, Körpergröße), medizinische Besonderheiten ohne direkten Krankheitsstatus (z. B. Laktoseintoleranz, Doppelnieren, Neugeborene ohne eindeutig erkennbares Geschlecht)
- Differentielle Psychologie: Psychologische Merkmale (z. B. die Verteilung von Persönlichkeitseigenschaften oder Konstrukten wie Intelligenz, sexuelle Präferenzen[188])
- Sozialstrukturanalyse: Verteilung von sozialen Merkmalen bzw. Konstrukten wie Einkommen, Vermögen, Berufsgruppen, Bildungsabschlüssen, Sozialschichten und soziale Milieus bzw. die Längsschnittperspektive darauf (soziale Mobilität – Häufigkeit und Ausmaß von sozialem Auf- und Abstieg in einer Gesellschaft und die Veränderung über die Zeit)
- Demoskopie: Die Verteilung und Veränderung von Meinungen, Einstellungen, Wissen und berichtetem Verhalten – in manchen politischen oder religiösen Settings wird der Glaube an abweichende Lehren in die Nähe einer krankhaften Störung gerückt (pathologisiert)

Im Prinzip ist die klassische Epidemiologie eine Spezialform der wissenschaftlichen Beobachtung einer Bevölkerung, und zwar als Beobachtung aus der Perspektive des Medizinsystems mit der Unterscheidung *krank/nicht krank*. Die medizinische Perspektive kann sich dabei aller Analyse- bzw. Informationsarten der Liste bedienen – meist werden diese dann als Risikofaktoren oder Vorstufen für eine manifeste Krankheit in Erwägung gezogen oder dienen der erweiterten Erklärung von Krankheitsentstehung und Krankheitsverlauf. Dies ist ein Übergangsbereich zu Sozialmedizin, Public Health und Gesundheitswissenschaften.

187 Ein Beispiel wäre die Verweigerung einer privaten Krankenversicherung oder Berufsunfähigkeitsversicherung bei bekannten genetischen Risikofaktoren. Das Wirtschaftssystem verwendet hier medizinische Informationen als Kriterium zur Schätzung der Profitabilität möglicher Kunden und Kundinnen.

188 Bei den sexuellen Präferenzen wechselt auch die Zuordnung der gesellschaftlichen Zuständigkeit – von der moralischen Verfehlung (Recht oder Religion) über eine psychiatrische oder medizinische Störung hin zu wertneutralen Persönlichkeitsunterschieden (Erziehung oder Kunst). Je nach Präferenztyp ist die Zuordnung sehr unterschiedlich, sie kann sich auch aktuell von Gesellschaft zu Gesellschaft stark unterscheiden. Standardbeispiel ist Homosexualität, die seit 1990 nicht mehr im ICD gelistet wird und damit im Sinne der wissenschaftlichen Psychiatrie keine Krankheit mehr ist. Ambivalent ist die Beurteilung von Geschlechtsidentitätsstörungen (ICD-10, Kapitel V, F64); breit abgelehnt bzw. moralisch verurteilt werden Pädophilie, Exhibitionismus oder Zoophilie (F65; zur Zoophilie der Aufsatz von Faust, o. J., aber nach 2005), online unter: http://www.psychosoziale-gesundheit.net/psychiatrie/zoophilie.html [23.08.2020].

3.2 Fertilität und Geburten

Wenn in der medialen Öffentlichkeit über – stets zu niedrige – Geburtenraten diskutiert wird, sind meistens Fertilitätsraten gemeint.

Geburtenziffer, Geburtenquote und Fertilitätsrate

Im Gegensatz zur Geburtenziffer (absolute Zahl der Geburten in einem Jahr) und Geburtenquote (die Zahl der Geburten pro 1.000 Einwohnerinnen und Einwohner) ist die Fertilitätsrate eine statistische Prognose. Sie schätzt die Zahl der Kinder, die eine Frau durchschnittlich im Laufe ihres Lebens bekommen wird; hierzu werden die aktuell bekannten Fertilitätsraten in Fünf-Jahres-Schritten nach Altersgruppen differenziert und zur Prognose der voraussichtlichen Kinderzahl für die Frauen verwendet, die zukünftig noch Kinder bekommen könnten.[189]

Die Fertilitätsraten unterscheiden sich z. T. recht stark zwischen einzelnen europäischen Staaten. Als demografisches Optimum für eine einigermaßen konstante Bevölkerung gelten 2,1 Kinder pro Frau[190]. Dieses Optimum ist nur eine Faustregel und sollte nicht unbesehen verallgemeinert werden; es wird von anderen Faktoren beeinflusst, vor allem von Umfang und Art der Migration und der Sterblichkeit in einer Bevölkerung. Obwohl die Fertilitätsrate in Deutschland seit ca. 1970 durchgehend unter 2,1 liegt, ist die Gesamtbevölkerung im gleichen Zeitraum von 78 auf ca. 83 Mio. angewachsen.[191] Weltweit gibt es einige Haupttrends, die gegenläufig wirken können, so dass die Erklärung der Entwicklung in einem Einzelstaat schwierig ist und viel Raum für Spekulationen lässt (▶ Tab. 13).

- Steigt der gesellschaftliche Wohlstand, dann sinkt die Geburtenrate, parallel zur Sterblichkeit.
- Sinkende Sterblichkeit bedeutet umgekehrt, dass die Menschen älter werden, was den Bevölkerungsanteil älterer Menschen vergrößert.
- In sehr armen Gesellschaften sind die Geburtenraten am höchsten, zur Zeit sind das die Staaten Zentralafrikas.
- In wohlhabenden Staaten ist die Geburtenrate niedriger bei Menschen mit pessimistischer Zukunftserwartung (z. B. Italien, Spanien, Portugal, Griechenland).

---

189 Sicher ermitteln kann man diese Zahl also erst im Rückblick. Für die internationale Statistik wird der Altersbereich von 15–44 Jahren angesetzt. Vgl. OECD 2020: Fertility rates (indicator). DOI: 10.1787/8272fb01-en [22.02.2020].

190 Ebd. und Geißler 2014: 35.

191 Nach dem völkisch-nationalen Weltbild führe das zur Verdrängung ›echter‹ Deutscher, die als homogene Ethnie konstruiert werden.

- Gute gesellschaftliche Rahmenbedingungen für Familien (Kinderbetreuung, soziale Absicherung, Vereinbarkeit von Beruf und Familie für beide Eltern, Unterstützung für Alleinerziehende) bewirken mehr als moralische Appelle.
- Die Hauptursachen für individuelle Kinderlosigkeit sind das Verschieben des Kinderwunsches in die Zukunft aufgrund unsicherer Perspektiven in der Gegenwart und/oder kein(e) geeignete(r) Partner(in) im Zeitraum des Kinderwunsches; seltener ist der bewusste Verzicht auf Kinder oder Zeugungsunfähigkeit.[192]

Tab. 13: Fertilitätsraten (FR) 2017 mit Zehnjahrestrend (2007–2017) im internationalen Vergleich

	FR	Trend		FR	Trend
EU	1,6	→	USA	1,8	→
Österreich	1,5	→	Costa Rica	1,8	→
Schweiz	1,5	→	China	1,6	→
Deutschland	1,6	↗	Indien	2,2	↘
Griechenland	1,4	→	Korea	1,1	→
Spanien	1,3	→	Japan	1,4	→
Frankreich	1,9	→	Brasilien	1,7	→
Irland	1,8	→	Südafrika	2,4	→
Italien	1,3	→	Israel	3,1	→
Ungarn	1,5	↗	Westjordanland/Gaza	3,7	↘
Polen	1,5	→	Saudi-Arabien	2,4	↘
Schweden	1,9	→	Südafrika	2,4	→
UK	1,8	→	Niger	7,0	↘
Türkei	2,1	→	Uganda	5,1	↘
Russland	1,8	↗			

Quelle: Weltbank (https://data.worldbank.org/indicator/SP.DYN.TFRT.IN)

Ob konkrete Geburtenraten zu niedrig oder zu hoch sind, ist eine Frage der Perspektive. Aus globaler Perspektive (Weltgesellschaft) sind 7,594 Milliarden Menschen Ende 2018[193] eine veritable Überbevölkerung, zumal bei steigendem Meeresspiegel die Landfläche schrumpft. Klagen über eine zu niedrige Geburtenrate werden auf nationalstaatlicher Ebene oder darunter geäußert. Typisch sind struk-

192 Siehe hierzu Geißler 2014: 35–39 (eine Liste mit 14 Ursachenkomplexen).
193 Weltbank, unter https://data.worldbank.org/indicator/SP.POP.TOTL [22.02.2020].

turpolitische Sorgen bezüglich der Finanzierung oder Reproduktion staatlicher Institutionen wie der Alterssicherung; so ist die gesetzliche Rentenversicherung in Deutschland oder Österreich als sogenannter Generationenvertrag konzipiert, wonach die aktuell arbeitende Generation unmittelbar die Altersbezüge der aktuellen Ruheständler und Ruheständlerinnen finanziert. Wenn der Anteil der Ruheständler wächst, müssen weniger Arbeitende für mehr Ruheständler aufkommen.

Neben solchen innerstaatlichen Überlegungen werden in nationalkonservativen bzw. völkischen Milieus Populationswettbewerbe konstruiert. Ein Staat oder eine innerstaatliche Gruppe (Region, Ethnie, Religion, ›Volksgruppe‹[194]) sieht sich im Wettbewerb zu anderen Staaten bzw. Gruppen und forciert ein Wachsen der eigenen Population, um nicht ins Hintertreffen zu geraten. Besonders prägnant ist diese Diskussion z. B. in Frankreich (›echte‹ Franzosen gegen muslimische Einwanderinnen und Einwanderer) oder Israel (jüdische gegen arabische Israelis). Soll eine Überbevölkerung von Kontinenten oder der ganzen Erde vermieden werden (bzw. die bestehende nicht forciert werden), sind hohe Geburtenraten aber nur innerhalb einzelner Gruppen möglich und dann stets zu Lasten anderer Gruppen.[195] Steigt die Lebensdauer, bleiben die Individuen länger da und der Zustrom durch Geburten muss entsprechend geringer werden, wenn die Gesamtpopulation nicht wachsen soll.

3.3 Lebenserwartung

Die Berechnung der durchschnittlichen Lebenserwartung (▶ Tab. 14) ist eine statistische Schätzung auf Basis einer sogenannten Periodensterbetafel. Sie schätzt die Lebenserwartung von Menschen, die im laufenden Jahr geboren werden, unter der Annahme, dass die gesellschaftlichen Umstände zukünftig unverändert bleiben. Ziel dieser Projektion in die Zukunft ist nicht eine Vorhersage der Zustände in 80 Jahren, sondern die Produktion anschlussfähiger Zahlenwerte für Vergleiche in der Gegenwart. Die Lebenserwartung gilt zudem nicht für alle momentan lebenden Personen, sondern nur für den entsprechenden Jahrgang bei Geburt.

Für Personen bestimmter Altersgruppen gibt es gesonderte Schätzungen der durchschnittlich erwartbaren weiteren Lebenszeit. Je nach Altersgruppe kann diese auch höher ausfallen, denn mit dem Erreichen eines bestimmten Alters hat eine Person einzelne Sterberisiken hinter sich gelassen. Mit zehn stirbt man nicht mehr am plötzlichen Kindstod, ab 70 gehen bestimmte Krebsrisiken zurück. Selbst wenn man 100 geworden ist, kann man im Schnitt noch zwei weitere Jah-

194 In Anführungszeichen, weil es sich bei Volksgruppen wie bei Rassen oder einem Volk allgemein um politische bzw. kulturelle Konstruktionen handelt.

195 Aus nationalistischer bzw. völkischer Sicht sind immer die Anderen zu Viele.

re erwarten. In Ländern (oder Zeiten) mit hoher Kinder- bzw. Säuglingssterblichkeit steigt die individuelle Lebenserwartung an, wenn die ersten zwei Lebensjahre überlebt wurden.

Tab. 14: Restlebenserwartung nach Altersgruppe

Restlebenserwartung in Jahren (Deutschland) nach der Periodensterbetafel 2016/2018		
Altersgruppe	**Männer**	**Frauen**
0	78,48	83,27
1–4	77,76	82,52
5–9	73,81	78,56
10–14	68,84	73,59
15–19	63,87	68,62
20–24	58,96	63,67
25–29	54,08	58,72
30–34	49,21	53,78
35–39	44,36	48,87
40–44	39,56	43,99
45–49	34,83	39,16
50–54	30,23	34,42
55–59	25,82	29,80
60–64	21,69	25,34
65–69	17,87	21,06
70–74	14,33	16,98
75–79	11,02	13,11
80–84	8,00	9,50
85–89	5,51	6,49
90–94	3,71	4,27
95–99	2,51	2,85
100	1,82	2,06

Quelle: Statistisches Bundesamt; www.destatis.de

Eine Lebenserwartung von 36 Jahren für Männer und 38 Jahren für Frauen in Deutschland zwischen 1871 und 1881 wirkt erschreckend. Berücksichtigt man die damalige hohe Säuglings- bzw. Kindersterblichkeit, entspannt sich das Bild etwas. Hatten Kinder das fünfte Lebensjahr erreicht, stieg die Restlebenserwartung auf 49 Jahre für Männer und 51 Jahre für Frauen (insgesamt also 54 bzw. 56 Jahre). Mit 30 Jahren betrug die Gesamtlebenserwartung dann 61 Jahre für Männer und 63 Jahre für Frauen (Statistisches Bundesamt 2008: 22).

Die durchschnittliche Lebenserwartung ist heute in den wohlhabenden westlichen Industriestaaten im Vergleich sehr hoch, den Spitzenplatz nimmt die Schweiz ein, mit mittlerweile fast 84 Jahren. Der stetige Anstieg der letzten Jahrzehnte hat sich aber stark verlangsamt. In Deutschland betrug er seit 2017 nur noch ca. 0,1 Jahre pro Jahr. Möglicherweise nähert sich die durchschnittliche Lebenserwartung einem Grenzwert – wie er schon seit ca. 2000 für die Körpergröße und sportliche Höchstleistungen erreicht ist.[196] Auch der Abstand zwischen Männern und Frauen verringert sich nicht weiter.[197] Es wird seit Jahrzehnten diskutiert, ob es eine biologische Altershöchstgrenze für Menschen gibt oder ob prinzipiell ein durchschnittliches Alter weit über 100 erreichbar ist. Die derzeitige Entwicklung der durchschnittlichen Lebenserwartung deutet auf ein Plateau bei ca. 85 Jahren hin; ändern könnte das vielleicht ein wissenschaftlicher Durchbruch bei der Behandlung von Krebs oder Alzheimer, der aber nicht in Sicht ist. Bei einer breiten Verschlechterung der Lebensverhältnisse oder unvorhergesehenen Ereignissen (Naturkatastrophen, Epidemien bzw. Pandemien, Krieg, Wirtschaftskrisen und andere soziopolitische Umbrüche) kann die Lebenserwartung auch wieder sinken. Ein limitierender Faktor ist in Industriestaaten und Schwellenländern zudem die steigende Verbreitung von Adipositas und Diabetes als Begleiterscheinung von Fehlernährung. So sind in Deutschland über 60 % der Männer über 40 Jahren stark übergewichtig mit einem BMI > 30.

Neben der statistischen Lebenserwartung gibt es eine subjektive, sozial und kulturell geprägte Lebenserwartung, die von vielen Arten gesellschaftlicher Kommunikation abhängig ist – neben persönlichen Erfahrungen im Umfeld (wie alt wurden die eigenen Urgroßeltern, Großeltern oder Eltern) vor allem massenmediale Darstellungen; man denke an die vielen jungen Alten in der Werbung oder in Unterhaltungsfilmen und -serien. Feldmann schätzt die subjektive Lebenserwartung auf 80 Jahre,[198] der Wert in Jahren läge damit im Bereich der statistischen Lebenserwartung. Bis ins 19. Jahrhundert waren Darstellungen von Lebenstreppen populär, die mitunter einen Bereich von 100 Jahren umfassten, ein für diese Zeit kaum erreichbares Alter. Durch die Treppe wird eine Wertigkeit der Altersphasen transportiert. Irgendwo in der Mitte – meist bei 50 Jahren – ist ein Höhepunkt erreicht und die Treppe steigt wieder ab (▸ Abb. 18).[199]

Lebensminderung

Die subjektive Erwartung eines langen Lebens ist gekoppelt an eine akzeptable Lebensqualität. Feldmann hat hierzu den Begriff der Lebensminderung ge-

196 Vgl. Marck et al. 2017: Are We Reaching the Limits of Homo sapiens?
197 Statistisches Bundesamt, Pressemitteilung Nr. 427 vom 05.09.2019.
198 Feldmann 2010: 154, vgl. Kögel 2016: 52–54.
199 Eine Sammlung unter http://www.exmodels.de/lebenstreppen/ [23.05.2020].

prägt, als Überbegriff, der eine Lebensverkürzung (inklusive Tötung) und jegliche Qualitätseinbußen zusammenfasst: »*Lebensminderung* kann als eine quantitative und qualitative Verringerung, Beschädigung, Verletzung oder Beeinträchtigung des physischen, psychischen oder sozialen Lebens definiert werden. *Lebensverkürzung* i. e. S. betrifft die Quantität des physischen Lebens, i. w. S. die Quantität des physischen, psychischen und sozialen Lebens. Vorrangig gemeint ist eine durch menschliches Handeln bewirkte Verringerung der im Durchschnitt unter ›normalen Bedingungen‹ zu erwartenden Dauer des physischen Lebens einer Person.«[200]

Abb. 18: Lebenstreppe, Druck und Verlag von Gustav Kühn (Neuruppiner Bilderbogen)

Beim internationalen Vergleich des Gesundheitszustandes von Populationen werden neben der absoluten Lebenserwartung oft weitere Kennziffern angegeben. Üblich sind HALE (Health Adjusted Life Years), QALY oder DALY (Quality bzw. Disability Adjusted Life Years). Wenn jemand für sich persönliche 80 oder 90 Lebensjahre wünscht, dann sicherlich ohne starke Beeinträchtigungen oder Pflegebedürftigkeit. Unter solch widrigen Umständen kann die Erwartung eines längeren Weiterlebens zur Befürchtung werden, ein Indiz ist die Nachfrage nach Patientenverfügungen und Sterbehilfe. Subjektive Erwartungen eines langen Lebens oder Überlebens können außerdem normativ unterschiedlich gefärbt sein; von einem konkreten Planungshorizont mit Verwirklichungsanspruch bis hin zu einer vagen Hoffnung, die insgeheim gehegt wird, selbst wenn die Statistik dagegenspricht. Diese Spannbreite betrifft nicht nur die ›natürliche‹ Lebensspanne des Menschen, sondern auch Überlebensprognosen bei schweren Krankheiten, die als Durchschnittsziffern für Monate oder Jahre oder als Überlebenswahrscheinlichkeiten kommuniziert werden. Wird beispielsweise bei einem Tumor eine Überlebenswahrscheinlichkeit von 10 % für die nächsten drei Jahre ge-

200 Feldmann 2010: 209, Kursivschrift und Abkürzungen wie im Original.

schätzt, so werden manche Betroffene in guter Hoffnung auf diese 10 % setzen und sich auf die geläufigen Kampfmetaphern einlassen (vorläufige Heilung als Sieg; wer stirbt, hat nicht genug gekämpft bzw. sich aufgegeben), andere werden hingegen ihren Nachlass regeln und Planungen für die Gestaltung der verbleibenden Zeit anstellen.

3.4 Klassifikationssysteme – DSM, ICD und ICF

Wichtige Arbeitsinstrumente der Biomedizin sind umfassende Kataloge von Krankheiten. Diese spiegeln das biomedizinische Krankheitsmodell wider, wonach Krankheit ein Defekt des Organismus bzw. eine Abweichung von einem definierbaren Normalzustand ist (▸ Kap. 1.3.4).

ICD und DSM

Zentral ist das ICD, das von der WHO herausgegeben wird. ICD bedeutet »International Classification of Diseases and International Statistical Classification of Diseases and Related Health Problems (Internationales Klassifikationssystem für Krankheiten und Gesundheitsprobleme). Das ICD wurde ursprünglich zur Klassifizierung von Todesursachen entwickelt und dann nach und nach erweitert. In unregelmäßigen Abständen von einigen Jahren werden grundlegende Revisionen durchgeführt, die mit einer fortlaufenden Nummer versehen werden. Seit den 1990er Jahren gilt z. B. das ICD-10, es wird 2022 vom ICD-11 abgelöst. Die letzten Revisionen begannen mit dem DSM, dem Diagnostic and Statistical Manual of Mental Disorders (diagnostisches und statistisches Handbuch der Psychischen Störungen) der American Psychiatric Association.[201] Danach gibt die WHO das neue ICD heraus, in das das DCM als Kapitel V integriert ist.

Die Einführung der länderspezifischen Varianten es ICD-11 kann aufgrund der erforderlichen Übersetzung länger dauern, der Stichtag der Einführung markiert den Beginn einer mehrjährigen Übergangszeit. Revisionen von Verzeichnissen wie dem ICD tragen Modernisierungen und neuen wissenschaftlichen Erkenntnissen Rechnung. Im Gegenzug erschwert jede Veränderung den Vergleich mit Zahlen, die nach älteren Systemen erfasst wurden.

Neben der Dokumentation zu rein statistischen Zwecken ist das ICD die Grundlage für die Abrechnung bzw. Vergütung medizinischer Leistungen. Mit der Einführung der DRG (Diagnosebezogene Fallpauschalen) wird eine Diagno-

201 Einblicke und Kritik bei Frances 2013: 102–123, der Projektleiter des DSM-III war.

se nach dem ICD codiert und die Vergütung der anschließenden Behandlung erfolgt nicht nach dem individuellen Aufwand, sondern in Form eine Pauschale, die für Fälle dieses Typs vorab festgelegt wurde. Grundgedanke der Vergütung nach DRG ist es, die Leistungserbringer zu einer zügigen, sparsamen Behandlung zu motivieren. Wer unter dem Pauschalwert bleibt, streicht die Differenz als Gewinn ein, wer mehr aufwendet, trägt die Mehrkosten selbst. Seit der Einführung der DRG wird über deren Nutzen, Schaden und Nebenwirkungen gestritten. Für die DRG spricht eine massive Reduktion der durchschnittlichen Liegezeiten im Krankenhaus, die in den meisten Fällen der Genesung förderlich ist. Problematisch sind diverse Nebenwirkungen des DRG-Systems. Krankheitsverläufe sind individuell verschieden und der Aufwand kann im Einzelfall höher sein, ohne dass der Arzt, die Ärztin bzw. die behandelnde Einrichtung darauf Einfluss haben. Es besteht die Gefahr, dass die Behandlung allmählich an den Erfordernissen des Abrechnungssystems ausrichtet wird und die Belange des Patienten oder der Patientin zu einem Kriterium unter anderen werden oder in den Hintergrund geraten. DRG setzen einen Anreiz zur Selektion von Fällen – einfache, überschaubare, gut abrechenbare Fälle werden bevorzugt.

Beispiel

So wird die Zunahme von Geburten via Kaiserschnitt in vielen Industrieländern mit den Anforderungen eines auf Effektivität getrimmten Krankenhauswesens mit DRG in Verbindung gebracht. Eine ›natürliche‹ Geburt dauert teilweise sehr lange, vor allem ist sie nicht terminlich planbar, weder ihr genauer Beginn noch die Dauer. Ein Kaiserschnitt kann hingegen genau terminiert werden, weshalb der Anreiz steigt, im Zweifelsfall den Kaiserschnitt zu wählen. Ob das eine gute oder schlechte Entwicklung ist, wird kontrovers diskutiert, mit medizinischen, sozialen und moralischen Argumenten, die teils erst im Nachhinein entwickelt werden.

ICF

Das ICF (International Classification of Functioning, Disability and Health) ist ein eigenes Klassifikationssystem, das ebenfalls von der WHO herausgegeben wird. Es zielt nicht auf die Ursachen von Krankheit, sondern auf ihre Folgen und Auswirkungen. Damit werden die biomedizinische, die psychische und die soziale Ebene von Krankheit und Gesundheit zusammen berücksichtigt. Das ICF ist handlungsleitend für den Umgang mit Behinderungen und Beeinträchtigungen (chronisch und vorübergehend) unter Miteinbeziehung der Umwelt der Betroffenen. Die aktuelle Fassung stammt aus dem Jahr 2001, die deutsche Übersetzung von 2005.

Das ICF ist online erhältlich über die Homepage des BfArM (Bundesinstitut für Arzneimittel und Medizinprodukte) bzw. dem DIMDI.[202]

3.5 Todesursachen nach dem ICD

Am Beispiel der Erfassung von Todesursachen soll das ICD etwas näher veranschaulicht werden.

Monokausal

Das ICD arbeitet *monokausal*, d. h., dass jedem Todesfall eine klar bestimmbare Ursache zugeordnet wird. Auf dem Totenschein wird diese als das Grundleiden eingetragen.

Wenn z. B. jemand mit einer Krebserkrankung im Endstadium eine Lungenembolie erleidet, wird als Todesursache die Krebserkrankung erfasst, nicht die Lungenembolie. Es wird außerdem zwischen Ätiologie (Art der Krankheit) und der Organmanifestation (betroffenes Organ) unterschieden. So betrifft ein Bronchialkarzinom zwar die Lunge, wird aber nicht Kapitel X (Krankheiten des Atmungssystems, J00-J99) zugeordnet, sondern Kapitel II (Neubildungen) als C34 (bösartige Neubildung der Bronchien und der Lunge). Die Kodierung von Krankheiten und Todesursachen ist kompliziert und wird seit Jahren nicht mehr von den Ärzten und Ärztinnen alleine durchgeführt, sondern von speziellen Kodierern auf Ebene der Gesundheitsbehörden. Medea und Rothschild kritisieren die bisherige Praxis grundsätzlich:

> »Vor dem Hintergrund zunehmend multifaktorieller Sterbeprozesse entspricht allerdings die monokausale Darstellung der Sterbefälle nur noch bedingt den Anforderungen an eine Todesursachenstatistik und den daraus ableitbaren Daten zu Gesundheitsindikatoren.«[203]

Das ICD ist in 22 Krankheitskapitel unterteilt, die mit römischen Ziffern durchnummeriert sind. Die Kapitel enthalten wiederum Krankheitsgruppen, die mit einem Buchstaben beginnen. So steht z. B. das Kapitel V für »Psychische und Verhaltensstörungen« mit den Krankheitsgruppen F00–F99. Kapitel V ist weitgehend deckungsgleich mit dem DSM der US-amerikanischen psychiatrischen Vereinigung APA. Nach dem ICD verteilten sich die Todesursachen in Deutschland, Österreich und der Schweiz im Jahr 2017 folgendermaßen (▶ Tab. 15).

202 Direkt: https://www.dimdi.de/static/de/klassifikationen/icf/icfhtml2005/ oder als PDF über: https://www.dimdi.de/dynamic/de/klassifikationen/icf/ [26.08.2020]. Das DIMDI wurde 2020 dem BfArM zugeordnet.

203 Medea/Rothschild 2010.

Tab. 15: Todesursachenstatistik für D, A, CH

Anzahl der Todesfälle 2017 nach Kapiteln des ICD-10 (DeStatis, BfS, Statistik Austria)				
Kapitel (Notation)	**Beschreibung**	**D**	**A**	**CH**
I (A00–B99)	bestimmte infektiöse und parasitäre Krankheiten	17.285	894	806
II (C00–D48)	Neubildungen (vor allem Krebserkrankungen)	235.681	20.999	17.939
III (D50–D98)	Krankheiten des Blutes und der blutbildenden Organe sowie bestimmte Störungen mit Beteiligung des Immunsystems	3.684	216	201
IV (E00–E88)	Endokrine, Ernährungs- und Stoffwechselkrankheiten	33.908	4.072	1.748
V (F01–F99)	psychische und Verhaltensstörungen	52.637	2.953	5.710
VI (G00–G98)	Krankheiten des Nervensystems	32.345	3.199 *	3.539
VII (H00–H57)	Krankheiten des Auges und Augenanhangsgebilde	18		31
VIII (H60–H93)	Krankheiten des Ohres und des Warzenfortsatzes	30		3
IX (I00–I99)	Krankheiten des Kreislaufsystems	344.524	33.125	21.042
X (J00–J98)	Krankheiten des Atmungssystems (inklusive Grippe)	68.408	5.307	4.649
XI (K00–K92)	Krankheiten des Verdauungssystems	41.038	2.891	2.454
XII (L00–L98)	Krankheiten der Haut und der Unterhaut	1.565	78	99
XIII (M00–M99)	Krankheiten des Muskel-Skelett-Systems und des Bindegewebes	4.812	329	645
XIV (N00–N98)	Krankheiten des Urogenitalsystems	23.471	1.843	1.106
XV (O00–O99)	Schwangerschaft, Geburt und Wochenbett	22	2	4
XVI (P00–P96)	bestimmte Zustände, die ihren Ursprung in der Perinatalperiode haben	1.483	132	151
XVII (Q00–Q99)	angeborene Fehlbildungen, Deformitäten und Chromosomenanomalien	2.070	245	273
XVIII (R00–R99)	Symptome und abnorme klinische und Laborbefunde, die anderenorts nicht klassifiziert sind **	29.438	2.612	2.837
XIX (V01–Y89)	Verletzungen, Vergiftungen und bestimmte andere Folgen äußerer Ursachen	39.853	4.373	3.734
	alle Todesfälle	932.272	83.270	66.971
	Gesamtbevölkerung ***	*82.693.950*	*8.795.073*	*8.484.130*

* VI, VII, VIII zusammengenommen
** inklusive unbekannte Todesursache (CH: 2185 = 77 %)
*** D: Durchschnitt aus vier Quartalswerten

Die Verteilungen ähneln sich, wie in den meisten westlichen Industrieländern. Pro Jahr stirbt ungefähr 1 % der Gesamtbevölkerung; 2017 waren das in Deutschland 1,13 %, in Österreich 0,95 % und in der Schweiz 0,79 %. Die Anteile können von Jahr zu Jahr leicht schwanken, bei höheren Werten spricht man von Übersterblichkeit, z. B. nach einer Hitzewelle oder der Infektionswelle einer Grippeepidemie. Nach einer Übersterblichkeit kann eine Untersterblichkeit folgen, weil geschwächte Personen einige Monate früher gestorben sind, als es unter anderen Umständen der Fall gewesen wäre. Ist dies der Fall, wirkt sich das zugrundeliegende Ereignis mittelfristig (gemittelt über zwei oder drei Jahre) nur auf die Verteilung der Todesursachen aus, nicht aber auf die Lebenserwartung oder die Zahl der Todesfälle.

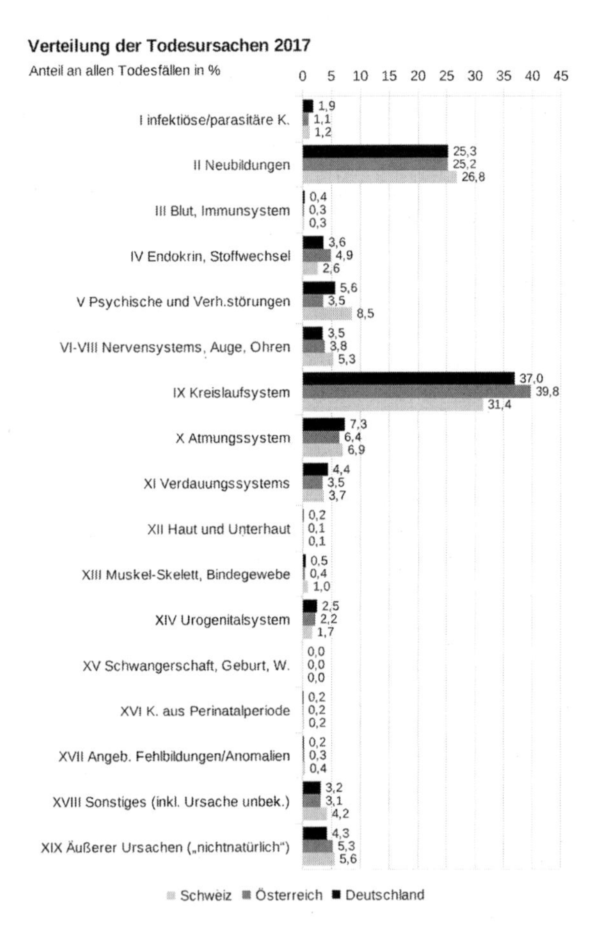

Abb. 19: Todesursachen 2017 (D, A, CH)

Häufigste Todesursachen sind Erkrankungen des Kreislaufsystems, gefolgt von Neubildungen (das sind vorwiegend Krebserkrankungen). Abweichungen zwischen Einzelstaaten im Detail können mehrere Gründe haben – entweder tatsächliche Unterschiede der Sterblichkeit oder Unterschiede in der statistischen Zuordnung. So fällt die Abweichung von 8,4 % zwischen Österreich und der Schweiz für Erkrankungen des Kreislaufsystems auf, die wohl eher statistisch begründet sein dürfte. Ein gut dokumentiertes Beispiel für Unterschiede in der Erfassung betrifft Suizide. Diese werden in Deutschland und Österreich in Kapitel XIX erfasst; in der Schweiz wird hingegen zwischen klassisches Suiziden und assistierten Suiziden im Rahmen ärztlicher Sterbehilfe unterschieden (die es in D und A offiziell nicht gibt). Die assistierten Suizide werden der Grunderkrankung zugeordnet, die der Grund für die Sterbehilfe war. Unterschiede in der Verteilung von Todesursachen zwischen verschiedenen Gebieten (meist Staaten) können also zwei Ursachen haben – tatsächliche Unterschiede zwischen den Todesursachen oder Unterschiede bei der Erfassung bzw. Kodierung.

Die Verteilung der Todesursachen (▸ Abb. 19) unterscheidet sich zwischen den Altersgruppen. Im Jugendalter und früheren Erwachsenenalter dominieren Unfälle und Suizide; diese sind aber nicht bei Jüngeren besonders häufig, vielmehr ist die Gesamtsterblichkeit sehr gering und die übrigen Ursachen spielen kaum eine Rolle. Menschen im höheren Erwachsenenalter sterben am häufigsten an Krebs (der Anteil war 2017 in der Altersgruppe 60 bis 69 am höchsten, schon im Alter von 40 bis 49 beträgt er ca. ein Drittel), ab 75 dominieren Herz-/Kreislauferkrankungen (in der Schweiz erst ab 80).

3.6 Epidemiologische Transition

Bis ins 20. Jahrhundert hinein zählten Infektionskrankheiten zu den Haupttodesursachen, sie wurden aber durch die Entwicklung von Impfungen und schließlich durch den breiten Einsatz von Antibiotika zurückgedrängt, zumindest vorläufig. Allerdings muss beachtet werden, dass nicht alle Todesfälle durch Infektionskrankheiten in Kapitel I stehen. Grippe und Lungenentzündung (Pneumonie) werden in Kapitel X als Krankheiten des Atmungssystems erfasst, in Kapitel I stehen hingegen Tuberkulose, Virushepatitis oder AIDS. Diese Verteilung der Todesursachen ist seit dem Ende des 20. Jahrhunderts verhältnismäßig stabil und typisch für Industrieländer mit einem allgemein zugänglichen, hochtechnisierten Gesundheitssystem.

Epidemiologische Transition

Die Veränderung der Mortalitätsstruktur und der Todesursachen im Zuge der Industrialisierung wird *epidemiologische Transition* genannt[204]. Als Ursachen gel-

204 Siegrist 2005: 30 f.

ten die Errungenschaften der wissenschaftlichen Medizin inklusive der Entwicklung des modernen Krankenhauses, der Entdeckung von Mikroorganismen als Krankheitserreger, der Einführung der Desinfektion und der Erfindung der Narkose.[205] Hinzu kamen die verbesserten sozialen und hygienischen Lebensbedingungen.

Mit dem breiten Einsatz von Antibiotika Mitte des 20. Jahrhunderts bildete sich die für heute typische Verteilung von Todesursachen heraus. Infektionskrankheiten epidemischen Ausmaßes spielen momentan keine Rolle mehr, gelegentliche als »Pandemie« eingestufte Ereignisse wirken sich kaum auf die Verteilung der Todesursachen aus.[206] Ein größeres Potential hat die Zunahme antibiotikaresistenter Bakterien, die u. a. als Ursache von Sekundärinfektionen ausgerechnet in Kliniken gefürchtet sind.[207] Haupttodesursachen sind nun Erkrankungen des Herz-Kreislaufsystems (oft als Endpunkt einer langen chronischen Entwicklung) und Krebserkrankungen. Hinzu kommen Krankheiten im engen Zusammenhang mit der stark angestiegenen Lebenserwartung, z. B. Demenz. Gewaltverbrechen erhalten eine hohe mediale Aufmerksamkeit und werden daher in der breiten Bevölkerung im Ausmaß oft überschätzt, sie sind aber statistisch gesehen unerheblich. In Deutschland wurden 2017 ca. 350 Todesfälle als »tätliche Angriffe« eingeordnet (in der Schweiz 30[208]). Das ist sehr wenig, selbst wenn man eine Dunkelziffer von 1.200 Fällen pro Jahr addiert.[209] Eine wichtige Ursache der verzerrten Wahrnehmung in der Öffentlichkeit dürfte die weite Verbreitung von Kriminalromanen, -filmen und -serien sein. Generell dienen Gewaltdarstellungen vielen Menschen zur Unterhaltung und gehen unbemerkt mit ein in ihre persönliche Realitätskonstruktion; selbst wenn die meisten für sich beanspruchen, zwischen Fiktion und Wirklichkeit klar unterscheiden zu können. Zur fiktionalen Gewalt kommt echte Gewalt hinzu, die in den entsprechenden Programmen der Massenmedien (Nachrichten und Berichte) hohe Aufmerksamkeit erhält. Niklas Luhmann zählt in seiner Theorie der Massenmedien zehn »Selektoren«[210] auf, die die Wahrscheinlichkeit erhöhen, dass ein Ereignis zur Nachricht wird (▶ Kap. 6.9). Zwei dieser Selektoren sind Konflikte und Normverstöße, insbesondere wenn sie moralisch bewertet werden können.[211] Bestimmte Verbrechen werden intensiv berichtet, was indirekt den Eindruck eines häufigen Vorkommens transportiert, bis hin zur Alltäglichkeit oder Normalität, die sich bisher zum Glück nicht auf das aktive Verhalten der Konsumentinnen und Konsumenten ausgewirkt hat.[212]

205 Vgl. Eckart 2013: 169 ff.
206 Auch die Covid-19-Pandemie 2020/2021 dürfte das Gefüge nicht nachhaltig verschieben.
207 Vgl. Layer et al., Epidemiologisches Bulletin des RKI 42/2019.
208 Hier bezeichnet als »Mord, Totschlag und vorsätzliche Verletzungen« (BfS).
209 Diese Schätzung berichten Madea/Rothschild 2010: 582.
210 Luhmann 1996: 58.
211 Ebd.: 53 ff., vgl. die Sekundärdarstellung durch Berghaus 2011: 206–215.
212 Die Diskussion entsprechender Einflüsse zieht sich durch die letzten Jahrhunderte, vom Roman (Goethes Werther) über Comics (1970er Jahre), Filme und Fernsehen bis

Der weitere Fortschritt der Medizin seit den 1950er Jahren verbesserte die Prognose der nun vorherrschenden Krankheitskomplexe. Teilweise durch eine tatsächliche Heilung, häufiger aber durch immer effektivere Arten der Reparatur – durch die Umwandlung des unmittelbar tödlichen in einen chronischen Verlauf und die Kompensation von Beeinträchtigungen. Stents, Bypassoperationen und Medikation ermöglichen jetzt das Überstehen mehrerer Herzinfarkte; mittels Dialyse kann eine Niereninsuffizienz jahre- oder jahrzehntelang überlebt werden. Organe und Gewebe können durch natürliche oder künstliche Transplantate ersetzt werden. Maschinelle Lebenserhaltungsmaßnahmen (Beatmung, Ernährung über eine Magensonde bzw. PEG-Sonde) produzieren spezielle Zustände wie das Wachkoma (fachsprachlich PVS = Permanent Vegetative State). Die besonderen Erfordernisse der aufstrebenden Transplantationsmedizin führten in den 1960er Jahren zur Definition des Hirntods, der eine Vorstufe des Todes in Form des unwiederbringlichen Bewusstseinsverlusts markieren soll, um Organe vor dem Eintritt des körperlichen Verfalls entnehmen zu können. Die Intensivmedizin mit ihren Möglichkeiten der technischen Aufrechterhaltung von Lebensfunktionen hat die Grenze zwischen Leben und Tod verschoben (quasi in das Totenreich hinein) und bietet damit Anlass zu neuen ethischen bzw. moralischen Diskussionen.

Die medizinischen Fachbereiche streben danach, die Sterblichkeit für ihre Krankheit zu senken. Die Anzahl der Todesfälle wird dann zunächst als Problem oder Skandal markiert: Jedes Jahr sterben so und so viele tausend, zehntausend oder hunderttausend Menschen an Herzinfarkten, Schlaganfällen, durch Lungen-, Darm- oder Brustkrebs, an den Folgen des Rauchens oder Trinkens. Es ist aber wichtig, die unterschiedliche Verteilung von Todesursachen und den zeitlichen Horizont der Lebenserwartung auseinanderzuhalten. Am Ende wird jeder Mensch sterben und das Überleben einer Krankheit oder eines anderen Ereignisses ist immer vorläufig. Wird der Krebs eines Patienten oder einer Patientin geheilt oder zumindest aufgehalten, dann wird er oder sie einige Zeit später (Monate, Jahre oder Jahrzehnte) vielleicht an einer anderen Tumorerkrankung sterben, oder an Herzinsuffizienz oder im Verlauf einer Demenz an Lungenentzündung. Der Gewinn für Patientinnen und Patienten besteht in erster Linie im Gewinn von Lebensjahren, nicht in der Umschichtung von bestimmten Todesursachen auf andere, es sei denn, dass dadurch Leid vermindert würde. Die gesundheitspsychologische Risikoforschung konzentriert sich aber auf verhaltensbezogene Schuldzuweisungen und suggeriert damit, dass das Leben an sich gerettet werden könnte:

> »Die aktuellen epidemiologischen Entwicklungen in Bezug auf die Morbidität und Mortalität zeigen, dass inzwischen 60 % aller weltweiten Todesfälle durch Krankheiten verursacht werden, deren Genese überwiegend durch ›individuelle Risikoverhaltensweisen‹ (mit)verursacht wird (WHO 2002). Tabakkonsum, Alkoholkonsum, Übergewicht, Bluthochdruck und erhöhtes Cholesterin verursachen nach Schätzungen der WHO (2002) nahezu die Hälfte aller Krankheiten innerhalb der Industrieländer. [...] Auf Grund die-

---

hin zu Computerspielen, speziell die sogenannten Ego-Shooter. Punktuell mag es Auswirkungen geben, aber die Gesamtstatistik wirkt eher friedlich.

> ser Entwicklung hat die WHO das individuelle Risiko- und Gesundheitsverhalten und damit verbunden auch die individuelle Risikowahrnehmung in den Mittelpunkt von Gesundheitsinterventionen gerückt.«[213]

Angenommen, es würde tatsächlich jeder medizinischen Fachdisziplin gelingen, die Sterblichkeit an ihrer Krankheit spürbar zu reduzieren, woran sterben die Menschen dann? Interessanterweise wird die naheliegende Option – die Altersschwäche – von der offiziellen akademischen Medizin abgelehnt, auch wenn es in der Ärzteschaft dazu durchaus verschiedene Meinungen gibt. Madea/Rothschild bemerken in einer Anleitung zur korrekten Todesursachenfeststellung:

> »Besondere Probleme ergeben sich schließlich bei Todesfällen im Alter sowie im Zusammenhang mit ärztlichen Maßnahmen. ›Altersschwäche‹ ist keine Todesursache. Retrospektive Untersuchungen von Todesfällen über 85-Jähriger beziehungsweise über 100-Jähriger ergaben, dass jeweils morphologisch fassbare Grundleiden und Todesursachen vorlagen.«[214]

Die Sterblichkeit des Menschen wird so von tödlichen Krankheiten im Alter abhängig gemacht – der alte Mensch stirbt nur deshalb, weil er irgendwann krank wird. Demgegenüber betont z. B. Nuland, »daß das Leben natürliche, unverrückbare Grenzen hat. Wenn sie erreicht sind, erlischt das Lebenslicht, und zwar auch ohne eine erkennbare Krankheit oder einen Unfall.«[215] Und an anderer Stelle: »Es gilt heute geradezu als unschicklich zuzugeben, daß manche Menschen den Alterstod sterben.«[216]

Die Erfolge bei der Behandlung von Herzinfarkten, Schlaganfällen und Krebserkrankungen schlagen sich überwiegend in einem längeren Überleben nieder, nicht in einer tatsächlichen, völligen Heilung. Verläufe, die vorher kurzfristig tödlich waren, werden in chronische Krankheiten überführt und die weitere Behandlung zielt auf eine möglichst hohe Lebensqualität. Eine zweite epidemiologische Transition bestünde in einer deutlichen Verschiebung der Todesursachen von den Krebserkrankungen und einigen verbreiteten neurodegenerativen Erkrankungen wie MS und Parkinson hinein in die Grauzone, mit der die Altersschwäche maskiert wird: Herz-/Kreislauferkrankungen, diverse Organinsuffizienzen und Demenz. Sollte es zu einer deutlichen Zunahme von Herz-/Kreislauferkrankungen kommen, wird dies Änderungen der Kommunikation durch die Fachgesellschaften erfordern. Das heutige Schema der Skandalisierung wird dann nicht mehr weitergeführt werden können. Als Ausweg könnten die kontrollierbaren, klassischen Herz-/Kreislauferkrankungen ausdifferenziert werden; man kann dann Unterkategorien auswählen, die wiederum erfolgreich bekämpft werden können. Oder die Lebensverlängerung wird zum Hauptkriterium für Erfolg, mit der mittleren Lebenserwartung als Referenzpunkt für die Vorzeitigkeit oder eben Rechtzeitigkeit des Todes.

Ob man gegenwärtig schon eine zweite epidemiologische Transition belegen kann, ist fraglich. Ein großer Schritt in diese Richtung wäre ein Durchbruch bei

---

213 Renner/Schupp in Schwarzer 2005: 173.
214 Madea/Rothschild 2010: 580, siehe dazu auch Kögel 2016: 54 ff.
215 Nuland 1999: 118.
216 Ebd.: 121.

der Behandlung von Tumorerkrankungen, der seit Jahrzehnten immer wieder vorhergesagt oder angekündigt wird, aber immer noch aussteht. Durch die heutige Praxis der Todesursachenstatistik würde der Beginn einer zweiten epidemiologischen Transition eher verdeckt, da in der Statistik die Grunderkrankung maßgeblich ist. Wenn sich mit der Lebensdauer aber nicht die Zahl der gesunden Lebensjahre erhöht, wird in der Bevölkerung die Nachfrage nach vorzeitiger Lebensbeendigung zunehmen, was jetzt schon geschieht. Die Qualität der Behandlung chronischer Verläufe und die Qualität des Pflegebereichs interferieren mit dem Anspruchsniveau der Patienten und Patientinnen bzw. Pflegebedürftigen. Bisher steigt die Zahl derer, die mit ihrer subjektiven Lebensqualität unzufrieden sind, und in den Ländern, in denen eine vorzeitige Lebensverlängerung akzeptiert und ermöglicht wird, fordern immer wieder Hochaltrige die Zulassung von Lebensmüdigkeit als Indikation. Der gesellschaftliche Umgang ist aber zwiespältig, die Haltungen verschiedener Akteure unterscheiden sich je nach Interessenlage und Weltanschauung erheblich. Man ist sich im Grundsatz einig, dass die Verfügbarkeit und Qualität von Pflegeangeboten verbessert werden muss, aber die Prioritäten laufen auseinander. Aus Sicht eines unbedingten Lebensschutzes muss jede Möglichkeit einer vorzeitigen Lebensbeendigung eliminiert werden, um einem sozialen Druck in Richtung eines Früherablebens Alter und Kranker zur Entlastung der Allgemeinheit entgegenzuwirken. Die Befürworterinnen und Befürworter eines selbstbestimmten Sterbens erwarten, dass eine Zunahme subjektiv inakzeptabler Sterbeverläufe zu vermehrten Wünschen nach vorzeitiger Lebensbeendigung führt. Es muss sorgfältig überlegt bzw. untersucht werden, ob ein Verbot vorzeitiger Lebensbeendigung tatsächlich einen Druck in Richtung einer Verbesserung der Situation Gebrechlicher bzw. Pflegebedürftiger ausübt; vielleicht kommt es einfach zu mehr individuellen Alterssuiziden. Die Akteure sollten aber nicht zu einer konsequenteren direkten Vereitelung von Suiziden motiviert werden, sondern zu Maßnahmen, die die Lebensqualität der betroffenen Personen erhöhen und damit deren Lebenswillen, so dass der Suizid seltener die bessere Alternative zur Weiterexistenz wird.

> »Selbst die strenge Ächtung des Suizids in früheren Zeiten konnte Suizide nicht völlig unterbinden – weder die Deklaration zur schweren Sünde bzw. Todsünde mit der Drohung ewiger Höllenstrafen durch die frühe Kirche, noch konkrete Maßnahmen wie die Schändung des Leichnams, ein unehrenhaftes Begräbnis oder die Bestrafung der Suizidwilligen bei Nichtgelingen (…). Erfolgreicher war der moderne Rechts- und Sozialstaat, wo sich die Suizidprävention auf die Enttabuisierung psychischer Krankheiten, bessere Diagnose- und Behandlungsmöglichkeiten sowie Beratungs- und Hilfsangebote stützt; aber auch auf die Behinderung des Zugangs zu niedrigaggressiven Methoden (vor allem Barbiturate). Gut möglich, dass die Hauptursache für den historischen Tiefstand der Suizidrate (…) aber schlicht die vergleichsweise stabilen gesellschaftlichen Verhältnisse sind, mit einem (momentan noch) akzeptablen System der sozialen Sicherung und einem allgemeinen Zugang zu einer medizinischen und psychologischen Grundversorgung.«[217]

217 Kögel 2016: 58 f.

3.7 Krankheit und Soziale Ungleichheit

Bis heute gibt es gravierende Unterschiede im allgemeinen Gesundheitszustand der Bevölkerungsschichten. Die unteren Sozialschichten haben eine geringere Lebenserwartung und auch einen schlechteren Gesundheitszustand im höheren Lebensalter. Diese Unterschiede haben sich seit Anfang des 20. Jahrhunderts kaum verändert. Zwar ist die Lebenserwartung insgesamt gestiegen, aber sie hat die Unterschiede gleichsam mitgenommen. Etliche Autorinnen und Autoren weisen darauf hin, dass der Anteil der Medizin am Zuwachs der Lebenserwartung seit ca. 1900 nur 20-30 % betragen habe[218] und dass der Rest auf höheren Wohlstand, bessere Ernährung und allgemein bessere Lebens- und Arbeitsbedingungen zurückzuführen sei. Es ist ein zentrales Anliegen von Gesundheitswissenschaften und Public Health, die Aufmerksamkeit des Gesundheitswesens stärker von der Kranken- bzw. Krankheitsbehandlung auf Prävention zu lenken, allerdings wird meist stärker die Psychologie der Individuen in den Blick genommen als die soziale Umwelt. Das liegt natürlich daran, dass es einfacher ist, Einflussversuche am Verhalten einzelner Akteure auszurichten als soziale Problemlagen anzugehen, zumal wenn diese bevorzugt die niederen Sozialschichten betreffen. Entspannungskurse sind einfacher und billiger zu realisieren als nachhaltige Abhilfe bei Personalmangel, Arbeitsverdichtung oder prekären Lebensperspektiven.

Voraussetzung für die Bekämpfung gesundheitlicher Ungleichheiten ist die Feststellung, dass die jeweiligen Ungleichheiten ungerecht sind. Gerechtigkeit ist ein ethisches Grundprinzip menschlichen Zusammenlebens, aber bei genauerer Betrachtung komplex und deshalb Gegenstand umfangreicher philosophischer Überlegungen, die hier nicht vertieft werden können.[219] Für das soziale Handeln der Subjekte ist ausschlaggebend, was sie als gerecht oder ungerecht empfinden, und das kann von Subjekt zu Subjekt sehr unterschiedlich ausfallen. Die Gesellschaft versucht, durch Bildung und Diskurs (politische Willensbildung) eine einigermaßen reflektierte Basis für Gerechtigkeitsdiskussionen zu schaffen, im Idealfall gibt es einen Konsens über Grundzüge. Recht früh hat sich das Recht als autonomes Subsystem mit dem zweiwertigen Code Recht/Unrecht ausgebildet,[220] um Recht zu erzeugen bzw. sicherzustellen. In demokratischen Staaten sind zu Gerechtigkeitsfragen Mehrheitsentscheidungen üblich, oft flankiert von Versuchen, bestimmte Grundprinzipien abzusichern – durch Ewigkeitsklauseln, Minderheitenschutz und entschleunigende Verfahrensregeln.[221] Als gerecht akzeptierte Regeln und Verfahren können daher in verschiedenen Verwaltungseinheiten sehr unterschiedlich ausfallen. In allen gesellschaftlichen Bereichen wird über Gerechtigkeit gestritten, selbstverständlich auch im Gesundheitswesen. Menschen sind biologisch unterschiedlich, kommen aus unterschiedlichen sozia-

218 Vgl. Huster 2012: 57.

219 Einführend z. B. Fenner 2008: 189–198, für die Medizin Huster 2012.

220 In systemtheoretischer Sprache: ausdifferenziert.

221 Z. B. einer erforderlichen Zweidrittel- oder Dreiviertelmehrheit für Verfassungsänderungen.

len Verhältnissen, bekommen verschiedene (oder keine) Krankheiten und leben unterschiedlich lange. Die entscheidende Operation ist, dass eine Ungleichheit als ungerecht kommuniziert wird. Für erste Überlegungen ist eine Vier-Felder-Tafel hilfreich (▶ Tab. 16). Zunächst wird geprüft, ob sich für jede Kombination der Prinzipien Beispiele finden lassen oder ob einzelne Zellen frei bleiben oder nur mit sehr exotischen Fälle besetzt werden können. Handlungsleitend sind ungerechte Zustände – es dürfte keine Gemeinschaft oder Gesellschaft geben, die für sich beansprucht, ungerecht zu sein; im Extremfall kann eine willkürlich herrschende Macht (z. B. ein exzentrischer Diktator) davon überzeugt sein, dass ihr die Ungerechtigkeit zusteht. Durch diese paradoxe Situation würde die Ungerechtigkeit aber gerechtfertigt und damit wiederum zu Recht.

Tab. 16: Grundschema Gleichheit und Gerechtigkeit

	gerecht	**ungerecht**
gleich	*Die Gleichheit wird als gerecht beurteilt.*	*Die Gleichheit wird als ungerecht beurteilt.*
ungleich	*Die Ungleichheit wird als gerecht beurteilt.*	*Die Ungleichheit wird als ungerecht beurteilt.*

In jeder Gesellschaft gibt es Gleichheiten und Ungleichheiten, die als gerecht akzeptiert werden. Ein Hauptgegenstand der Sozialstrukturanalyse ist Soziale Ungleichheit – ihre Definition, Beschreibung und Analyse. Medizinsoziologie, Sozialmedizin und die Gesundheitswissenschaften befassen sich u. a. mit der Auswirkung Sozialer Ungleichheit auf gesundheitliche Ungleichheit. Gesundheitliche Ungleichheiten, die auf Soziale Ungleichheit zurückgeführt werden, gelten in der Regel als ungerecht, oft auch dann, wenn Soziale Ungleichheit von der Bevölkerungsmehrheit grundsätzlich als gerecht empfunden wird. Das Gesundheitswesen der USA ist hierfür ein anschauliches Beispiel (▶ Kap. 4.7).

Es gibt gesundheitliche Ungleichheiten, die allgemein bekannt sind, aber im Großen und Ganzen hingenommen werden, z. B. die niedrigere Lebenserwartung von Männern. Es ist eben so bzw. liegt im Verhalten und Lebensstil der Männer, vor allem sind nicht die Frauen daran schuld. Wenn Ungleichheiten als natürlich empfunden werden oder durch unkontrollierbare Einflüsse (Zufall, das Schicksal; komplizierter wird es bei Gott) zustande kommen, werden sie in der Regel keinem Gerechtigkeitskalkül unterzogen. In solidarisch ausgerichteten Gesellschaften genießen Benachteiligte eine größere Fürsorge, die Nichtbetroffenen sind vielleicht erleichtert, dass es andere erwischt hat, und eigene Überinvestitionen wie z. B. Versicherungsbeiträge sind im Vergleich dazu der kleinere Schaden. Ungerechtigkeit liegt dann vor, wenn eine Ungleichheit gesellschaftlich erzeugt oder verstärkt wird und wenn den betroffenen Personen keine Schuld daran gegeben wird bzw. sie nicht dafür verantwortlich gemacht werden.[222] Beispiele

222 Schuld und Verantwortung werden manchmal synonym verwendet. Wer nicht von Schuld reden will, weil das zu moralisierend klingt, nennt sie eben Verantwortung.

sind berufliche Belastungen, schwierige Familienverhältnisse oder Ressourcenmangel infolge der Verschwendung durch Andere. Gesundheitliche Probleme, die sich aus anscheinend frei gewählten Unterschieden der Lebensführung ergeben, liegen demnach in der Verantwortung der Betroffenen. Entsprechend gibt es immer wieder Forderungen, dass Personen, die rauchen oder bestimmte Sportarten betreiben,[223] einen Teil etwaiger Behandlungskosten und Krankheitsfolgekosten selbst bezahlen sollen; die Allgemeinheit soll nicht für das leichtsinnige und potenziell selbstschädigende Verhalten solcher Zeitgenossen aufkommen müssen.

Das hört sich eindeutig an, wird im Detail aber schnell kompliziert; Ursachen müssen erkannt oder wenigstens zugeschrieben werden, um einen Ansatz für das Gerechtigkeitskalkül zu haben. Aber für viele Krankheitsereignisse sind die Ursache-Wirkungsbeziehungen multifaktoriell und/oder unklar. Und das auch bei biomedizinischen Idealtypen, wenn Krankheitserreger und Krankheitsverläufe bekannt bzw. beschrieben sind. Meistens erkrankt nur ein Teil der Subjekte, die einem Bakterium oder Virus ausgesetzt sind, so dass auch hier zur Erklärung zusätzliche medizinische Konzepte wie der Zustand des Immunsystems herangezogen werden müssen. Es folgt die Deutung individuellen Verhaltens (Vorsicht oder Leichtsinn) und über das Individuum hinaus schließlich dessen physische und soziale Umwelt. Für alle Stufen der menschlichen Entwicklung können Wechselwirkungen mit der Umwelt festgestellt werden.

- Genetische Konstitution: familiäre Belastungen, die Belastung der Eltern durch Umweltgifte, radioaktive Strahlung und andere keimbahnschädigende Einflüsse (mehr Missbildungen oder chronische Krankheiten wie Asthma bei deren Kindern). Die relativ junge Epigenetik vermutet direkte Auswirkungen von Umwelteinflüssen auf Teile des Genoms.
- Die Entwicklung von der befruchteten Eizelle zum Fötus (Ontogenese): Umweltgifte, Lärm, schlechte oder mangelnde Ernährung, Hygienedefizite (unter Umständen wird den Eltern hier bereits eine Teilschuld zugerechnet), Stressbelastung der Mutter, Rauchen, Alkohol und anderer Drogenkonsum, was wiederum mit dem Sozialstatus zusammenhängt.[224]
- Im Kindesalter: wie oben und zusätzlich allgemeine Erziehungsdefizite, speziell bei der Gesundheitserziehung; allgemein jeglicher psychosoziale Stress oder psychosoziale Deprivation (Bindungsstörungen, Vernachlässigung etc.).

Heutiger Konsens ist, dass ein Kind zunächst nicht für seine biologische Ausstattung, seine Herkunft bzw. seine Eltern und deren Verhalten verantwortlich gemacht wird.[225]

---

223 Beliebte Ziele solcher Forderungen sind Randphänomene wie Gleitschirmfliegen oder Motocross, keinesfalls aber Skifahren oder Fußball.

224 So kommt der schädliche Konsum von legalen und illegalen Drogen während der Schwangerschaft in niedrigen Sozialschichten häufiger vor.

225 Was nicht selbstverständlich ist, man denke an die Diskriminierung unehelich geborener Kinder bis in die 1960er Jahre.

Beispiel

Was aber, wenn das Kind mit 14 Jahren anfängt zu rauchen? Ist das dann schon eine freie Entscheidung, die es selbst verantworten muss, oder wirkt hier die niedrige Sozialschicht bzw. das Herkunftsmilieu? Wie ist der Beitrag (wertend ausgedrückt: die Mitschuld) von Tabakwerbung, erwachsenen Vorbildern oder Gleichaltrigen zu bewerten? Und wie sieht es erst mit ungesunder Ernährung aus? Angenommen man wüsste, welche Ernährung genau gesund ist, ab welchem Punkt beginnt die Verantwortung des Einzelnen für sein Ernährungsverhalten und wie groß ist diese? Wenn z. B. Kinder häufig *Junk Food* und Süßigkeiten verzehren, wirken viele Einflüsse – die Eltern, weitere Verwandte (vor allem Großeltern), Peers bzw. die Peer Group[226], Werbung, Modelldarstellungen in Unterhaltungsmedien (rauchende, trinkende, aggressive Filmheldinnen und -helden).

Die zugeschriebene Eigenverantwortung beginnt nach der allgemeinen Wahrnehmung (und Rechtsprechung) im frühen Jugendalter und nimmt dann langsam zu. Wer nach 20 das Rauchen beginnt oder zu viel isst, wird wohl eher dafür verantwortlich gemacht, ein 12-jähriges Kind eher nicht. Dazwischen liegt ein breiter Unsicherheitsbereich, der durch Regeln und Normerwartungen unsystematisch strukturiert wird. Es ist ein Anliegen der Sozialwissenschaften, den Einfluss der sozialen Umwelt stärker zu gewichten – bzw. überhaupt erst ins Bild zu rücken – und das Ideal des autonomen, frei entscheiden könnenden Menschen zu hinterfragen.[227]

Urteilsheuristik

Bestimmte Typen von Ursachenzuschreibungen durch Beobachterinnen und Beobachter werden in der Psychologie Urteilsheuristiken genannt. Eine davon ist der fundamentale Attributionsfehler, wonach Beobachter und Beobachterinnen dazu tendieren, die Verantwortung des handelnden Individuums überzubewerten und die Einflüsse der Umwelt zu vernachlässigen.

Direkte Zuschreibungen und einfache Ursache-Wirkungsbeziehungen sind mindestens unterkomplex, wenn nicht naiv. Aber Vereinfachungen können auch zweckmäßig sein, da die Zahl möglicher äußerer Einflüsse unüberschaubar ist und Ursachen auch noch verkettet werden können. Die Setzung eines Anfangspunkts ist willkürlich und jede Ursache kann ihrerseits wieder auf eine Ursache zurückgeführt werden. Das aggressive Kind wird von seinen Eltern geschlagen,

226 Von Talcott Parsons geprägte Bezeichnung für Gleichaltrigengruppen Jugendlicher, verallgemeinerbar als die Gruppe der Personen, mit denen man sich identifiziert und die als Vorbilder wirken – auch *signifikante Andere* genannt.

227 Auch Esser, obwohl er ausdrücklich das Menschenbild des rationalen homo oeconomicus vertritt, vgl. Esser 1999: 295 ff.

die wiederum von ihren Eltern geschlagen worden waren usw. Es droht Willkür oder Beliebigkeit, wenn man derartige Zuschreibungsketten übertreibt. Bei Erklärungen eines Ereignisses im Nachhinein (ex post) wird sich bei aufmerksamer Recherche immer eine Erklärung finden, die zum eigenen Theoriegebäude oder Wertesystem passt. Damit gibt es quasi zwei gegenläufige Varianten des fundamentalen Attributionsfehlers (▶ Abb. 20), zwischen denen der Beobachter (als Wissenschaftlerin, Jurist etc.) hindurchnavigieren muss.

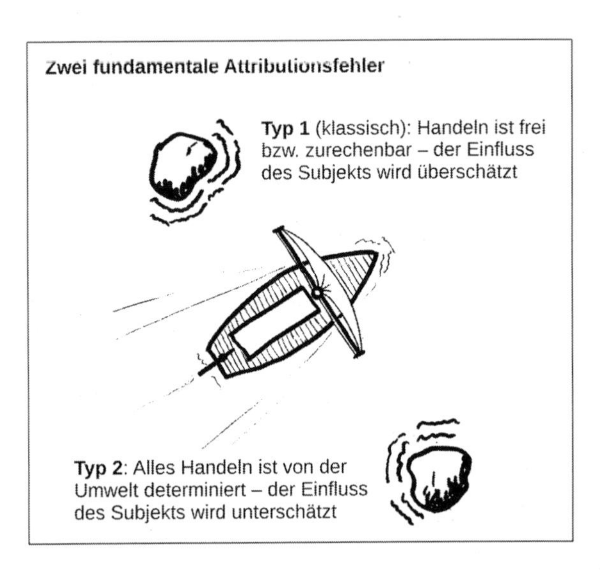

Abb. 20: Attributionsfehler

Es wird immer wieder diskutiert, die Zuschreibung von Schuld oder Verantwortung für Krankheit als Basis für der Verteilung von Kosten heranzuziehen. Es gälte dann das Verursacherprinzip, wonach derjenige, der schuld ist, zahlen muss; also der Raucher, die Fettleibige oder der Gleitschirmflieger seine bzw. ihre Krankheitskosten, wenigstens die Arztrechnung. Wer nicht bezahlen kann, erhält keine Behandlung. Ob man aber tatsächlich Kosten spart, wenn man die medizinische Versorgung von Teilen der Bevölkerung aufgrund einer solchen Schuld- oder Verantwortungsbuchhaltung einschränkt, ist fraglich. Falls es über die reguläre Versorgung hinaus doch eine Pflicht zur Nothilfe in unmittelbaren Bedrohungslagen gibt – wie z. B. in den USA durch die Notaufnahmen von Krankenhäusern –, werden die Behandlungskosten in die Zukunft verschoben und dann oftmals höher ausfallen, als es bei zeitiger Intervention der Fall gewesen wäre. Eine allgemeine Basisversorgung dürfte im Eigeninteresse des Staates liegen, um höhere Folgekosten zu vermeiden, die dann alle betreffen, auch diejenigen, die sich für unschuldig halten.

Außerdem kann die Unterversorgung größerer Bevölkerungsgruppen auch für die übrige Gesellschaft riskant sein, vor allem, wenn sie mit einer mangelhaften oder völlig fehlenden sozialen Absicherung gekoppelt ist. Das kann man sich anhand akteur- bzw. spieltheoretischer Überlegungen klar machen. Bei allgemeiner sozialer Absicherung ist es für einen Akteur rational, sich bei Krankheitssymptomen zum Arzt zu begeben. Wird eine Krankheit bestätigt, erfolgt eine Krankschreibung, im Sozialstaat mit Lohnfortzahlung oder anderweitiger Kompensation des Verdienstausfalls. Gibt es eine solche Absicherung nicht, sind die sozialen Begleitphänomene von Krankheit existenzbedrohend. Das Kranksein ist eine Gefahr zusätzlich zur eigentlichen Krankheit. Erste Symptome führen dann eher zu Verdrängungsstrategien, sowohl sich selbst gegenüber[228] als auch gegenüber der sozialen Umwelt – Partner, Familie, Arbeitgeberin. Die betroffene Person will, ja darf nicht krank sein und versucht, ihre Symptome zu vertuschen. Handelt es sich um eine ansteckende Krankheit, gefährdet dieses Verhalten die Allgemeinheit, inklusive der Reichen und Versicherten. Mindestens im Falle von Epidemien liegt es also im Interesse aller, allen Kranken Fürsorge und soziale Absicherung zu bieten. Die Alternative wäre eine strikte und vollständige Überwachung des Gesundheitszustands aller Bürgerinnen und Bürger, was aber kostspieliger sein dürfte als eine allgemeine Basisversorgung, sofern es überhaupt realisierbar ist.

Grundsätzlich ist Freiheit ein schwieriger Begriff und substanziell kaum fassbar. Wenn Freiheit als Wert oder Richtlinie gefordert wird, ist sie in ein soziokulturelles Narrativ eingebunden und meint bestimmte, teils romantisch verklärte Teilaspekte. So gibt es ein Ideal politischer Freiheit als Gegenpol zu einem bevormundenden Staat, das z. B. seit Jahrzehnten zur Abwehr von Reformversuchen des Gesundheitswesens in den USA herangezogen wird, aber in abgemilderter Form auch in Europa zum Grundbestand politischer Konflikte aller Art gehört. Die Frage ist nun, wer als Gegenpol zu diesem Staat gedacht wird. Im Wirtschaftsliberalismus ist das die Privatwirtschaft bzw. der freie Unternehmer, im Gesundheitswesen vor allem die in freier Praxis tätige Ärztin, der Therapeut oder sonstige Dienstleisterinnen. Die Privatwirtschaft ist aber weit gefächert. Soloselbstständige und kleine Betriebe entsprechen noch am ehesten der idealisierten Vorstellung von autark und selbstverantwortlich handelnden Einheiten. Je größer ein Betrieb wird – bis hin zum multinationalen Konzern mit zehntausenden Angestellten – desto stärker nähern sich Struktur, Organisation und Motive an das Politiksystem an (mit dem Unterschied, dass das Politiksystem in demokratischen Staaten durch Wahlen legitimiert ist).[229] Eine Privatwirtschaft – und speziell hier eine privatwirtschaftlich organisierte Medizin, die von großen Konzernen dominiert wird – dürfte in der Konsequenz für Patientinnen und Patienten sowie medizinisches Personal eher noch weniger Freiheit bieten als ein staatliches Gesundheitswesen, das wenigstens politischen Steuerungsversuchen unterzogen werden kann, so zäh sich diese in der Realität dann auch gestalten mögen.

---

228 Was zunächst eine normale Reaktion sein dürfte, außer bei Hypochondrie.

229 Manche Sozialwissenschaftler und Sozialwissenschaftlerinnen sprechen im Zusammenhang des wachsenden Einflusses großer Konzerne, privater Stiftungen und einzelner sehr reicher Akteure von einer Refeudalisierung der Gesellschaft, u. a. Jean Ziegler 2008.

4 Das Gesundheitswesen

Grundbegriffe

Grundmodelle (staatlich, wirtschaftsliberal, korporatistisch), Subsidiarität, Äquivalenzprinzip, Pflicht und Freiwilligkeit, Risiko, Solidarität, Überversorgung, Unterversorgung, Fehlversorgung, Kopfpauschale, Bürgerversicherung, Primär- und Sekundärversorgung, Priorisierung und Rationierung

4.1 Grundtypen von Gesundheitssystemen

4.1.1 Begriffliche Grundlagen

Normalerweise ist das Gesundheitswesen im Staatswesen verankert, oberste Behörde ist dann meist ein Gesundheitsministerium. Die konkrete Umsetzung bzw. der staatliche Anteil an der Organisation können im Detail sehr unterschiedlich ausfallen. Hurrelmann unterscheidet drei Grundtypen: das staatliche Modell, das wirtschaftsliberale Modell und das korporatistische Modell (▶ Tab. 17).[230]

Alle Gesundheitssysteme in funktionierenden Staaten sind Mischformen, die mehr oder weniger stark an eines der Grundmodelle angelehnt sind. So ist es auch in korporatistischen und staatlichen Systemen üblich, dass private Zuzahlungen geleistet werden müssen; das können kleine Festbeträge wie Rezeptgebühren sein, aber auch prozentuale Anteile an größeren Beträgen oder ganze Leistungssegmente (z. B. Zahnbehandlungen in der Schweiz). Zuzahlungen oder Eigenleistungen dienen der Querfinanzierung oder als Hemmschwelle gegen eine übermäßige Inanspruchnahme von Leistungen. Im Gegenzug gibt es auch in wirtschaftsliberal ausgerichteten Systemen Mechanismen und Parallelstrukturen zur Vermeidung sozialer Härten oder Ungerechtigkeiten.

---

230 Nach Hurrelmann/Richter 2013: 166 f.

Tab. 17: Grundtypen von Gesundheitssystemen

Modell/ Grundtyp	Prinzipien	Typische Elemente
staatlich	Wohlfahrt (Welfare), Solidarität	• Gesundheitswesen als staatliche Einrichtung • Finanzierung aus Steuermitteln • Zugang zu allen Leistungen für alle Bürgerinnen und Bürger • Personal ist beim Staat angestellt
Wirtschafts-liberal	Äquivalenzprinzip, freier Markt	• freiwillige Versicherung, individuelle Verträge • Eigenverantwortung • PKV mit Risikoprüfung, Ausschluss von Risikogruppen, Leistungsumfang Verhandlungssache • maßgeblich ist der wirtschaftliche Code: Zahlung (Profit) oder keine Zahlung • der Markt soll zu ökonomischer und medizinischer Effizienz führen
korporatistisch	Solidarität, Selbstverwaltung, Subsidiarität	• allgemeine Versicherungspflicht • Beitrag nach Leistungsfähigkeit • allgemeines Zugangsrecht, sozialstaatliche Gerechtigkeitsprinzipien • Selbstverwaltung mit gesetzlichem Sicherstellungsauftrag: Delegation der Umsetzung an autonome Leistungserbringer wie Krankenkassen, Ärztekammern, berufsständische Vereinigungen • Organe der Selbstverwaltung, in der Regel mit demokratischer Struktur

Quer zum Systemtypus steht die Ausrichtung eines Gesundheitswesens nach zwei moralischen Formen, dem Solidarprinzip oder dem Äquivalenzprinzip (► Tab. 18). Wie die Grundtypen kommen auch die moralischen Formen in der Praxis nicht in Reinform vor, sowohl Solidarität als auch Äquivalenz haben ihre Grenzen. Außerdem lassen diese beiden Begriffe Interpretationsspielräume dafür, was genau damit gemeint ist.

Tab. 18: Solidarprinzip – Äquivalenzprinzip

Solidarprinzip	Hilfe und Leistungen werden nach Bedürftigkeit vergeben. Alle kommen gemeinsam dafür auf (Solidargemeinschaft).
Äquivalenzprinzip	Hilfe und Leistungen werden als Gegenleistung für individuelle Beiträge gewährt. Jeder und jede bekommt, was ihm bzw. ihr danach zusteht.

Staatliche und korporatistische Gesundheitssysteme können nach beiden moralischen Formen ausgerichtet sein, Hauptcharakteristikum ist die Form der staatlichen Steuerung. In staatlichen Systemen erfolgt diese Steuerung direkt, in korporatistischen wird sie an autonom agierende Auftragnehmer oder Trägergesellschaften delegiert, die privatwirtschaftlich oder gemeinnützig ausgerichtet sein können (Selbstverwaltung). Die Autonomie wird durch staatliche Vorgaben gestaltet (begrenzt, gesteuert). Das wirtschaftsliberale Modell folgt dem Äquivalenzprinzip. Die Beziehung zwischen Leistungserbringern und Leistungsnehmern unterliegt im Grundsatz den Gesetzen des Marktes und der Annahme[231], dass Marktmechanismen am Ende zu optimalen Ergebnissen für alle Beteiligten führen. Vor allem sollen Marktmechanismen für Effizienz sorgen und einer Verschwendung von Ressourcen vorbeugen. Es ist schwierig zu bewerten, ob diese Erwartungen eingelöst werden können, weil es unter den real existierenden Gesundheitssystemen keine Reinformen gibt. Wenn erhoffte Effekte sich nicht einstellen, kann das letztlich immer auf Verunreinigungen des eigenen propagierten Prinzips durch Elemente des anderen Prinzips zurückgeführt werden. Größte Vorsicht ist angebracht, wenn man für Analysen die Selbstbeschreibungen der Akteure heranzieht. Im Wirtschaftssystem ist Kommunikation letztlich Marketing im Dienst des Zahlungscodes (Profit oder nicht), im Politiksystem politische Kommunikation im Dienst des Machtcodes (die nächsten Wahlen gewinnen oder nicht; oder auch: Funktionärin werden oder nicht) und Begriffe und Konzepte werden entsprechend vereinnahmt. Eine Regierung wird auch dann von Gerechtigkeit reden, wenn sie Interessengruppen bedient; privatwirtschaftliche Versicherungen bezeichnen ihren überwiegend selbst ausgewählten Kundenkreis üblicherweise auch als »Solidargemeinschaft«. Bei den folgenden Ausführungen soll vom Solidarprinzip nur dann die Rede sein, wenn dieses innerhalb eines Staates in breitem Umfang gilt, wenn also die leistungsfähigen, gesunden, wohlhabenden, gutsituierten Mitglieder eines Gemeinwesens für die Kranken und Benachteiligten einstehen, zumindest grundsätzlich und überwiegend.[232]

Die Goldsteens[233] unterscheiden sechs Arten der Finanzierung von Gesundheitsdienstleistungen (▶ Tab. 19): Kostenerstattung (Cost/Cost-Plus), Arbeitszeit mit Verbrauchsmaterial (Time and Materials), Bezahlung der Leistung (Fee-for-Service), Festpreis bzw. Pauschalpreis (Fixed Price), Kopfpauschale (Capitation), Erstattung des Wertes (Value).[234]

Kostenerstattung, Bezahlung der Leistung und Festpreis sind in der Praxis schwer voneinander abzugrenzen, und wiederum gibt es Mischformen. Bestimmendes Moment ist die Differenziertheit der Leistungsaufteilung; die Abrechnung und Bezahlung reichen von der kleinteiligen Kostenerstattung bis zum Festpreis oder einer allgemeinen Pauschale. Alle diese Typen können sowohl im

231 Hier wäre auch die Bezeichnung *Paradigma* angemessen.

232 Es gibt in allen Schichten Personen oder Gruppen, die sich gesellschaftlichen bzw. allgemeinen Verpflichtungen entziehen; eine Variante ist die Bildung exklusiver Zirkel, die als Sub-Solidargemeinschaften definiert werden. Die Clan- oder Clubmitglieder sind dann untereinander solidarisch.

233 Für die »Jonas' Introduction to the U. S. Health Care System« zeichnen sich drei Personen gleichen Nachnamens verantwortlich; die genauen Verwandtschaftsverhältnisse konnten bisher nicht eruiert werden. Bei den folgenden Literaturverweisen wird aus Platzgründen schlicht »Goldsteen« angegeben.

234 Goldsteen 2020: 189–192.

Tab. 19: Finanzierung von Behandlungskosten

Kostenerstattung	Die tatsächlich entstandenen Kosten des Leistungserbringers werden nachträglich erstattet.
Arbeitszeit und Verbrauchmaterial	Bezahlung der Arbeitszeit nach Stunden oder Tagen, in der die laufenden Kosten und typischen Material eingerechnet sind (auch: Kosten eines Klinikaufenthalts mit Tagessätzen nach Liegedauer).
Bezahlung der Leistung	Die erbrachte Leistung wird bezahlt (klassisches Sachleistungsprinzip).
Festpreis, Pauschale	Der Gesamtpreis einer kompletten Leistung wird vorab festgelegt (Grundlage der DRG).
Kopfpauschale	Für jede leistungsberechtigte Person wird ein fester Betrag pro Zeitabschnitt erstattet.
Werterstattung	Der tatsächliche Wert einer Leistung wird ermittelt und bezahlt.

Rahmen des Solidarprinzips als auch im Rahmen des Äquivalenzprinzips angewendet werden. So erfordert auch eine pauschalisierte Kostenerstattung auf Seiten des Leistungserbringers eine kleinteilige Leistungserfassung, da dieser zumindest intern seine Aufwendungen kalkulieren muss. Bestimme Leistungen bleiben dennoch unkalkulierbar und müssen dann in vorgegebene Schemata (Ausschreibungsanforderungen, typische Angebotsstrukturen,[235] Abrechnungs- und Vergütungssysteme) eingepasst werden, was eine Scheinrationalität hervorruft, die dann dem Gegenstand zugeschrieben wird – Diagnosen mit technischen Geräten seien gut abzurechnen, Gespräche aber nicht. Zudem müssen etliche Voraussetzungen wiederum näher bestimmt werden. Beispielsweise wird durch den Posten »Cost-Plus« der Verdienst bzw. Gewinn des Leistungserbringers von tatsächlichen Kosten unterschieden; diese könnten alternativ auch einfach mit eingepreist werden. Völlig kontingent ist schließlich die Vorstellung vom tatsächlichen Wert einer Leistung, da ja schon Art und Umfang der Leistung sich zwischen Akteuren und Beobachtungsperspektive unterscheiden.[236] Ein lebensrettendes Medikament ist jeweils etwas völlig anderes für den Hersteller, die Ärztin, den Kostenträger und die Patientin und die Definition und Aushandlung eines Wertes wird vermutlich auf eine Kostenaufgliederung mittlerer Reichweite hinauslaufen. Letzten Endes sind Kosten und Leistungen willkürlich zu bestimmende oder vereinbarende Rechengrößen; die Diskussion über das Zustandekommen von Werten und Preisen ist ein eigenes Fachgebiet der Ökonomie und Wirtschaftssoziologie und kann darüber hinaus auch als moralische Frage behandelt werden.

235 Die Angebote und Abrechnungsarten der Konkurrenz bzw. Mitanbieter.
236 Für eine Einführung siehe Mazzucato 2019.

Fehlversorgung

Nichtmedizinische Anreize bzw. Einflüsse im Gesundheitswesen können zu einer Fehlversorgung führen. Das bedeutet, dass Patientinnen und Patienten gar nicht oder zu wenig versorgt werden. Oder dass sie unangemessene bzw. ungeeignete Leistungen erhalten. Auch eine Überversorgung ist eine Form der Fehlversorgung – zu teure, unnötige, überflüssige und manchmal sogar schädliche Behandlungen, die durchgeführt werden, weil es einen (meist ökonomischen) Anreiz dazu gibt.[237]

Die Diskussion um die Vor- und Nachteile der jeweiligen Finanzierungsform erfolgt typischerweise im Rahmen der Akteurtheorie. Ärzte und andere Leistungserbringer sowie Patientinnen und deren Angehörige werden als ökonomisch rational kalkulierende Einzelpersonen betrachtet und ihre jeweiligen Motivstrukturen ausgeleuchtet. Überpersonale Gebilde sind bei solchen Überlegungen meist Kostenträger (Versicherungen, staatliche Einrichtungen) und die involvierten Segmente des politischen Systems (bei Einzelpolitikerinnen und -politiker muss auch deren Mitarbeiterstab mitgedacht werden). Das Modell rationaler Akteure ist grundsätzlich brauchbar, aber es ist Aufgabe der soziologischen Analyse, den Blick zu weiten für Aspekte, die über die Kosten-Nutzen-Rechnungen vieler individueller Mikroökonomen hinausgehen. Vor allem kommen gängige Marktmodelle an ihre Grenzen, wenn man sich die unmittelbare existenzielle Gefährdung mancher Patienten und Patientinnen vor Augen führt. Rationale Kalkulationen des homo oeconomicus werden durch die Angst vor Krankheit, Behinderung oder Tod immens verzerrt; nicht umsonst sind Ängste ein gängiges Ziel von Marketingkommunikation.

4.1.2 Staatliches Modell

In staatlichen Gesundheitssystemen kontrolliert der Staat bzw. dessen Regierung die Versorgungssysteme. Die Leistungserbringer (Ärztinnen und Ärzte, Klinikpersonal, Pflege- und Medizinfachkräfte) sind Beschäftigte des Staates und es gibt prinzipiell einen freien Zugang aller Bürger und Bürgerinnen zu den Leistungen des Gesundheitswesens. Die Finanzierung erfolgt vollständig oder weitgehend durch Steuergelder. Grundgedanke ist das Fürsorgeprinzip, wonach der Staat die Gesundheitsversorgung seiner Bürger und Bürgerinnen sicherstellt (Wohlfahrt, engl. *Welfare;* eine Variante des Solidarprinzips).

237 Vgl. die US-amerikanische Initiative Choosing Wisely gegen Überversorgung: https://www.choosingwisely.org/

Staatliche Systeme werden von Kritikerinnen und Kritikern oft in die Nähe sozialistischer Planwirtschaft gerückt. Dazu gehört der Vorwurf einer Mangelversorgung mit einer schlechten, veralteten Infrastruktur und langen Wartezeiten. In manchen Staaten gibt es Tendenzen zu einer Zweiklassenmedizin, wenn das staatliche Gesundheitssystem aus Kostengründen Leistungen rationiert und parallel ein leistungsfähiges privates System existiert, das reichen Bürgern und Bürgerinnen die Möglichkeit gibt, für sich durch Eigenzahlung oder private Zusatzversicherungen eine bessere Versorgung zu sichern. Allerdings müssen bei der Diagnose am konkreten Beispiel interessengeleitete Polemik und tatsächliche Befunde auseinandergehalten werden. So gehen z. B. die Bewertungen des britischen NHS selbst innerhalb Großbritanniens stark auseinander; Kritikerinnen und Kritiker zeichnen ein desolates Bild einer sozialistisch anmutenden Mangelwirtschaft mit erheblichen Leistungsdefiziten, während die Eckdaten der WHO (Lebenserwartung, Kindersterblichkeit) dazu keine entsprechenden Hinweise liefern. Allenfalls sind die Kosten auffällig niedriger als in Mischsystemen vergleichbarer westlicher Staaten wie Deutschland, Frankreich, Österreich oder den USA.

Einzelne Systeme des staatlichen Typs unterscheiden sich im Detail und es ist daher schwierig, bestimmte Probleme der Gesundheitsversorgung am Grundtypus festzumachen. Staatliche Systeme der Gesundheitsfürsorge (mit einem staatlichen Anteil der Finanzierung über 60 %[238]) gibt es z. B. in Großbritannien, Irland, Australien, Neuseeland, Schweden, Norwegen, Dänemark, Finnland, Island und Kanada, aber auch in ärmeren Ländern wie Kuba oder Costa Rica. Sogar einige Segmente des US-Gesundheitswesen sind prinzipiell staatlich: die Versorgung von Militärangehörigen und Veteranen (VA) sowie die Programme Medicare und Medicaid.

4.1.3 Wirtschaftsliberales Modell

Wirtschaftsliberale Modelle beruhen auf dem Äquivalenzprinzip, wonach jede Person individuell Leistungen in Anspruch nehmen kann, als Gegenwert ihrer persönlichen Beiträge. In der einfachsten Variante sind Ärzte, Apothekerinnen und andere Leistungsanbieter freie Unternehmer, die für ihre Leistungen direkt von den Leistungsnehmern bezahlt werden. Die Leistungserbringer sind Dienstleister, Medikamente sind Waren, der Patient ist Kunde, Behandlungen sind Dienstleistungen.

Derartige Systeme gab (und gibt) es vor allem in demokratisch bzw. rechtsstaatlich unterentwickelten Gesellschaften[239] oder aktuell in Ländern, in denen keine

238 Auflistung nach ONS für 2017, unter https://www.ons.gov.uk, vollständige URL im Literaturverzeichnis.

239 Also auch in Europa und Nordamerika bis Anfang des 20. Jahrhundert.

staatliche Ordnung (mehr) existiert oder nicht funktioniert (sofern dort dann überhaupt noch Leistungen angeboten werden).

Moderne Varianten des wirtschaftsliberalen Modells beinhalten ein privates Versicherungswesen, in dem die Nachfrager gesundheitlicher Leistungen individuell mit Versicherungsanbietern Verträge abschließen können. Es gibt keine Versicherungspflicht, man kann auch auf eine Versicherung verzichten. Im Gegenzug können die Versicherungsunternehmen Verträge zu ungünstigen Konditionen (höhere Beiträge oder partieller Leistungsausschluss) anbieten oder ganz verweigern, z. B. gegenüber Menschen mit einem allgemein schlechten Gesundheitszustand, bestehenden Krankheiten oder Behinderungen, aber auch gegenüber gesunden Personen mit erhöhten Krankheitsrisiken (aufgrund spezieller Berufe oder genetischer Belastung). In vielen Ländern mit einem weitgehend wirtschaftsliberalen Modell gibt es zum Ausgleich eine Basisversorgung für Arme oder anderweitig benachteiligte Menschen (z. B. Medicaid und Medicare in den USA) und Hilfsangebote privater Wohltätigkeitsorganisationen. Außerdem kann die Gesellschaft bzw. der Staat eingreifen, wenn bestimmte Berufsgruppen durch Versicherungsausschluss in ihrer Existenz gefährdet sind.[240]

Nach der Systemtheorie (▶ Kap. 2.4) ist ein marktwirtschaftlich organisiertes Gesundheitswesen Teil des Wirtschaftssystems. Folglich ist das vorrangige Ziel der Akteure (vor allem: der Leistungsanbieter und der Versicherungen) die Erwirtschaftung von Profit – und nicht eine qualitativ hochwertige Gesundheitsversorgung für die Personen, die diese benötigen. Beide Ziele können miteinander harmonieren – was dem Unternehmen nützt, nützt auch dem Kranken; im Gegenzug wird es mittelfristig auch dem Unternehmen schaden, wenn seine Aktivitäten nicht zur Beseitigung von Krankheit beitragen. Allgemein geht der Wirtschaftsliberalismus davon aus, dass die Kräfte des Marktes (und nur diese) schließlich zum optimalen Ergebnis für die Allgemeinheit führen, wenn man dem Spiel dieser Kräfte freien Lauf lässt. Aus Sicht der soziologischen Systemtheorie[241] ist dies ein Irrtum, da das Wirtschaftssystem ausschließlich seiner eigenen Logik, seinem eigenen binären Code folgen kann: Zahlung (Profit) oder eben kein Profit. Im Zweifelsfall setzt sich daher das Profitinteresse durch. Das Patientenwohl nützt dem Unternehmen nichts, wenn es zugrunde geht, weil es z. B. die Gewinnerwartungen der Investorinnen nicht erfüllt oder Marktanteile verliert. Es ist nur soweit von Interesse, wie es die ökonomischen Ziele stützt – Umsatzwachstum, Kostenminimierung, Preismaximierung. Nach ökonomischer Logik ist eine teure und komplizierte Behandlungsmethode attraktiver als eine billige und (rein medizinisch) effektivere Methode. Hat ein Unternehmen auf beide Methoden ein Patent, so wird es die billige zurückhalten, um mehr Profit erwirtschaften zu können. Aus Sicht des Medizinsystems und der Patienten und Patientinnen wäre die billigere Methode zweifelsfrei die

240 In Deutschland gibt es z. B. die Künstlersozialkasse; Musiker oder andere Künstlerinnen würden auf einem freien Markt keine brauchbare Versicherung erhalten, weil ihr Risiko einer Krankheit oder Berufsunfähigkeit zu groß ist. Eine Alternative sind berufsständisch getragene solidarische Versicherungen.

241 Und auch aus der Sicht anderer Theorien, z. B. des Marxismus.

bessere.[242] Die Codes der anderen gesellschaftlichen Systeme (Wissenschaftssystem: wahr/falsch; politisches System: Macht/keine Macht; Gesundheitssystem: krank/gesund) kann das Wirtschaftssystem nur indirekt wahrnehmen bzw. berücksichtigen, wenn diese auf den Profit wirken: Bei einem schädlichen oder schlechten Medikament besteht ein größeres Risiko, dass es ein Misserfolg wird. Wird die Schädlichkeit oder Nutzlosigkeit bekannt, so droht ein teurer Imageverlust mit etwaigen rechtlichen Folgekosten. Oder die Gefahr steigt, dass ein Wettbewerber erfolgreich ein besseres und/oder günstigeres Produkt auf den Markt bringt. Befürworterinnen und Befürworter des Wirtschaftsliberalismus sind der Ansicht, dass wiederum die Mechanismen des Marktes ausreichen, um Fehlentwicklungen zu verhindern, was letztlich auch zu einer optimalen Versorgung nach medizinischen Kriterien führt. Das höhere individuelle Risiko wird positiv gedeutet als Selbstverantwortung und Freiheit, sowie als Anreiz zu Eigeninitiative bei der persönlichen Gesundheitsvorsorge.

Gemäß den Gesetzen von Angebot und Nachfrage werden auch ineffiziente, medizinisch fragwürdige oder nutzlose Leistungen gehandelt, wenn diese einer zahlungskräftigen Kundschaft verkauft werden können. Dies erklärt z. B. die Konzentration großer Pharmakonzerne auf Medikamente zur Dauerbehandlung chronischer Zivilisationskrankheiten einer wohlhabenden Klientel – Blutdrucksenker, Statine oder bestimmte Krebsmedikamente; wenig attraktiv sind Mittel zur Behandlung von Krankheiten, die überwiegend arme Bevölkerungsgruppen betreffen, z. B. Malaria. Die USA mit ihrem vordergründig wirtschaftsliberal ausgerichteten System haben weltweit die höchsten Gesundheitsausgaben pro Kopf der Bevölkerung (▶ Tab. 29), aber insgesamt keine bessere Gesundheitsstruktur als andere Länder mit erheblich niedrigeren Ausgaben. Wie weit das dem Gesundheitswesen bzw. dem Wirtschaftsliberalismus angelastet werden kann, ist unklar[243]. Die wirtschaftsliberal orientierte Kritik macht für Missstände die wohlfahrtsstaatlichen Elemente verantwortlich, die Befürworterinnen und Befürworter des Wohlfahrtsstaates sehen die Marktmechanismen als Ursache. Trotz der hohen Ausgaben hat in den USA knapp 9 % der Bevölkerung überhaupt keine Krankenversicherung[244] und muss im Ernstfall Schulden machen, mit der Versorgung durch Notaufnahmen vorliebnehmen oder auf Wohltätigkeit hoffen (Spenden, Hilfsangebote durch private Organisationen).

4.1.4 Korporatistisches Modell

In korporatistischen Modellen gibt es wie im staatlichen Modell einen allgemeinen Anspruch auf Behandlung und Zugang zum Gesundheitswesen. Das Gesundheitswesen ist aber keine staatliche Einrichtung, sondern wird teilwei-

---

242 Über die Sicht der Gesamtgesellschaft kann man streiten. Wirtschaftsliberale könnten argumentieren, dass die teure Variante das Wirtschaftswachstum anregt.

243 Vgl. z. B. Munnell/Hatch/Lee 2004. Klare Systemkritik äußert hingegen Goldsteen 2020: 215 ff.

244 28,2 Mio. Personen im Jahr 2016 (8,8 % der Bevölkerung), Goldsteen 2020: 350.

se oder vollständig von mehr oder weniger eigenständigen Einheiten bzw. Organisationen getragen. Der Staat schafft die gesetzlichen Rahmenbedingungen und stellt die Finanzierung sicher, die genaue Ausgestaltung obliegt dann den beauftragten Organisationen und Akteuren (Selbstverwaltungsprinzip) – das sind freiberuflich tätige Ärztinnen, Praxisgemeinschaften, Versicherungen, Krankenhäuser, Rehaeinrichtungen, Hersteller von Medikamenten oder Medizingeräten, verschiedene Dienstleister usw.

In Mischtypen gibt es staatliche und nichtstaatliche Träger nebeneinander oder die staatlich getragenen Einrichtungen sind autonom und können in bestimmten Grenzen wie freie Träger agieren. Mischtypen sind die Regel, man könnte hier also präziser von Mischtypen korporatistischer Prägung sprechen. Korporatistische Systeme gibt es u. a. in Frankreich, Japan, den Benelux-Staaten und den deutschsprachigen Staaten. Die Systeme Deutschlands und Österreichs ähneln sich, die Schweiz beschreitet mit der Finanzierung durch Kopfpauschalen einen Sonderweg.

4.2 Berufe im Gesundheitswesen

4.2.1 Übersicht

Simon bezeichnet die Ärzteschaft als »Leitprofession«,[245] sie ist quasi die prototypische Berufsgruppe des Medizinsystems. Ärzte und Ärztinnen stellen aber nur ca. 8 % der Arbeitenden[246] im Gesundheitswesen (Deutschland[247]). Die größte Berufsgruppe sind die Pflegekräfte. Nimmt man die Hauptkategorien der Kranken- und Altenpflege zusammen, kommt man auf einen Anteil von knapp 31 % aller Arbeitenden (2018). Die Berufe im Gesundheitswesen ähneln sich in den Gesundheitssystemen westlicher Prägung. In Tabelle 20 sind exemplarisch die Zahlen der Gesundheitspersonalrechnung für Deutschland wiedergegeben, die gleichzeitig einen Überblick über die wichtigsten Berufsgruppen im Gesundheitswesen bietet. Die Verteilung ist in Österreich und der Schweiz ähnlich, es gibt aber Abweichungen bei den Bezeichnungen einzelner Berufsgruppen und Berufe (▶ Tab. 20).

245 Simon 2017: 85.

246 Die übliche offizielle Bezeichnung lautet *Beschäftigte*, aber der Verfasser bevorzugt den Begriff *Arbeit*. *Beschäftigung* hat einen abwertenden Beigeschmack: Menschen mit etwas beschäftigen, damit sie aufgehoben sind und nicht aus Langeweile Unfug anstellen, z. B. kleine Kinder, ohne dass das, was sie tun oder produzieren, einen eigenen (intrinsischen) Wert hätte. Ein alternativer Begriff ist *Tätige* bzw. *Erwerbstätige*. Dieses Thema wird u. a. in der Arbeits- und Industriesoziologie behandelt.

247 In Österreich dürfte der Anteil aufgrund der höheren Ärztedichte etwas höher sein.

Tab. 20: Berufe im Gesundheitswesen (Übersicht)

Gesundheitspersonal in Deutschland	**2013**		**2018**	
	Anzahl in 1.000	**Anteil %**	**Anzahl in 1.000**	**Anteil %**
Insgesamt	**5.161**	**100,00**	**5.679**	**100,00**
Verkauf (drogerie-/apothekenübliche Waren, Medizinbedarf)	**52**	**1,01**	**52**	**0,92**
Verwaltung	**80**	**1,55**	**90**	**1,58**
Medien-, Dokumentations- und Informationsdienste	**5**	**0,10**	**7**	**0,12**
Arzt- und Praxishilfe	**628**	**12,17**	**679**	**11,96**
Medizinische Fachangestellte (oS)	414	8,02	436	7,68
Zahnmedizinische Fachangestellte	187	3,62	206	3,63
Podologen/Podologinnen	15	0,29	20	0,35
Orthoptisten/Orthoptistinnen	2	0,04	2	0,04
Medizinische Fachangestellte (ssT)	11	0,21	14	0,25
Medizinisches Laboratorium	**100**	**1,94**	**103**	**1,81**
Ges./Krankenpflege, Rettungsdienst, Geburtshilfe	**1.004**	**19,45**	**1.103**	**19,42**
Berufe in der Gesundheits- und Krankenpflege (oS)	803	15,56	873	15,37
Berufe in der Fachkrankenpflege	77	1,49	78	1,37
Berufe in der Fachkinderkrankenpflege	6	0,12	6	0,11
Berufe operations-/med.-techn. Assistenz	7	0,14	13	0,23
Berufe im Rettungsdienst	54	1,05	75	1,32
Berufe in der Geburtshilfe und Entbindungspflege	23	0,45	25	0,44
Berufe in der Gesundheits- und Krankenpflege (ssT)	7	0,14	6	0,11
Aufsicht, Führung (Krankenpfl./Rettungsd./Geb.hilfe)	29	0,56	28	0,49
Human- und Zahnmedizin	**427**	**8,27**	**465**	**8,19**
Zahnärztinnen, Kieferorthopäden	72	1,40	74	1,30
Humanmedizinerinnen und -mediziner	356	6,90	391	6,89
Psychologie und nichtärztliche Psychotherapie	**38**	**0,74**	**47**	**0,83**

Tab. 20: Berufe im Gesundheitswesen (Übersicht) – Fortsetzung

Gesundheitspersonal in Deutschland	2013		2018	
	Anzahl in 1.000	Anteil %	Anzahl in 1.000	Anteil %
Nichtärztliche Therapie und Heilkunde	**372**	**7,21**	**406**	**7,15**
Berufe in der Physiotherapie	222	4,30	240	4,23
Berufe in der Ergotherapie	56	1,09	64	1,13
Berufe in der Sprachtherapie	26	0,50	30	0,53
Berufe in der Musik- und Kunsttherapie	5	0,10	5	0,09
Berufe in der Heilkunde und Homöopathie	43	0,83	45	0,79
Berufe in der Diät- und Ernährungstherapie	9	0,17	8	0,14
Berufe nichtärztliche Therapie, Heilkunde (ssT)	10	0,19	12	0,21
Führung – nichtärztliche Therapie, Heilkunde	2	0,04	3	0,05
Pharmazie	**157**	**3,04**	**171**	**3,01**
Berufe in der pharmazeutisch-techn. Assistenz	74	1,43	80	1,41
Berufe in der Pharmazie (ssT)	20	0,39	24	0,42
Apothekerinnen, Pharmazeuten – Experte	63	1,22	68	1,20
Altenpflege	**522**	**10,11**	**645**	**11,36**
Berufe in der Altenpflege (oS)	513	9,94	637	11,22
Berufe in der Altenpflege (ssT)	8	0,16	7	0,12
Führungskräfte – Altenpflege	1	0,02	1	0,02
Ernährungs- und Gesundheitsberatung, Wellness	16	0,31	18	0,32
Medizin-, Orthopädie- und Rehatechnik	149	2,89	156	2,75
Erziehung, Sozialarbeit, Heilerziehungspflege	49	0,95	56	0,99
Andere Berufe	1.561	30,25	1.679	29,57

Gesundheitspersonalrechnung des Statistischen Bundesamtes
Quelle: www.gbe-bund.de/gbe10/t?t=90033D (Stand August 2020)
oS = ohne Spezialisierung
ssT = sonstige spezifische Tätigkeitsangabe

Die Tabelle zeigt die enorme Vielfalt der Berufe, die in der Primärquelle noch weiter ausdifferenziert werden kann.[248] Die Gesamtzahl ist von 2013 bis 2018 um 10 % gestiegen, von 5.161.000 auf 5.679.000 Personen. Umgerechnet auf Vollzeitäquivalente bleibt ein Zuwachs um 9 % von 3.763.000 auf 4.100.000 Vollzeitstellen; der Zuwachs beruht also nicht auf einem größeren Anteil von Teilzeitstellen. Im Schnitt sind in Deutschland ca. 44,5 Mio. Personen erwerbstätig, das Gesundheitswesen stellt somit einen Anteil von mehr als 12 % an allen Erwerbstätigen.[249] Ca. 75 % der Arbeitenden im Gesundheitswesen sind Frauen. Männer sind nur in der Ärzteschaft in der Mehrheit, aber es zeichnet sich eine Trendwende ab, da schon seit den 2000er Jahren mehr Frauen als Männer Medizin studieren. Mittelfristig werden Ärztinnen einen Anteil zwischen 50 % und 55 % stellen.

Zwischen den Berufsgruppen gibt es große Einkommensunterschiede. Die niedrigsten Einkommen haben Hilfskräfte in Pflege und Verwaltung mit ca. 1.500 bis 3.000 € brutto im Monat für eine Vollzeitstelle, je nach Arbeitgeber. Bei Gesundheitsfachberufen ist die Einkommensspanne viel größer, weil das Gehalt zusätzlich von der Berufsposition (es gibt leitende Positionen) und vom Alter abhängig ist. Es reicht in der Regel von 2.000 bis 4.000 €, kann aber auch auf über 5.000 € steigen.[250] Bei Selbstständigen liegen die Einnahmen oft höher, werden dann aber durch höhere Kosten wieder relativiert. Ein Beispiel ist die extrem kostspielige Berufshaftpflichtversicherung für Hebammen in Deutschland. Im Vergleich von Einkommensangaben zwischen Deutschland, Österreich und der Schweiz entsteht auf den ersten Blick der Eindruck, dass in der Schweiz am meisten bezahlt wird, in Österreich dagegen am wenigsten. Berücksichtigt man unterschiedliche Lebenshaltungskosten, das allgemeine Preisniveau und Sozialabgaben, gleichen sich die Unterschiede im Wesentlichen aus. Eine detaillierte Darstellung würde hier allerdings jeden Rahmen sprengen.

Am meisten verdient die Ärzteschaft. Das Einstiegsgehalt für Assistenzärztinnen und -ärzte liegt bei 4.500 € brutto, Fach- und Oberärzte verdienen von ca. 6.000 bis 8.000 €. Die Einkommen von Ärzten in leitenden Positionen (Chefärzte und ärztliche Direktoren, in D noch zu 85 % Männer) lassen sich nur schätzen, weil sie überwiegend individuell ausgehandelt werden.[251] Außerdem gibt es weitere zusätzliche Einnahmemöglichkeiten, z. B. durch privatärztliche Tätigkeiten,[252] Provisionen und Honorare für Vorträge oder Publikationen. Eine Studie der Unternehmensberatung Kienbaum[253] schätzte 2017 für Deutschland ein Grundgehalt von durchschnittlich 288.000 € brutto pro Jahr, mit einer erhebli-

248 Leider aber nicht für die Restkategorie »Andere Berufe«.

249 Für eine genaue Berechnung müsste der Anteil von Teilzeitstellen und geringfügigen Beschäftigten im Gesundheitswesen mit der Gesamtverteilung abgeglichen werden. Hier ist die Annahme, dass sich die beiden Verteilungen ähneln.

250 Einen groben Eindruck liefern Gehaltsvergleichsrechner, z. B. https://www.praktischarzt.de/medizinische-berufe, zuverlässiger sind die Angaben von Berufsverbänden und Gewerkschaften.

251 Bei privaten Kliniktträgern z. T. auch für Oberärzte.

252 Manchmal auch als *privatärztliche Liquidationen* bezeichnet.

253 Löbach 2017.

chen Spannweite von 80.000 € bis über 750.000 €.[254] Niedergelassene Ärzte und Ärztinnen weisen ebenfalls je nach Fachrichtung erhebliche Einkommensunterschiede auf, auch hier gibt es nur Schätzungen, die je nach Quelle stark schwanken. Kostenträger schätzen eher mehr, Interessenvertreter der Ärztinnen und Ärzte eher weniger. Das statistische Bundesamt berichtet nur Reinerträge, das ist die Differenz von Einnahmen und Ausgaben und entspricht ungefähr dem Bruttoeinkommen von Angestellten. Davon müssen noch Einkommensteuer und Versicherungsbeiträge bezahlt werden, je nach Lebenssituation dürfte es sehr große Unterschiede geben. Schätzt man dafür 50 %, kommt ein niedergelassener Allgemeinmediziner im Schnitt auf 14.000 € Reinertrag und verdient damit ca. 7.000 € Netto. Bei Fachärztinnen fällt das Einkommen je nach Fach höher aus (Zahnmedizin, Augenheilkunde oder Radiologie, bei einzelnen Fachrichtungen auch niedriger, z. B. Psychotherapie, Psychiatrie, Gynäkologie). Wie oben ausgeführt, sind die Beträge in Österreich insgesamt geringer und in der Schweiz höher.[255] Berücksichtigt man aber Lebenshaltungskosten und die jeweiligen Steuern und Abgaben, kommt man zu ähnlichen Einkommensniveaus. Verglichen mit hochqualifizierten Tätigkeiten in Industrie und Finanzwirtschaft sind die Einkommen der Ärzteschaft moderat, im oberen Bereich sogar vergleichsweise gering. Verglichen mit dem Einkommensniveau der Gesamtbevölkerung (bzw. dem Einkommensniveau der anderen Berufe im Gesundheitsweisen) gehören Ärzte und Ärztinnen zu den Besserverdienenden – nicht übermäßig reich, aber wohlhabend.

4.2.2 Pflegekräfte

Pflegekräfte sind mit einem Anteil von 31 % (Deutschland) die größte Gruppe im Gesundheitswesen. Der Frauenanteil ist im Pflegebereich überproportional hoch, für die Krankenpflege beträgt er für die absoluten Stellen 80 % (VZÄ[256]: 78 %), für die Altenpflege 84 % (VZÄ: 83 %). Für das gesamte Gesundheitspersonal sind es 75 % (VZÄ: 72 %), allein die Ärzteschaft hat einen höheren Männeranteil (Frauen 47 %, in VZÄ: 44 %).

Das Pflegepersonal hat insgesamt eine ähnlich hohe Arbeitsdichte wie die Ärzteschaft und ist zusätzlich häufiger körperliche belastet und hat ein niedrigeres Einkommen. Entsprechend unattraktiv sind die Berufe, vor allem in der Altenpflege, und es wird seit Jahren vor einem Pflegenotstand gewarnt. Die Situation ist in Deutschland, Österreich und der Schweiz ähnlich. In den angelsächsischen Ländern haben Pflegekräfte ein höheres Berufsprestige, die Grundprobleme sind aber dieselben (▶ Kap. 4.2.4). Eine wichtige Entwicklung ist die Akademisierung der Ausbildung durch Bachelor- und Masterstudiengänge. Die Hochschulausbil-

254 Löbach nennt als Einflussfaktoren u. a. die Art und Größe der Einrichtung, die Fachrichtung und die individuelle Reputation.

255 Quellen: Tariftabellen TV-Ärzte TdL; DeStatis: Kostenstruktur bei Arztpraxen 2015; www.praktisch-arzt.de (und *.at); Künzi/Morger 2018.

256 Vollzeitäquivalente.

dung soll das Berufsprestige gegenüber der Ärzteschaft erhöhen; dadurch soll eine Erweiterung von Handlungsmöglichkeiten und Verantwortlichkeiten im medizinischen Bereich erleichtert werden. Außerdem öffnet sie akademische Aufstiegswege bis hin zur Promotion. Eine Akademisierung kann vollständig umgesetzt werden (wie die Ausbildung zur Hebamme) oder als zusätzliche Möglichkeit. In Deutschland kann z. B. bisher eine Krankenpflegeausbildung mit Mittlerer Reife oder einem Hauptschulabschluss plus Ausbildung zur Pflegehilfskraft angetreten werden.

In der soziologischen Systemtheorie wird seit einigen Jahren diskutiert, ob die Pflege ein eigenes Subsystem neben dem Medizinsystem bildet. Pflegekräfte haben andere Aufgaben als Ärztinnen und Ärzte, aber ihre Tätigkeiten sind eng miteinander verwoben, was erst einmal gegen ein eigenes System spricht.[257] Darüber hinaus macht die Pflege aber dort weiter, wo keine Aussicht auf Heilung mehr besteht. Sie soll dann die soziale Identität der Patientinnen und Patienten gegenüber ihren Angehörigen aufrechterhalten. Die Pflege …

> »stellt sicher, dass der gepflegte Körper seine Rollenförmigkeit trotz offensichtlicher physiologischer und psychischer Zerfallsprozesse behält. Sie sorgt dafür, dass etablierte soziale Adressen (z. B. Mütter, Väter, Freunde) als solche wiedererkannt und kommunikativ adressiert werden können, ohne dabei gleichzeitig die körperlichen und geistigen Defizite aktualisieren zu müssen.«[258]

Der binäre Code wäre dann gepflegt/ungepflegt.[259] Vogd weist aber auch auf Risiken und Nebenwirkungen hin. Das Primat des Gepflegt-Seins droht der Autonomie der so Gepflegten zuwiderzulaufen, indem der Sterbeprozess kaschiert oder gar aufgehalten wird. Ein Extremfall ist die jahrelange Lebenserhaltung von Menschen im Wachkoma, die keine Aussicht auf Erholung mehr haben. Hier unterstützt die Pflege Angehörige, die den bevorstehenden Verlust nicht akzeptieren möchten.[260]

4.2.3 Nichtärztliche Therapie und Heilkunde

Die Kategorie der Nichtärztlichen Therapie und Heilkunde fasst teilweise sehr unterschiedliche Bereiche zusammen. Eine deutsche Besonderheit ist die Integration der Heilpraktikerinnen und Heilpraktiker und der Homöopathie (▸ Tab. 20), die in vielen anderen Ländern nicht Teil des offiziellen Gesundheitswesens sind, weil ihre Grundlagen nicht als wissenschaftlich akzeptiert werden. Aus Sicht der Kritiker und Kritikerinnen dieser Bereiche handelt es sich um esoterische Lehren, die mindestens Unsinn, wenn nicht sogar schädlich sind, und es gibt auch in Deutschland immer wieder Forderungen, sie aus dem Leistungskatalog der GKV gänzlich zu entfernen.[261] Die Krankenkassen unterstützen diese Forderungen nicht, weil viele der Arzneimittel und Verfahren kostengünstig sind, schwer be-

257 Vgl. Vogd 2011: 76–80.
258 Ebd.: 78.
259 Ebd., unter Berufung auf Johann Behrens.
260 Vgl. De Ridder 2010: 152; Thöns 2016.
261 Z. B. das »Münsteraner Memorandum«, über http://muensteraner-kreis.de/

handelbare Leiden adressieren und alternativmedizinische Behandlungen allgemein von vielen Versicherten nachgefragt werden. Im Wettbewerb der Kassen dienen sie der Profilierung des eigenen Angebots.

Allgemein akzeptiert und angesehen sind dagegen die anderen Berufsgruppen. Eine davon sind die Gesundheitsfachberufe, manchmal auch Medizinalberufe genannt. Vier davon werden als Beispiele herausgegriffen und in Tabelle 21 näher beschrieben (▶ Tab. 21): Hebamme, Physiotherapie, Ergotherapie und Logopädie (in ▶ Tab. 20 unter Sprachtherapien). Die Behandlung durch Gesundheitsfachberufe muss ärztlich verordnet werden, Diagnose und Therapieplan werden aber von den Therapeutinnen und Therapeuten eigenständig erstellt.

Tab. 21: Ausgewählte Gesundheitsfachberufe

Beruf	Berufsbild
Physiotherapie	Behandlung des Bewegungsapparats bei Funktionsstörungen und Schmerzen (chronisch und akut), die Patientinnen und Patienten sollen sich möglichst beschwerdefrei bewegen können. Typische Methoden: Bewegungs- und Krafttraining, Massagen, Heilmittel (z. B. Fango). Ausbildung an Berufsfachschulen oder Fachhochschulen (BA-Studium, auch berufsbegleitend; in D regulär nur als Aufbaustudium, es gibt Modellstudiengänge für ein vollwertiges BA-Studium).
Ergotherapie	Wiederherstellung oder Erhaltung der Handlungsfähigkeit im Alltag, oft zur Rehabilitation nach Unfall oder Krankheit, bei chronischen Krankheiten oder Behinderung. Typische Methoden: Bewegungsübungen, manuelle Therapie, technische Hilfsmittel (z. B. Elektrostimulation von Muskeln), handwerklich/kunsthandwerkliche Tätigkeiten. Ausbildung an Berufsfachschulen oder Fachhochschulen (BA-Studium, auch berufsbegleitend).
Logopädie	Behandlung (auch Prävention) von Sprach- bzw. Sprech- und Stimmproblemen sowie Schluckstörungen; u. a. bei Entwicklungsstörungen im Kindesalter, Fehlbelastungen, Rehabilitation nach Unfall oder Krankheit. Typische Methoden: Sprech- oder Schluckübungen, Gespräche, Anleitung. Ausbildung an Berufsfachschulen oder Fachhochschulen (BA-Studium, auch berufsbegleitend).
Hebamme (männlich: Entbindungspfleger)	Hebammen haben eine lange Tradition. Sie begleiten Frauen von der Schwangerschaft bis zur Stillzeit, ambulant und in Kliniken. Bei klinischen Geburten muss eine Hebamme oder ein Entbindungspfleger dabei sein. Eine Besonderheit sind Risiken im Umfeld der Geburt, für die Hebammen in Regress genommen werden können. In Deutschland sind politische Maßnahmen zum Auffangen der hohen Kosten der obligatorischen Berufshaftpflichtversicherung in Arbeit. Die Ausbildung erfolgte früher an Fachschulen, in CH und A mittlerweile über FH-Studiengänge (BA), in Deutschland voraussichtlich ab 2021 (vollständige Akademisierung).

Quellen: Oggier 2015: 63; deutsche Berufsverbände (www.bed-ev.de; www.dbl-ev.de; www.physio-deutschland.de; www.hebammenverband.de; www.hebammen.at)

4.2.4 Abgrenzungen oder integrierte Versorgung

Die konservative Tradition pflegt eine klare Trennung zwischen Berufsgruppen, vor allem zwischen Arzt/Ärztin und Nichtarzt/Nichtärztin. So dürfen in Deutschland Pflegekräfte Blut abnehmen,[262] subkutane Injektionen vornehmen oder Infusionslösungen einhängen. Ärztinnen und Ärzten vorbehalten sind dagegen intravenöse Spritzen, das Legen von Ports oder der Blutgruppentest vor dem Verabreichen einer Blutkonserve. Für solche Unterscheidungen gibt es sachliche bzw. fachliche Gründe (Komplexität, Schwierigkeitsgrad, Gefährlichkeit, Kontrollanforderungen), aber auch soziokulturelle bzw. machtpolitische (auf der ›Hinterbühne‹ – Tätigkeiten und Privilegien als Statussymbole und zur Machtsicherung). Änderungsvorschläge werden üblicherweise von Standesvertretungen bekämpft, wenn die Interessen des Berufsstandes bedroht scheinen.[263] Für Abgrenzungen finden sich immer Sachgründe, die im Einzelfall durchaus schlüssig sein können. Manchmal werden traditionelle oder evolutionär gewachsene Unterschiede nachträglich mit Sachgründen gestützt; in der frühen Psychologie und der Psychoanalyse ist dieses Verhaltensmuster als *Rationalisierung* bekannt (nicht zu verwechseln mit der ökonomischem Bedeutung des Begriffs).[264] Tatsächlich sind viele Abgrenzungen kontingent, d. h., es gibt Ausnahmen, Abweichungen, Graubereiche – vor Ort, woanders oder zu anderen Zeiten.

Die Gesundheitssysteme der deutschsprachigen Länder gelten als vergleichsweise konservativ, hierarchisch und arztzentriert.[265] Traditionell sind Pflegekräfte eher weiblich und haben einen niedrigen Status und wenig Befugnisse; die Krankenschwester ist eine Ableitung der Ordensschwester aus der klösterlichen Tradition der Krankenpflege. Die emanzipatorischen und wissenschaftlich fundierten Reformen der britischen Krankenschwester und de facto Pflegewissenschaftlerin Florence Nightingale in der zweiten Hälfte des 19. Jahrhundert begründeten das Leitbild der Nurse (weiblich und männlich) mit höheren Kompetenzen und höherem Prestige in Großbritannien, Kanada, den USA und Skandinavien.

Schon vor dem Zeitalter der wissenschaftlichen Medizin gab es nichtärztliche Tätigkeiten und Abgrenzungen davon. Im antiken »Eid des Hippokrates« wird ausdrücklich das Schneiden von Steinen untersagt (neben Abtreibung und Tötung auf Verlangen). Bis ins 18. Jahrhundert wurden viele Operationen und Zahnbehandlungen von Badern oder speziellen Wundärzten durchgeführt, was dem Ärztestand aufgrund des hohen Komplikationsrisikos derartiger Eingriffe vermutlich nicht ungelegen war. Von dieser Situation ausgehend hat gerade die

---

262 In Arztpraxen auch medizinische Fachangestellte.

263 Und zwar grundsätzlich – die Einführung des NHS wurde von den niedergelassenen Ärztinnen und Ärzten erbittert bekämpft, und auch am Scheitern sämtlicher Versuche der Einführung einer NHI in den USA von 1906 bis zum CHP 1993 war die Ärzteschaft maßgeblich beteiligt (vgl. Greer in Sturm 2019, Goldsteen 2020: 212 ff.).

264 Ein Beispiel ist die Beschneidung von Männern. Verliert eine religiöse oder kulturelle Begründung (Gottes Wille) ihre Bindungskraft, kann man die Praxis mit hygienischen Überlegungen rechtfertigen und damit sogar die Tradition fundieren (es hat sich etabliert, weil es hygienisch ist; Gott will es, weil es hygienisch ist).

265 Vgl. Brandenburg 2013: 189–195.

Chirurgie bis zum 20. Jahrhundert eine bemerkenswerte Karriere gemacht. Die alte Trennung von Arzt und Chirurg hat sich in einigen Gesundheitssystemen noch gehalten, so z. B. in den USA, augenfällig an unterschiedlichen Kittelfarben des Personals in Krankenhausserien.

Wichtige Ursachen für neuere Entwicklungen sind ökonomische Erwägungen und die immer weiter voranschreitende Differenzierung und Spezialisierung des Fachwissens. Ärztinnen und Ärzte sind teuer und zunehmend knapp, so dass es nahe liegt, einzelne Tätigkeiten und Funktionen an andere Berufsgruppen auszulagern; solche Bestrebungen werden ausdrücklich von der WHO unterstützt, sie laufen international unter den Begriffen Task-Sharing oder Task-Shifting.[266] So wurde um 2010 in Deutschland das Berufsbild der Arztassistenz mit entsprechenden Bachelorstudiengängen eingeführt. »Dabei geht es um die regelhafte Delegation ärztlicher Tätigkeiten an besonders geschultes nicht-ärztliches Personal, welches eigenständig spezialisierte Assistenzaufgaben im medizinischen und/oder operationstechnischen Bereich unter Aufsicht eines Arztes übernehmen soll.«[267] Darüber hinaus streben verschiedene nichtärztliche Berufsgruppen nach erweiterten Befugnissen, die bisher exklusiv Ärzten vorbehalten sind.

- In Deutschland dürfen psychologische Psychotherapeuten[268] im Gegensatz zu ärztlichen Psychotherapeuten[269] keine Medikamente verschreiben und keine Arbeitsunfähigkeitsbescheinigungen ausstellen. Im Jahr 2017 hat der G-BA u. a. aber die Verordnung von Krankentransporten und die Einweisung in ein Krankenhaus zugelassen.[270]
- Physiotherapeutinnen und Logopäden wünschen schon seit Jahren das Recht auf die eigenständige Diagnose und Verordnung von Behandlungsmaßnahmen. Bisher muss ihr Einsatz vom Arzt verschrieben werden (wenn er über die KV abgerechnet werden soll).

Problematisch ist bei solchen Bestrebungen weniger eine mangelnde fachliche Expertise – wenn es sie gäbe, ließe sie sich beheben. Vielmehr könnte ein weiterer Ansatz für Überversorgung durch übermäßige Leistungsverordnung gesetzt werden. Allerdings besteht dieses Risiko auch auf ärztlicher Seite, wenn Arztpraxen als Unternehmen geführt werden, wie es in nicht-staatlichen Gesundheitssystemen der Regelfall ist. Wer mehr macht, verdient mehr und hat damit einen Anreiz zur Ausdehnung von Indikationen. Je nach den moralischen Ansprüchen der verantwortlichen Akteure (bzw. der psychischen Systeme) erfordert dies unterschiedliche Prozesse der Bewältigung und Selbstrechtfertigung.

266 Vgl. Meyer/Sottas in Oggier 2015: 62–65.
267 DKI 2016: 7.
268 Psychologen (Diplom oder Master) mit psychotherapeutischer Zusatzausbildung.
269 Ärzte und Ärztinnen mit psychotherapeutischer Zusatzausbildung, nicht zu verwechseln mit Psychiaterinnen und Psychiatern (Fachärzte für Psychiatrie und Psychotherapie).
270 Mitteilung der KBV vom 08.06.2017; https://www.kbv.de/html/1150_29258.php

4.3 Das Gesundheitswesen in Deutschland

Das Gesundheitssystem in Deutschland basiert auf dem korporatistischen Modell der Gesundheitsversorgung. Grundsätzlich gilt das Solidarprinzip, die Leistungserbringung ist überwiegend an nichtstaatliche Akteure delegiert.[271] Zudem gilt Subsidiarität – die Individuen sind zunächst auf ihre eigenen Ressourcen und Netzwerke verwiesen.[272] Die einzelnen Organisationen und Interessengruppen des Gesundheitswesens (Ärzteschaft und Heilberufe über berufsständische Vereinigungen wie z. B. Landesärztekammern, Berufsverbände, gesetzliche Krankenversicherungen, Träger medizinischer Einrichtungen) agieren weitgehend selbstständig bzw. in gegenseitiger Abstimmung ohne direkte staatliche Steuerung. Wichtige Gremien sind die Kassenärztlichen Vereinigungen und der Gemeinsame Bundesausschuss[273] (G-BA), der die Leistungen der Gesetzlichen Krankenversicherung (GKV) festlegt. Der Staat setzt die Rahmenbedingungen und nimmt bestimmte Kontrollfunktionen wahr, z. B. durch die Gesundheitsämter. Das Solidarprinzip wird durch einen gesetzlichen Sicherstellungsauftrag durchgesetzt, wonach für alle Bürgerinnen und Bürger grundsätzlich eine Versicherungspflicht besteht und damit allen Bürgern und Bürgerinnen auch eine Absicherung zur Verfügung stehen muss. Eine Besonderheit ist die Parallelstruktur von zwei Versicherungssystemen (▶ Tab. 22).

Tab. 22: GKV und PKV in Deutschland

Gesetzliche Krankenversicherung (GKV)	Private Krankenversicherung (PKV)
88,2 % der Bevölkerung	11,2 % der Bevölkerung
Sachleistungsprinzip	Prinzip der Kostenerstattung
Solidarprinzip (Beitrag bemisst sich am Erwerbseinkommen)	Äquivalenzprinzip (Leistungsumfang nach Vereinbarung)
Leistung nach Bedarf, Finanzierung nach dem Umlageverfahren, Mitversicherung von Familienangehörigen ohne zusätzliche Kosten	Kostenerstattung, Prämie pro versicherter Person, individuelle Risikoabschätzung, seit 2009 muss ein Basistarif ohne Risikoprüfung angeboten werden

Anteile gemäß Mikrozensus 2019; auf 100 % fehlende 0,6 %: sonstiger Anspruch auf Krankenversorgung, ohne Versicherung oder keine Angabe
Quelle: DeStatis 2020 (Fachserie 13, Reihe 1.1, vgl. Simon 2017: 153)

271 Ausnahmen sind u. a. Kliniken in öffentlicher Trägerschaft oder neuerdings kommunale medizinische Versorgungszentren.

272 Man übersehe nicht die alltäglichen Krankenpflegeleistungen von Eltern (vor allem Müttern) gegenüber ihren Kindern.

273 Der GB-A entscheidet über den Leistungsumfang der GKV. Stimmberechtigte Mitglieder sind Vertreter der Kassenärzte, Krankenkassen und der Deutschen Krankenhausgesellschaft (Simon 2017: 74–75).

Über die GKV waren 2019 ca. 88 % der Bevölkerung versichert. Seitens der GKV gibt es keine Risikoprüfungen. Die Beiträge werden paritätisch (zu gleichen Teilen) von den Versicherten und von deren Arbeitgebern bezahlt, derzeit ca. 14 bis 15 %[274] vom Bruttoeinkommen; sie richten sich nach der Einkommenshöhe, sind aber gedeckelt ab einer Beitragsbemessungsgrenze von 4.687,50 € brutto pro Monat[275] (für 2020, die Grenze wird jährlich an die Lohnentwicklung angepasst). Nicht erwerbstätige Familienmitglieder (Ehepartner, Kinder) sind kostenlos mitversichert. Bei Personen ohne ausreichende finanzielle Mittel werden die Beiträge von der Sozialhilfe bzw. der staatlichen Grundsicherung übernommen. Die GKV besteht aus vielen einzelnen Krankenkassen, deren Anzahl aber seit den 1990er Jahren stark abgenommen hat, von 1.223 im Jahr 1992 auf 109 im Jahr 2019. Allein die Zahl der Ortskrankenkassen (AOK) schrumpfte von 271 auf 11 (▶ Tab. 23). Leistungen und Beiträge der verschiedenen Kassen unterscheiden sich nur wenig.

Tab. 23: Entwicklung der GKV in Deutschland

Gesetzliche Krankenkassen in Deutschland	1992	2019
Ortskrankenkassen (AOK)	271	11
Betriebskrankenkassen (BKK)	741	84
Innungskrankenkassen (IKK)	173	6
Sozialversicherung für Landwirtschaft, Forsten und Gartenbau (SVLFG)	21	1
Knappschaft Bahn-See (KBS)	2	1
Ersatzkassen	15	6
Insgesamt	1.223	109

Quelle: BMF 2019, Bericht »Daten des Gesundheitswesens«

Neben der gesetzlichen Krankenversicherung gibt es private Krankenversicherungen (PKV), über die etwa 10 % der Bevölkerung versichert sind. Menschen mit einem hohem Einkommen (über der Versicherungspflichtgrenze von 5.212,50 € brutto pro Monat[276] im Jahr 2020) können wählen, ob sie einen Vertrag bei einer PKV abschließen oder sich freiwillig bei einer Kasse der GKV versichern; Beamtinnen und Beamte sind obligatorisch privat versichert, üblicherweise übernimmt ihr Dienstgeber die Hälfte der Kosten für medizinisch notwendige Leistungen (sogenannte Beihilfe).[277] Die private Krankenversicherung wider-

274 Die Kassen dürfen bei erhöhtem Finanzbedarf einen Zusatzbeitrag erheben, laut § 242 SGB V n. F. (neue Fassung).

275 Jahresarbeitsentgeltgrenze 56.250 € gemäß der Sozialversicherungs-Rechengrößenverordnung 2020 – SVRechGrV 2020 § 4 Absatz 2.

276 Jahresarbeitsentgeltgrenze 62.550 € gemäß SVRechGrV 2020 § 4 Absatz 1.

277 Die Freiwilligkeit hat ihre Grenzen. Privatversicherungen können Interessenten ablehnen; Beamte und Beamtinnen haben bisher in den meisten Bundesländern keinen Beihilfeanspruch bei freiwilliger Versicherung über die GKV.

spricht dem Solidarprinzip, auch wenn sie für sich in Anspruch nimmt, eine eigene Solidargemeinschaft ihrer Mitglieder zu sein. Durch Risikoprüfungen und individuelle Vertragsgestaltung kann die PKV gutsituierte Menschen mit günstiger Gesundheitsstruktur abschöpfen und diesen eine privilegierte Versorgung anbieten.[278] Ausgenommen von Risikoprüfungen sind in der Regel neugeborene Kinder der Versicherten oder nicht erwerbstätige Angehörige von Beamten. Um die wirtschaftlichen Vorteile der privaten Versicherer zu begrenzen und gesellschaftlich nachteiligen Auswirkungen entgegenzuwirken, müssen diese im Zuge des Risikostrukturausgleichs Ausgleichszahlungen an die gesetzliche Krankenversicherung leisten. Inwieweit diese Zahlungen ausreichend sind oder gar das Solidarprinzip insgesamt wiederherstellen, ist strittig. Die Änderungsvorschläge in der politischen Auseinandersetzung reichen von einer völligen Privatisierung des Versicherungssystems (Teile der FDP) über Kopfpauschalen (Teile der CDU) bis hin zur Einführung eines einheitlichen Systems der Bürgerversicherung (Grüne, Linke und Teile der SPD).

Bürgerversicherung

Die Bürgerversicherung ist als bevölkerungsumgreifende GKV gedacht, bei der für die Bemessung der Beiträge auch Kapitaleinkünfte herangezogen werden sollen. Die privaten Versicherungen sollen mittelfristig den Ersatzkassen gleichgestellt werden. Entsprechend wird die Bürgerversicherung vor allem von den Profiteuren der PKV bekämpft – den reicheren Bevölkerungsschichten und einer Mehrheit der niedergelassenen Ärzte und Ärztinnen.

Trotz der grundsätzlichen Versicherungspflicht waren in Deutschland im Jahre 2007 noch 196.000 Personen[279] ohne Krankenversicherung. 2007 wurde daher eine Versicherungspflicht für die GKV eingeführt, 2009 dann für die PKV. Seit 2009 muss jede PKV jedem grundsätzlich Anspruchsberechtigten einen Basistarif ohne Gesundheitsprüfung anbieten.[280] Dies ist der Hauptaspekt der Regelung, denn es dürfte selten sein, dass jemand freiwillig auf eine KV verzichtet, weil er oder sie für sich kein Krankheitsrisiko sieht. Eher schrecken hohe Kosten und provozieren Aufschub und Verdrängung, die dann vielleicht rückblickend als Freiwilligkeit gedeutet werden.[281] Hauptgrund für eine Nichtversicherung ist aber Zahlungsunfähigkeit – wer längere Zeit nicht versichert war, muss Beiträge nachzahlen, was auch mit Ermäßigungen oder Notlagentarifen zu erheblichen

278 Oder weniger diplomatisch die (wörtliche) Äußerung eines Versicherungsmaklers, der mich um 2002 für eine PKV gewinnen wollte: »Die Privaten können sich die Rosinen rauspicken, während die AOK jeden Penner nehmen muss.«

279 Offiziell registriere Einwohnerinnen und Einwohner. Es gibt also noch ein Dunkelfeld von Personen ohne legalen Aufenthaltsstatus.

280 Vgl. Simon 2017: 97–100; https://www.krankenkassenzentrale.de/wiki/krankenversicherungspflicht#.

281 Eine aktuellere, systematische Studie hierzu ist dem Verfasser nicht bekannt, nur Medienberichte. Entsprechende Hinweise sind willkommen.

Schulden führen kann. Für 2019 schätzt der Mikrozensus noch 61.000 Personen ohne Krankenversicherung, 39.000 Männer und 22.000 Frauen.[282] Diese Fälle verteilen sich über alle Altersgruppen. Bei den Erwerbsgruppen stellen Nichterwerbspersonen[283] mit 36.000 den größten Anteil.

Laut Statistischem Bundesamt[284] zählte des Gesundheitswesen in Deutschland Ende 2014 5,2 Mio. Beschäftigte. Innerhalb von fünf Jahren (2009 bis 2014) nahm die Zahl um ca. 10 % zu. Da die Hälfte davon in Teilzeit oder geringfügig beschäftigt ist, entsprechen die 5,2 Mio. ungefähr 3,8 Mio. Vollzeitstellen. Simon nennt für 2010 4,8 Mio. Beschäftigte, zu 74 % Frauen.[285] In der Pflege betrug dieser Anteil 85 %, bei den medizinischen Fachangestellten (früher Zahnarzthelferin und Arzthelferin) sogar 99 %. Der Anteil der Ärztinnen steigt aber allmählich, zunächst in den unteren Hierarchieebenen (▶ Kap. 6.2). Der Frauenanteil am Medizinstudium beträgt seit einigen Jahren stabil 60 %.

Im Jahr 2017 kamen auf 1.000 Einwohnerinnen und Einwohner acht Krankenhausbetten, ein im internationalen Vergleich hoher Wert (A 2018: 7,3 – CH 2019: 4,5 – UK 2019: 2,5 – SV 2018: 2,1).[286] Dieser Wert wird regelmäßig kritisiert,[287] allerdings müssen bei der Beurteilung verschiedene Aspekte berücksichtigt werden:

1. Die Grundstruktur der Krankenversorgung (ein dezentrales System mit lokalen Versorgungszentren bzw. Polikliniken benötigt weniger Kliniken) und
2. Katastrophenvorsorge – so hat die Covid-19-Pandemie 2020 in Ländern mit knapp kalkulierten Kapazitäten wie Großbritannien, Italien oder Frankreich schnell zu erheblichen Engpässen geführt, während in Deutschland noch Reserven vorhanden waren.

Inwieweit man für solche Ereignisse Überkapazitäten vorhält, ist eine politische Entscheidung. Das Risiko einer Überlastung muss abgewogen werden gegen dauerhafte Mehrkosten, die gerade bei Krankenhausüberkapazitäten erheblich sein können, besonders wenn die Träger versuchen, diese im Alltag durch Übertherapie auszulasten. Zudem lässt sich für jedes Angebot an Krankenhausbetten ein Katastrophenszenario finden, das zu einer Überlastung führt. Spitzenreiter der OECD-Statistik ist z. B. Japan mit 13 Betten pro 1.000 Einwohnerinnen und Einwohner (2018), dort dürfte das hohe Erdbebenrisiko eine Rolle bei den Bedarfskalkulationen spielen.

---

282 DeStatis 2020, Fachserie 13 Reihe 1.1: 39–41. Der Mikrozensus beruht auf einer Stichprobe, die Zahlen werden aus Befragungsergebnissen hochgerechnet. in der ersten Version des Berichtes war aufgrund eines Datenfehlers noch von 143.000 Personen die Rede gewesen.

283 Nach dem ILO-Konzept Personen, die keine Arbeit suchen oder für längere Zeit erwerbslos sind, außerdem Personen 15 und 75 Jahre, ebd.

284 Pressemitteilung Nr. 026 vom 27.01.2016 (www.destatis.de); vgl. Simon 2017: 85–89.

285 Ebd.: 85.

286 OECD 2019: https://data.oecd.org/healtheqt/hospital-beds.htm.

287 Z. B. von der Bertelsmann-Stiftung, dies. 2019: 6.

4.4 Das Gesundheitswesen in Österreich

Das Gesundheitswesen in Österreich ähnelt dem deutschen System und gehört ebenso zum korporatistischen Typ. Im Gegensatz zu Deutschland ist der Anteil staatlicher Träger von Einrichtungen deutlich größer. Es gibt eine allgemeine Versicherungspflicht; die Sozialversicherung deckt 99,9 % der Bevölkerung ab, es gibt im Gegensatz zu Deutschland kein paralleles Privatsystem.[288] Die Anzahl der Sozialversicherungsträger wurde zum Jahr 2019 durch Zusammenlegungen reduziert. Die Tabelle zeigt die aktuelle Struktur (▶ Tab. 24).

Tab. 24: Sozialversicherung in Österreich

	Dachverband	
Unfallversicherung	**Krankenversicherung**	**Pensionsversicherung**
AUVA (Allgemeine Unfallversicherungsanstalt)	**ÖGK** (Österreichische Gesundheitskasse)	**PVA** (Pensionsversicherungsanstalt)
SVS (Sozialversicherungsanstalt der Selbstständigen)		
BVAEB (Versicherungsanstalt öffentlich Bedienstete, Eisenbahn und Bergbau)		

Struktur der österreichischen Sozialversicherung seit 2019, Quelle: Bundesministerium für Arbeit, Soziales, Gesundheit und Konsumentenschutz (2019, 3. Aufl.): Das Österreichische Gesundheitssystem. Wien: 6. URL: https://broschuerenservice.sozialministerium.at/Home/Download?publicationId=636 [16.08.2020]

Der Versicherungsträger hängt vom Arbeitgeber bzw. Ort und Art der Berufstätigkeit ab und kann nicht frei gewählt werden, folglich gibt es keinen Wettbewerb zwischen den Trägern.[289] Die Versicherungsbeiträge werden bei abhängiger Beschäftigung zu ungefähr gleichen Anteilen von Arbeitnehmer und Arbeitgeber bezahlt. Der Regelbeitrag beträgt 7,65 % des Bruttoeinkommens bis zu einer Einkommenshöhe von 5.130 € pro Monat (2018; in Deutschland sind es ca. 14 bis 15 %). Die Versicherung trägt nicht alle Kosten; es muss z. B. ein Eigenbeitrag für Spitalaufenthalte[290] selbst bezahlt werden (entsprechend dem Krankenhaustagegeld in Deutschland). Der private Anteil der Gesundheitsausgaben liegt bei 26 %.[291] Pro 1.000 Einwohnerinnen und Einwohner standen 2018 ca. 7,3 Betten in Spitälern zur Verfügung (D 2017: 8 – CH 2019: 4,5 – UK 2019: 2,5 – SV 2018: 2,1).[292]

288 BMASGK 2019: 7.
289 Ebd.
290 Bezeichnungskonventionen: Krankenanstalten, Spitäler (A); Spitäler (CH); Krankenhäuser oder Kliniken (D).
291 https://www.gesundheit.gv.at/gesundheitsleistungen/gesundheitswesen/finanzierung.
292 OECD 2019: https://data.oecd.org/healtheqt/hospital-beds.htm.

Österreich hat eine hohe Ärztedichte (▶ Tab. 25) mit 52,3 Ärztinnen und Ärzten je 1.000 Einwohnern (2018). Seit 1960 hat sich die Absolutzahl vervierfacht, die Ärztedichte hat sich mehr als verdreifacht. Es herrscht grundsätzlich freier Zugang zu medizinischen Leistungen, auch zu Fachärztinnen und -ärzten und Spitalambulanzen. Eine hausärztliche Lotsen- bzw. Steuerungs- oder gar Torwächterfunktion besteht nicht.

Tab. 25: Ärztinnen und Ärzte in Österreich

Ärzte in Österreich		Jahr	1960	1970	1980	1990	2000	2010	2018
Ärztinnen und Ärzte	**Insgesamt**	Anzahl	**11.232**	**12.438**	**16.685**	**23.097**	**30.871**	**40.103**	**46.337**
	Allgem.Ä		6.135	5.284	5.941	8.312	10.939	13.219	15.006
	FÄ		3.476	4.865	6.613	8.756	14.347	19.825	23.246
	in Ausbildung		1.621	2.289	4.131	6.029	5.585	7.059	8.085
ZÄ			**1.322**	**1.423**	**1.622**	**2.771**	**3.722**	**4.683**	**5.027**
Ärztinnen und Ärzte	**Insgesamt**	je 100.000 EW	**159,3**	**166,6**	**221,0**	**300,8**	**385,3**	**478,1**	**523,1**
	Allgem.Ä		87,0	70,8	78,7	108,3	136,5	157,6	169,4
	FÄ		49,3	65,2	87,6	114,0	179,1	236,4	262,4
	in Ausbildung		23,0	30,7	54,7	78,5	69,7	84,2	91,3
ZÄ			**18,8**	**19,1**	**21,5**	**36,1**	**46,5**	**55,8**	**56,7**

Allgem.Ä = Allgemeinärzt/-innen; FÄ = Fachärzt/-innen, ZÄ = Zahnärzt/-innen, EW = Einwohner/-innen
Quelle: Statistik Austria – Personal im Gesundheitswesen. Bis zum Jahr 2000 wurden Allgemeinärzte mit Fachrichtung als Fachärztinnen gezählt, seitdem als Allgemeinärzte

Neben dem ärztlichen hat auch das übrige medizinische Personal zugenommen. Wie in anderen vergleichbaren Ländern stellen Pflegekräfte die größte Berufsgruppe im Gesundheitswesen. Nur im Bereich der Pflege von Kindern und Jugendlichen ist die Anzahl der Beschäftigten leicht rückläufig (▶ Tab. 26).

Die ambulante Versorgung stützt sich auf niedergelassene Ärztinnen und Ärzte, meist in Einzelpraxen. Neben Ärzten mit Kassenvertrag gibt es auch Privatpraxen, die als Wahlärztinnen bzw. Wahlärzte bezeichnet werden. Unter den Allgemeinmedizinern betrug ihr Anteil im Jahr 2017 knapp 40 %, unter den Fachärztinnen und Fachärzten sogar 66 %.[293] Es gibt auch hybride Tätigkeitsformen – 16 % der Ärztinnen und Ärzte sind gleichzeitig niedergelassen und angestellt, außerdem dürfen sie zusätzlich als Wahlärzte tätig sein. 80 % der wahlärztlichen Leistungen können von der Sozialversicherung rückerstattet werden.[294] Eine Zwischenform zwischen Arztpraxen und Spitälern sind die Ambulatorien, vergleichbar den deutschen Polikliniken oder medizinischen

293 BMASGK 2020: 19–20; unter Verweis auf das GÖG Ärztemonitoring.
294 Ebd.

Versorgungszentren. Das BMASGK listet für 2020 ca. 900 Ambulatorien auf.[295] Im Rahmen einer Modernisierung der Primärversorgung sollen ambulante Angebote gestärkt werden, außerdem sollen Allgemeinmediziner stärker mit anderen Gesundheitsberufen zusammenarbeiten.[296]

Tab. 26: Medizinisches Personal in Österreich

Ärztliches und nichtärztliches medizinisches Personal in Österreich	2008	2018	Änderung in %
Berufsausübende Ärzte/Ärztinnen	38.313	46.337	20,9
Allgemeinmediziner/Allgemeinmedizinerinnen	12.735	15.006	17,8
Fachärzte/Fachärztinnen	18.832	23.246	23,4
Ärzte/Ärztinnen in Ausbildung	6.746	8.085	19,8
Ärzte/Ärztinnen in Krankenanstalten	21.103	25.079	18,8
Nichtärztliches Personal in Krankenanstalten	81.261	93.567	15,1
Gehobene Dienste für Gesundheits- und Krankenpflege und weitere Gesundheitsberufe*	52.924	60.575	14,5
Allgemeine Gesundheits- und Krankenpflege	45.707	53.312	16,6
Kinder- und Jugendlichenpflege	3.844	3.731	-2,9
Psychiatrische Gesundheits- und Krankenpflege	3.303	3.441	4,2
Kardiotechnischer Dienst	70	91	30
Gehobene medizinisch-technische Dienste, medizinisch-technische Fachdienste, Masseure/Masseurinnen	13.278	16.080	21,1
Sanitäterinnen/Sanitäter, Pflegehilfe und med. Assistenz	13.786	15.408	11,8
Hebammen	1.273	1.504	18,1

* Psycho-/Ergo-/Logo-/Physiotherapie, Geburtshilfe (Hebammen)
Quelle: STATISTIK AUSTRIA, Jahrbuch der Gesundheitsstatistik 2020; BMASGK 2020
Anzahl der Ärzte/Ärztinnen ohne Zahnärzte/-ärztinnen (2018: 5.027)

295 Über www.sozialministerium.at/themen/gesundheit/gesundheitssystem/.
296 BMASGK 2020: 21.

4.5 Das Gesundheitswesen in der Schweiz

In der Schweiz gibt es eine allgemeine Versicherungspflicht und damit auch einen Anspruch auf Versicherung für jede Person, die ihren Wohnsitz in der Schweiz hat (sogenannte obligatorische Krankenversicherung). Es gibt keine staatlichen Versicherungsträger, alle Versicherungsanbieter sind privatwirtschaftliche Unternehmen. Die Höhe der Beiträge richtet sich nicht nach dem Einkommen, sondern soll als sogenannte Kopfprämie[297] für jede versicherte Person gleich sein. Es gibt keine Arbeitgeberbeteiligung für abhängig Beschäftigte. Der Versicherungsanspruch bezieht sich auf einen Basistarif, der u. a. keine Zahnarztleistungen für Erwachsene abdeckt. Außerdem müssen trotz Versicherung Kosten bis zu einer Höchstgrenze (»Franchise«) komplett selbst übernommen werden. Für Kosten über dieser Grenze muss noch ein Selbstbehalt von 10 % entrichtet werden, bis maximal 700 SF für Erwachsene. Franchise und Selbstbehalt sind wiederum nach Einkommensverhältnissen gestaffelt. Hinzu kommt eine Höchstgrenze der Selbstbeteiligung. In der Konsequenz beträgt die maximale Selbstbeteiligung je nach Lebens- bzw. Einkommensverhältnissen 1.000 bis 3.200 SF pro Kopf und pro Jahr für Erwachsene (350 bis 950 SF für Kinder und Jugendliche). Es gibt zahlreiche freiwillige Zusatzversicherungen, aber diese können von den Versicherungsunternehmen beim Vorliegen hoher Risiken abgelehnt werden. 2017 wurden nur 35,8 % der Kosten des Gesundheitswesens von der obligatorischen Krankenversicherung getragen[298], dies ist der niedrigste Anteil unter allen OECD-Staaten[299]. Menschen mit geringen Einkommen und/oder kinderreiche Familien erhalten Zuschüsse (IPV = individuelle Prämienverbilligung); in der Konsequenz erhielten im Jahr 2017 26 % der Schweizer Bevölkerung eine Prämienverbilligung (▶ Tab. 27).[300]

In der Schweiz waren zum 31.12.2019 37.882 Ärztinnen und Ärzte berufstätig. Die 37.882 Ärztinnen und Ärzte für 2019 werden in der FMH-Statistik in 33.486 Vollzeitäquivalente (VZÄ) umgerechnet, wobei Vollzeit mit 55 Stunden pro Woche sehr hoch angesetzt ist.[301] Da Frauen häufiger in Teilzeit arbeiten als

---

297 In Deutschland wurde dieses Prinzip im Bundestagswahlkampf 2005 von der FDP und der CDU als Kopfpauschale oder »Gesundheitsprämie« beworben; siehe hierzu den »Beschluss des 17. Parteitages der CDU Deutschlands 2003« 24 ff., u. a. bei: https://www.bpb.de/politik/innenpolitik/gesundheitspolitik/169795/kopfpauschale [23.08.2020].

298 Alle Zahlen dieses Kapitels BfS Gesundheitsstatistik 2019 66 ff. und OECD 2019.

299 OECD 2019: 30,5 %.

300 Medienmitteilung des BAG vom 06.12.2018, https://www.bag.admin.ch/bag/de/home/das-bag/aktuell/medienmitteilungen.msg-id-73255.html [23.08.2020].

301 Bei der Bewertung statistischer Daten muss darauf geachtet werden, was die Zahlen genau wiedergeben. Neben der Anzahl aktuell Berufstätiger werden manchmal auch Gesamtzahlen genannt (inklusive Personen, die im Ruhestand oder aus anderen Gründen aktuell nicht berufstätig sind). Gebräuchlich ist auch die Angabe der tätigen Ärzte und Ärztinnen in Vollzeitäquivalenten, bei denen z. B. eine Person, die halbtags arbeitet, auch nur halb gezählt wird. Welcher Arbeitsumfang genau als Vollzeit oder Teilzeit gilt, kann im Einzelfall variieren und muss daher dokumentiert werden.

Tab. 27: Verteilung der Krankheitsausgaben in der Schweiz

Finanzierungsträger 2019	Betrag in SF	%
obligatorische Krankenversicherung	291	35,7
Selbstzahlungen der Privathaushalte	233	28,6
staatliche und andere öffentliche Finanzierung	176	21,6
Privatversicherungen	53	6,5
andere Sozialversicherungen	50	6,1
andere Privatfinanzierung	11	1,4
monatliche Pro-Kopf-Summe	814	100,0

Quelle: BfS Gesundheitsstatistik 2019

Männer, ist der Anteil der Ärztinnen bei der Verwendung von VZÄ etwas geringer als bei der reinen Personenzählung.

In der Schweiz ist über die Hälfte der Ärztinnen und Ärzte niedergelassen tätig, deutlich mehr als in Deutschland oder Österreich; ein Viertel davon als Allgemeinmediziner oder praktische Ärztinnen, drei Viertel als Fachärzte. 2017 gab es in der Schweiz 572 Spitäler (Krankenhäuser) mit knapp 40.000 Betten, so dass auf 1.000 Einwohner und Einwohnerinnen ca. 4,5 Betten kommen.[302] Insgesamt arbeiteten in den Spitälern knapp 212.000 Personen, davon 23.300 Ärztinnen und Ärzte (Frauenanteil 48 %). Die Spitäler befinden sich mehrheitlich in staatlicher Trägerschaft. In Pflegeeinrichtungen arbeiteten 2017 13.100 Personen, mit einem hohen Frauenanteil von 83 % und vielen Teilzeitstellen. Darunter befinden sich fast keine Ärztinnen und Ärzte, für ärztliche Leistungen kommen externe Ärztinnen und Ärzte in die Einrichtungen.[303] In den meisten Kantonen haben niedergelassene Ärzte ein sogenanntes Dispensierrecht, sie dürfen also selbst Medikamente ausgeben.

Die Gesundheitsausgaben[304] beliefen sich 2017 in der Schweiz auf 12,3 % des BIP, und liegen damit auf Platz 2 der OECD-Länder, nach den USA. (zum Vergleich: D 11,3 %; A 10,3 %; USA 17,2 %). Bemerkenswert ist der hohe Anteil an Selbstzahlungen durch die privaten Haushalte von 28,6 % (233 SF von 814 SF pro Kopf insgesamt). Nach marktwirtschaftlichen Idealvorstellungen soll ein hoher Selbstkostenanteil zu einem sparsamen Leistungsbezug motivieren. Falls es einen solchen Effekt geben sollte, schlägt er sich nicht in den Gesamtkosten nieder.

302 BfS Gesundheitsstatistik 2019: 53 ff.
303 Ebd.: 57.
304 Ebd.: 66.

4.6 Der britische National Health Service (NHS)

Der National Health Service wurde 1948 unter einer Labour-Regierung gegründet. Er gilt als Prototyp eines staatlichen Gesundheitswesens und repräsentiert den zweiten Grundtypus eines gemeinnützigen Gesundheitssystems neben der Sozialversicherung in der bismarckschen Tradition.[305] Der NHS wird komplett aus Steuermitteln finanziert und steht allen Einwohnern und Einwohnerinnen Großbritanniens offen; es gibt vier Unterorganisationen für England, Schottland, Wales und Nordirland. Oberste Steuerungsinstanz ist das nationale Gesundheitsministerium. Da das Budget des NHS Sache der Regierung ist, schwankt die Finanzierung des NHS je nach Konjunkturlage und politischen Prioritäten.[306] Labour-Regierungen neigen zu einer Erhöhung des Budgets, Konservative zu Kürzungen und Privatisierungen. Greer interpretiert die Steuerfinanzierung per se als Umverteilungsmechanismus:

> »Schlechte Gesundheit korreliert mit Armut, während die Reichen mehr Steuern bezahlen. Allein dadurch also, dass er mit Steuergeldern finanziert wird und damit seine Aufgabe erledigt, nämlich die Behandlung von Kranken, nimmt der NHS eine Umverteilung von reicheren zu ärmeren Bevölkerungsgruppen vor.«[307]

Die ärztliche Versorgung ist in Großbritannien in zwei Bereiche unterteilt. Die ambulante Versorgung (Primärversorgung) stützt sich auf den Hausarzt,[308] wobei Gruppenpraxen vorherrschend sind. Die Ärztedichte ist im europäischen Vergleich sehr niedrig, im Jahr 2017 kamen 28 Ärztinnen und Ärzte auf 1.000 Einwohnerinnen und Einwohner (D 42; A 51; CH 42; jeweils 2016). Dies liegt aber an der Struktur der Facharztversorgung; die Hausarztdichte (niedergelassene Allgemeinärztinnen und Internisten) entspricht der in Deutschland.[309] Die britischen Hausärztinnen sind keine Freiberuflerinnen, sondern Angestellte.[310] Es gibt keine niedergelassenen Fachärzte, die Facharztversorgung ist Teil der Sekundärversorgung (Krankenhäuser bzw. Kliniken, aber auch zunehmend Treatment Centers[311]). Auf 1.000 Einwohnerinnen und Einwohner kamen 2019 2,5 Klinikbetten (D 2017: 8 – A 2018: 7,3 – CH 2019: 4,5 – SV 2018: 2,1).[312] Der Besuch von Fachärztinnen bzw. Kliniken ist nur nach hausärztlicher Überweisung möglich (Gatekeeper-Funktion).[313] Sämtliches Fachpersonal ist beim NHS oder einem Vertragspartner des NHS angestellt oder ist Kleinunternehmer im Auftrag des NHS (vor allem Zahnärztinnen, Apotheker, Optikerinnen). Langzeitpflege

305 Vgl. Greer in Sturm 2019: 424.
306 Aber auch eine Versicherungsfinanzierung ist konjunkturabhängig, da die Beiträge nach Erwerbseinkommen und Renten bemessen werden.
307 Greer in Sturm 2019: 424.
308 General Practitioner, kurz GP.
309 Gerlinger/Mosebach 2014.
310 Meist bei beauftragten Subunternehmen, Greer in Sturm 2019: 424.
311 Tages- und Polikliniken, vgl. Gerlinger/Mosebach 2014.
312 OECD 2019: https://data.oecd.org/healtheqt/hospital-beds.htm.
313 Der Hausarzt als Steuerungsinstanz wird auch in Deutschland diskutiert. Je nach Verbindlichkeit dieser Funktion wird er als Lotse oder Torwächter bezeichnet.

und Sozialdienste wurde aber seit den 1990er Jahren weitgehend privatisiert, so dass der NHS nur die Primär- und Sekundärversorgung dominiert. Insgesamt zählt der NHS rund 1,1 Mio. Beschäftigte. Die Bezahlung für Ärztinnen und Ärzte sowie Pflegekräfte ist vergleichsweise hoch, aber auch die Arbeitsbelastung. Die Corona-Pandemie Anfang 2020 überlastete die knapp bemessenen Klinikkapazitäten und Großbritannien verzeichnete vergleichsweise viele Todesfälle; das anfangs zögerliche Krisenmanagement der Regierung dürfte dazu beigetragen haben.

Wie fast alle gemeinnützigen Systeme hat auch der NHS mit Personalmangel, hoher Arbeitsdichte und steigenden Kosten zu kämpfen. Aber gemessen an den Eckdaten ist er bemerkenswert effektiv. Die Ausgaben liegen erheblich unter denen Österreichs oder Deutschlands (ganz zu schweigen von der Schweiz oder den USA), bei fast gleicher Lebenserwartung und Kindersterblichkeit. Die Wahrnehmung des NHS in Großbritannien ist ambivalent. Im Grundsatz gilt er als Nationalsymbol und genießt den Rückhalt einer breiten Mehrheit der Bevölkerung; im Detail dominieren Klagen über lange Wartezeiten,[314] Bürokratie und eine allgemeine Mangelversorgung. Die beklagten Mängel betreffen aber überwiegend den Komfort von Behandlungen (bürokratische Terminvergaben, lange Wartezeiten bei nicht dringlichen Operationen, Wahlmöglichkeiten); nur selten geht es um lebenswichtige Leistungen – viel Aufmerksamkeit erhält die Verweigerung der Kostenübernahme für extrem teure Therapien. Das National Institute for Care Excellence (NICE) prüft die Effektivität neuer Verfahren und gibt Empfehlungen ab, ob ein Medikament oder Verfahren vom NHS bezahlt werden soll oder nicht. Eine zentrale Richtlinie ist, dass die Kosten für ein QALY maximal 22.000 bis 33.000 € betragen dürfen. Das sorgt einerseits regelmäßig für öffentliche bzw. mediale Empörung in Bezug auf Einzelschicksale mit dem moralischen Grundtenor, dass das Leben eines Menschen nicht in Geld bemessen werden dürfe. Anderseits führt diese Rationierung zu einer Disziplinierung der Preispolitik der Anbieter, die mit dem NHS verhandeln müssen. Insgesamt kosten Medikamente in Großbritannien weniger als in Ländern mit einer weniger restriktiven Kostenpolitik wie z. B. Deutschland. Am Ende wird es immer und überall eine Kostengrenze geben. Eine Lebensrettung ›um jeden Preis‹ ist unrealistisch und auch nicht anstrebenswert. Preise sind keine natürliche Eigenschaft von Waren oder Dienstleistungen, die sich objektiv messen oder festlegen ließen. Große, professionelle Anbieter auf dem Markt betreiben eine Mischkalkulation mit dem Ziel, unter gegebenen Umständen den maximalen Preis zu erzielen. Eine effektive Möglichkeit zur Beeinflussung dieser Umstände können Kostendeckel bzw. eigene Kosten- und Preiskalkulationen auf Kundenseite sein. Haben die Kundin und der Kunde eine entsprechende Marktmacht – und der NHS ist ein Großkunde –, kann das mäßigend auf Profiterwartungen einwirken.

---

314 Im Jahresbericht für 2019 wird positiv angemerkt, dass sich die Zahl der Patienten und Patientinnen, die länger als ein Jahr auf ihre Behandlung warten, auf ca. 1.300 gesenkt werden konnte, von einem Höchststand von 3.500 Personen im Juni 2018; NHS 2019: 11.

Die Befürworter des NHS sehen die Ursache für aktuelle objektive Missstände in einer jahrelangen Unterfinanzierung (vor allem durch die konservativen Regierungen[315] seit den 1980er Jahren) und in bürokratischen Verwaltungsstrukturen, nicht aber darin, dass es sich um ein staatliches Gesundheitswesen handelt.

4.7 Das Gesundheitswesen der USA

Das Gesundheitswesen der USA ist grundsätzlich privatwirtschaftlich organisiert, allerdings sind die größten Kostenträger die beiden staatlich finanzierten Programme Medicare und Medicaid. Die heutige Form ist ein Mischtypus mit privatwirtschaftlichem Anspruch. Es ist das weltweit teuerste Gesundheitssystem und gilt in der Gesundheitsforschung – auch der US-amerikanischen[316] – als beispielhaft ineffizient. Im Jahr 2016 waren 8,8 % der Einwohnerinnen und Einwohner ohne Krankenversicherung.[317] Einige freiwillig, die meisten jedoch aus Geldmangel; oder weil sie aufgrund ihres Gesundheitszustands oder wegen erhöhter Krankheitsrisiken auf dem freien Markt keine Versicherung erhalten.[318] Für abhängig Beschäftigte ist eine Krankenversicherung über den Arbeitgeber üblich als Bestandteil des Arbeitsvertrags. Bei Arbeitslosigkeit fällt dann auch die Krankenversicherung weg, sofort oder nach einer kurzen Übergangsfrist; es ist deshalb für viele Arbeitnehmer normal, in der Zeit bis zum nächsten Job ohne Krankenversicherung zu sein.[319]

Die USA lagen 2019 mit Gesundheitsausgaben von 16,9 % des BIP an der Spitze aller OECD-Staaten, mit großem Abstand zur Schweiz auf Platz 2 (12,2 %). Um Ursachen und Reformansätze wird seit Jahrzehnten erbittert gestritten, die zutreffenden Diagnosen der Probleme wurden schon in den 1930er Jahren gestellt und haben sich seitdem kaum verändert. Die Demokratische Partei strebt eine Annäherung an europäische Modelle des kooperatistischen Typs an, die Republikaner lehnen sozialstaatliche Elemente prinzipiell ab und wollen den freien Markt stärken. Zentraler Streitpunkt ist der Wunsch nach einer allgemeinen, staatlich organisierten Krankenversicherung, kurz NHI (National Health Insurance). Mehrere Anläufe zur Einführung einer NHI wurden von der größten Ärztevereinigung AMA, der Versicherungswirtschaft und konservativen politischen Kräften erfolgreich vereitelt. Die beiden letzten großen Reformversuche fanden unter den Präsidenten Clinton und Obama statt. Während Clintons Reform 1994 scheiterte, konnte Obama eine allgemeine Versicherungsoption im

315 Greer nennt vor allem Margret Thatcher und David Cameron (in Sturm 2019).

316 Vgl. Goldsteen 2020: 161 f.

317 Ebd.: 350.

318 Ausführlich ebd.: 246 ff. Es gibt z. B. große Unterschiede zwischen verschiedenen ethnischen Gruppen, ebd.: 249.

319 Vgl. ebd.,: 294–297.

Rahmen seines Affordable Care Act[320] gegen starken politischen Widerstand der Republikaner umsetzen. Die Zahl der unversicherten Personen verringerte sich danach deutlich. Im Jahr 2010 waren es noch 48,6 Mio. Personen (15,7 %[321]), im Jahr 2016 dann noch 28,2 Mio. Personen (8,8 %).[322] Diese Zahl ist aber immer noch sehr hoch. Die Basisversicherung im Rahmen des ACA muss u. a. bestimmte Leistungen umfassen und darf nicht vom Versicherer aufgrund von Vorerkrankungen abgelehnt werden. Sie ist grundsätzlich verpflichtend, ein Verzicht wird mit Strafzahlungen belegt, von denen es aber Ausnahmen gibt (niedriges Einkommen, religiöse Gründe). Hauptproblem ist, dass viele Versicherungen nur einen Teil der Krankheitskosten abdecken, so dass für viele finanziell schwache Versicherte die Eigenanteile trotz Versicherung nicht bezahlbar sind. Nach einer 2019 veröffentlichen Studie gingen 66,5 % der Privatinsolvenzen zwischen 2013 und 2016 auf Krankheit und ihre Folgekosten zurück.[323] Das Ziel einer NHI war bereits von Clinton aufgegeben worden. Doch auch die Versicherungsoption wurde und wird als sozialistisch bekämpft und die Nachfolgeregierung unter Donald Trump versuchte seit ihrem Antritt 2016, die Reformen wieder rückgängig zu machen, wenn auch weitgehend erfolglos.

Die Frage nach dem Gesundheitswesen wird regelmäßig als moralische Grundsatzfrage behandelt, die sich letztlich um die Frage dreht, was gerechter ist – ein allgemeiner Zugang zum Medizinsystem allein nach medizinischer Bedürftigkeit oder der freie Markt, auf dem jeder das bekommt, was ihm ökonomisch zusteht. Nach der Vorstellung des freien Marktes als bester aller möglichen Welten ist eine hohe soziale Schließung des Medizinsystems mit hoher gesundheitlicher Ungleichheit nach Sozialstatus kein Problem an sich, sondern Ausdruck bzw. Abbild von Marktgerechtigkeit, weshalb auch entsprechende Kritik durch die WHO bzw. die OECD zurückgewiesen wird. Wer einen Arzt oder eine Ärztin bezahlen können will, muss sich eben dafür anstrengen. Interessant ist, ob solch eine Haltung von ihren Vertreterinnen und Vertretern konsequent durchgehalten wird. Systematische Studien dazu sind dem Verfasser nicht bekannt, aber es ist zu vermuten, dass sich derartige Positionen mit dem Alter und dem Gesundheitszustand ändern, wenn nicht genügend Geld zur Verfügung steht.[324]

Ein großes Problem des US-Systems ist die Verschränkung mit der hohen Sozialen Ungleichheit der Bevölkerung. Technisch-biomedizinisch gesehen ist das Gesundheitswesen hochentwickelt und die medizinische Forschung der USA ist immer noch weltweit führend. Andererseits hatten auch 2016 8,8 % der Bevölkerung keine Krankenversicherung und damit keinen Zugang zu einer Grundver-

320 Abgekürzt ACA, in den Medien oft auch als »Obamacare«.

321 Basis: 308,7 Mio. gemäß 2010 Census Briefs, abrufbar über www.census.gov.

322 Angaben aus Goldsteen 2020: 350, Anteil für 2010 berechnet auf eine Bevölkerung von 308,7 Mio. (2010 Census Briefs, abrufbar über www.census.gov).

323 58,5 % auf nicht bezahlte Rechnungen und 44,3 % auf Einkommenseinbußen als Krankheitsfolge, die Summe ist 66,5 %, da beide Gründe zusammen vorkommen konnten. Siehe hierzu Himmelstein et al. 2019 im AJPH, März 2019: 431–433.

324 Ein Beispiel ist ironischerweise die libertäre Leitfigur Ayn Rand (1905–1982), die im Alter von 71 Jahren für eine Lungenkrebsbehandlung Leistungen von Medicare bezog; vorher hatte sie derlei Sozialprogramme strikt abgelehnt (vgl. Weiss 2012: 60–64).

sorgung. Die Betroffenen können das Gesundheitswesen allenfalls punktuell über die Notaufnahmen von Kliniken in Anspruch nehmen oder über kostenlose Angebote von Wohltätigkeitsorganisationen; außerdem etabliert sich ein Graumarkt mit niedrigschwelligen Dienstleistungen, die z. B. in Shopping Malls angeboten werden, was an die Praxis der Bader und Zahnreißer im Europa des 17. und 18. Jahrhundert erinnert. Auf der anderen Seite sind gut versicherte bzw. zahlungskräftige Einwohnerinnen und Einwohner mit Überversorgung konfrontiert. Die Ursachen hierfür sind vielfältig: Direkte Abrechnung zwischen Ärztin und Patient verleitet zum Verkauf medizinisch unnötiger Leistungen (vgl. IGeL in Deutschland; ▶ Kap. 6.6), unterstützt durch Direktvermarktung und Werbung. Die Kosten steigen insgesamt durch höhere Honorare, Zusatzkosten für Verwaltung und Marketing. Hinzu kommt eine juristische Begleitstruktur mit hohen Kosten für Rechtsschutzversicherungen und Anwalthonorare, Diagnostik ›auf Nummer sicher‹ zur Vermeidung des Risikos von Schadenersatzforderungen und hohe Schadenersatzsummen, die wiederum ein ökonomischer Anreiz für Klagen sind. Es entsteht quasi neben der medizinischen Indikation für Untersuchungen eine juristische Indikation zur Absicherung im Voraus (prospektiv).

Die grundsätzlich privatwirtschaftliche Ausrichtung wird durch zahlreiche Regelungen und Einrichtungen relativiert, die starke soziale Verwerfungen verhindern bzw. nicht akzeptable Soziale Ungleichheiten kompensieren sollen. Personen über 65 Jahren und Behinderte können die staatliche Versicherung Medicare in Anspruch nehmen. Für arme Bürgerinnen und Bürger gibt es das Medicaid-Programm, das allerdings eine Bedürftigkeitsprüfung erfordert. Medicare und Medicaid wurden in den 1960er Jahren unter Präsident Nixon eingeführt. Beide Programme tragen zusammen etwa ein Drittel der Krankheitskosten in den USA. Hinzu kommen Programme wie EMTALA, SCHIP und TRICARE. Größte Problemgruppe sind arme Bevölkerungsschichten im erwerbsfähigen Alter (18 bis 64 Jahre[325]), die nicht in die Berechtigung von Medicaid (nicht arm genug) und Medicare (zu jung) fallen und sich keine Privatversicherung leisten können oder keine erhalten.

4.8 Strukturdebatten und internationaler Vergleich

Ein Vergleich der Effektivität unterschiedlicher Systeme ist schwierig, da ein Gesundheitssystem nicht losgelöst von den übrigen gesellschaftlichen Rahmenbedingungen betrachtet werden kann. Ein im Prinzip gut organisiertes Gesundheitswesen in einem armen Land kann vielleicht mehr erreichen als ein schlecht organisiertes in einem reichen Land. Zudem muss man beim Einschätzen des Ausmaßes von etwaigen Problemen und Unzufriedenheiten vorsichtig sein. Be-

325 Vgl. Goldsteen 2020: 350.

richte in den Massenmedien neigen zu Zuspitzungen[326] und die wortführenden Akteure des Gesundheitswesens (Funktionäre, Führungskräfte) neigen zu politischer Kommunikation, d. h. zu strategischen Aussagen im Dienst der eigenen politischen Interessen. Ein typisches Muster politischer Kommunikation ist z. B. überzogene Kritik innerhalb des eigenen Systems bzw. in der eigenen Fachöffentlichkeit (»die Zustände sind katastrophal« – meist zusammen mit der Forderung nach mehr Geld) und Abwiegelung nach außen bzw. gegenüber der breiten Öffentlichkeit (»unser Gesundheitswesen ist eines der besten der Welt, Missstände sind Einzelfälle und äußeren Einflüssen bzw. den Anderen zuzurechnen«). Politische Diagnosen, Kritik, Forderungen und Änderungsvorschläge erfordern daher eine Analyse der sozialen Einbettung der Akteure – ihre Zugehörigkeiten, Motive und etwaige Interessenkonflikte. Wichtige Orientierungshilfen liefern Befunde von nicht involvierten Beobachtern, also der amtlichen Statistik, überstaatlichen Organisationen und der einschlägigen sozialwissenschaftlichen Forschung, natürlich stets nur im Rahmen des Möglichen.[327] Umgekehrt wird die überstaatliche Beobachtung von manchen totalitär ausgerichteten Akteuren als Bedrohung empfunden, weil sie deren eigene Narrative (Ursachenzuschreibungen, Situationsdeutungen, Diagnosen) in Frage stellt.[328]

Die wissenschaftliche Beobachtung liefert zwei Grundtypen von Daten: Statistische Kennziffern und die Ergebnisse eigens durchgeführter empirischer Forschung, die z. T. wiederum in der Zusammenschau statistischer Kennziffern bestehen kann (▸ Tab. 28).

Ein mögliches, wenn auch grobes, Kriterium ist die durchschnittliche Lebenserwartung der Bevölkerung, also eine Gegenüberstellung der durchschnittlichen Lebenserwartungen in verschiedenen Staaten.[329] Wie bereits in Kapitel 3.7 beschrieben, hängt die Lebenserwartung der Bevölkerung nicht nur von der medizinischen Versorgung ab, sondern von vielen anderen Einflüssen (▸ Kap. 3.7); und sie kann außerdem nicht als alleiniges, ausschlaggebendes Qualitätskriterium verwendet werden. Bedeutsam ist auch die Lebensqualität kranker und alter Menschen. Bewährt hat sich die gleichzeitige Betrachtung der absoluten Lebenserwartung und die Zahl der zu erwarteten Lebensjahre ohne Beeinträchtigung – eine Minimalvariante eines gesunden Lebens sozusagen, da Gesundheit ja tatsächlich nicht klar definiert werden kann und damit nicht erreichbar ist: Es geht immer noch etwas gesünder. Wenn z. B. in einem Staat die Lebenserwartung 80 Jahre beträgt, aber die Menschen im Schnitt zehn Jahre davon krank bzw. beeinträchtigt sind, wäre das weniger günstig, als eine Lebenserwartung von 75 Jahren mit nur

326 Grundlegend dazu Luhmann 1995, verständlicher aufbereitet bei Berghaus 2011.

327 Beispiele für schwer erfassbare Informationen sind Dunkelfeldthemen (ärztliche Kunstfehler, Korruption) oder Fehler bei der Generierung statistischer Daten.

328 Ein mögliches Motiv für den vorübergehenden Austritt der USA aus der WHO 2020 unter Präsident Trump. Vielleicht hofften einige der Protagonisten auch auf einen Wegfall lästiger Berichtspflichten. Es ist einfacher zu behaupten, alles sei »great«, als sich einem internationalen Vergleich zu stellen.

329 Die Ziffern fast aller westeuropäischer Staaten ähneln denen von Deutschland oder Schweden, vor allem die Lebenserwartung und die Ausgaben in % des BIP. Die Daten sind verfügbar unter: https://www.who.int/data/gho/data/indicators.

Tab. 28: Typen von Daten zum Gesundheitswesen

Grundtyp	Unterteilung	Beispiele	Quellen
Statistische Kennziffern	Organisation	Zahl der Krankenhäuser, Ärztinnen und Ärzte, Arzt- und Medizinalpraxen, Ausgaben im Gesundheitswesen, zeitliche Entwicklung, Behandlungsstatistiken	nationale Statistikbehörden, OECD, WHO, Akteure (Krankenversicherungen, Ärzteverbände, Versicherungen)
	Bevölkerung	Lebenserwartung, epidemiologische Daten (Krankheit, Tod, Behinderung)	
Empirische Forschung	Akteure	Einstellungen, Verhalten: Beschäftigte (Ärztinnen und Ärzte, Pflegekräfte, Medizinalfachkräfte), Patienten und Angehörige	Zielgerichtet in unterschiedlichem Auftrag, allgemeine Demoskopie
	Bevölkerung	Einstellungen, Verhalten der übrigen Bevölkerung ohne aktuellen Kontakt zum Gesundheitswesen	

zwei Jahren Krankheit und Beeinträchtigung. Die Verrechnung von Lebensdauer und Lebensqualität ist aber umstritten. In der religiös-konservativ geprägten Lebensschutzbewegung wird hier schon im Grundsatz eine Abwertung von behinderten und kranken Menschen vermutet; das Konzept der Lebensqualität leugne oder verschleiere die Vergänglichkeit und Hinfälligkeit des Menschen, und folglich würde beeinträchtigten Menschen ihre Lebenswürdigkeit abgesprochen oder in Frage gestellt. Bei offener religiöser Bezugnahme wird noch auf den göttlichen Willen verwiesen[330] oder abstrakter auf das Geschick bzw. Schicksal.[331]

Angesichts der Kenndaten (▶ Tab. 29) scheinen die hohen Gesundheitsausgaben in den Industriestaaten wenig effektiv zu sein. So haben die USA mit Abstand die höchsten Gesundheitsausgaben, weisen aber im Schnitt ähnliche Lebenserwartungs- und Sterblichkeitsziffern auf wie Costa Rica und Kuba. In Staaten mit starken sozialen Unterschieden in der Gesundheitsversorgung unterscheiden sich die statistischen Ziffern auch innerhalb der Bevölkerung stark – für die USA wenig überraschend, aber (schwächer ausgeprägt) auch in Deutschland, trotz einer besseren allgemeinen Zugänglichkeit des Gesundheitswesens. Statistische Ziffern wie die Lebenserwartung sind notwendigerweise Vereinfachungen, die im Detail ungeeignet sein können. Dies wird in Kauf genommen, weil damit ein Überblick ermöglicht wird. Reicht eine Ziffer nicht aus, nimmt man weitere mit dazu. Ein Teil der sehr niedrigen Lebenserwartung in vielen Entwicklungs-

330 Der aber je nach theologischer Position ganz unterschiedlich gesehen wird. Tatsächlich finden sich in heiligen Schriften selten konkrete Aussagen zu Problemen der modernen Gesellschaft, die Texte müssen aufwändig ausgelegt werden, was große Spielräume eröffnet (für die Bibel vgl. Lang 1994: v. a. 196–202).

331 Entsprechende Positionen z. B. bei Ulrich Eibach oder Giovanni Maio.

Tab. 29: Kenndaten ausgewählter Gesundheitssysteme

	D	A	CH	SV	UK	USA	CU	CR	IND
GA pro Kopf (US-$) 2017	5.986	5.395	7.317	5.447	4.070	10.586	988	1.285	209
Anteil GA am BIP (%) 2017	11,2	10,3	12,2	11	9,8	16,9	11,7	7,5	3,6
Ärzte pro 1.000 EW	43	51	42	54	28*	26	82*	11**	8*
Krankenhausbetten pro 1.000 EW	8	7,3	4,6	2,1	2,5	2,9		1,1	0,5
Lebenserwartung bei Geburt	81,1	81,7	83,6	82,5	81,3	78,6	79	79,6	69.9
Erwartung gesunder Lebensjahre (HALE) 2016	71,6	72,4	73,5	72,4	71,9	68,5	69,9	70,9	59,3
Kindersterblichkeit im ersten Lebensjahr pro 1.000 Lebendgeburten 2018	3,1	2,9	3,7	2,2	3,6	5,6	3,7	7,6	29,9
Müttersterblichkeit 2017 pro 100.000 Lebendgeburten	7	5	5	4	7	19	36	27	145

SV = Schweden, UK = Großbritannien, CU = Kuba, CR = Costa Rica, IND = Indien
GA = Gesundheitsausgaben, EW = Einwohner/-innen
Ärztedichte für 2016 (*2017; **2013)
Quelle: alle Zahlen aus dem Global Health Observatory der WHO

ländern (aber z. B. auch in Westeuropa vor 1900) wird durch eine hohe Säuglings- und Kleinkindersterblichkeit mitverursacht, die nicht allein vom Gesundheitssystem abhängig ist, sondern viel stärker von der Ernährungssituation, der politischen Lage und den hygienischen Zuständen am Wohnort. Wer das zweite Lebensjahr überlebt, hat gute Chancen, ein Alter von 50 Jahren zu erreichen, auch in einem Land mit einer schlechten (oder gar keiner) biomedizinischen Versorgung.

Ein weiterer wichtiger Faktor der Lebenserwartung ist in Industrie- und Schwellenländern das ungünstige Gesundheitsverhalten breiter Bevölkerungsgruppen. So wirkt der hohe Anteil von Herz-/Kreislauferkrankungen und Diabetes infolge von Überernährung und Bewegungsmangel den positiven Einflüssen einer entwickelten Gesundheitsversorgung entgegen.[332] Zu beachten ist auch, dass einer Unterversorgung ärmerer Bevölkerungsschichten in vielen Ländern eine Überversorgung wohlhabender bzw. gut versicherter Personen gegenübersteht, die zwar in der Regel nicht die Lebenserwartung reduziert, aber die Ge-

332 Vgl. Munnell/Hatch/Lee 2004.

sundheitsausgaben in die Höhe treibt und durchaus auch die Lebensqualität der Betroffenen mindern kann.[333]

Ein weiterer wichtiger Kostenfaktor ist die Marktsituation für Medikamente und Dienstleistungen. So können die Preise für dieselben Medikamente im Ländervergleich weit auseinanderliegen. In der modernen Betriebswirtschaft wird der Preis für ein Produkt kaum noch auf Basis tatsächlicher Kosten kalkuliert, sondern danach, was die Zielgruppe oder deren Kostenträger bereit ist, dafür zu bezahlen. Kostenverhandlungen orientieren sich manchmal unverhohlen an den bisherigen Kosten einer Krankheit; der Preis für ein neues Medikament oder Verfahren wird dann knapp darunter angesetzt, was im Detail zu schwindelerregenden Beträgen führen kann. Die aufkommende personalisierte Medizin droht schließlich jeden finanziellen Rahmen zu sprengen. Die Wirtschaft folgt dem wirtschaftlichen Code, nicht dem medizinischen; entsprechend werden mit Marktmechanismen keine medizinischen Probleme gelöst, sondern wirtschaftliche. Es ist dann konsequent, wenn ein Pharmaunternehmen zu dem Schluss kommt, dass die lebenslange Versorgung chronisch Kranker lukrativer ist als deren Heilung und sein Produktangebot an Marktstrukturen ausrichtet. Oder wenn es die Kosten für eine vollständige Heilung knapp unterhalb der Kosten für die lebenslange Behandlung ansetzt, weil die Krankenkasse bzw. die Gesellschaft dadurch insgesamt immer noch spart. Über die Massenmedien wird das Problem dann auf der Akteursebene moralisierend bearbeitet: Die gierige Pharmaindustrie gegen die geizigen Krankenkassen. Der verwöhnte Patient kommt mit dazu, wenn es nicht um Leben und Tod geht; sonst bleibt er Opfer, außer er ist an seiner Krankheit selbst schuld. Alternativ könnte man[334] die Entwicklung von Medikamenten aus der Wirtschaft in das Wissenschaftssystem verlagern und dann die Herstellung an die Industrie vergeben.

In den Industrieländern fällt ein Großteil der individuellen Gesundheitsausgaben auf die letzten 1-3 Lebensjahre.[335] Ob das gut oder schlecht ist, hängt neben der reinen Kostenfrage auch vom Nutzen für die betroffenen Patienten und Patientinnen ab. Häufige Krankenhausaufenthalte, Krebstherapien und Intensivmedizin verlängern das Leben, aber auf Kosten der Lebensqualität. Vielleicht liegt hier ein Teil der Differenz in der Gesamtlebenserwartung zu Kuba oder Costa Rica begründet. Manche Menschen wünschen sich im Angesicht des Todes eine technisch gestützte Verlängerung ihrer Restlebenszeit; andere möchten eben dies vermeiden und verfassen z. B. eine Patientenverfügung. Der Wunsch nach einem langen Leben ist jedenfalls der Wunsch nach einem langen gesunden Leben – gesund hier den Umständen entsprechend als subjektiv akzeptabler Zustand mit moderater, ohne große Leiden bewältigbarer Krankheitsbelastung, in der epidemiologische Statistik repräsentiert mit den Kennzahlen HALE (Healthy Life Expectancy) und QALY (Quality Adjusted Life Years; ▶ Kap. 3.3).

333 Besonders durch überflüssige Operationen und unnötige Ängste bei nicht indizierten (unnötigen) Vorsorgeuntersuchungen, vgl. Gigerenzer 2013.

334 Die Gesundheitspolitik, wenn sie den Willen und die Macht dazu hätte.

335 Was banal ist, wenn man dem Dogma folgt, dass der Tod auch im Alter immer eine Folge von Krankheit ist (▶ Kap. 3.5).

Ein subjektiv akzeptabler Gesundheitszustand kann heute mit medizinischen Maßnahmen in vielen Situation hergestellt bzw. aufrechterhalten werden, die früher zum Tod geführt hätten. Viele dieser Maßnahmen sind aber mit hohen Kosten verbunden: Medikamente wie Biologica bei Rheuma, MS oder der Krebstherapie, Organtransplantationen mit anschließender Nachsorge, Gelenkprothesen. Grenzwertig in puncto Lebensqualität sind belastende Therapien wie die Dialyse und schließlich unmittelbare Verfahren der Lebenserhaltung: die Ernährung mittels PEG-Sonde oder die maschinelle Beatmung, gerade wenn sie auf Dauer angelegt sind.[336]

Die politische Debatte um die konkrete Ausgestaltung des Gesundheitswesens geht zwangsläufig mit Gerechtigkeitsdebatten einher. Es müssen also zwei Diskussionsstränge in Einklang gebracht werden – die Frage nach der Kosteneffizienz und die Frage nach der sozialen Gerechtigkeit. Beide Dimensionen sind schwer einzugrenzen. Kosten- bzw. Effizienzüberlegungen sind in einem weiteren ökonomischen Hintergrund eingebettet, der beliebig erweitert werden kann. Ein erhöhter Aufwand im Detail (z. B. ein MRT ohne unmittelbaren medizinischen Mehrwert im Einzelfall – Abhören mit dem Stethoskop hätte genügt) könnte durch volkswirtschaftlichen Nutzen gerechtfertigt werden:

- Wirtschaftswachstum und Arbeitsplätze im Medizingerätesektor
- eine Quersubventionierung der wenigen Fälle, für die das Gerät vorgehalten werden muss
- eine allgemeine Förderung des technischen Fortschritts
- die Wettbewerbsfähigkeit des Standorts usw.

Die Frage nach der sozialen Gerechtigkeit krankt daran, dass es dafür keinen einheitlichen, klar definierten Gerechtigkeitsbegriff gibt. Je nach politischem Hintergrund kann sowohl die Gleichbehandlung als auch die Ungleichbehandlung einzelner Menschen oder Bevölkerungsgruppen als gerecht angesehen werden. Die Ablehnung einer Versicherungspflicht z. B. findet in den USA auch Unterstützung in den unteren Sozialschichten, wenn sie in eine Erzählung von Freiheit, Chancen- und Leistungsgerechtigkeit eingebettet wird.

4.9 Risiko und Versicherung

Krankenversicherungen sind in vielen Gesundheitssystemen eine zentrale Säule der Finanzierung. In der konkreten Umsetzung gibt es aber große Unterschiede, wie ein Blick auf konkrete Gesundheitssysteme zeigt. Die Soziologie hat sich bisher kaum mit Versicherungen an sich beschäftigt, sie tauchen als Randthema der

336 Beide können monate- oder jahrelang aufrechterhalten werden.

Wirtschaftssoziologie und der Soziologie des Risikos auf.[337] Versicherungen können nach verschiedenen Aspekten typisiert werden, nachfolgend werden fünf Unterscheidungsachsen zusammengestellt, die sich kombinieren lassen. Im Prinzip lässt sich fast alles versichern, durch Rückversicherungen sogar die Versicherung selbst (▶ Tab. 30).[338]

Tab. 30: Analysedimensionen für Versicherungen

Organisation, Träger	Staat, Kollektiv ↔ Privatwirtschaft
Ausrichtung	Gemeinnützigkeit ↔ Profitinteresse
Verbindlichkeit	freiwillig ↔ Pflicht
Leistungsumfang	einheitlich ↔ individuell
Beitragsbemessung	pauschaler Beitrag ↔ proportionaler Beitrag

- Privatwirtschaft oder Staat bzw. Kollektiv: Krankenversicherungen können rein privatwirtschaftliche Finanzprodukte sein, deren konkrete Ausgestaltung Marktmechanismen folgt. Träger bzw. Versicherungsgeber sind dann private Unternehmen. Auf der anderen Seite kann der Staat eine Einheitsversicherung für die gesamte Bevölkerung im Sinne der Daseinsvorsorge bereitstellen. In der Realität gibt es fast immer Mischformen. So kann der Staat einen privatwirtschaftlichen Versicherungsmarkt regulieren und z. B. durch Gesetze und Vorgaben die Spielräume der Anbieter und Kundinnen und Kunden begrenzen. Oder er kann die Umsetzung eines klar definierten Versicherungsauftrags an private Unternehmen vergeben, die dann als autonome Dienstleister agieren. Eine Sonderform sind kleinere gemeinnützige Kollektive wie Berufsvereinigungen oder Genossenschaften. Hier ist entscheidend, dass kein Profitinteresse besteht.
- Gemeinnützigkeit oder Profitinteresse: Privatwirtschaftliche Versicherungen verfolgen allgemeine unternehmerische Ziele – Profit, Wachstum, Marktmacht. Gemeinnützige Träger sollen vorrangig den Sachzweck der Versicherung sicherstellen, einen hinreichenden bzw. gerechten Versicherungsschutz für alle Mitglieder des Kollektivs.
- Freiwillige Versicherung oder Pflichtversicherung: Ein völlig freier Markt stellt auch den Marktzugang frei. Der oder die Einzelne kann sich versichern oder auch nicht, das Unternehmen kann eine Person als Kunden oder Kundin akzeptieren oder ablehnen. Im Gegensatz dazu sind alle Mitglieder eines Kollektivs (alle Bürgerinnen und Bürger, die gesamte Bevölkerung oder alle Hilfebedürftigen[339]) zur Teilnahme an der Versicherung verpflichtet.

---

337 Z. B. bei Luhmann 1991.

338 Ein Beispiel für einen *Re-entry*, die Anwendung einer Unterscheidung auf sich selbst: Ein Versicherer geht durch ein Versicherungsprodukt ein Risiko ein und versichert sich bei einem anderen Versicherer dagegen. Die Grenzen der Versicherbarkeit sind die Grenzen der Bereitschaft der beteiligten Akteure.

339 Jede Person, die gerade da ist – also auch Gäste, Geflüchtete oder Touristen.

- Einheitlicher oder individueller Leistungsumfang: Eine Einheitsversicherung bietet einen festgelegten Leistungskatalog für alle Leistungsberechtigten. Individuelle Leistungskataloge können sich nach qualitativem Inhalt (was wird erstattet, was nicht) oder dem Umfang der Erstattung unterscheiden. So gibt es Vollkasko- und Teilkaskomodelle mit Selbstbeteiligung. Bei einem Teilkaskomodell übernimmt die Versicherung z. B. 40 % der Kosten, den Rest muss der Versicherte selbst bezahlen. Eigenanteile können gedeckelt sein. Typische staatliche Regulierungen zielen auf solche Ausgestaltungen und schreiben bestimmte Mindestangebote oder Kostendeckel vor. Eine gängige Marketingstrategie ist das Erschweren von rationalen Produktvergleichen durch komplizierte Angebots- und Tarifstrukturen und möglichst lange Listen von Einzelleistungen, die damit verschleiern, was fehlt. Eine nicht mehr zu bewältigende Menge an Details soll das Gefühl vermitteln, alle notwendigen Informationen für eine rationale Entscheidung zu haben. Tatsächlich wird eine rationale Entscheidung durch Unübersichtlichkeit unterlaufen. Als Entscheidungsgrundlage werden den potenziellen Kundinnen und Kunden stattdessen emotionalisierte Werbebotschaften mit Vertrauensappellen oder Angstszenarien präsentiert.

Die Höhe der Versicherungsbeiträge kann proportional oder als Pauschale berechnet werden. In Solidarsystemen richtet sich die Höhe der Beiträge nach der wirtschaftlichen Leistungsfähigkeit, in Deutschland und Österreich z. B. ist die Berechnungsgrundlage das Arbeitseinkommen der Versicherten. Die Beiträge werden zu (ungefähr) gleichen Anteilen vom Arbeitnehmer und vom Arbeitgeber bezahlt. Selbstständige müssen ihre Beiträge komplett selbst bezahlen. Es gibt aber auch Vorschläge, andere Einkommensarten mit heranzuziehen, z. B. Mieteinnahmen und Kapitalerträge. In manchen Versicherungsmodellen sind nicht arbeitende Familienmitglieder mitversichert, in anderen nicht. Das Modell der Kopfpauschale sieht im Grundsatz vor, dass für jede einzelne Person derselbe Beitrag entrichtet werden muss, was zunächst Paare mit Alleinverdiener und Familien mit Kindern höher belastet. Soziale Härten können dann ggf. durch staatliche Zuschüsse, Höchstbeiträge und andere Sonderregeln vermieden oder abgemildert werden. Privatwirtschaftliche Versicherungen ermitteln die Beitragshöhe hingegen nach individuellen Risikostrukturen, meist auf Basis des Alters und des Gesundheitszustands der versicherten Personen.

Die Debatten in Einheitsversicherungen oder staatlichen Systemen drehen sich überwiegend um Details des Leistungsumfangs – was soll übernommen werden und was nicht und ist dies in bestimmten Einzelfällen gerecht oder nicht. Komplizierter ist die Beurteilung privatwirtschaftlicher Versicherungen. In den Selbstbeschreibungen des Versicherungswesens dienen Versicherungen der gegenseitigen finanziellen Absicherung von Risiken in einer Beitragsgemeinschaft.[340] Die soziologische Systemtheorie ordnet Versicherungsunternehmen dem Wirtschaftssystem zu. In modernen Gesellschaften operieren Versicherungen typischerweise mit Geld – Schäden werden in Zahlungen übersetzt.

340 Vgl. Manes 1906: 4; Schug 2011.

Grundsatz des Versicherungsprinzips

Ein individueller finanzieller Schaden wird durch eine Versicherung auf ein Kollektiv (die bereits erwähnte Beitragsgemeinschaft) verteilt – und damit die spezifische Gefahr eines Schadens, da sein Ausmaß bzw. seine Auswirkung für die Einzelne oder den Einzelnen verringert wird.

Die Reichweite einer Versicherung kann umfassend sein; wenn z. B. alle Bürger und Bürgerinnen eines Staates zu einem persönlichen, angemessenen bzw. gerechten Beitrag[341] verpflichtet sind und im Gegenzug einen Anspruch auf vorher definierte Leistungen haben. Ein verbindlicher, allgemeiner, geringer, quantifizierbarer Schaden in Form des Versicherungsbeitrags ermöglicht den unmittelbaren Ausgleich eher seltener, individueller Einzelschäden,[342] die die Betroffenen finanziell schwer belasten oder gar ruinieren würden. Charakteristisch für das Versicherungsprinzip ist das Ansparen eines Geldvermögens, das im Versicherungsfall unmittelbar verfügbar ist. Durch dieses Verfahren wird die grundsätzliche Bereitschaft aller Mitwirkenden vom Versicherungsfall zeitlich entkoppelt. Denn wenn der Schaden zum Zeitpunkt direkt beglichen werden müsste, besteht die Gefahr, dass im Schadensfall plötzlich einige oder viele ihre Solidarität verweigern oder ausfallen, weil sie ihren Beitrag momentan nicht leisten können.

Umfang und Eintrittswahrscheinlichkeit des versicherten Schadens ist für die Einzelnen zwar nicht kalkulierbar, kann aber auf Kollektivebene statistisch geschätzt werden,[343] solange es nicht um totale Katastrophen[344] geht, die die staatliche Ordnung bzw. die Rechtsordnung beschädigen oder zerstören (Krieg, Umsturz der Gesellschafts- bzw. Rechtsordnung, umfassende Natur- oder Umweltkatastrophen im Wortsinne). Eine Versicherung gegen den Weltuntergang wäre ein schlechtes Geschäft für den Versicherungsnehmer.

Es kann aber auch eine Wahlsituation geschaffen werden, bei der sich jede und jeder Einzelne entscheiden muss zwischen dem Risiko, unversichert Opfer eines schädlichen Ereignisses zu werden, oder dem Risiko, sich zu versichern und danach keine Leistungen dieser Versicherung zu benötigen. Das ist die typische Ausgangssituation privatwirtschaftlicher Versicherungen auf dem freien Versicherungsmarkt. Im Rahmen eines Subsidiaritätsmodells[345] mit allgemeiner Versicherungspflicht können privatwirtschaftliche Versicherungen aber auch zur Absicherung existenzieller bzw. grundlegender Risiken herangezogen werden.[346]

341 Je nachdem, was genau als gerecht oder angemessen vereinbart wurde.

342 Dies ist das Grundmuster. Es gibt natürlich Ausnahmen, bei denen der Leistungsfall erwartbar und kein Schaden im eigentlichen Sinne ist, z. B. die Rentenversicherung für die Altersrente.

343 Vgl. Pilz 2009: 103.

344 Vgl. Luhmann 1991: 11 ff.

345 Vgl. Pilz 2009: 101 f.

346 Wenn ein nichtversicherter Verursacher eines Schadens kein Geld hat, bleiben die Geschädigten auf dem Schaden sitzen, außer sie sind gegen Ausfall versichert.

Ein Beispiel ist die obligatorische Kfz-Haftpflichtversicherung, die jeder und jede abschließen muss (bei freier Wahl des Anbieters).

Es werden grundsätzlich zwei Versicherungsprinzipien unterschieden,[347] unabhängig von der Art des Trägers. Das Solidarprinzip ist an den Gedanken der Solidargemeinschaft angelehnt: Eine Gruppe bzw. ein Kollektiv von Menschen kommt gemeinsam für den finanziellen Schaden eines oder einer Einzelnen auf, so dass der individuelle Schaden verringert bzw. der finanziell zurechenbare Anteil[348] auf alle Mitglieder des Kollektivs verteilt wird. Beim Äquivalenzprinzip leistet jeder Versicherungsnehmer und jede Versicherungsnehmerin einen individuellen Beitrag, und seine bzw. ihre Leistungsansprüche entsprechen der Höhe der Beiträge (▶ Kap. 4.1.1). Beide Versicherungsprinzipien können auch kombiniert werden. In der gesetzlichen Krankenversicherung Deutschlands sind z. B. beide Prinzipien realisiert. Die Krankenbehandlung erfolgt nach dem Solidarprinzip, Behandlungs- oder Rehabilitationskosten werden hingegen nach individuellem Bedarf als Sachleistungen gewährt. Jeder und jede bekommt, was für medizinisch notwendig erachtet wird, wobei das medizinisch Notwendige kein objektiv bzw. rein medizinisch ermittelbarer Gegenstand ist, sondern das Ergebnis komplexer politischer Aushandlungsprozesse. Das Krankengeld wird hingegen nach dem Äquivalenzprinzip gezahlt und richtet sich nach der Einkommenshöhe.[349]

Das entscheidende Merkmal privatwirtschaftlicher Versicherungen ist ihre systemtheoretische Zuordnung: Sie sind Teil des Wirtschaftssystems, weshalb ihr Angebot die Risiken ihrer Kundinnen und Kunden zwar zum Anlass hat, nicht aber zum Gegenstand. Der binäre Code des Wirtschaftssystems lautet *Zahlen/Nichtzahlen*[350] und jede Kommunikation wird in dieses Schema übersetzt. Versicherungsunternehmen verwenden in ihrer Werbung viele Begriffe, die erwarten lassen, dass von ihnen Sicherheit als Dienstleistung verkauft würde: Es ist von der Absicherung persönlicher Risiken, Schutz, Hilfe, Gemeinschaft und Solidarität die Rede. Aus der Sicht des Wirtschaftssystems haben Versicherungen aber nicht primär die Funktion einer individuellen Risikoabsicherung, sondern sie sind Finanzprodukte, die mit der Unsicherheit der Kunden und Kundinnen Profit erwirtschaften. Die tatsächliche Absicherung von Risiken kann dabei nur soweit berücksichtigt werden, wie sie Profitchancen verbessert oder verschlechtert, also in Zahlungen übersetzt werden kann. Die Zielgruppe (potenzielle Versicherungskundinnen und -kunden) wird ein Produkt nicht kaufen, von dem sie sich nichts verspricht. Es können realistische Gefahren und Schäden versichert werden, aber auch marginale oder gar extrem unwahrscheinliche, die emotional besetzt sind und auf Zahlungsbereitschaft stoßen; die Furcht der Kunden vor Schä-

347 Ebd.

348 Vom Grundprinzip her schützt eine Krankenversicherung ja nicht vor Krankheiten, sondern kommt für Folgekosten auf. Selbstverständlich haben die meisten Krankenversicherungen Präventionsprogramme mit im Angebot, diese sind aber sekundär. Prävention erfordert kein Versicherungsarrangement.

349 Vgl. Pilz 2009: 112 ff.

350 Luhmann 1990: 177, vgl. Luhmann 1997: 722–730.

den wird in Beitragszahlungen übersetzt. Diese Zahlungen können an die tatsächlich erwartbaren Schäden angepasst werden, es können aber auch Gefahren bzw. Schäden selektiv behandelt werden. Der Versicherungsmarkt ist groß und anonym, und das versicherte Kollektiv ist weniger eine Gemeinschaft als vielmehr eine rein formale Gruppe. Der einzelne Versicherte stellt Kosten-Nutzen-Rechnungen an, vermutlich zunächst einmal ohne ein Gemeinwohl im Blick zu haben. Die Beitragszahlungen sind für ihn konkreter als der potenzielle Schutz vor hypothetischen oder fiktionalen Schäden. In echten Solidarsystemen wird durch Mitglieder mit tatsächlichen bzw. besonderen Risiken die Beitragssumme für alle erhöht. Auf dem freien Markt kann der Anbieter nach dem Äquivalenzprinzip individuelle Risikoprofile erstellen (im günstigsten Fall intransparent) und unterschiedliche Beiträge verlangen. Er kann aber auch das Kollektiv begrenzen und nur diejenigen versichern, die ein geringes Risiko für den Eintritt eines bestimmten Schadens haben. Personen mit konkret erwartbaren Risiken, die einer Absicherung bedürfen, werden von vornherein als Kunden und Kundinnen ausgeschlossen, wenn es keine gegenteiligen gesetzlichen Vorschriften gibt – z. B. Kranke, Alte, allgemein Personen mit einem prospektiv hohen Krankheitsrisiko, Hausbesitzerinnen in Gebieten mit hoher Erdbebengefahr, Inhaber gefährlicher Berufe (im Versicherungsjargon *schlechte Risiken*). Bevorzugte Kundinnen und Kunden sind hingegen solvente Personen mit großer Angst vor tatsächlich unwahrscheinlichen Ereignissen bzw. geringer individueller Gefährdung. Risikoprüfungen dienen der Minimierung der Kosten für den Anbieter durch Leistungszahlungen, der Profit wächst mit der Diskrepanz zwischen objektivem Risiko und subjektiven Risikoerwartungen. Liegt ein Versicherungsmarkt ohne Versicherungspflicht vor, kann dem Geschädigten eine spezielle Form individueller Schuld zugeschrieben werden – die Schuld, sich nicht gegen einen Schaden versichert zu haben, auch wenn der Schaden selbst zufällig eingetreten ist.

4.10 Basismedizin versus Maximalmedizin

Für die Verteilung eines begrenzten Budgets an Ressourcen (Geld, aber auch Zeit, räumliche Kapazität oder Personal) gibt es zwei Grundprinzipien: Priorisierung und Rationierung.

Priorisierung und Rationierung

Diese beiden Prinzipien überschneiden sich, werden aber verschiedenen Szenarien zugeordnet. Priorisierung wird eher auf Situationen angewendet, in denen genug Ressourcen zur Verfügung stehen, als Ordnungsprinzip um Verschwendung zu vermeiden. Rationierung meint die Verteilung unzureichender Ressourcen in Notsituationen – die Behandlung von verletzen Soldaten und Soldatinnen im Lazarett oder die Lebensmittelverteilung bei Hungersnot.

Die Debatte um die Gestaltung von Gesundheitssystemen ist stark vom Gedanken der Knappheit geprägt und Rationierung wird gerne als dramatisierender Begriff im Kampf um Geldzuteilungen verwendet. Vernachlässigt wird dabei oft das Ausmaß bzw. der Grund einer konkreten Knappheit. Das können gezielt eingesetzte Budgetbeschränkungen für Haus- oder Fachärztinnen sein (z. B. für die Verschreibung von Physiotherapie oder teuren Medikamenten), überzogene Ansprüche von Patienten, Einkommens- bzw. Gewinnerwartungen von Leistungserbringern oder die Preisgestaltung für neue Medikamente durch Pharmaunternehmen. Akzeptiert man Knappheit, wird Rationierung durch komplizierte Verhandlungs- und Abwägungsprozesse umgesetzt, bei denen selten medizinische Erfordernisse im Vordergrund stehen.

Knappheit und Rationierung erscheinen nochmals in einem anderen Licht, wenn man die staatliche Ebene verlässt. Mit den Übersichten des vorangegangen Kapitels im Blick könnte man auch überlegen, ob nicht eine Umverteilung von Mitteln auf die gesamte Weltbevölkerung effektiver wäre als die Verschwendung von Geldern in vielen reichen Industrieländern. Es gibt z. B. eine Initiative verschiedener NGOs für eine allgemeine Basismedizin, die mit relativ bescheidenen Mitteln die Versorgung für eine große Zahl von Menschen stark verbessern würde.[351] Das provoziert Aufrechnungsprozesse im Detail, mit denen dieses Anliegen unmittelbar diskreditiert werden kann. Man kann dann ausrechnen, wie viele Kinder für die Kosten einer Herz- oder Lungentransplantation geimpft werden können. Eine Herzpatientin auf der Warteliste wird das anders sehen als eine Mutter in Afrika, für die Transplantationsmedizin grundsätzlich unerreichbar ist; es sei denn als Finanzressource, wenn ein wohlhabender Interessent ihre Niere kaufen möchte. Anders sieht es aus, wenn man sich auf großzügige Mittelverwendungen konzentriert, die internen Wertschöpfungen dienen, deren Nutzen aber selbst für die betroffenen Patienten fragwürdig ist – beispielsweise die maschinelle Lebenserhaltung für Wachkomapatienten und -patientinnen oder die Ernährung dementer Pflegeheiminsassen mittels PEG-Sonde.[352]

351 U. a. medico international: www.medico.de/gesundheit
352 Eine Kritik solcher Praktiken z. B. bei de Ridder 2010 oder Thöns 2016.

5 Methoden der empirischen Sozialforschung

Grundbegriffe

Empirisch, Paradigma, Qualitative und Quantitative Forschung, Gütekriterien der Forschung (Objektivität, Reliabilität, Validität), Offenheit und Strukturierung, Reaktivität

5.1 Qualitative und Quantitative Forschung

Die Soziologie gewinnt ihre Erkenntnisse auf zwei Wegen. Einmal auf dem klassisch geisteswissenschaftlichen Weg – durch Nachdenken, durch den Diskurs mit Anderen, die nachdenken, und durch das Lesen von Texten. Der zweite Weg ist die Erforschung der »Welt da draußen« – die Erhebung von Daten mit Methoden der empirischen[353] Sozialforschung und die Erzeugung von Wissen aus diesen Daten. Empirische Sozialforschung ist nicht auf Sozialwissenschaften beschränkt, sie findet immer dann statt, wenn Daten von menschlichen Subjekten erhoben werden. Auch Ärzte oder Wirtschaftswissenschaftlerinnen, die systematisch Informationen von Patienten oder Kundinnen erfragen, praktizieren empirische Sozialforschung. Durch die herausgehobene Rolle der Methodenlehre ist die Soziologie Bezugswissenschaft für die anderen empirisch arbeitenden Sozial- und Kulturwissenschaften und liefert zusammen mit der Psychologie den Grundstock des Methodenrepertoires. Seit Mitte des 20. Jahrhundert haben sich in der Soziologie zwei Methodenschulen entwickelt, die qualitative und die quantitative (► Abb. 31). Die Unterscheidung quantitativ/qualitativ ist so tiefgreifend, dass viele Autoren sie als unterschiedliche Paradigmen beschreiben.

---

353 Abgeleitet aus dem griechischen Wort für Erfahrung, Wissen aus Erfahrung.

Paradigma

Paradigma ist ein Begriff aus der Philosophie bzw. Wissenschaftstheorie.[354] Bezogen auf die empirische Sozialforschung bedeutet das, dass es nicht nur um praktische Fragen bei der Umsetzung von empirischer Forschung geht. Die Methodenschulen vertreten unterschiedliche wissenschaftstheoretische Auffassungen – was wissenschaftliche Wahrheit ist, wie eine wissenschaftliche Erklärung aussieht, wie man zu Erkenntnis gelangt, was Kriterien guter Forschung sind.

Manche Vertreterinnen und Vertreter gehen so weit, dass sie dem anderen Ansatz grundsätzlich die Möglichkeit absprechend, überhaupt *wahre* Erkenntnisse zu liefern, und dass er allenfalls als Notbehelf oder Zuarbeiter für die eigene, richtige Schule dienen kann. Entsprechend gibt es unterschiedliche Lehrbücher für quantitative oder qualitative Sozialforschung.[355] Andere verstehen die verschiedenen Methodenrichtungen als sich ergänzende Gegenpole, die unterschiedliche Aspekte desselben Gegenstands erfassen und daher sinnvoll kombiniert werden können[356] oder sogar müssen[357]. Eine systematische Ausarbeitung dieses Ansatzes wird Mixed Methods genannt.

Im Grundsatz arbeiten qualitative und quantitative Ansätze mit denselben Methoden: Beobachtung, Befragung und Inhaltsanalyse von Spuren oder Artefakten. Unterschiedlich ist aber die Herangehensweise an den Forschungsgegenstand, die Form der Datenerhebung, die Art der Analyse und auch die wissenschaftstheoretische Fundierung des eigenen Vorgehens.

Offenheit und Strukturierung

Für die Qualitative Forschung stehen Offenheit und kommunikative Interaktion im Vordergrund. Die Quantitative Forschung versucht demgegenüber, durch einen hohen Grad an Standardisierung und Strukturierung ihre Ansprüche an Objektivität, Vergleichbarkeit und Verlässlichkeit (Reliabilität) der gewonnenen Daten sicherzustellen. Dies geschieht durch standardisierte Fragebögen, Beobachtungsprotokolle oder Kodierbögen, die möglichst genau vorgeben, welche Sachverhalte wie erfasst werden sollen. Die erhobenen Daten werden möglichst in Zahlenwerte umgewandelt (kodiert) und diese Zahlen anschließend statistisch ausgewertet.

354 Diese Verwendung des Begriffes stammt von Thomas S. Kuhn (1962).

355 Eine Ausnahme ist das Buch von Kromrey/Roose/Strübing 2016, das beide Ansätze behandelt. Quantitativ ausgerichtet sind Schnell/Hill/Esser 2013 oder Häder 2019, rigoros qualitativ ist z. B. Lamnek 2005. Viele Einführungen nennen ihre Methodenrichtung im Titel.

356 Aus *quantitativer* Perspektive vgl. Diekmann 2013: 531–547, aus *qualitativer* Perspektive: Strübing 2018: 3–10.

357 Kelle 2008.

Tab. 31: Qualitativer und quantitativer Ansatz

Ansatz »Paradigma«	Qualitative Sozialforschung	Quantitative Sozialforschung
Prinzipien der Forschung	• Hypothesen generierend, explorativ • wenige Fälle werden intensiv und tief gehend untersucht • der Struktur des jeweiligen Falles soll Rechnung getragen werden • Forschung ist offen, kommunikativ, reflexiv und flexibel; Rekonstruktion der Sinndeutungen der untersuchten Subjekte • sprachlich-hermeneutische Analyse von Daten (meist in Textform)	• theoriegeleitetes Vorgehen; Prüfung von Hypothesen • Operationalisierung: Die Forschungsfragen werden auf wenige Merkmale (Indikatoren) reduziert • hohe Fallzahlen, Standardisierung • Verallgemeinerbarkeit der Ergebnisse nach den Anforderungen der schließenden Statistik • Überprüfung des Status bekannter bzw. erwarteter Sachverhalte
Typische Verfahren	• narrative oder leitfadengestützte Interviews • qualitative Inhaltsanalyse • Grounded Theory • teilnehmende Feldforschung • Ethnographie; auch: offene Fragen in Fragebögen	• standardisierter Fragebogen oder Beobachtungsbogen • Fragen/Items mit abgestuften Antwortskalen • stichprobenbasierte Umfragen • Zählen und Messen • statistische Datenanalyse
Gütekriterien	• Gegenstandsangemessenheit • empirische Sättigung • theoretische Durchdringung • textuelle Performanz • Originalität der Forschung	• Objektivität • Reliabilität (Zuverlässigkeit des Messverfahrens) • Validität (es wird das gemessen, was gemessen werden soll)
Kritik der Gegner	• mangelnde Objektivität • Gefahr interpretatorischer Willkür • selektives Sampling • unklare Kriterien für Repräsentativität • keine einheitlichen Gütekriterien	• mangelnde Validität durch ungeeignete Items/Fragen • Standardisierung fördert Artefakte • die eigenen statistischen Anforderungen werden oft nicht erfüllt
Keines der beiden Prinzipien ist grundsätzlich überlegen, entscheidend ist das Forschungsinteresse. In Mixed-Method-Designs werden sie kombiniert.		

Der quantitative Ansatz orientiert sich am Wissenschaftsverständnis der Naturwissenschaften und ist wissenschaftstheoretisch homogener ausgerichtet. Man kann davon ausgehen, dass Lehrbücher inhaltlich ähnlich sind und sich auf dieselben Grundlagen beziehen (Gütekriterien, statistische Verfahren, Wissenschaftstheorie). Der qualitative Ansatz ist in weitere Schulen unterteilt, die z. T. wiederum in Konkurrenz zueinander stehen. Oft sind einzelne Schulen mit speziellen Methoden der Datenauswertung und prominenten Namen gekoppelt, z. B. die qualitative Inhaltsanalyse nach Mayring oder die Grounded Theory nach Glaser und Strauß.[358]

358 Nach einem Zerwürfnis von Glaser und Strauß haben sich zwei Teilschulen der Grounded Theory gebildet. Einen Überblick über qualitative Methoden und Schulen

Seit einigen Jahren wird über Gütekriterien für Qualitative Forschung diskutiert, da die klassischen Gütekriterien (Objektivität, Reliabilität und Validität) als unangemessen angesehen werden. Bisher gibt es keine allgemein akzeptierten Gütekriterien für Qualitative Forschung. In der Tabelle ist ein Vorschlag für fünf Kriterien von Strübing et al. wiedergegeben;[359] ob sich diese breit etablieren werden, ist noch nicht absehbar.

Die empirische Sozialforschung in der Medizin ist bisher noch überwiegend quantitativ ausgerichtet, mit der Psychologie als zentraler Bezugswissenschaft. Seit einigen Jahren etablieren sich aber allmählich auch im Umfeld der Gesundheitswissenschaften qualitative Methoden.[360] Qualitatives Forschen hat hier mit Vorbehalten von beiden Seiten zu kämpfen: von Vertretern und Vertreterinnen der naturwissenschaftlichen Tradition ohne tiefere Kenntnis qualitativer Prinzipien[361] und von Vertretern und Vertreterinnen der qualitativen Schulen aus den Sozialwissenschaften, denen die Arbeit der Neulinge nicht professionell genug ist. Um nachhaltig Fuß zu fassen, werden Geduld und Hartnäckigkeit ausschlaggebend sein.

5.2 Grundlegende Methodentypen

5.2.1 Übersicht

Die meisten Lehrbücher gliedern die Methoden der empirischen Sozialforschung in drei Grundtypen: Inhaltsanalyse, Beobachtung und Befragung. Vereinzelt wird noch das Experiment als eigener Typus angeführt (▶ Tab. 32). Das Experiment ist aber keine eigene Methode, sondern eine kontrollierte Versuchsanordnung, die auf alle drei Methodentypen angewendet werden kann. Im Rahmen eines Experiments werden einzelne Variablen (z. B. Rahmenbedingungen) variiert, um Vermutungen von Ursache und Wirkung zu untersuchen.

Reaktivität

Ein wichtiges Kriterium ist die Reaktivität der Datenerhebung. Damit ist gemeint, ob und wie weit die untersuchten Personen eine Datenerhebung (das Beforscht-Werden) wahrnehmen und darauf reagieren. Manche Verfahren lassen sich verdeckt anwenden, es gibt aber methodische und forschungsethische Grenzen. Geläufig ist die verdeckte Beobachtung, aber eine Erhebung ist auch

liefert das Handbuch »Qualitative Forschung« von Flick et al. 2010, das aus Aufsätzen prominenter Vertreterinnen und Vertreter besteht.

359 Ausführlich Strübing et al. 2018, https://doi.org/10.1515/zfsoz-2018-1006; ebenso bei Strübing 2018: 204-217.

360 Pionierarbeit leistet der Sammelband von Vollmann/Schildmann 2011.

361 Ebd.: 6 f.; 25–43.

dann verdeckt, wenn der wissenschaftliche Hintergrund bzw. das tatsächliche Interesse nicht offengelegt wird. Man lässt z. B. Fotos von Personen nach Berufen sortieren, interessiert sich aber tatsächlich dafür, ob die Zuordnung von Ärztinnen länger dauert als die von Ärzten.

Tab. 32: Grundlegende Formen der Datenerhebung

Inhaltsanalyse	Beobachtung	Befragung	Experiment
• Auswertung bereits vorhandener bzw. indirekt gewonnener Daten	• der Untersuchungsgegenstand (die Zielpersonen) bleibt passiv	• Erfragung der gewünschten Daten von den interessierenden Personen	• Prüfung von Hypothesen in kontrollierten Situationen
• Analyse von Texten, Filmen, Bildern nach semantischen Inhalten oder formalen Aspekten • Analyse von Spuren: z. B. Kommunikations- oder Bewegungsprofile (elektronische Spuren: *Big Data*), Abfall, Artefakte (Archäologie)	• teilnehmend oder nicht teilnehmend, • offen oder verdeckt (Forschungsethik) • im Labor oder im Feld	• Einzelperson oder Personengruppen • persönliches Interview (face-to-face) • telefonisches Interview • schriftliche Befragung (PAPI[362], online, Chat)	• Labor- oder Feldexperiment spezielle Anordnung/Form der Datenerhebung • alle drei Methodentypen können in experimentellen Designs angewendet werden.
• keine Reaktivität, die Produktion der Daten erfolgt nicht in Hinblick auf die Inhaltsanalyse	• offene Beobachtung ist reaktiv, verdeckte Beobachtung nicht	• hohe Reaktivität, Befragung ist eine soziale Interaktion	• hohe Reaktivität bei offenen Experimenten, Kontrolle durch »Verblindung«[363]

Die Unterscheidung qualitativ/quantitativ kann nicht an diesen Grundformen festgemacht werden. Entscheidend ist die Offenheit der Forschungsfragen und der Grad der Vorstrukturierung der Datenerhebung. Inhaltsanalyse, Beobachtung und Befragung können gleichermaßen im Rahmen des qualitativen und des quantitativen Ansatzes durchgeführt werden. Nur das Setting »Experiment« gehört klar zum quantitativen Ansatz, weil es eine Standardisierung benötigt, um Einzelvariablen voneinander trennen zu können.

---

362 Papierfragebogen zum selber Ausfüllen (*P*aper *a*nd *P*encil *I*nterview).

363 Verblindung bedeutet, dass die Beteiligten nicht wissen, zu welcher Versuchsgruppe sie gehören, z. B. bei einem Medikamententest. Im einfachsten Fall gibt es eine Versuchsgruppe, die das Medikament einnimmt, und eine Kontrollgruppe, die ein Placebo, ein Referenzpräparat oder überhaupt nichts einnimmt. Bei einer Doppelblindstudie wissen auch die Versuchsleiterinnen nicht, wer zu welcher Gruppe gehört. Vgl. Weiß 2019: 255–256.

5.2.2 Inhaltsanalyse

Der erste der drei grundlegenden Methodentypen ist die Inhaltsanalyse von Texten, Spuren oder Artefakten. Der Begriff wird doppelt verwendet, denn auch bei der Anwendung der beiden anderen Hauptmethoden – Beobachtung und Befragung – werden am Ende Inhalte analysiert, aber eben die Inhalte, die man im Rahmen des Verfahrens erhoben hat, und typischerweise in Textform. Im Rahmen der Inhaltsanalyse als eigenem Verfahren sind mit »Inhalten« jedoch Daten gemeint, die bereits vorliegen oder indirekt gewonnen wurden. Indirekt bedeutet, dass diese Daten nicht speziell für die aktuelle Auswertung erhoben wurden. Eine Inhaltsanalyse kann also durchaus Interviews als Grundlage haben – z. B. journalistische Interviews oder Expertengespräche oder sozialwissenschaftliche Interviews, die in einem anderen Zusammenhang geführt worden waren. Entscheidend ist, dass die Daten nicht eigens für den aktuellen Forschungszweck generiert wurden. Die Inhaltsanalyse kann sich mit sämtlichen Produkten menschlichen Handelns bzw. menschlicher Kommunikation befassen. Neben Texten (z. B. Geschichtsbücher, Krankenakten, Zeitungsberichte) auch mit Bildern, Filmen, Tonaufnahmen, aber auch mit Artefakten (z. B. Müll, dem Inhalt von Kleiderschränken, allgemein allem, was Archäologinnen zutage fördern). Neu hinzugekommen sind elektronische Verhaltensspuren, also sämtliche Daten, die bei der Internetnutzung oder der elektronischen Überwachung des Alltagsverhaltens bzw. der Kommunikation anfallen.

5.2.3 Beobachtung

Die Beobachtung (▶ Tab. 33) erfasst das Handeln und Verhalten von Personen oder Personengruppen. Dieses wird durch schriftliche Aufzeichnungen (Feldnotizen und Beobachtungsbögen) oder elektronische Mitschnitte (Audio- oder Videoaufnahmen) protokolliert, wobei letztere im Zuge der Analyse oft wiederum verschriftlicht werden. Beobachtungsdaten versprechen einen direkteren Zugriff auf das Verhalten, ohne eine dazwischengeschaltete subjektive Interpretation der Zielpersonen. Bei der Erforschung des Verhaltens von Tieren (Ethologie) ist die Beobachtung die Hauptmethode, da man Tiere nicht fragen kann. Das gilt entsprechend für nicht sprachfähige Menschen (z. B. Säuglinge) oder für Situationen, in denen nicht geredet wird oder die Akteure nicht befragten werden können. Bei der Erforschung menschlichen Verhaltens ist die Beobachtung eine Sondermethode, da sie meist aufwändiger als die Befragung ist. Typische Gegenstände von Beobachtung sind unbewusstes bzw. halbbewusstes Verhalten und komplexe Situationen mit mehreren Akteuren, vor allem im »Feld« – also in der realen Umgebung. Die Bandbreite reicht von der klassischen Sozialreportage und ethnografischen Forschungen bis hin zu neueren Verfahren wie der Videoanalyse von Alltagssituationen.[364] Beobachtung kann nach quantitativen oder qualitativen Forschungsprinzipien erfolgen. Quantitative Beobachtung ist hypo-

364 Zur Einführung z. B. Tuma/Schnettler/Knoblauch 2013.

thesengeleitet und stark vorstrukturiert – man weiß vorher, was man wie beobachten möchte, und gestaltet danach die Datenerhebung. Typisch sind Beobachtungsbögen, die standardisierten Fragebögen ähneln. Die Beobachtungen werden von den ausführenden Personen in vorgegebene Felder eingegeben bzw. durch das Ankreuzen von Kästchen erfasst. Die qualitative Beobachtung orientiert sich am Ideal der Unvoreingenommenheit und Offenheit und dient vor allem der Erkundung eines unvertrauten Gebietes (Exploration) – fremde Länder aber auch fremde Lebenswelten, Milieus oder Alltagssituationen in unserer Gesellschaft. Aus Sicht des Forschers sind sämtliche Situationen und Settings, die nicht zur eigenen Lebenswelt gehören, fremd und können mit soziologischem Blick beobachtet und analysiert werden: etwa der alltägliche Umgang von Hausärztin und Sprechstundenhilfen in einer Praxis, die Abläufe bei der Übergabe eines Patienten durch Rettungssanitäter oder die Kommunikationsverläufe während einer logopädischen Sitzung mit einem Kind unter Anwesenheit der Mutter. Beobachtung kann offen oder verdeckt geschehen, die Forscherinnen und Forscher können an der Situation beteiligt sein oder diese eher von außen beobachten.[365] Bei verdeckter Beobachtung mit audiovisueller Aufzeichnung ist die Wichtigkeit forschungsethischer Grundsätze besonders augenfällig, vor allem der Schutz von Privatsphäre und Persönlichkeit der Zielpersonen.

Tab. 33: Aspekte sozialwissenschaftlicher Beobachtung

Offensichtlichkeit	offen	Forscherin und/oder Gerätschaften sind klar erkennbar, die Zielpersonen wissen, dass sie beobachtet werden
	verdeckt	Versteckte Kamera, Forscherinnen geben sich nicht zu erkennen
Involvierung	teilnehmend	Forscher gibt sich als Kunde, Patient oder Angehöriger aus (bzw. ist das)
	nicht teilnehmend	Forscherin bleibt außerhalb oder tritt überhaupt nicht in Erscheinung
Beobachtungsort	Feld	natürliche Umgebung der beobachteten Personen/Situationen
	Labor	spezieller Raum mit Einwegspiegel, nachgestellte Settings
Wer beobachtet wen?	Fremdbeobachtung	übliche Anordnung – Forscher beobachten Zielpersonen
	Selbstbeobachtung	Introspektion in der frühen Psychologie, Rekonstruktion automatisierter Handlungen (wie ziehe ich eine Spritze auf?)
Strukturiertheit	stark strukturiert	zählen, wie oft ein Kind seine Mutter anschaut; messen, wie lange wer redet; standardisierter Beobachtungsbogen (Prüfung von Hypothesen)
	offen	Beobachtung ohne Vorannahmen (eher explorativ)

365 Ausführlich bei Weischer/Gehrau 2017.

Tab. 33: Aspekte sozialwissenschaftlicher Beobachtung – Fortsetzung

Situationskontrolle	unkontrolliert	keine Eingriffe oder Manipulationen
	kontrolliert	setzen von Stimuli, Provokation

Für alle Aspekte gibt es Zwischenformen, alle Aspekte sind kombinierbar.

Für alle Aspekte der Übersicht gibt es Zwischenstufen. So kann etwa eine verdeckte Beobachtung vorher durch die Forscher angekündigt werden – die Zielpersonen erklären sich dann z.B. damit einverstanden, dass sie in den nächsten Tagen zu wissenschaftlichen Zwecken mit versteckten Kameras beobachtet werden, der eigentliche Beobachtungsvorgang bleibt dann aber verdeckt. Verdeckte Beobachtung soll Reaktivität verhindern, also ein verändertes Verhalten der beobachteten Personen aufgrund der Beobachtung. Andererseits zeigt die Erfahrung, dass bei länger andauernder Beobachtung die Reaktivität allmählich abnimmt und sich das Verhalten der beobachteten Personen normalisiert.

Im Einzelfall wird die genaue Vorgehensweise weniger von den wissenschaftlichen Erfordernissen bestimmt als vielmehr von den Grenzen des Machbaren (juristische, politische, ethische, finanzielle Grenzen, und nicht zu vergessen die Kooperationsbereitschaft der Zielpersonen).

5.2.4 Befragung

Die Befragung ist die am häufigsten eingesetzte Methode der empirischen Sozialforschung, kommt aber auch in vielen anderen gesellschaftlichen Kontexten bzw. sozialen Interaktionen vor. Die folgende Liste versucht zur Abgrenzung eine grobe Zuordnung in vier Typen von Befragungen:

1. alltägliche Interaktion ohne Autoritätsgefälle: gegenseitiges Erzählen bzw. informierender Austausch, auch ritualisiertes Fragen zur Markierung oder Bekräftigung eines Beziehungsstatus (»Na, wie geht's?«), subtiles Aushorchen
2. institutionalisierte bzw. formale Befragung mit Autoritäts- bzw. Machtgefälle: Anhörung, Vernehmung, Verhör, Prüfung, Beichte
3. Befragung im Zuge beruflicher/professioneller Interaktion: Beratungs- und Verkaufsgespräch (Erfragung von Kundenwünschen und Kundenbedürfnissen), Auskunftsersuchen, journalistische Recherche, Anamnesegespräch durch Arzt, Apothekerin oder Therapeut[366], Vorstellungsgespräch im Rahmen einer Bewerbung oder Wohnungssuche
4. wissenschaftliche Befragung zur Informationsgewinnung. Besondere Voraussetzungen und Probleme: Die befragte Person ist nicht zur Auskunft verpflich-

366 Hier hätte die Floskel »Na, wie geht's« durch den professionellen Rahmen eine andere Bedeutung als im gewöhnlichen Alltag. Die Antwort wird gegenüber dem Arzt anders ausfallen als gegenüber einer Freundin oder Arbeitskollegin.

tet, ihre Kooperation ist freiwillig.[367] Ihre Antworten und Auskünfte werden nicht sanktioniert, etwa durch moralische Bewertung oder unmittelbare Folgen. Befragter und Befragte kennen sich nicht, die Interaktion bleibt also sozial unverbindlich und mündet nicht in eine längere oder tiefergehende Beziehung.[368]

Es ist klar, dass die Prinzipien der wissenschaftlichen Befragung Idealziele sind, die in der Praxis nur teilweise umgesetzt werden können; aber das gilt für alle Formen der Befragung zur sachorientierten Informationsgewinnung. Durch die soziale Unverbindlichkeit und wissenschaftliche Rahmung sind aber Fragen möglich, die in anderen Kontexten als befremdlich empfunden würden.

Beispiel

Man kann sich das verdeutlichen, wenn man eine bestimmte Frage in verschiedene Kontexte stellt: »Machen Sie täglich Ihre gymnastischen Übungen«? Diese Frage wird im Rahmen einer anonymen Umfrage z. B. im Rahmen einer klinischen Begleitstudie wohl am ehesten aufrichtig beantwortet werden, vor allem, wenn man anonym und alleine einen Bogen ausfüllen kann und der fragenden Person nicht gegenübersitzt. Gegenüber einer Physiotherapeutin oder der Hausärztin (oder den Eltern) könnte eine befürchtete Missbilligung schon zu geschönten Angaben führen (»ja, klar, fast immer, nur einmal bin ich nicht dazu gekommen«). Gegenüber dem Ehepartner (»hast du heute schon …«) könnte sogar eine beleidigte Reaktion folgen, weil man sich bevormundet fühlt (»jetzt kümmere du dich um deine eigenen Sachen und fang jetzt nicht auch noch damit an«).

Für die Beliebtheit und Verbreitung der Befragung als Methode der empirischen Sozialforschung gibt es verschiedene Gründe.

1. In der sozialen Interaktion ist sprachliche Kommunikation allgegenwärtig und damit eine selbstverständliche Art der bewussten bzw. zielgerichteten Vermittlung und Gewinnung von Informationen.
2. Wünsche, Einstellungen, Pläne, Beurteilungen sind am einfachsten – oft sogar ausschließlich – durch sprachliche Kommunikation zugänglich. Das wird klar, wenn man sich den Umgang mit Tieren oder Säuglingen vor Augen führt. Verhaltensweisen und Handlungen lassen sich hier nur durch Beobachtung und ggf. Experimente erschließen, und das auch nur sehr unvollständig. Man kann den Säugling nicht fragen, warum er schreit oder was er sieht, wenn man ihm einen Spiegel vorhält.

---

367 Mit wenigen Ausnahmen, z. B. dem Mikrozensus in Deutschland, einer jährlichen Befragung von 1 % der Bevölkerung durch die amtliche Statistik.

368 Vgl. Diekmann 2013: 439.

3. Befragung ist oft einfacher und kostengünstiger umsetzbar als Beobachtung oder Inhaltsanalyse, auch wenn manche Wissenschaftlerinnen und Wissenschaftler damit rechnen, dass die Auswertung elektronischer Verhaltensspuren der Befragung in manchen Bereichen den Rang ablaufen wird, z. B. in der Verhaltens- und Marktforschung.
4. Da das Fragen in der Alltagskommunikation üblich ist, trauen sich auch viele Nichtfachleute das Beurteilen oder Verfassen einer Befragung zu. Die meisten Lehrbücher zur Befragung als Methode beginnen daher mit Warnhinweisen.[369]

Die Befragung ist nur vordergründig ein einfach anzuwendendes Verfahren, und sie liefert keine grundsätzlich besseren[370] Ergebnisse als andere Methoden. Sie ist von zahlreichen Voraussetzungen abhängig und entsprechend mit Problemen behaftet. Die Entwicklung und Durchführung von Befragungen bzw. Umfragen erfordert Fachwissen und Erfahrung. Wer dies nicht beherzigt, riskiert fehlerhafte Ergebnisse, schlimmstenfalls unbemerkt:[371] Man bekommt das heraus, was man herausbekommen möchte, die Ergebnisse werden durch den Prozess der Datengewinnung verzerrt oder sind überhaupt überwiegend ein Produkt des Forschungshandelns (man spricht dann von Artefakten). Abbildung 21 skizziert die Zusammensetzung der Antwort auf eine Frage (▶ Abb. 21). Die Antwortreaktion des befragten Subjekts setzt sich zusammen aus dem, was man tatsächlich wissen möchte und aus weiteren Komponenten, die man als Verzerrungen dieser ›Wahrheit‹ interpretiert. Der Block »befragte Person« beinhaltet das, was von den internen Prozessen des psychischen Systems erzeugt wird. Soziale Erwünschtheit und Impression Management sind Strategien zur Kontrolle des Selbstbildes (das Themengebiet von Erving Goffman). Response Set sind allgemeine Antwortmuster wie z. B. die Tendenz, eher »ja« als »nein« zu sagen oder bei Antwortskalen zum Ankreuzen die Mitte zu bevorzugen. Weitere Verzerrungen werden durch allgemeine kognitive Prozesse verursacht, z. B. die Funktionsweise des Gedächtnisses. Man erinnert sich eher an Auffälliges und Besonderes – Overreporting ist die Tendenz zur Übertreibung, der Teleskopeffekt ist die Ausweitung eines Erinnerungszeitraums (wie oft hatten Sie letzten Monat Kopfschmerzen? Der Befragte hatte letzten Monat keine, aber vor fünf Wochen einen heftigen Anfall und nimmt ihn quasi in den ›letzten Monat‹ mit hinein). Auch die Interviewsituation beeinflusst die Antworten befragter Personen. Interviewermerkmale bei direkten Interviews[372] sind Geschlecht, Alter, Freundlichkeit, Erscheinungsbild, außerdem gehört dazu der Sponsorship-Effekt: Manche Auftraggeber und Auftraggeberinnen (oder bei ihnen vermutete Intentionen) können strategische Antworten provozieren – es ist ein Unterschied, ob eine Mitarbeiterbefragung zur Gesundheit im Auftrag des Arbeitgebers oder einer Gewerkschaft durchgeführt wird.

369 Z. B. der Klassiker »Fragebogen« von Rolf Porst 2014: 11–17.

370 Keine Ergebnisse, die valider sind – also näher an der Wahrheit.

371 Vom Forscher selbst oder von der kritischen (Fach-)Öffentlichkeit. Was schlimmer ist, hängt vom Standpunkt der Beobachterin ab. Fehlermeidung ist die beste Option.

372 In der direkten Interaktion, am stärksten face-to-face, auf die Stimme reduziert bei telefonischen Befragungen.

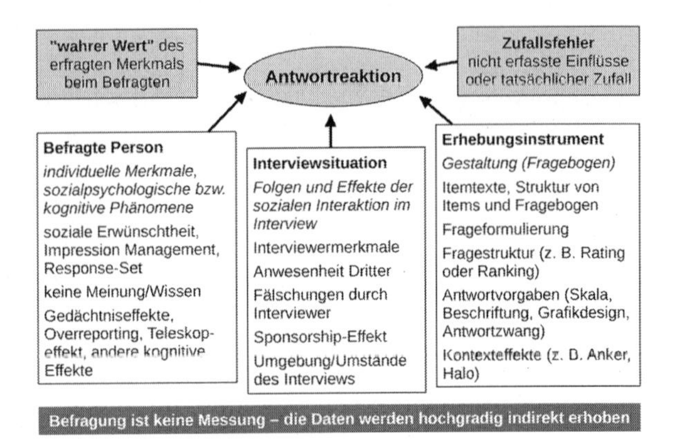

Abb. 21: Fehlerquellen bei Befragungen

5.3 Mixed Methods

Unter Mixed Methods versteht man die Verwendung quantitativer und qualitativer Forschungsmethoden zusammen in einem Forschungsprojekt. Bis in die 1930er Jahre waren in der empirischen Sozialforschung Pragmatismus und Experimentierfreude verbreitet. Klassische Studien mit integrierter Methodenverwendung sind die »Die Arbeitslosen von Marienthal« von Jahoda/Lazarsfeld/Zeisel (1932/1960) und die sogenannten *Hawthorne-Studien* von Röthlisberger/Dickson/Wright (1924–1933, publiziert 1939). Die scharfe Abgrenzung zwischen Vertretern und Vertreterinnen der quantitativen und der qualitativen Methodenschule etablierte sich erst danach. In den 1980er Jahren wurde dann der integrierte Methodeneinsatz als Mixed Methods (wieder-)eingeführt. Vielleicht wird damit wie beabsichtigt die Abgrenzung qualitativ/quantitativ überwunden; vielleicht bildet sich eine eigene, dritte Methodenschule heraus. Die wichtigsten Vertreterinnen und Vertreter von Mixed Methods im deutschsprachigen Bereich sind Udo Kelle, Nina Baur und Udo Kuckartz.

In Mixed-Methods-Designs werden qualitativen und quantitativen Verfahren unterschiedliche Aufgaben zugewiesen. Dabei können die beiden Ansätze gleichberechtigt eingesetzt werden oder einer dient zur Unterstützung des anderen. Kelle unterscheidet vier grundlegende Arten von Forschungsdesigns.[373]

1. Sequentielles qualitativ-quantitatives Design: Mit qualitativen Methoden werden Kategorien und Hypothesen gefunden bzw. entwickelt (Exploration). Anschließend findet eine herkömmliche quantitative Datenerhebung.

373 Kelle 2008: 282 ff.

2. Sequentielles quantitativ-qualitatives Design: Wenn in einer herkömmlichen quantitativen Studie unerwartete oder nicht erklärbare Ergebnisse auftreten, kann man mit einer qualitativen Studie nach den Ursachen forschen (nachträgliche Exploration).
3. Paralleles qualitativ-quantitatives Design (vor allem Triangulation): Derselbe Gegenstand wird parallel mit einem qualitativen und einem quantitativen Teilprojekt untersucht.
4. Integriertes qualitativ-quantitatives Paneldesign: Dieses ist vor allem für Längsschnittstudien gedacht, also zur Untersuchung einer bestimmten Zielgruppe über einen längeren Zeitraum. Dabei werden abwechselnd qualitative und quantitative Abschnitte durchgeführt, z. B. können die Ergebnisse der quantitativen Abschnitte zur Platzierung der qualitativen Vertiefungen verwendet werden. Dieses Design ist sehr aufwändig und eher für Großprojekte oder große Forscherteams geeignet.

Manchmal werden Mixed-Methods-Elemente angewendet, ohne als solche erkannt bzw. bezeichnet zu werden. Beispielsweise gelten bei der Entwicklung von neuen Fragebögen sogenannte *kognitive Pretestinterviews*[374] als Goldstandard. Versuchspersonen füllen den ersten Fragebogenentwurf unter Anwesenheit der Forscherinnen aus, kommentieren ihre Überlegungen und begründen ihre Antworten. Die Forscherinnen notieren das und fragen ggf. selbst nach. Ziel ist es herauszufinden, ob die Fragen und Begriffe so verstanden werden, wie es beabsichtigt war bzw. was geändert werden muss.

5.4 Eigene empirische Sozialforschung

Methodenkenntnisse braucht man nicht nur, wenn man selbst forschen will, sondern auch zum Verstehen und Einschätzen der Forschungsergebnisse Anderer. Hier ein paar Literaturempfehlungen und Tipps für diejenigen, die sich selbst (wieder) einarbeiten müssen. Grundlegende Tipps:

- Mit Übersichts- und Sekundärliteratur anfangen. Die Lehrbücher sind in den letzten 20 Jahren tendenziell besser geworden, vor allem im Zuge der Einführung der Bachelor-Studiengänge.
- Forschen sollte man nicht alleine. Der kritische Blick von Anderen hilft beim Auffinden von Fehlern, beim Fokussieren aufs Wesentliche und bei der Darstellung. Im Eifer des Gefechts findet man vieles nachvollziehbar und plausibel, was man mit einigen Wochen Abstand selbst nicht mehr versteht. Ideal ist eine Kleingruppe, in der man sich gegenseitig austauscht und hilft. Feste

374 Ausführlich bei Porst 2014: 193 ff.

Termine (z. B. einmal im Monat) vermeiden Aufschieberitis. Ideal ist gegenseitiges Korrekturlesen.
- Sich an fertigen Arbeiten aus der eigenen Methodenschule orientieren. Das, was die Betreuungsperson zuletzt publiziert hat, sieht vermutlich so aus, wie sie es haben möchte.

Weiterführende Literatur (ausführliche Titel in der Literaturliste)

Grundsätzliches

Karmasin/Ribing: Die Gestaltung wissenschaftlicher Arbeiten (kurzes, aber umfassendes Nachschlagewerk, vom richtigen Zitieren bis zum Einrichten eines Dokumentes im Textverarbeitungsprogramm)

Für Qualitative Forschung

Strübing: Qualitative Sozialforschung (systematisch aufgebautes, umfassendes, gut lesbares Lehrbuch; der Autor ist Vertreter der Grounded Theory)

Flick/v. Kardorff/Steinke: Handbuch Qualitative Sozialforschung (eine Sammlung kurzer Beiträge, bietet einen breiten Überblick über die verschiedenen Verfahren und Ansätze der aktuellen Qualitativen Forschung)

Dresing/Pehl: Praxisbuch Interview, Transkription & Analyse (das Praxisbuch wird vom Hersteller der Transkriptionssoftware f4 herausgegeben und kann auf dessen Homepage kostenlos heruntergeladen werden. Es ist sehr kurz mit konkreten Anwendungsbeispielen und auch dann hilfreich, wenn man mit anderer Software arbeitet: www.audiotranskription.de)

Für Quantitative Forschung

Diaz-Bone: Statistik für Soziologen (ohne Statistik geht es nicht, hier ein den Umständen entsprechend gut lesbares Einführungsbuch)

Weiß: Basiswissen Medizinische Statistik (zusätzlich zur Statistik wird in die Epidemiologie und medizinische Forschungsdesigns eingeführt)

Porst: Fragebogen (Kurzlehrbuch zur Entwicklung und Gestaltung von Fragebögen; ein Klassiker, die Tipps zur optischen Gestaltung sind aber angestaubt)

Schnell/Hill/Esser: Empirische Sozialforschung (Referenzwerk zur quantitativen Forschung in den Sozialwissenschaften)

Steiner/Benesch: Der Fragebogen. Von der Forschungsidee zur SPSS-Auswertung (eine Anleitung zur Entwicklung und Auswertung eines Fragebogens, zugeschnitten auf die Umsetzung mit der Statistiksoftware SPSS)

Bühl: SPSS. Einführung in die moderne Datenanalyse ab SPSS 25 (sehr umfangreiches Nachschlagewerk)

Brosius: SPSS (sehr umfangreich, vergleichbar zu Bühl) oder SPSS 24 für Dummies (eine Light-Version)

Bittmann: Stata: A Really Short Introduction (das einzige deutschsprachige Stata-Lehrbuch von Kohler/Kreuter setzt Methodenkenntnisse voraus)

Acock, Alan: A Gentle Introduction to Stata

Wollschläger, Daniel: Grundlagen der Datenanalyse mit R

6 Ausgewählte Themen der Medizinsoziologie

Grundbegriffe

Sex und Gender, Gendermedizin, Dimorphismus, kategoriale und statistische Unterschiede, Zufallsbefund, integrierte Versorgung, Task-Sharing und -Shifting, Alternativmedizin, Rationalisierung, Grenzüberschreitungen (Intim-/Privatsphäre), Compliance, Informed Consent, Shared Decision Making, Empowerment, Interessenkonflikt, IGeL

6.1 Geschlecht, Gender, Gendermedizin

Die Analyse der Geschlechterverhältnisse in den Sozialwissenschaften orientiert sich grob an zwei Komponenten, einer biologischen und einer sozialen. Dies ist – wie so oft – eine Vereinfachung zu analytischen Zwecken. Schon die biologische Komponente ist erstaunlich komplex. Über die Wechselwirkungen von biologischer und sozialer Komponente hinaus gibt es konstruktivistische Ansätze, welche die Biologie gegenüber der sozialen Komponente marginalisieren.[375] Das Thema ist wissenschaftlich und politisch konfliktträchtig, daher werden zunächst die Grundlagen etwas ausführlicher behandelt.

Geschlecht

In der Regel bilden sich beim Menschen – wie bei allen Wirbeltieren – im Zuge der Embryonalentwicklung zwei biologische Geschlechter heraus. Die beiden Geschlechter sind bei den meisten Gattungen durch zwei unterschiedliche Chromosomenvarianten im Genom codiert. Unabhängig von der Chromosomenvariante sind die Geschlechtsorgane und Keimdrüsen (Gonaden) beim Embryo aber zunächst unspezifisch angelegt; die beiden Chromosomen-

375 Federführend ist hier die Philosophin Judith Butler, die in der begleitenden politischen Auseinandersetzung zur Hassfigur einiger Konservativer geworden ist.

varianten triggern dann ab der sechsten Schwangerschaftswoche eine jeweils unterschiedliche Hormonausschüttung, die u. a. zur Entwicklung der unspezifischen Gonaden zu männlichen oder weiblichen Geschlechtsorganen führen.[376] Bei den meisten Menschen stimmen das chromosomale, das hormonelle und das phänotypische Geschlecht überein und das Chromosomenpaar XX führt zu einem weiblichen Phänotyp, XY hingegen zu einem männlichen. Es gibt aber gelegentlich Abweichungen – andere Chromosomenvariationen als XX und XY, Abweichungen der Hormonsteuerung und daraus resultierend unklare oder sogar gegenläufige Phänotypen (Genitalien, Geschlechtsorgane). Die Häufigkeit unklarer Phänotypen ist nicht genau bekannt, eine neuere Studie schätzt den Anteil auf 0,02 % bis 0,1 % der Neugeborenen.[377]

Die Soziologie interessiert sich für den gesellschaftlichen Umgang mit dem biologischen Geschlecht. In der nun ca. 150 bis 200 Jahre dauernden Gleichstellungsbewegung wurden vor allem Kurzschlüsse vom biologischen Geschlecht auf soziale Normen und Rollen kritisiert. Geläufig sind bis heute Ableitungen des Typs *Frauen gebären Kinder ..., daher sind sie nicht zum Führen von Unternehmen, Kraftfahrzeugen, Schulen etc. geeignet*, manchmal gegründet auf spekulative Rollenverteilungen in der Steinzeit (eine allgemeine Metapher für die natürlichen Zustände), die dann als Begründung für unterschiedliche Rollenmuster und Soziale Ungleichheit herhalten müssen.[378] Das biologistische Modell behauptet eine unmittelbare und weitreichende Beeinflussung (Determinierung) von Persönlichkeit und Habitus durch das biologische Geschlecht. Die sozialwissenschaftliche Kritik vermutet dagegen, dass die Ableitungen aus dem biologischen Geschlecht weit überzogen sind und viele psychische und soziokulturelle Geschlechtsunterschiede durch eine gesellschaftliche Überbewertung der tatsächlich vorhandenen biologischen Unterschiede verstärkt oder überhaupt erst erzeugt werden.

Viele Geschlechtsunterschiede können als Self-Fulfilling Prophecies[379] gedeutet werden. Der Glaube an die Unterschiede verstärkt konformes Verhalten oder ruft es erst hervor. Frauen[380] werden schlimmstenfalls kategorisch von höherer Bildung ausgeschlossen (oder wenigstens nicht dazu ermutigt), und später wird

376 Ausführlicher bei Tillmann 2017: 52–74; Kirschner/Gerhart 2007: 131–138. Bei manchen Reptilien wird das Geschlecht durch die Bruttemperatur gesteuert, bei einigen Arten von Fischen können erwachsene Exemplare nachträglich von Männchen zu Weibchen werden oder umgekehrt. Bei Vögeln gibt es ein statt X und Y die Chromosomen W und Z. Weibchen haben die Kombination ZW, Männchen dagegen ZZ.

377 Aydin et al. 2019.

378 Ausführlich dargelegt in zahlreichen populärwissenschaftlichen Büchern, als Beispiel das immer noch aufgelegte »Warum Männer nicht zuhören und Frauen schlecht einparken« des Ehepaars Pease, das aufgrund kommerziellen Erfolgs zudem mehrfach variiert wurde. Hinzu kommen viele Nachahmertitel.

379 Merton 1995: 399 ff., ▶ Kap. 2.1.2

380 Ebenso und vor allem Menschen mit anderer Hautfarbe oder Gehörlose, vgl. dazu Sacks 1992: 29 ff. Gehörlosen wurden lange Zeit viele Bildungsmöglichkeiten verwehrt, weil man sie für geistig zurückgeblieben hielt.

Sex		**Gender**
biologisches Geschlecht **chromosomal:** SRY-Gen mit den Hauptformen XX oder XY (andere Varianten als Anomalien) **Sexualanatomie:** eindeutige Genitalien (99,9 – 99,99 %) **hormonell:** Testosteron oder Östrogen als Trigger bei der Gonadenentwicklung	**Rückkoppelungen** keine scharfe Abgrenzung (Epigenetik, Training)	**Geschlechterrollen** soziale Ableitungen bzw. Deutungen des biologischen **Habitus/Schemata:** Denken, Wahrnehmung, Handeln **sekundär:** Körperbau, Gehirn **tertiär:** Kulturelle Muster wie Kleidung, Haartracht, zugewiesene Rollen in Familie und Beruf

➔ Im Alltag wird das biologische Geschlecht aus dem sozialen Geschlecht erschlossen (primäre Merkmale sind meist verdeckt)

➔ Willkürliche Kausalketten: Aus biologischen Unterschieden werden soziale Normen abgeleitet (Frauen sind anders als Männer: Frauen dürfen nicht Autofahren, studieren, wählen, Arzt werden etc.)

➔ Rückprojektion religiöser bzw. kultureller Setzungen (Rationalisierung)

Abb. 22: Gender 2

man tatsächlich unter Frauen weniger Wissen und oft auch ein geringeres Bildungsinteresse feststellen. Oder man erwartet, dass eine Frau emotionaler als ein Mann und leichter reizbar ist, verhält sich ihr gegenüber herablassend und provoziert damit die erwartete emotionale Reaktion, die unter diesen Umständen aber auch viele Männer gezeigt hätten.

Es gibt zwei Grundtypen von wissenschaftlich nachweisbaren Geschlechtsunterschieden, kategoriale und statistische. Für beide gilt, dass etwaige daraus abgeleitete soziale Konsequenzen nochmals gesondert belegt werden müssen. Das Problem ist aus der Medizin bekannt. Ein Patient hat z. B. Rückenschmerzen. Der Arzt erstellt eine Röntgenaufnahme und sieht eine Anomalie – einen verschobenen Wirbel oder eine hervorstehende Bandscheibe. Er schließt daraus, dass dies die Ursache der Schmerzen ist. Würde er von 100 weiteren Patienten und Patientinnen solche Aufnahmen erstellen, würde er diese Anomalien auch bei einigen weiteren finden, die keine Rückenschmerzen haben. Anomalien, die keine weiteren Konsequenzen haben, nennt man in der Medizin *Zufallsbefunde*. Übertragen auf Geschlechtsunterschiede handelt es sich um klar nachweisbare physiologische Unterschiede, die aber nicht ursächlich für die soziokulturellen Unterschiede sind, zu deren Erklärung sie bemüht werden. Klassisch ist die Vermutung eines Zusammenhangs zwischen der Größe des Gehirns und der Intelligenz. Frauen haben im Durchschnitt etwas kleinere Gehirne aufgrund ihrer geringeren Körpergröße, dies galt früher als Beleg für eine geringere intellektuelle Leistungsfähigkeit. Bei genauer Untersuchung findet man weitere Unterschiede im Detail (die Proportionen bestimmter Hirnareale, die Ausprägung der Unterschiede zwischen linker und rechter Gehirnhälfte); aber ob und wie sich diese praktisch auswirken, bleibt für viele Sachverhalte Spekulation – gut versteckt zwischen den tatsächlich belastbaren statistischen Fakten.[381]

381 Allein schon deshalb, weil die Forschungsethik Entwicklungsexperimente mit Kindern verbietet. Es gibt Zwillingsstudien, diese sind aber nicht gleichwertig.

Tab. 34: Kategoriale und statistische Unterschiede

Kategoriale Unterschiede	Statistische Unterschiede
klarer Geschlechtsdimorphismus: Jeder Mann unterscheidet sich darin von jeder Frau (ggf. mit sehr seltenen Ausnahmen)	unterschiedliche Verteilungen bzw. Mittelwerte von Merkmalen und Kennzahlen aller Art: biometrisch, psychologisch, soziokulturell; Unterschiede sind für die Population stabil, aber im Einzelfall nicht trennscharf[382]
Geschlechtschromosomen, Geschlechtsorgane/Gonaden/Genitalien[383]	*Körpergröße, Hormonspiegel, Gesichtsbehaarung, Lateralisierung des Gehirns, Anteil und Verteilung des Körperfetts u. v. a.*

In einer Gesellschaft, die für sich das Leistungsprinzip beansprucht, sind die individuellen Interessen und Fähigkeiten maßgeblich und nicht die Kategoriezugehörigkeit.

Beispiel

Angenommen, es gäbe für eine Tätigkeit aus technischen Gründen die Voraussetzung einer Körpergröße von mindestens 175 cm – es wäre wenig zweckmäßig, eine Frau mit 177 cm abzuweisen, weil Frauen im Durchschnitt[384] kleiner als 175 cm sind, aber dagegen einen Mann mit 172 cm zu akzeptieren, weil Männer im Durchschnitt ja größer als 175 cm sind. Stattdessen misst man einfach die Größe der Bewerberinnen und des Bewerbers und nimmt diejenigen, die groß genug sind.

Anhand der unterschiedlichen Verteilung vieler biometrischer und psychometrischer Kennwerte lassen sich statistisch stabil die beiden Geschlechter voneinander abgrenzen, aber damit lässt sich nicht im Umkehrschluss ein grundsätzlicher Dimorphismus (Zweigestaltigkeit) belegen, da sich ja nicht jede Frau in allen Werten von jedem Mann unterscheidet. Und es sind hier noch keine soziokulturellen Verstärkungsprozesse berücksichtigt, ohne die manche Geschlechtsunterschiede geringer ausgeprägt wären.

Es galt in der Psychologie und Medizin um 1900 als wissenschaftliche Tatsache, dass Frauen insgesamt weniger intelligent sind als Männer und nicht analytisch denken können. Viele der damaligen Vorbehalte und Verbote klingen heu-

382 Es gibt Frauen, die größer und/oder kräftiger sind als die kleineren Männer; es gibt Männer ohne Gesichtsbehaarung und Frauen mit; es neigen mehr Männer als Frauen zu einem aggressiven Imponierverhalten, aber eben nicht alle.

383 Abgesehen von Ausnahmen in einem niedrigen Promillebereich (Chromosomenanomalien; doppelt, unklar oder nicht ausgebildete Genitalien etc.); für eine neuere Schätzung der Inzidenz: Aydin et al. 2019.

384 Durchschnittswerte für Erwachsene zwischen 18 und 140 Jahren: Männer D 180, A 178, CH 178; Frauen D 166, A 165, CH 164; Plateau seit Ende der 1990er Jahre. Quelle: https://www.laenderdaten.info/durchschnittliche-koerpergroessen.php.

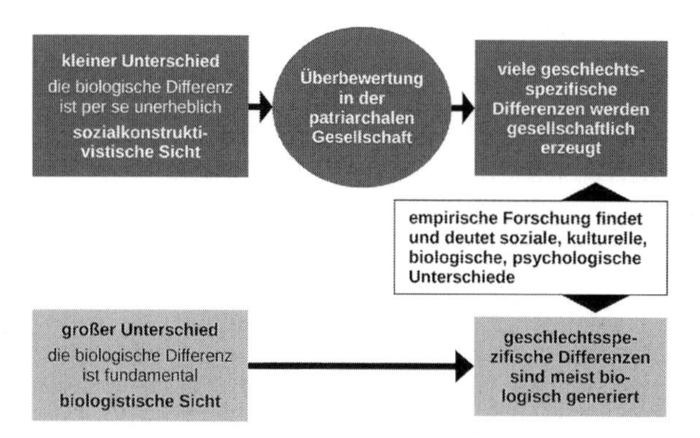

Abb. 23: Gender 1

te skurril oder werden an fremde exotische Länder ausgelagert (externalisiert).[385] Heutzutage wirken insbesondere die sexualmoralischen Setzungen skurril. So galten für Musikerinnen bestimmte Instrumente als unstatthaft – Oboe, Klarinette, Posaune. Die offizielle Begründung war, dass Blasinstrumente das Gesicht verzerren würden.[386] Aber es mag auch daran gelegen haben, dass sie gerade auf den Mund aufgesetzt oder gar in diesen genommen werden – die Querflöte wurde nicht thematisiert; dann das Cello aufgrund der breitbeinigen Spielhaltung[387] (analog dazu sei an den lange vorgeschriebenen Damensitz beim Reiten erinnert). Solche Setzungen liefern vor allem Einblicke in die sexuellen Phantasien ihrer Schöpfer und auch Schöpferinnen. Werden sie nachträglich biologisch begründet, spricht man von *Rationalisierungen*: Es schade der weiblichen Reproduktionsfähigkeit, wenn die Frau breitbeinig oder überhaupt auf einem Sattel sitzt, Hosen trägt, Fahrrad fährt etc. Mit etwas Phantasie lassen sich beliebige Bezüge herstellen: In der Steinzeit sollen die Männer auf die Jagd gegangen sein, während die Frauen zu Hause blieben und sich um die Kinder und das Essen gekümmert haben. Daher haben Männer eine bessere räumliche Orientierung und können schließlich besser Autos einparken[388] oder Gabelstapler fahren. Dass für das den Frauen zugeschriebene Sammeln von Beeren oder Aufräumen der Höhle auch eine gewisse räumliche Orientierung erforderlich ist, wird ausgeblendet. Der kritische Schritt ist der Schluss von geschlechtsspezifischen Spezifika auf soziale Normen, Rechte und Lebenschancen. Tatsächlich ist die wissenschaftliche

385 Saudi-Arabien gilt heute als Muster an Rückständigkeit und Machismo; aber viele Normen und Begründungen ähneln denen des ›christlichen Abendlandes‹ bis ins 20. Jahrhundert und können keinesfalls als kulturell-religiöse Differenz abgetan werden. Externalisierung ist das Auslagern von Problemen: »Das gibt es bei uns nicht«; oder – wenn es das doch gibt – wird die Schuld außerhalb gesucht: »Das gab es bei uns vorher nicht«.

386 Das spräche dann aber auch gegen das Singen.

387 Vgl. Berndt/Bei der Kellen: Die Geschichte der Damenkapellen (Radiofeature bei DLF Kultur vom 23.01.2019).

388 Vgl. Pease 2002 und viele weitere, ähnlich gelagerte populäre Sachbücher.

Überprüfung vieler Annahmen sehr schwierig und viele Erklärungen fußen auf aus der Luft gegriffenen Hilfsannahmen. Unsere Detailkenntnisse über das Leben in vorgeschichtlicher Zeit sind dürftig und es zeichnet sich ab, dass auch die Gewinnung wissenschaftlicher Erkenntnisse jahrhundertelang von Geschlechterstereotypen beeinflusst wurde und immer noch wird. Wenn ich ›weiß‹, wie Männer oder Frauen sind, werden meine Beobachtungen und Erkenntnisse durch meine Erwartungen beeinflusst. Ich werde dann auch da Unterschiede sehen, wo keine sind und etwaige tatsächlich vorhandene Unterschiede vergrößert wahrnehmen. Wer ›weiß‹, dass eine Ärztin emotional weniger belastbar ist als ein Arzt, nimmt passende Verhaltensweisen aufmerksamer wahr und behält sie besser im Gedächtnis. Gegen die Alltagserfahrungen einschlägig überzeugter Führungskräfte und Funktionäre hilft am ehesten – wenn überhaupt etwas – sorgfältig durchdachte empirische Sozialforschung.

Beispiel

Kurzvisite in einem Uniklinikum 2003: Arzt im Praktikum (Mann) betritt mit der ihn anleitenden Oberärztin (Frau) ein Krankenzimmer. Patientin (> 70 Jahre) zum Mann: »Guten Tag Herr Doktor«, dann zur Frau gewendet: »Schwester, könnten Sie bitte das Fenster etwas öffnen«.[389]

Im Gegensatz zur Sozialwissenschaftlichen Genderforschung betont die Gendermedizin biologische Geschlechtsunterschiede und erforscht geschlechtsspezifische Unterschiede im biomedizinischen Krankheitsgeschehen (Symptomatik, Epidemiologie, Verläufe) und in der Pharmakologie. Seit den 1980er Jahren ist bekannt, dass sich Herzinfarkte bei Männern und Frauen mit unterschiedlichen Symptomen bemerkbar machen. Die Sterblichkeit bei Frauen an Herzinfarkten war damals höher, weil bei ihnen das für Männer typische Symptom eines stechenden Schmerzes mit Ausstrahlung in den linken Arm nicht oder nur sehr selten auftritt. Frauen zeigen häufiger andere Symptome wie Kurzatmigkeit, Schwindel, Bauch- oder Rückenschmerzen. Diese wurden oftmals falsch gedeutet und ein Infarkt später oder gar nicht erkannt. Die Foundation of Gender Medicine listet auf ihrer Homepage[390] eine Übersicht krankheitsrelevanter Unterschiede zwischen Männern und Frauen auf und betont die Notwendigkeit einer differenzierten Diagnose und Therapie. Es handelt sich dabei meist um statistische Unterschiede – die meisten Frauen zeigen eine andere Symptomatik als die meisten Männer. Mittlerweile ist auch das Alter in den Fokus einer differenzierteren Diagnostik geraten. Das Grundproblem war bzw. ist, dass bevorzugte Probanden für klinische Versuche Männer im jüngeren Erwachsenenalter sind bzw. waren. Offensichtlich lassen sich aber viele Befunde nicht auf Frauen, ältere Menschen

389 Mündliche Erzählung des damaligen Arztes im Praktikum. Neben dem Geschlecht könnte vielleicht eine Rolle gespielt haben, dass der Arzt im Praktikum zuerst den Raum betreten hatte (diese Frage könnte Gegenstand einer Videoanalyse sein, ▶ Kap. 5.2.3).

390 https://gendermed.org.

oder Kinder übertragen. Eine konsequente Berücksichtigung würde klinische Studien aber aufwändiger machen.

Sozialwissenschaftliche Genderforschung und Gendermedizin

Die Sozialwissenschaftliche Genderforschung befasst sich also mit kulturell verstärkten oder komplett erzeugten Geschlechtsunterschieden, die traditionell mit biologischen Unterschieden erklärt bzw. legitimiert werden. Die Gendermedizin untersucht hingegen geschlechtsspezifische Unterschiede in Symptomatik, Verlauf und Therapie von Krankheiten, die auf biologische Unterschiede zurückgeführt werden. Die beiden Ansätze stehen nicht im Widerspruch zueinander, sondern haben unterschiedliche Gegenstände. Der Befund, dass die Leber von Frauen bestimmte Substanzen anders verarbeitet als die von Männern, hat Folgen für die Diagnose und Medikation bestimmter Krankheiten auf Ebene der Gesamtpopulation. Die Sozialwissenschaftliche Genderforschung befasst sich dagegen mit kulturellen Konventionen (z. B. Kleidungsstile), Unterschieden bei Persönlichkeitseigenschaften und Geschmacksvorlieben (rosa versus blau), Verhaltensunterschieden bei Kindern (und Lehrerinnen und Lehrern) im Schulunterricht und der geschlechtsspezifischen Verteilung von Berufs- und Bildungschancen.

6.2 Ärzte und Ärztinnen

> »Kein erheblicher Nutzen für die Kranken, mehr Schaden als Nutzen für die Frauen selbst, mindestens kein Nutzen für die deutschen Hochschulen und die Wissenschaft, eine Minderung des ärztlichen Ansehens – der 26. Deutsche Ärztetag im Juni 1898 in Wiesbaden hielt nichts davon, Frauen zum Medizinstudium zuzulassen.«[391]

Der ideale Arzt ist ein allseits gebildeter Mann im höheren (idealisiert: im reifen) Erwachsenenalter – dies war das Leitbild bis zum Ende des 20. Jahrhunderts. Wissenschaft war bis dahin grundsätzlich Männersache. Einzelne Frauen wurden ab Mitte des 19. Jahrhunderts an Universitäten als Gasthörerinnen zugelassen, es gab sogar Promotionen. Wissenschaftlerinnen – und damit auch Medizinerinnen – galten aber lange Zeit als exotisch bis verschroben und insgesamt als Ausnahmefälle. Es herrschte die Ansicht, dass Frauen ihrer Natur nach nicht für die Wissenschaft geeignet sind, und neben vielen anderen Tätigkeiten auch nicht für den Arztberuf.

Dazu wurden die Grundzüge der Rollenverteilung der bürgerlichen Kleinfamilie auf das Gesundheitswesen übertragen: Männer sind Ärzte und Führungs-

391 Hibbeler, Birgit und Korzilius, Heike im Deutschen Ärzteblatt 12/2008: A609.

kräfte (Vaterrolle, nach außen orientiert), Frauen sind für die Pflege zuständig (Mutterrolle, nach innen orientiert). Nach dem Ersten Weltkrieg wurden in Europa und den USA Frauen allmählich grundsätzlich zum Studium zugelassen. Trotzdem blieb das Universitätsstudium – und damit auch das der Medizin – bis Ende der 1960er Jahre männlich dominiert. Danach setzte ein bemerkenswerter Umbruch ein, der in der deutschen Sozialstrukturanalyse als Bildungsexpansion bezeichnet wird, flankiert von der neu auflebenden Frauenbewegung. Die höheren Bildungswege wurden – staatlich gefördert – für Kinder aus niedrigen Bildungsschichten geöffnet, das Ziel war Chancengleichheit für Arbeiterkinder und Frauen.[392] Soziale Benachteiligungen wurden bis heute nur ansatzweise beseitigt, aber die Frauen profitierten stark, insbesondere Schülerinnen aus mittleren Gesellschaftsschichten. In Deutschland haben Frauen mittlerweile einen Anteil von über 50 % an den Studierenden, für die Medizin hat sich ihr Anteil in den letzten Jahren bei 60 % stabilisiert.[393] Dies schlägt (noch) nicht voll auf die Tätigkeitsstrukturen im Gesundheitswesen durch – nicht auf Karrierechancen und nicht auf die Arbeitsorganisation oder familienfreundlichere Arbeitszeitmodelle.[394] Derzeit gibt es ca. 40 % Hausärztinnen, bei den Fachärztinnen gibt es Abweichungen je nach Fach. Vergleicht man die Frauenanteile einzelner Fachbereiche, so zeigen sich stereotypische Vorlieben: Männer dominieren die Chirurgie, Radiologie, Kardiologie und Gastroenterologie, Frauen hingegen die Kinder- und Jugendmedizin, Gynäkologie und Geburtshilfe sowie die Kinder- und Jugendpsychiatrie. In Tabelle 35 sind die Frauenanteile ausgewählter Fachbereiche gegenübergestellt,[395] im Vergleich mit der Gesamtzahl der berufstätigen Ärztinnen und Ärzte und dem größten Bereich Allgemein- bzw. Innere Medizin (zusammengefasst).[396] Die Verteilungen sind in D, CH und A ähnlich (▸ Tab. 35).

Frauen stellen im Fach Medizin[397] seit der Jahrtausendwende die Mehrheit der Studierenden und der Abschlüsse. Wie in vielen anderen höher qualifizierten Berufen sind sie dann aber häufiger in Teilzeit beschäftigt und auch häufiger vorübergehend bzw. überhaupt nicht in ihrem Beruf tätig. Je höher die Position bzw. je größer das Prestige der Position, desto größer ist der Männeranteil; die wenigen Frauen in leitenden Positionen sind überproportional oft kinderlos und/oder alleinstehend. Ab und an wird die steigende Attraktivität des Arztberufes für Frauen als Indiz für ein rückläufiges Berufsprestige gedeutet.[398] Die Bewertung solcher Behauptungen ist schwierig, da das Berufsprestige auf verschie-

392 Eine ausführliche Darstellung bei Geißler 2014: 333 ff.

393 Im Sommersemester 2019 62 % laut Statistischem Bundesamt, Fachserie 11, Reihe 4.1.

394 Dass sich ärztliche Tätigkeit nicht mit Teilzeitmodellen umsetzen ließe, ist ein konservativer Mythos. In der modernen arbeitsteiligen Gesellschaft lässt sich nahezu jede Tätigkeit in verlässlichen Teilzeitmodellen realisieren, wenn der Wille dazu vorhanden ist.

395 Es werden hier durchgängig Personenzahlen angegeben. Oft werden alternativ VZÄ berichtet, die den Frauenanteil vermindern. VZÄ sind aber nicht durchgängig üblich bzw. verfügbar; außerdem ist nicht klar, ob die Gewichtungskriterien immer dieselben sind. Die FMH rechnet die 37.882 Personen für CH in 33.486 VZÄ um.

396 47,6 % von 402.118 sind 191.600 Ärztinnen.

397 Das gilt auch für Zahnmedizin und Tiermedizin.

398 Vgl. Hibbeler, Birgit und Korzilius, Heike im Deutschen Ärzteblatt 12/2008: A609.

Tab. 35: Frauenanteile in ärztlichen Fachgebieten

Frauenanteil in ausgewählten humanmedizinischen Fachgebieten	D (2019)		CH (2019)		A (2018)	
	Gesamt	% w	Gesamt	% w	Gesamt	% w
Alle	402.118	47,6	37.882	43,2	44.572	48,0
Allgemein/innere	101.103	43,6	8.287	42,5	29.270	50,5
Kinder/Jugendmedizin	15.468	60,5	1.920	63,5	1.524	57,3
Kinder/Jugendpsychiatrie	2.537	67,3	700	65,3	312	61,2
Gynäkologie/Geburtshilfe	18.986	69,0	1.917	63,4	1.883	50,8
Chirurgie (alle)	38.766	21,7	3.423	18,6	4.093	18,1
Radiologie	9.096	36,1	931	30,9	1.374	33,8
Kardiologie	–	–	828	20,8	–	–
Gastroenterologie	–	–	417	19,2	–	–
Urologie	6.234	19,2	368	14,9	620	18,5

Quellen: Ärztestatistik der BÄ 2019, ÖÄK Ärztestatistik 2018, FMH Ärztestatistik 2019

dene Beobachterperspektiven bezogen werden kann. Vermutlich handelt es sich um Einzelstimmen von Personen, die mit der Entwicklung nicht einverstanden sind; in der Demoskopie lässt sich jedenfalls kein derartiger Trend feststellen. In der Allgemeinbevölkerung ist das Prestige des Arztberufes seit langer Zeit stabil sehr hoch – in einer regelmäßig in Deutschland durchgeführten forsa-Bevölkerungsumfrage gaben 87 % der Befragten im Jahr 2016 an,[399] dass Ärzte[400] ein sehr hohes oder hohes Ansehen bei ihnen hätten, ebenfalls 87 % wurden auch Kranken- und Altenpflegern zugesprochen. Nur Feuerwehrleute rangierten mit 93 % höher. Gäbe es einen Rückgang, müsste zudem darauf geachtet werden, verschiedene Ursachenkomplexe voneinander zu trennen und gute Gründe dafür zu liefern warum die Ursache dann ausgerechnet der höhere Frauenanteil sein sollte. Ebenso gut könnte man einen Vertrauensverlust infolge einer steigenden unternehmerischen Orientierung mancher Ärztinnen und Ärzte erwarten (vgl. das Thema IGeL; ▶ Kap. 6.6). Es muss auch beachtet werden, dass Vertrauen ein komplexer Begriff ist. Vertrauen kann sich auf die Persönlichkeit der Berufsinhaber oder auf die Umstände der Berufsausübung beziehen. Man kann ja durchaus der Ärztin oder dem Pfleger als Person vertrauen, oder dem generalisierten Berufsstand; aber dann nicht konkret in der nächtlichen Notaufnahme der momentanen Leistungsfähigkeit eines überarbeitet und übermüdet wirkenden Arztes; dieser Mangel an Vertrauen wird dann aber der Umwelt zugeschrieben: der Si-

399 2015 90 %; 2007 86 %; forsa-Umfrage im Juli 2016, abgerufen über www.fowid.de am 13.06.2020 – https://fowid.de/meldung/berufsprestige-2013-2016-node3302.
400 Es wurde die männliche Form abgefragt.

tuation, den Arbeitsbedingungen, dem Klinikbetreiber, dem Gesundheitswesen, der Gesundheitspolitik.[401] Ganz unten auf der Prestigeskala rangieren bei forsa übrigens Versicherungsvertreter[402] mit 9 %,[403] die mögliche Abstiegsdistanz wäre also groß, falls tatsächlich einmal ein Abstieg einsetzen sollte.

Tab. 36: Anteil Ärztinnen nach Berufsstatus (D)

Deutschland 2019	Gesamt	Männer	%	Frauen	%
Ärzte/Ärztinnen insgesamt	525.744	275.225	52,3	250.519	47,7
ambulant	159.846	85.632	53,6	74.214	46,4
niedergelassen	116.330	69.390	59,6	46.940	40,4
angestellt	43.516	16.242	37,3	27.274	62,7
stationär	206.964	107.230	51,8	9.9734	48,2
davon leitend*	16.125	13.847	85,9	2.278	14,1
Summe berufstätig	402.118	210.518	52,4	191.600	47,6
nicht berufstätig	35.126	10.893	31,0	24.233	69,0
Ruhestand	86.371	52.794	61,1	33.577	38,9
berufsunfähig	2.666	1.291	48,4	1.375	51,6

*Chefärztinnen/Chefärzte und Ärztliche Direktorinnen/Direktoren
Quelle: Statistik der BÄK
https://www.bundesaerztekammer.de/ueber-uns/aerztestatistik/aerztestatistik-2019/

Zum 31.12.2019 stellten in Deutschland und Österreich Männer mit 52 % noch den größeren Anteil an der Ärzteschaft, in der Schweiz waren es mit 57 % etwas mehr. In absehbarer Zeit werden aber Ärztinnen in der Mehrheit sein, umgerechnet auf Vollzeitäquivalente vielleicht ein paar Jahre später, da Frauen häufiger in Teilzeit tätig sind. Im Wintersemester 1999/2000 waren in Deutschland 52 % der Studierenden im Fach Humanmedizin Frauen, 2002/2003 waren es bereits 56 % und 2006/2007 dann 61 %. Dieser Anteil ist seitdem stabil, im Wintersemester 2018/2019 betrug er 62 %.[404] Die aktuelle männliche Mehrheit der Ärzteschaft stützt sich nur noch auf die oberen Altersgruppen. Die Tabelle zeigt typische Abweichungen: Im stationären Bereich sind 13 % der Ärzte in leitender Position, aber nur 2,3 % der Ärztinnen. Im ambulanten Bereich sind 19 % der Ärzte angestellt, im Gegensatz zu 37 % der Ärztinnen. Diese Unterschiede sind aber keine reinen Geschlechtsunterschiede, sondern werden z. T. durch das un-

401 Der psychologische Fachbegriff für die Zuschreibung von Ursachen, Verantwortung oder Schuld ist Attribution.
402 Weitere: Lehrer 70 %, Müllabfuhr 73 %, Politiker 24 %, Bankangestellte 28 %.
403 2015 12 %; 2007 11 %; ebd.
404 Statistisches Bundesamt, Fachserie 11 Reihe 4.1 (September 2004, Oktober 2007, Januar 2020).

terschiedliche Altersprofil verursacht. Ärztinnen sind bisher insgesamt jünger und daher häufiger am Beginn ihrer Berufsbiografie, entsprechend sind 19 % der Ärzte im Ruhestand, gegenüber 13 % der Ärztinnen. Auffällig ist der 2,5-fach höhere Anteil nicht berufstätiger Frauen (9,7 % gegen 4 %). Männer in Elternzeit oder im Haushalt sind selten, nach wie vor scheiden viele Ärztinnen mit der Familiengründung aus dem Beruf aus – aus konservativer Sicht ein gängiges Grundsatzargument gegen Frauen im Arztberuf, aus liberaler Sicht ein Aufruf zur Modernisierung der ärztlichen Tätigkeitsstrukturen mit verlässlicher Teilzeitarbeit, Kinderbetreuung und Anstellungsverhältnissen.

In fast allen gesellschaftlichen Bereichen sind Frauen in höheren Positionen häufiger alleinstehend als Männer. Ungefähr 90 % der Männer sind verheiratet und/oder haben Kinder, aber nur die Hälfte der Frauen. Das traditionelle Muster, wonach in einer dauerhaften Paarbeziehung die Frau ihre Karriereambitionen zurückstellt und zumindest temporär die Rolle der Hausfrau übernimmt, ist immer noch vorherrschend.[405]

6.3 Ärztlicher Habitus und Arzt-Patienten-Beziehung

6.3.1 Nähe und Distanz

Eine Besonderheit der Arzt-Patienten-Beziehung ist die Außer-Kraft-Setzung des privaten Abstands, einer selbstverständlichen Konvention im allgemeinen sozialen Umgang. Ärztinnen und Ärzte haben kommunikativen oder physischen Zugriff auf Bereiche, die im alltäglichen Umgang tabuisiert sind, mit Fremden oder auch im unmittelbaren privaten und sogar intimen Umfeld. Der Arzt hat Zugang zum nackten Körper und darf diesen betrachten und anfassen, auch Körperöffnungen und Ausscheidungen. Diese Überschreitung von Schamgrenzen wird durch die medizinische Indikation und die professionelle, spezifische Beziehung[406] legitimiert. Im klassischen biomedizinischen Verständnis befasst sich die Ärztin mit Teilen des Körpers, und zwar ausdrücklich reduziert auf die Anatomie bzw. auf biologisch-funktionale Aspekte. Ein gutes Beispiel ist das Screening auf Hautkrebs. Gegenstand der Betrachtung ist hier nicht der Mensch oder der menschliche Körper, sondern die Haut als Organ der Körperoberfläche. Das selektive, funktionale Interesse setzt die Konventionen der persönlichen Scham außer Kraft, Ästhetik und Erotik sind ausgeblendet, entsprechend auch die Gegenkonzepte Ekel und Abstoßung.[407] Noch stärker ist diese Verengung der Perspektive

405 Vgl. Geißler 2014: 386–391.
406 Hier bietet sich ein erneuter Blick auf Parsons *Pattern Variables* an; ▶ Kap. 2.3.
407 Vgl. Dreßke in Saake/Vogd 2008: 224 ff.

bei der Verwendung technischer Geräte wie einer Lupe oder einem Auflichtmikroskop. Pflegekräfte greifen bei der Körperpflege auf den nackten Körper zu, beim Waschen oder bei der Wundversorgung, beim Anlegen oder Entfernen von Kathetern und anderen Zugängen. Sichtbare Technik und die Konzentration auf eingegrenzte Regionen erleichtern den Zugriff, die Ganzheitlichkeitsansprüche alternativer Medizinen müssen zusätzlich kommunikativ abgesichert werden. Nahe an der Intimgrenze sind z. B. auch Massagen, die in der Physiotherapie eine gängige Behandlungspraxis sind, im Privatbereich aber Teil sexueller Begegnungen sein können.

Aber auch der Umgang mit dem bekleideten Körper kann Distanzregeln des Alltags überschreiten, durch Anfassen, Festhalten, Betasten, Abhören. Dies betrifft neben Ärzten, Pflegepersonal und andere Gesundheitsfachkräfte viele weitere Professionen: Trainerinnen für sportliche Aktivitäten, aber auch Sozialarbeiter, spirituelle Anleiterinnen und Lehrkräfte für Tätigkeiten mit Körperbezug (Singen, Tanzen, Musikinstrumente). Die Zulässigkeit bestimmter Zugriffe unterliegt Konventionen, sowohl ausdrücklichen als auch unausgesprochenen, genaue Grenzen sind aber schwer festzulegen und immer wieder Gegenstand von Aushandlungen und Konflikten.[408] Neben dem zur Zeit medial vielbeachteten Aspekt des sexuellen Missbrauchs geht es auch um davon unabhängige körperliche Gewaltausübung, besonders im Umgang mit Kindern und pflegebedürftigen alten Menschen.[409] Der einschneidendste Zugriff ist die Zufügung von Verletzungen. Ärzte dürfen Patientinnen mit Nadeln stechen, schneiden, betäuben und Organe oder Gliedmaßen entfernen. Die Tragweite dieser Berechtigung ist beim Umgang mit kleinen Kindern oder Tieren offensichtlicher, die bei körperlichen Eingriffen existenzielle Angst durchleiden. Der erwachsene Patient ist in der Regel duldsam und lässt fast alles über sich ergehen, wenn er darauf vertraut, dass die Maßnahmen mittelfristig zu seinem Wohl bzw. in seinem Interesse sind. Neben dem physischen Zugriff auf den Körper gibt es den sprachlichen Zugriff. Das betrifft wiederum den nackten Körper, über den man im Rahmen der fachlichen Erfordernisse offen spricht, was im alltäglichen Umgang übergriffig wäre[410] und nur in Spezialbereichen aus sicherer Distanz akzeptiert wird, etwa im Rahmen derber Komik oder Satire.[411] Darüber hinaus dürfen Ärztinnen und Pflegekräfte auch nach der persönlichen Körperhygiene fragen, nach Ernährung und Ausscheidungen, nach dem Sexualverhalten. Der Umgang mit Körperlichkeit, Nacktheit und Schamgrenzen lässt sich weder mit qualitativen noch mit quantitativen Methoden ohne Komplikationen fassen. Der wissenschaftliche Zugang ist auch deshalb schwierig, weil die Schamgrenzen auch den forschenden Beobachter betreffen bzw. ein allgemeiner Gegenstand ethischer Überlegungen sind. Viele interessante Details der

---

408 Und Gegenstand von entsprechenden Fantasien, die sich dann als Themen von Geschichten in einschlägigen Unterhaltungsmedien wiederfinden – Romane, Filme, Serien.

409 Je nach theoretischem Hintergrund. Die klassische Psychoanalyse bestreitet, dass es Gewalt ohne sexuelle Komponente gibt.

410 Die Unzulässigkeit rein sprachlicher Übergriffe wird breit akzeptiert – als sexuelle Belästigung, grobe Beleidigung, Bloßstellung, Body Shaming usw.

411 Die Grenzüberschreitung erzeugt ja die für den Witz nötige Spannung.

Interaktion finden unbewusst statt oder unterliegen Tabus, und herkömmliche Forschungsinstrumente wie Fragebögen und Leitfadeninterviews laufen Gefahr, Artefakte zu produzieren, weil die Befragten nach sozialer Erwünschtheit antworten, ihr eigenes Verhalten verdrängen oder selektiv erinnern.

6.3.2 Autorität und Verantwortung

Die Ärzteschaft hat in der modernen Medizin eine Schlüsselposition inne, auch formal im Rahmen der Organisation des Gesundheitswesens. In der Regel bescheinigt eine Ärztin Krankheit oder Gesundheit und gewährt damit den Zugriff auf Therapie und ihre Finanzierung. Sie entscheidet über den angemessenen Umgang mit der Diagnose (Indikation) und vermittelt den Kontakt zu anderen medizinischen Akteuren bzw. Einrichtungen durch Verweis oder Überweisung. Im Gegenzug wird ihre Machtposition durch verschiedene Gegebenheiten eingeschränkt.

- Freie Arztwahl: Die Patientin kann zu einem anderen Arzt gehen, wenn sie nicht zufrieden ist, außer sie lebt in einem unterversorgten Gebiet. In vielen ländlichen Gegenden hat eine Facharztpraxis quasi eine Monopolstellung gegenüber Patientinnen mit eingeschränkter Mobilität. Wenn die nächste Praxis 30 km entfernt ist, muss man sich mit dem Angebot vor Ort und etwaigen damit verbundenen Zumutungen[412] notgedrungen arrangieren.
- Compliance des Patienten: Compliance ist der Oberbegriff für die Kooperation von Patientinnen bei der Therapie. Dies umfasst die grundsätzliche Bereitschaft und die tatsächliche Mitwirkung. Im paternalistischen Verständnis der Arzt- oder Therapeutenrolle wird Compliance mit einer Unterordnung unter die Autorität des Rollenträgers oder der Rollenträgerin gleichgesetzt – den Anweisungen ist unwidersprochen Folge zu leisten. Die Unterwerfung auf der Vorderbühne wird dann ggf. unterlaufen mit abweichendem Verhalten auf der Hinterbühne, indem z. B. Medikamente nicht eingenommen werden oder weiter geraucht wird. Mittlerweile hat sich das Ideal einer Partnerschaft zwischen Ärztin und mündigem Patienten etabliert, das aber nicht für alle Beteiligten oder durchgängig erstrebenswert ist. Viele Patienten und Patientinnen sind zu einer fachlichen Begleitung ihrer selbst nicht oder nur eingeschränkt in der Lage – teils intellektuell, noch häufiger aber zeitweise aufgrund ihres akuten Krankheitszustandes. Wer unter starken Symptomen leidet und akut verängstigt oder psychisch beeinträchtigt ist, kann nicht nüchternsachlich das Für und Wider von Maßnahmen abwägen oder mit der Ärztin diskutieren. Im akuten Fall ist oft auch keine Zeit, sich zu informieren. Informed Consent und Empowerment sind erstrebenswert, aber eher realisierbar bei leichten Erkrankungen oder langwierigen chronischen Zuständen ohne Zeitdruck. Abseits von Notsituationen fördern aber auch hohe Arbeitsbelastung und Zeitmangel einen direktiven Stil von Ärzten, Pflegekräften und The-

412 In Deutschland z. B. eine rigorose Vermarktung von Selbstzahlerleistungen.

rapeutinnen – grundsätzlich gerne, aber jetzt im Augenblick hat man keine Zeit und keinen Kopf dafür.

- Vergütungsstrukturen: Der Arzt muss gegenüber den Kostenträgern berichten und z. T. minutiös Rechenschaft über sein Tun geben. Dies ist aus Sicht der Ärzteschaft bzw. ihrer Interessenvertreter ein Ärgernis und wird als Gängelung und Misstrauensbekundung gedeutet. Die Abrechnungsbürokratie soll Fehlanreizen und Missbrauch entgegenwirken;[413] inwieweit dieser Nutzen die Kosten überwiegt, ist umstritten und ständig Gegenstand gesundheitspolitischer Auseinandersetzungen. Konkrete Regelungen werden selten so umgesetzt, wie sie entworfen wurden, sondern sind letztlich Kompromisse in Folge interessenpolitischer Aushandlungsprozesse. Daher kann es auch passieren, dass die Umsetzung bzw. Durchsetzung höhere Kosten verursacht als das zu behebende Problem, oder dass sie neue Probleme verursacht, die nicht abzusehen waren. Allerdings gehört das Behaupten solcher Probleme auch zum rhetorischen Handwerkszeug von Interessengruppen, wenn sie unliebsame Regelungen wieder loswerden wollen.
- Informationsdefizite (wissenschaftliche Informationsflut): Die Inflation wissenschaftlichen Wissens betrifft auch die Medizin. Kein einzelner Mensch ist mehr dazu in der Lage, den Stand des Wissens einer Disziplin zu überblicken. Die Wissenschaft handhabt dieses Problems durch weitere Spezialisierung der Expertinnen und Experten und durch Systemvertrauen. Man vertraut darauf, dass die anderen Expertinnen und Experten wissen was sie tun, weil die Prozesse der Wissenserzeugung und der Ausbildung bzw. Auswahl des Personals funktionieren. Der Radiologe vertraut der Onkologin, weil sie Expertin ist wie er selbst und dieselbe harte Schule durchlaufen hat. Eine Sonderrolle haben hier die Hausärzte bzw. Allgemeinmedizinerinnen, deren Aufgabe in einem breiten Überblick und einer Lotsenfunktion besteht. Zwangsläufig muss die Tiefe der Kenntnisse abnehmen, was traditionell Quelle einer latenten Geringschätzung durch die Fachdisziplinen ist, die verkennen, dass ihr sicheres Terrain zwar tief ist, aber eine immer geringere Fläche einnimmt. In den letzten Jahren erhält eine neue Form der Bewältigung der Überforderung durch zu viel Wissen bzw. Nichtwissen wieder größere Aufmerksamkeit: die Flucht in vereinfachte Erklärungsmuster abseits der etablierten Wissenschaft, in Wirtschaft und Politik in Form sogenannter »Verschwörungstheorien«,[414] im Medizinsystem in Form von Alternativmedizinen, prototypisch als Wundermittel

413 Gerne wird vergessen, dass Kontrollbürokratien selten in einem Guss aufgebaut werden, sondern nach und nach, in Reaktion auf Befunde und Vorkommnisse und in Aushandlungsprozessen.

414 In Anführungszeichen aus zwei Gründen: 1. Es gab und gibt auch tatsächliche Verschwörungen im Sinne illegaler oder illegitimer Absprachen zwischen einflussreichen Akteuren – Politikern und Politikerinnen, Unternehmen usw., erinnert sei an die Watergate-Affäre in den 1970er Jahren oder die durch Edward Snowden aufgedeckte Überwachung des Internetverkehrs durch Geheimdienste 2. Ist der Begriff mittlerweile zu einem gängigen Werkzeug einer Abwehrrhetorik gegen jegliche Kritik geworden. Es ist naheliegend, lästige Kritikerinnen und Kritiker abzuschrecken, indem ihr Verdacht als Verschwörungstheorie bezeichnet und so pauschal diffamiert wird.

für komplexe Probleme wie z. B. Krebs. Es darf nicht vergessen werden, dass gleichermaßen Patientinnen, Ärzte und Therapeutinnen für solche Auswege ansprechbar sind. Die massenmediale Aufbereitung konkreter Fälle konzentriert sich gerne auf geld- oder machtgierige Individuen, aber die meisten Anbieter dubioser Heilmittel und Verfahren werden wohl selbst von deren heilsamer Wirkung überzeugt sein.

Die Ärztin ist nicht nur »reine Ärztin« sondern in andere gesellschaftliche Bezüge verstrickt. Dies wird in den verschiedenen soziologischen Theorietraditionen durch unterschiedlichen Begriffe bzw. Konzepte thematisiert: Als Inter- und Intrarollenkonflikte, in der Systemtheorie durch strukturelle Kopplungen des Medizinsystems mit anderen Systemen, akteurtheoretisch als Interessenkonflikte bzw. widersprüchliche innersubjektive Motivlagen. Der Mensch hinter der Arztrolle (bzw. jeder anderen Profession) hat stets eigene Bezüge – Werte, Motive, Interessen, weitere Rollen, ein Privatleben. Die Systemtheorie geht so weit, den Menschen (als Konglomerat von biologischem und psychischem System) als Umwelt der sozialen Systeme zu setzen. Auch wenn sich die Systeme nicht durchdringen, beeinflussen sie sich durch ihre strukturelle Kopplung. Die Ärztin als Teil des Medizinsystems kann sich nicht über das psychische System der individuellen Ärztin hinwegsetzen. Sieht sich z. B. eine Ärztin durch »Sachzwänge« dazu genötigt, eine medizinisch nicht erforderliche Maßnahme durchzuführen, muss das psychische System dies bewältigen und in das Selbstbild integrieren – durch Umdeutung[415] (die Maßnahme ist doch nötig), Verdrängung (das ist nicht ok, aber Schuld sind die Anderen, das System; und wer schaut nach mir?) oder Zynismus (jeder muss schauen, wo er bleibt; der Patient will Behandlung – er bekommt Behandlung) oder andere Formen der Selbstrechtfertigung (ich zahle Steuern, am Ende haben also alle etwas davon).

6.3.3 Fachsprache

Wie viele Professionen pflegt die Ärzteschaft eine Fachsprache. Typisch für die Medizin sind lateinische und griechische bzw. aus diesen Sprachen abgeleitete Begriffe und Formulierungen. Sowohl der medizinische Jargon als auch die Kritik daran haben eine lange Tradition.[416] Früher war für das Medizinstudium das Latinum erforderlich, noch im 19. Jahrhundert wurden Examensprüfungen in Latein abgenommen. Mittlerweile stehen Lateinkenntnisse als Voraussetzung für eine ärztliche Ausbildung grundsätzlich zur Disposition, auch in der Medizin ist die internationale Leitsprache seit Jahrzehnten Englisch. Die soziale Funktion ei-

415 Der psychologische Mechanismus dahinter ist die kognitive Dissonanz, eingeführt 1957 von Festinger/Carlsmith.

416 Molière lässt den Bruder des eingebildeten Kranken sagen: »Die meisten … verfügen über viel Gelehrsamkeit, sprechen prächtig Latein, benennen alle Krankheiten mit griechischen Namen (…) und ihre ganze Kunst erschöpft sich in einem pompösen Kauderwelsch, in einem Fachjargon, wo schöne Worte Klarheit ersetzen und hohle Versprechungen die Tat.« (Béralde; 3. Aufzug, 3. Auftritt).

ner Fachsprache ist die Kommunikation von Expertise und Professionalität, sie dient als Erkennungsmerkmal von Fachleuten untereinander und damit der Exklusion und Inklusion (wer gehört zum Zirkel der Fachleute und wer ist Laie). Diese soziale Funktion wird in der Regel nicht offengelegt, sie wirkt auf Goffmans *Hinterbühne*. Auf der Vorderbühne sind sachliche Aspekte vorhanden, die deswegen nicht unbedeutend sind. Ein stichwortartiges Pro-und-Contra zeigt die Tabelle (▶ Tab. 37).

Tab. 37: Fachsprache – Pro und Contra

Argumente für Fachsprache	Argumente gegen Fachsprache
• Möglichkeit der Komprimierung, es lässt sich mehr mit weniger Worten sagen • höhere Präzision durch einen größeren, an das Fach angepassten Wortschatz, Vermeidung von Missverständnissen unter Fachleuten • Fachsprache signalisiert/betont den Wissensvorsprung der Fachleute • ein spezieller Gegenstand benötigt eigene Begriffe, um Verwechslungen oder naheliegende, aber falsche Analogien zu vermeiden • die Übersetzung oder Übertragung von Fachsprache in Alltagssprache reduziert oder verfälscht den Informationsgehalt	• jeder hinreichend fundierte Sachverhalt lässt sich allgemeinverständlich ausdrücken[417] • Missbilligung der Funktion der sozialen Exklusion (die Ausgrenzung von Laien, vgl. dazu den Eid des Hippokrates) • Fachsprache kann wortreich verschleiern, dass das Gesagte banal ist oder dass man etwas nicht weiß • Fachsprache wächst evolutionär, sie unterliegt keiner rationalen Steuerung;[418] die Behauptung einer sachlichen Notwendigkeit ist eine nachträgliche Rechtfertigung (Rationalisierung) • Fachsprache suggeriert Wissen und Präzision, auch wenn diese tatsächlich nicht gegeben sind (diese Funktion können auch mathematische Formeln haben)

Es geht letztlich nicht um Fachsprache ja oder nein, sondern um ihr Ausmaß und eine Sensibilität für Allgemeinverständlichkeit. Nicht alles lässt sich ohne Informationsverlust in einfacher oder leichter Sprache ausdrücken, aber im Zweifelsfall sollte die einfachere Variante angestrebt werden, wenn Unverständlichkeit nicht per se die Botschaft sein soll. Die Beschneidung der Verwendung von Fachjargon spielt eine wichtige Rolle im Zuge von Empowerment und Shared Decision Making (SDM). Gleichberechtigte Kommunikation erfordert gemeinsame Sprache, so dass die Medizin entweder sprachlich abrüsten muss oder parallel Übersetzungen zur Verfügung stellen muss. Ob dabei Information verloren geht, bleibt umstritten, aber in der Praxis gab es in den letzten Jahren viele Bemühungen und Verbesserungen, z. B. bei Beipackzetteln für Medikamente

417 So der Philosoph Karl Popper; er bezeichnete die Verwendung umständlicher Fachsprache als »Obskurantismus«, ein Vorwurf speziell gegen Theodor W. Adorno und Jürgen Habermas im Zuge des Positivismusstreits der 1960er Jahre.

418 Das spricht dann aber auch dagegen, dass Fachsprache einfach abgeschafft oder abgebaut werden könnte.

und Aufklärungsmaterialien für Vorsorgeuntersuchungen oder chirurgische Eingriffe. Möglich, dass hier die Ökonomisierung eine positive Begleiterscheinung zeigt – um die Kundin bemüht man sich anders und vielleicht mehr als um die Patientin.

6.4 Empowerment und Shared Decision Making (SDM)

Für eine Analyse professioneller Beziehungen ist ein zweidimensionales Schema hilfreich. Das Beziehungsgefüge wird entlang von zwei Achsen aufgegliedert, so dass sich vier Idealtypen ergeben, die in der Praxis in der Regel als Mischtypen mit unterschiedlichen Schwerpunkten anzutreffen sind.[419] Dieses Modell lässt sich auf fast jede Situation mit einem Macht-, Autoritäts- bzw. schlicht Qualifikationsgefälle anwenden; Lehrerin-Schüler, Dienstleister-Kundin, Eltern-Kinder und eben auch Therapeutin-Patient bzw. Arzt-Patientin (▸ Abb. 24). Es kann natürlich um weitere Dimensionen ergänzt werden, wobei es dann besser ist, für weitere Dimensionen separate Grafiken zu erstellen (z. B. aus Patienten- oder Arztperspektive, funktional/dysfunktional). In der therapeutischen Beziehung ist ein Autoritätsgefälle zum Patienten der Normalfall, durch akute Situationen (Leidensdruck), formale Regelungen und infrastrukturelle Einschränkungen wie mangelhafte Informationsmöglichkeiten[420] oder fehlenden Alternativen vor Ort.

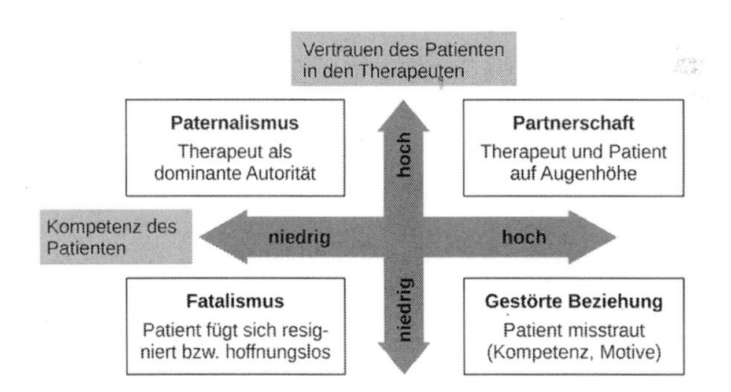

Abb. 24: Typen professioneller Beziehungen

---

419 Vgl. Mathe 2005: 176 (bezugnehmend auf Rogers), die Grundform bei Weisbach 2003: 88.

420 Übersichten über konkrete Leistungsangebote sind selten, zum Teil aufgrund von Werbeverboten. Oft müssen sie in einer konkreten Sprechstunde face-to-face erfragt werden.

Das Grundmodell der Arzt-Patientenbeziehung war bis Ende des 20. Jahrhunderts paternalistisch geprägt: Der (männliche) Arzt ist überlegener Experte und Autorität. Parsons spricht von einem Anspruch, dass der Arzt ein Weiser (»wise man«) sei, als Aspekt ärztlicher »Folklore«.[421] Die ärztliche Kompetenz und Bildung reicht weit über die Medizin hinaus,[422] zusammengefasst durch die teils ehrfürchtige, teils ironische Bezeichnung *Gott in Weiß*. Dieses überzeichnete Bild entstand im 19. Jahrhundert, begleitend zu den Erfolgen der wissenschaftlichen Medizin. In den Jahrhunderten davor war es eher zwiespältig und in der Literatur gibt es neben dem geachteten Heiler auch die Figur des geldgierigen Quacksalbers.[423]

Ein Gegengewicht zum Machtgefälle zwischen Arzt und Patientin ist der Anspruch bzw. die moralische Norm, dass das ärztliche Handeln allein am Wohl der Patientin ausgerichtet sein soll. Seit einigen Jahrzehnten gibt es Bemühungen, dieses Autoritätsgefälle zu mindern oder gar auszugleichen,[424] entweder durch Umdeutung der Beziehung in eine Kundenbeziehung bzw. ein Dienstleistungsverhältnis oder durch Berücksichtigung der Erkenntnis, dass auch Patienten und Patientinnen eine eigene relevante Expertise haben (die massiv verstärkt wird durch die allgemeine Verfügbarkeit von Fachwissen über das Internet[425]).

Empowerment und Shared Decision Making (SDM)

Empowerment meint die Stärkung der Position des Patienten[426] durch Wissen und Rechte, entweder direkt oder vermittelt über Vertreter (z. B. Organisationen zum Patienten- oder Verbraucherschutz, Selbsthilfevereine). Empowerment soll das Wissens- und Kompetenzgefälle vermindern und ermöglicht Patientinnen und Patienten die grundsätzliche Teilnahme am Shared Decision Making (SDM). SDM ist die Einbindung des Patienten (und ggf. seiner Angehörigen) in alle wichtigen Entscheidungsprozesse. Das erfordert Gesundheitskompetenz, die durch Gesundheitskommunikation (Gesundheitsinformation, Gesundheitsberatung) aufgebaut werden soll.[427] Im Idealfall treffen Ärztin und Patient partnerschaftlich gemeinsam die anstehenden Therapieentscheidungen; der Patient kann mindestens die ärztlichen Entscheidungen nachvollziehen, in unklaren Fällen sogar kompetent an der Entscheidungsfindung mitwirken. Die Ärztin soll so entlastet werden und ebenfalls profitieren.

421 Parsons 1951: 435.
422 Idealerweise spielt er auch noch im Ärzteorchester mit.
423 Z. B. in den Theaterstücken »Der eingebildete Kranke« (Moliére 1673) und »Knock oder Der Triumph der Medizin« (Romains 1924).
424 Vgl. Hurrelmann 2013: 202 ff.
425 Wenig gewürdigt wird die Rolle der Wikipedia; eine Alternative zu fundamentaler Kritik und Ablehnung wäre konstruktive Mitarbeit, außer man hält medizinisches Wissen auf Patientenseite grundsätzlich für schädlich.
426 Empowerment ist nicht auf das Medizinsystem beschränkt, das Konzept kann ganz allgemein auf Beziehungen zwischen Fachleuten und deren Kundinnen/Klienten bezogen werden.
427 Vgl. Hurrelmann 2013: 226.

Ein wichtiger Unterschied zwischen Arzt und Patientin bleibt aber die unmittelbare, meist körperliche Betroffenheit der Patientin bis hin zur existenziellen Bedrohung (je nach Schwere und Akutheit von Symptomen). In solchen Situationen kann der Anspruch auf Compliance oder SDM den Patienten schnell überfordern und ein autonomes, vielleicht auch paternalistisches Handeln der Ärztin sogar entlastend wirken. Unter akuten Zuständen wie Schmerzen oder Todesangst ist keine reflektierte, abgewogene Entscheidung möglich, weshalb die Autorität der Ärztin mit der Forderung gekoppelt ist, ihr Handeln allein oder zumindest vorrangig am Patientenwohl auszurichten. Der leidende oder verängstigte Patient ist vulnerabel und damit der Ärztin gegenüber grundsätzlich in einer schwächeren Position. SDM und Empowerment erfordern Auswahlmöglichkeiten, Ruhe und Zeit und sind daher nicht immer bzw. umfassend realisierbar.

Das Zahnweh, subjektiv genommen,
Ist ohne Zweifel unwillkommen;
Doch hat's die gute Eigenschaft,
Daß sich dabei die Lebenskraft,
Die man nach außen oft verschwendet,
Auf einen Punkt nach innen wendet
Und hier energisch konzentriert.
Kaum wird der erste Stich verspürt,
Kaum fühlt man das bekannte Bohren,
Das Rucken, Zucken und Rumoren –
Und aus ist's mit der Weltgeschichte,
Vergessen sind die Kursberichte,
Die Steuern und das Einmaleins.
Kurz, jede Form gewohnten Seins,
Die sonst real erscheint und wichtig,
Wird plötzlich wesenlos und nichtig.
Ja, selbst die alte Liebe rostet –
Man weiß nicht, was die Butter kostet –
Denn einzig in der engen Höhle
Des Backenzahnes weilt die Seele,
Und unter Toben und Gesaus
Reift der Entschluß: Er muß heraus!!

Wilhelm Busch, aus: Balduin Bählamm (1883)

Die Stärkung der Patientenrolle ist eine Aufwertung und gleichzeitig eine Zumutung: auf einem ähnlichen Wissensstand wie die Ärztin oder der Therapeut, dazu Gelassenheit und Nüchternheit trotz ggf. unmittelbarer existenzieller Bedrohung und entsprechender Angst, »Verantwortung übernehmen« trotz des fortbestehenden Autoritätsgefälles, den richtigen Zeitpunkt für die Konsultation wissen, bevor eine Diagnose gestellt wurde (»wegen so einer Lappalie hätte man nicht zum

Arzt bzw. in die Notaufnahme kommen müssen« versus »warum sind Sie nicht schon viel früher gekommen?«).

Empowerment kann auch aktiv missbraucht werden. Das medizinische Personal kann unangenehme Entscheidungen in *Lose-lose-Situationen* an den Patienten abgeben und sich so von Verantwortung befreien. SDM kann vorgetäuscht werden um Reaktanz[428] zu verhindern und Compliance zu verbessern (»das wollen Sie doch sicher auch«), quasi als weiche Einbettung oder Kaschierung des herkömmlichen Paternalismus. Tatsächliches Empowerment erfordert von Ärzten und von Patientinnen soziale und emotionale Kompetenz und Souveränität. Ein großes Problem sind getarnte Beeinflussungsversuche von Dritten. Im Zuge der Entwicklung einer wohlwollenden Gesundheitskommunikation wurden auch die Beeinflussungsversuche verschiedener Akteure und Interessengruppen immer professioneller. Neben Werbung[429] wird gezielt der Kontakt zu Ärzten, Wissenschaftlerinnen oder Selbsthilfegruppen gesucht. Hurrelmann fasst zusammen:

> »Kommerzielle Unternehmen, insbesondere *Medizinproduktehersteller* und *pharmazeutische Industrie*, engagieren sich in den letzten Jahren zunehmend in der Gesundheitsberatung. Ihr im Vordergrund stehendes Interesse liegt darin, durch gezielte Aufklärungskampagnen den Absatz der eigenen Produkte zu verbessern. Deswegen ist die Neutralität und Unabhängigkeit der Beratungs- und Informationsleistungen in diesem Sektor am geringsten.«[430]

Neben den üblichen Verdächtigten darf auch die Nahrungsmittelindustrie nicht vergessen werden – schlussendlich jedes Unternehmen, das seine Produkte mit Gesundheit[431] in Verbindung bringt. Aus Sicht der jeweiligen Anbieter ist das unproblematisch; ihrem Selbstverständnis nach sind die eigenen Produkte ja gut für die Kundinnen und Kunden, weshalb eine Win-win-Situation bestehe. Wer dem nicht folgen mag, konsultiert Verbraucherschutzverbände, offizielle staatliche Stellen oder andere ökonomisch unabhängige Akteure. Für ungeübte Betrachter ist es schwierig, seriöse Informationsangebote von getarnter PR zu unterscheiden; das beschädigt am Ende auch das Vertrauen in seriöse Informationsangebote, weil manche Menschen zu dem Schluss kommen, dass man erst einmal gar niemandem trauen kann, schlimmstenfalls auch dem Wissenschaftssystem nicht.

---

428 Widerstände beim sozialen Interaktionspartner, für das Grundkonzept Brehm 1966, eine kurze Einführung bei Weisbach 2003: 107 ff. oder Schwarzer 2000: 166 ff.

429 Endkundenwerbung für verschreibungspflichtige Medikamente ist z. B. in Deutschland verboten (im Gegensatz zu den USA). Intensiv beworben werden aber z. B. OTC-Präparate. Einen guten Eindruck liefert das Vorabendprogramm des Öffentlich-Rechtlichen Fernsehens, deren Werbeblöcke auf ein älteres Publikum zielen.

430 Hurrelmann/Richter 2013: 216, kursive Stellen wie im Original.

431 Engl. *health claims*.

6.5 Die Klinik als Symbol der modernen Medizin

Das Krankenhaus (in Österreich und der Schweiz: Spital) bzw. die Klinik entstand um 1800 und wurde schnell zum Symbol der modernen Medizin. Der wesentliche Impuls kam aus Frankreich. Im Zuge der Französischen Revolution wurden Wissenschaftspolitik und Universitätsmedizin erneuert und die Krankenbehandlung völlig neu organisiert. Parallel zum Aufstieg der wissenschaftlichen Medizin setzte die Industrialisierung ein, und die Klinik ist eine Art Fabrik der organisierten Krankenbehandlung.[432] Die Klinik zeichnet sich durch folgende Merkmale aus:

1. ein großes Gebäude bzw. ein großer Gebäudekomplex
2. viele Mitarbeiter und Patienten
3. hierarchische Struktur
4. Arbeitsteilung
5. bürokratische Organisation
6. eine aufwändige technische Ausstattung (je größer das Haus, desto mehr)

Die Grundstruktur einer modernen Klinik (▸ Abb. 25) besteht aus dem ärztlichen Bereich, dem Pflegebereich und der Verwaltung, die jeweils eine eigene Leitungsstruktur haben. Die Pflegerinnen und Pfleger unterstehen der Pflegeleitung, die Ärztinnen und Ärzte den Ober- und Chefärzten.[433]

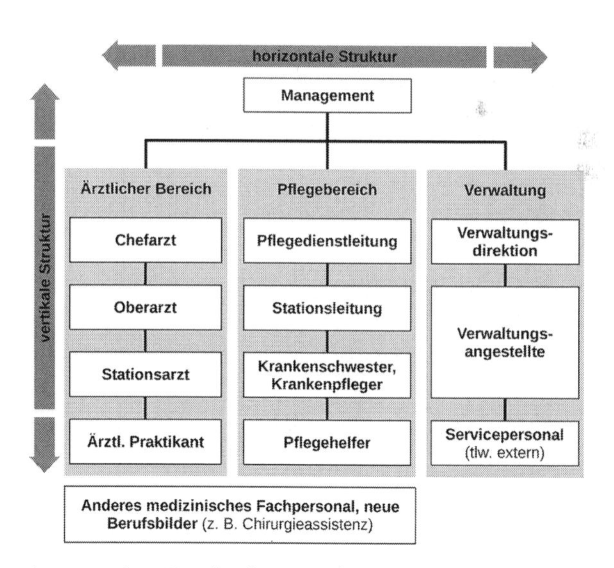

Abb. 25: Organigramm eines Krankenhauses

432 Nach Eckart 2013: 173 f.
433 Die immer noch überwiegend männlich sind.

Die Klinik ist Gegenstand einiger soziologischer Klassiker, u. a. »Asyle« von Erving Goffman 1961 (wo er den Begriff der totalen Institution[434] einführt), »Time for Dying« von Barney Glaser und Anselm Strauß 1965, die »Soziologie des Krankenhauses« von Rohde 1974.

6.6 Interessenkonflikte in der Medizin

Interessenkonflikte sind kein spezielles Problem des Gesundheitswesens, sie betreffen jegliches professionelle Handeln. Eine zentrale Definition stammt von dem US-amerikanischen Gesundheitsökonomen Thompson:

> »Interessenkonflikte sind definiert als Gegebenheiten, die ein Risiko dafür schaffen, dass professionelles Urteilsvermögen oder Handeln, welches sich auf ein primäres Interesse bezieh[t], durch ein sekundäres Interesse unangemessen beeinflusst werden.«[435]

Demnach gibt es beim professionellen Handeln ein primäres Interesse, das durch die offizielle Definition der Profession definiert ist oder durch ihre Systemzugehörigkeit. Beim Arzt wäre dieses primäre Interesse das Wohl der Patientin, meistens die Behandlung durch Heilung oder Linderung von Krankheit. Schon der antike Eid des Hippokrates transportiert Zweifel daran, sonst hätte es nicht extra thematisiert werden müssen.

Interessenkonflikte können mit verschiedenen theoretischen Ansätzen analysiert werden. Naheliegend sind akteurtheoretische Ansätze, welche die konfligierenden Interessen in einzelnen, handelnden Menschen verorten. Solche Ansätze laufen aber Gefahr, die Rolle der Handelnden über zu bewerten und ihre soziale Umwelt zu vernachlässigen. Am Ende läuft es auf moralische Appelle und die Verurteilung von Personen oder Gruppen hinaus (geldgierige Ärztinnen oder Apotheker) ohne Zugriff auf die Problemstrukturen. Je nach moralischen Ansprüchen der verantwortlichen Akteure (bzw. der psychischen Systeme) laufen dann unterschiedliche Bewältigungs- und Selbstrechtfertigungsprozesse ab. Wahrscheinlich nimmt die Mehrheit der angegriffenen Akteure für sich moralische Integrität in Anspruch und wird ihr Handeln dann entsprechend vor sich selbst legitimieren:

- Die Kritik ist sachlich falsch, z. B. ist die Vorsorgeuntersuchung U tatsächlich medizinisch notwendig (dies wird durch eine unklare Befundlage oder Meinungsverschiedenheiten zwischen Fachgesellschaften erleichtert, weil man die zum eigenen Verhalten passende Meinung auswählen kann).
- Die Kritik ist in Wahrheit nicht sachlich motiviert, sondern selbst wiederum interessengeleitet (Missgunst, eigene Profit- oder Machtinteressen der Kritikerinnen, Profilierungssucht).

434 Z. B. Gefängnisse oder geschlossene psychiatrische Anstalten.
435 Thompson, nach Lieb/Klemperer/Ludwig 2010: 14, im Original »beziehen«.

- In der Gesamtrechnung wird es letztlich niemandem schaden (die Krankenkasse wird zwar übervorteilt, aber die Arztpraxis oder Klinik wird gestützt, und da wird ja schließlich die Leistung erbracht, also immer noch insgesamt *win-win*).
- Ich persönlich halte nichts davon, aber der Patient oder die Patientin will es so.
- Die widrigen Umstände zwingen mich, es ist nicht meine Schuld (also ausdrücklicher Bezug auf die Rolle der Umwelt, bekannt als Sachzwänge).

Eine analytische Berücksichtigung der sozialen Umwelt ermöglicht u. a. die klassische Rollentheorie. Jeder Mensch hat verschiedene soziale Rollen inne, deren jeweilige Ansprüche sich widersprechen können. Interessenkonflikte wären somit spezielle Formen von Rollenkonflikten, das primäre Interesse wird hierbei an der Berufsrolle des jeweiligen Menschen (Akteurs) festgemacht. Das primäre Interesse der Ärztin ist (bzw.: soll sein) das Wohl der Patientin, etwaige ökonomische Belange ihrer Arztpraxis oder der Klinik sind dann sekundäre Interessen. Interessenkonflikte können gleichermaßen die Form von Interrollenkonflikten und Intrarollenkonflikten haben.

IGeL – Selbstzahlerleistungen für Kassenpatienten

In Deutschland werden Selbstzahlerleistungen für Mitglieder der GKV als IGeL bezeichnet, die Abkürzung für »Individuelle Gesundheitsleistungen«. Das ist im Prinzip ein Werbeslogan, der drei positiv besetzte Begriffe zusammenführt – individuell (ganz an Ihre Bedürfnisse und Situation angepasst), Gesundheit (nicht Krankheit) und Leistung (es wird ein Gegenwert fürs Geld versprochen). Alle IGeL haben gemeinsam, dass sie nicht zum Leistungskatalog der GKV gehören und von der Arztpraxis privat in Rechnung gestellt werden. Kritisiert wird ein breites Angebot an Vorsorgeuntersuchungen und Behandlungen ohne wissenschaftliche Evidenz, überwiegend von Facharztpraxen. Das wirtschaftliche Volumen von IGeL ist mit ungefähr einer Milliarde € pro Jahr[436] immens; es gibt eigens Lehrbücher und Kurse zur IGeL-Vermarktung, die eindeutig ökonomisch gerahmt sind.[437] Der Interessenkonflikt des Arztes liegt zwischen dem Medizinsystem und dem Wirtschaftssystem. Als Unternehmer ist er an den Einnahmen interessiert, das ärztliche Selbstverständnis zielt aber auf das Wohl des Patienten. Ist dem Patienten die ökonomische Perspektive bekannt, wird das Vertrauen in die Motive des Arztes untergraben. Die meisten Ärztinnen und Ärzte sind vermutlich von der Evidenz ihrer IGeL überzeugt[438] und weisen ein Primat ökonomischer Motive von sich (vielleicht eine Form des *Impression Management* gegenüber ihren eigenen moralischen

436 Schätzung des Wissenschaftlichen Instituts der AOK (WIdO-Monitor 1/2019).
437 Z. B. Jordt/Girr/Weiland 2012.
438 Eine wissenschaftliche Studie dazu ist dem Verfasser nicht bekannt, die Einschätzung basiert auf Forendiskussionen und Interviews in Medienberichten.

Ansprüchen). Kritische Patienten und Patientinnen erhalten gegenläufige Informationen bei Einrichtungen wie dem IGeL-Monitor des MDS[439] oder bei der Verbraucherzentrale.[440] Letztlich entlastet das Sachleistungsprinzip die therapeutische Beziehung durch Konzentration auf den medizinischen Code, das ökonomische System wird aus der konkreten Interaktion ausgeblendet. Die medizinische Kommunikation wird durch das Anbieten von IGeL gestört. Die Praxis wird zum PoS[441] und die Furcht vor Krankheit zum Ansatzpunkt für Wertschöpfung. Die Patientin weiß nicht mehr, wessen Wohl für die Ärztin Priorität hat.

Neben ökonomischen Interessen können Interessenkonflikte auch andere Bereiche betreffen. Ein Beispiel im medizinischen Bereich sind religiöse Interessen, wenn z. B. ein medizinischer Wissenschaftler oder Arzt gläubiger Anhänger einer religiösen Lehre ist oder vielleicht sogar in einer Religionsgemeinschaft aktiv ist. Z. B. könnte bei einer katholischen Ärztin die Besorgnis eines Interessenkonfliktes zwischen katholischer Morallehre und medizinischen Belangen entstehen. Kritische Themen wären hier Verhütung, Reproduktionsmedizin oder Sterbehilfe. Es finden sich viele kirchliche Funktionäre in der Leitung einschlägiger Interessengruppen, die Patientenbelange in den Vordergrund stellen, diese aber an die Belange ihrer Religionsgemeinschaft koppeln. Einige Beispiele:

- Kliniken in katholischer oder evangelikaler Trägerschaft führen keine Schwangerschaftsabbrüche durch.
- Ein konservativ gläubiger[442] Arzt wird vermutlich von Pränataldiagnostik (PND) und der Abtreibung eines Fötus mit Chromosomenanomalie oder Missbildungen abraten; die Kenntnis seiner weltanschaulichen Fundierung ist für die Patientin eine wichtige Information, wenn sie ihre Entscheidung treffen muss. Eine gleichfalls konservativ gläubige Patientin wird den Rat dieses Arztes bevorzugen; andernfalls wird sie vermutlich lieber einen liberalen oder säkular orientierten Arzt konsultieren. Es muss transparent sein, was ärztlicher Rat ist und was eine moralische Handlungsempfehlung infolge einer Bereichsethik.[443]
- Umgekehrt gibt es den Vorwurf aus dem Umfeld der Lebensschutzbewegung, der medizinische Mainstream sei technokratisch und behindertenfeindlich eingestellt und würde schwangere Frauen zur PND drängen bzw. zur Abtreibung, wenn beim Fötus eine Behinderung diagnostiziert wird.

Auch nichtökonomische Interessenkonflikte können problematisch sein und sollten daher möglichst offengelegt werden. Dies ist selbstverständlich eine Idealvor-

439 https://www.igel-monitor.de.
440 https://www.verbraucherzentrale.igel-aerger.de.
441 Point of Sales, in der Sprache des Marketings der Ort des direkten Kundenkontakts.
442 Neben der katholischen Kirche lehnen Teile der evangelischen Kirche, viele evangelischen Freikirchen sowie orthodoxe Kirchen Schwangerschaftsabbrüche ab.
443 Zum Begriff der Bereichsethik siehe nächster Abschnitt.

stellung aus der Beobachterperspektive, es gibt auch verdeckte oder verdrängte Interessenkonflikte. Schwer zu greifen bleiben innerpersönliche Konflikte und Konflikte, bei denen der Konfliktcharakter an sich unklar oder strittig ist. Das betrifft aber Interessenkonflikte im Allgemeinen, nicht nur die in der Medizin.

6.7 Medizinethik

6.7.1 Ethik und Moral

Moral befasst sich mit der Frage, was man tun darf oder nicht bzw. was man tun oder lassen soll. Moral ist ein zentrales Thema der Philosophie und der Theologien. Ethik ist hingegen die wissenschaftliche Beobachtung von Moral, also die Analyse moralischer Regeln und Erklärungen.[444]

In der Alltagssprache wird gelegentlich auch dann von Ethik geredet, wenn eigentlich Moral gemeint ist – man spricht von unethischem statt von unmoralischem Verhalten. Vermutlich liegt es daran, dass Ethik modern, objektiv und wissenschaftlich klingt, während Moral einen irgendwie muffigen Beigeschmack bekommen hat. Ein anderer Ausweichbegriff sind Werte. Klagen über unethisches Verhalten oder einen Werteverfall drücken tatsächlich die moralische Missbilligung einer anderen Ethik bzw. anderer Werte aus oder beklagen, dass bestimmte Werte von anderen Werten verdrängt werden. Auch das Recht des Stärkeren kann als ethisches Prinzip formuliert werden, und man kann es dann im Vergleich zu anderen Prinzipien, z. B. der *goldenen Regel*,[445] analysieren und kritisieren – moralisch, aber auch gesellschaftlich funktional (seine Auswirkungen, Risiken und Nebenwirkungen).

Typische Themen der Medizinethik sind Organtransplantation, Abtreibung und Sterbehilfe; darüber hinaus aber sämtliche Themen, die moralische Grundfragen berühren: Verteilungsgerechtigkeit (wer bekommt welche Behandlung, wer verdient wie viel Geld), Selbstbestimmung (von Patientinnen und Patienten, Angehörigen aber auch dem medizinischen Personal). Eine Letztbegründung moralischer Regeln ist schwierig, und moralische Fragen werden von Religionen als ureigenes Territorium beansprucht, vertreten durch Theologien. In Mitteleuropa sind das vor allem die großen christlichen Kirchen, die oft selbst einflussreiche Akteure im Gesundheitswesen sind, in Form der Trägerschaft von Gesund-

444 Vgl. Luhmann 1991: 19. Die Kritik moralischer Kommunikation läuft aber Gefahr, einen Re-entry auszuführen, wenn moralische Bewertung per se missbilligt wird.

445 Was du nicht willst, das man dir tu, das füg auch keinem Anderen zu. Eine elaboriertere Variante ist Kants Kategorischer Imperativ.

heitseinrichtungen oder durch die Entsendung von Theologinnen und Theologen in Ethikkommissionen und ähnliche Gremien. Daneben gibt es aber auch eine philosophische Tradition der Begründung von Moral bzw. moralischen Regeln ohne den Rückgriff auf Gott oder andere metaphysischen Vorstellungen. Ein wichtiges Beispiel ist die Theorie der Gerechtigkeit von John Rawls.

Empirische Medizinethik

Die empirische Medizinethik untersucht moralische Einstellungen und Wahrnehmungen der Menschen zu medizinischen Themen. Das können allgemeine Umfragen sein oder Studien unter persönlich Betroffenen oder Beteiligten an bestimmten sozialen Situationen – wie ist die Haltung in der Bevölkerung zu bestimmten Themen, wann und wie urteilen Ärzte und Ärztinnen, wie entstehen moralische Haltungen und wie verändern sie sich? Die empirische Medizinethik operiert damit im Grenzbereich zwischen Ethik, Medizin, Soziologie und Psychologie.

Eine Ethik, die sich auf eine bestimmte Weltanschauung oder Religion stützt und daher nicht allgemein anerkannt bzw. verbindlich ist, wird Bereichsethik genannt. Bereichsethiken sind schwer erkennbar; den Vertreter und Vertreterinnen ist ihr Wertegebäude selbstverständlich und sie tendieren dazu, es zu verallgemeinern, weil es für alle das Beste wäre.

Bereichsethik

Eine Bereichsethik ist eine Ethik, die aus einer speziellen Weltanschauung abgeleitet ist und somit keine Relevanz für Subjekte hat, die diese Weltanschauung nicht teilen.

Ein Beispiel wäre die katholische Morallehre, speziell die Sexualmoral. In der Praxis lassen sich Bereichsethiken aber nicht genau abgrenzen, weil es oft keinen Konsens darüber gibt, was eine Bereichsethik ist und was nicht. Manche Staaten weisen z. B. die allgemeinen Menschenrechte als Bereichsethik zurück, weil sie ein Produkt westlicher Kultur sei.

6.7.2 Der Eid des Hippokrates

Der »Eid des Hippokrates« stammt vermutlich aus dem 4. Jahrhundert v. Chr., die Autorenschaft des altgriechischen Arztes Hippokrates ist aber zweifelhaft.[446] Für die heutige Ärzteschaft hat dieser Eid keine handlungsleitende Relevanz,

446 Vgl. Benzenhöfer 2009: 34–36.

aber Gegner bestimmter medizinischer Praktiken (Abtreibung, Sterbehilfe) berufen sich gelegentlich auf ihn, weil ihm eine diffuse Autorität zugeschrieben wird. Er ist ein Teil ärztlicher Folklore; aber kein moderner Arzt muss diesen ›Eid‹ schwören. Das leuchtet ein, wenn man den Text durchliest.

Eid des Hippokrates

Ich schwöre bei Apollon dem Arzt und Asklepios und Hygieia und Panakeia und allen Göttern und Göttinnen, sie zu Zeugen anrufend, dass ich erfüllen will nach meinem Können und Urteil diesen Eid und diesen Vertrag:

Den, der mich diese Kunst gelehrt hat, meinen Eltern gleich zu achten, und mein Leben in Gemeinschaft mit ihm zu leben und ihn, wenn er Geld nötig hat, an meinem Anteil zu geben und seine Nachkommenschaft meinen Brüdern in männlicher Linie gleichzustellen und sie diese Kunst zu lehren – wenn sie wünschen, sie zu erlernen – ohne Honorar und Vertrag; an Regeln und mündlichem Unterricht und allem übrigen Wissen meinen Söhnen Anteil zu geben und den Söhnen dessen, der mich unterrichtet hat, und Schülern, die den Vertrag unterzeichnet und einen Eid geleistet haben nach ärztlichem Brauch, aber sonst niemandem.

Ich will diätetische Maßnahmen zum Vorteil der Kranken anwenden nach meinem Können und Urteil; ich will sie vor Schaden und Unrecht bewahren. Ich will weder irgend jemandem ein tödliches Medikament geben, wenn ich darum gebeten werde, noch will ich in dieser Hinsicht einen Rat erteilen. Ebenso will ich keiner Frau ein abtreibendes Mittel geben. In Reinheit und Heiligkeit will ich mein Leben und meine Kunst bewahren.

Ich will das Messer nicht gebrauchen, nicht einmal bei Steinleidenden, sondern will davon abstehen zugunsten von Männern, die sich mit dieser Arbeit befassen.

In alle Häuser, die ich besuche, will ich zum Vorteil der Kranken kommen, mich frei haltend von allem zusätzlichen Unrecht, von aller Schädigung und insbesondere von sexuellen Beziehungen sowohl mit weiblichen wie mit männlichen Personen, seien sie frei oder Sklaven.

Was ich etwa sehe oder höre im Laufe der Behandlung oder auch außerhalb der Behandlung über das Leben von Menschen, was man auf keinen Fall verbreiten darf, will ich für mich behalten, in der Überzeugung, dass es schändlich ist, über solche Dinge zu sprechen.

Wenn ich diesen Eid erfülle und ihn nicht verletze, sei es mir vergönnt, mich des Lebens und der Kunst zu erfreuen, geehrt durch Ruhm bei allen Menschen auf alle künftige Zeit; wenn ich ihn übertrete und falsch schwöre, sei das Gegenteil von all diesem mein Los.[447]

447 Benzenhöfer 2009: 201, nach Edelstein 1969; in variierenden Übersetzungen in vielen Quellen, z. B. der Wikipedia: https://de.wikipedia.org/wiki/Eid_des_Hippokrates.

Würde man diesen Text tatsächlich als verbindliche Vorschrift für ärztliches Handeln auffassen, wären Ärztinnen ebenso unzulässig wie Operationen. Vermutlich war dieser Text selbst in der Antike nicht handlungsleitend, sondern nur für »eine kleine Gruppe – eine Sekte von Ärzten«.[448] Der Umgang mit dem Hippokratischen Eid ähnelt dem Umgang mit *Heiligen Schriften*. Die Aussagen müssen inhaltlich und vor dem zeitlichen und gesellschaftlichen Hintergrund interpretiert werden. Aussagen, die für die heutige Situation noch relevant sind, wird eine Autorität für die heutige Situation zugeschrieben, während abweichende Inhalte übergangen, relativiert oder umgedeutet werden. Für die Einschätzung der Relevanz der Aussagen an sich sind also andere, externe Maßstäbe erforderlich.[449] Bei religiösen heiligen Schriften wird deren Relevanz durch die Autorität ihres göttlichen bzw. übernatürlichen Ursprungs[450] mitbegründet, beim Eid des Hippokrates wirken parallel das positiv besetzte Kolorit der griechischen Antike und der Nimbus des sagenhaften Arztes – vor allem aber die Passung der beiden Einzelthemen Abtreibung und Sterbehilfe zu heutigen konservativen Positionen, zu deren Unterstützung er herangezogen wird.

6.7.3 Abtreibung

Die moralische Bewertung von Abtreibung hängt grundlegend davon ab, wie man Leben und Menschsein definiert. Auf eine vertiefte Auseinandersetzung mit der ethischen Analyse und der politischen Debatte muss hier verzichtet werden.[451] Soziologisch ist Abtreibung interessant, weil sie einen blinden Fleck des binären Codes des Medizinsystems besetzt. Krank/nicht krank berührt einige der mehrheitlich akzeptierten Indikationen für eine Abtreibung, die unter dem Begriff »medizinische Indikation« zusammengefasst werden.

Medizinische und soziale Indikation

Eine medizinische Indikation ist gegeben, wenn das Leben der Mutter in Gefahr ist oder der Fötus schwere Fehlbildungen aufweist oder wahrscheinlich nicht lebensfähig sein wird. Diese Indikationen werden von einer großen Mehrheit der Bevölkerung als Abtreibungsgründe akzeptiert. Stärker umstritten ist die sogenannte soziale Indikation, wenn sich eine schwangere Frau zur Mutterschaft nicht in der Lage sieht, z. B. aufgrund ihrer bisherigen Lebensplanung oder sozialen Lage. Die soziale Indikation ist in Deutschland und Ös-

448 Eckart 2013: 16.

449 Die Begründung der Relevanz eines Textes anhand des Textes selbst führt zu zirkulären Aussagen: Dieser Text ist relevant, weil seine Aussagen auch heute noch relevant sind. Oder: Dieser Text ist wahr, weil in ihm steht, dass er wahr ist.

450 Diese kann direkt oder indirekt angenommen werden. Siehe hierzu die Auseinandersetzung zwischen wörtlicher und historisch-kritischer Bibelauslegung in den christlichen Theologien, ausführlich bei Lang 1994: 71 ff.

451 Eine übersichtliche Einführung z. B. bei Schöne-Seifert 2007.

terreich zunächst rechtlich nicht relevant, sie wird aber über einen Umweg berücksichtigt: eine drohende psychische Schädigung der Frau infolge der ungewollten Mutterschaft und ihrer subjektiven Notlage. Damit wird die soziale in eine medizinische Indikation transformiert, genauer in eine psychiatrische.

Die konsequente Ablehnung jeder (oder fast jeder) Abtreibung wird andererseits damit begründet, dass das menschliche Leben für sich absolut zu setzen sei; meistens als von Gott gegeben heilig, wenn der direkte religiöse Bezug gesetzt wird. Die Medizin wird hierbei als Instanz zur unbedingten Bewahrung des Lebens definiert und die Abtreibung steht dazu im Widerspruch. Eine Akzeptanz von Abtreibung stellt hingegen die Lebensqualität und die Interessen der beteiligten bzw. betroffenen Menschen in den Vordergrund und betrachtet die Medizin als die Profession des Umgangs mit dem biologischen Körper. Die Abtreibung ist im Grundsatz ein medizinischer Eingriff, der zunächst dem Wohl bzw. der Gesundheit der schwangeren Frau dienen soll. Der Embryo oder Fötus ist danach nur die Vorstufe eines Menschen, ohne Bewusstseinsprozesse und ohne aktuelle eigene Interessen, was bereits ein Streitpunkt ist. Auf etwaige zukünftige Interessen kann sehr unterschiedlich Bezug genommen werden; die »Lebensschützer« betonen, dass dem Fötus sein zu erwartendes Leben genommen wird, das er als bewusste Person würde führen können, und dass somit sein Interesse zu leben unabhängig vom momentan nicht vorhandenen Bewusstsein des eigenen Lebens sei. Befürworter einer medizinischen Indikation möchten ihm im Falle von schweren Fehlbildungen eine zukünftige leidvolle Existenz ersparen. Die ethische Debatte dreht sich um den moralischen Status des Embryos und des Fötus, der am Begriff der Person festgemacht wird. Für Abtreibungsgegnerinnen und -gegner entsteht der Mensch als Person im Moment der Verschmelzung von Samen- und Eizelle, eine prominente Gegenposition macht den Personenstatus an den kognitiven und moralischen Fähigkeiten fest und sieht die konkrete Personwerdung erst nach der Geburt, setzt aber die Geburt wegen ihrer Symbolwirkung und guten Wahrnehmbarkeit als Grenze.[452]

In Deutschland ist Abtreibung seit der Neufassung des § 218 StGb nach der Wiedervereinigung grundsätzlich verboten, bleibt aber unter bestimmten Umständen straffrei – beim Vorliegen einer medizinischen Indikation und dem Nachweis einer sogenannten Schwangerschaftskonfliktberatung.[453] Diese Konstruktion war ein Kompromiss zwischen dem liberalen Abtreibungsrecht der DDR und konservativen Bestrebungen nach einem weitgehenden Verbot. Die Regelung beinhaltet, dass Ärztinnen und Ärzte nicht öffentlich kommunizieren dürfen, dass sie Abtreibungen vornehmen, schon die bloße Erwähnung wurde noch in jüngster Vergangenheit als unerlaubte Werbung strafrechtlich verfolgt. Die Regelungen sind in Österreich und der Schweiz ähnlich, wobei Österreich

452 Ausführlich bei Singer 1994: 177 ff., kürzer bei Schöne-Seifert 2007.

453 Ein Kompromiss zwischen konservativen Konzepten der BRD und dem vergleichsweise liberalen Abtreibungsrecht der DDR.

mit einer Fristenregelung für die ersten drei Schwangerschaftsmonate am liberalsten ist. Für die Medizin ist der Umgang mit Abtreibung ambivalent, unabhängig davon ob man sich auf den systemtheoretischen Code krank/nicht krank beruft oder auf die herkömmlichen Kriterien Lebensrettung oder Heilung. Entscheidend ist, wer der Gegenstand dieser Kriterien ist – die Mutter oder das werdende Kind. Je nach moralischer Fundierung wird unterschiedlich gewichtet.

Unabhängig von der moralischen Bewertung ist eine Abtreibung eine medizinische Handlung im weiteren Sinne; vereinzelt wird die Ansicht vertreten, sie sei keine ärztliche Aufgabe, weil Leben vernichtet würde. Abtreibung ist ein operativer Eingriff am lebenden Organismus mit entsprechenden Risiken. Die WHO hat 2012 ein Richtlinienpapier mit Empfehlungen für sichere Abtreibungen herausgegeben.[454] In Deutschland gibt es noch keine Leitlinie für Abtreibungen, die Ausbildung und Berechtigung ist nicht klar geregelt. Bisher sind in den meisten Bundesländern alle Ärztinnen und Ärzte mit einer entsprechenden Zusatzqualifikation berechtigt. Einige Akteure befürchten, dass die Fachgesellschaften die Berechtigung im Zuge einer Leitlinie auf Fachärzte für Gynäkologie und Geburtshilfe beschränken wollen.[455]

6.7.4 Medizin des Anfangs: In-Vitro-Fertilisation (IVF) und Pränataldiagnostik (PND)

Der technische Fortschritt hat im 20. Jahrhundert die Möglichkeiten der vorgeburtlichen Medizin enorm erweitert. Dies betrifft nicht nur die Möglichkeiten der Krankenbehandlung – wichtige Errungenschaften sind der Inkubator (Brutkasten) oder vorgeburtliche Operationen –, sondern auch vormals unzugängliche Vorgänge wie die Zeugung. Die Vorgänge um die Entstehung neuer Menschen wurde entmystifiziert,[456] technisiert und medikalisiert; die technischen Möglichkeiten werfen nun neue ethische Problemstellungen auf.

Neben technischen Entwicklungen wirkt sich der soziale Wandel auf das Medizinsystem aus. Weniger Geburten verringern die Auslastung entsprechender Einrichtungen, weshalb in den letzten Jahren in vielen Ländern klinische Geburtsabteilungen geschlossen oder verlagert wurden. Gleichzeitig steigt die Intensität der Beschäftigung mit den verbleibenden Geburten bzw. Kindern, allgemein (soziokulturell) und medizinisch. Die Behandlung von Frühgeburten und deren Spätfolgen (Neonatologie) hat sich in den letzten Jahrzehnten enorm weiterentwickelt, ebenso die Fertilitätsmedizin, also die biomedizinische Unterstützung und Begleitung der Zeugung von Kindern. Einerseits haben Kinder nicht mehr für alle Menschen einen hohen Stellenwert im eigenen Lebensentwurf. Andererseits ist für familiär orientierte Menschen die Bedeutung (eigener) Kinder sehr hoch. Entsprechend wurde im Medizinsystem die Unterstützung bzw. Be-

454 https://www.who.int/reproductivehealth/publications/unsafe_abortion/en/.
455 https://taz.de/Schwangerschaftsabbrueche-in-Deutschland/!5708678/.
456 Die Mystik ist nicht verschwunden, sondern wurde quasi von der Biomedizin in die Alternativmedizin und Religion ausgelagert.

handlung von Kinderlosigkeit intensiviert (Hormonbehandlung, IVF, Einfrieren von Embryos, Kombinationen von Eizellen und Erbgut). Bei insgesamt weniger Kindern pro Familie erhalten die einzelnen Kinder eine höhere Aufmerksamkeit und Zuwendung, schon vor der Geburt (▶ Tab. 38). Im Rahmen einer IVF kann der Embryo vor dem Einsetzen in den Uterus medizinisch untersucht werden, um z. B. die Entstehung von Menschen mit bestimmten Genomschäden zu verhindern (Präimplantationsdiagnostik, kurz PID). Die PND ermöglicht Operationen *in utero*, aber auch eine frühzeitige Abtreibung von Föten mit Schädigungen oder Defekten bzw. zu erwartenden Behinderungen.

Tab. 38: Medizin von der Zeugung bis zur Geburt

Zeugung	Behandlung von Fruchtbarkeit, IVF, Samen- oder Eizellspenden, Rekombination von Eizellen
	PID und selektive Abtreibung (Chromosomenanomalien, erwartete Krankheitsdispositionen)
	erste Versuche von Eingriffen in die Keimbahn (Manipulation des Genoms von Embryonen, Ei- und Samenzellen), aktuell zur Korrektur von Erbgutschäden, mittelfristig wohl auch für Resistenzen und zum Enhancement
Im Mutterleib	PND und vorgeburtliche Behandlung wie z. B. Operationen des Fötus im Uterus (oder Abtreibung bzw. Schwangerschaftsabbruch)
Frühgeburten	bessere Versorgung von Frühgeburten – diese sind mittlerweile ab dem 23. Monat lebensfähig
	Fortschritte bei der Behandlung der Spätschäden von Frühgeburten (z. B. Lungenfunktionsstörungen)
Ab Geburt	Fortschritte bei der Behandlung und Förderung von Kindern mit Behinderungen
	Praktiken in Gesellschaften ohne Verfügbarkeit hochtechnisierter Medizin: höhere Geburtenrate und höhere Sterblichkeit, z. T. auch die Tötung unerwünschter Neugeborener (Indikationen: ›falsches‹ – meist weibliches – Geschlecht, Behinderung, zu viele Kinder), häufig durch Sterbenlassen (Nichtversorgung, Aussetzen).

Um die ethische Bewertung und moralische Zulässigkeit dieser Praktiken wird erbittert gestritten, bereits die IVF wird von einigen Akteuren abgelehnt.[457] Der medizinisch-technische Fortschritt stellt mittelfristig immer kleinteiligere Möglichkeiten der vorgeburtlichen Selektion und Manipulation in Aussicht. Die Kritik droht mit Designerbabys, aber die Prävention von Krankheit oder Beeinträch-

457 Z. B. von der katholischen Kirche im Rahmen ihrer Sexualmoral. Ein Kritikpunkt, der ohne religiöse Setzungen auskommt, ist die Produktion überzähliger Embryonen, die nach dem Abschluss der Behandlung – je nach moralischer Bewertung – verworfen oder getötet werden.

tigung lässt sich ohnehin nicht klar von Enhancement trennen, und was für die einen ein Schreckensbild ist, weckt bei anderen Begehrlichkeiten.

6.7.5 Medizin des Endes

Das Medizinsystem kommt im Rahmen seines Codes dann an seine Grenzen, wenn keine Heilung möglich ist – wenn also die Krankheit progredient ist mit einer ständig voranschreitenden Verschlechterung des Zustands ohne Aussicht auf Besserung oder Heilung.[458] Die medizinische Behandlung ändert ihre Zielsetzung von *kurativ* zu *palliativ*: Sie dient nun der Symptomkontrolle, der Sicherstellung von Lebensqualität und der Linderung von Leiden. Das Aufgabenprofil ähnelt dem, das Vogd (bzw. Behrens) für die Pflege als eigenem Subsystem vorschlägt; die Palliativmedizin besetzt einen Bereich zwischen kurativer Medizin und Pflege. Auch im Zuge einer palliativen Behandlung bleiben kleinteilige kurative Einheiten mit abgesteckten Anfangs- und Endpunkten, die dann den Rahmen für den Erfolg stecken, z. B. ein operativer Eingriff bei einer Krebskranken im Endstadium. Die Patientin wird in absehbarer Zeit sterben, aber es wird erfolgreich ein Sekundärtumor entfernt, der Schmerzen verursacht oder wichtige Körperfunktionen blockiert.

Die palliative Orientierung entlastet Patientinnen und Patienten und das medizinische Personal. Für Ärztinnen, Ärzte und Pflegekräfte ist es belastend, wenn sie ihr Handeln als aussichtslos und vergeblich empfinden.[459] Das psychische System strebt nach Kontrolle und Erfolgserlebnissen (man beachte die Anschlussfähigkeit an Antonovskys *Sense of Coherence*; ▶ Kap. 1.3.4), während die Behandlung sterbender, multimorbider oder schlicht gebrechlicher hochaltriger Patienten im Rahmen einer kurativen Orientierung an die Situation des griechischen Helden Sisyphos erinnert, dessen Aufgabe ja ausdrücklich als Strafe gedacht war.

Die subjektive Sicht der Patientinnen und Patienten lässt breite individuelle Spielräume zu – ein und derselbe Gesundheitszustand kann von unterschiedlichen Subjekten in unterschiedlichen Situationen unterschiedlich bewertet werden. Diese Bewertung hängt wesentlich von der tatsächlichen Betroffenheit ab. Tabelle 39 zeigt sechs Perspektiven als Kombination aus zeitlicher Perspektive und Bewertung (▶ Tab. 39).

Die Dimension »im Rückblick« ist nur relevant, wenn eine Krankheit tatsächlich geheilt wird bzw. eine solche Heilung erwartet wird, also kaum bei einem fortschreitend schlechter werdenden (progredienten) Gesamtzustand. Eine Besonderheit ist, dass zukünftige Zustände als Erwartungen oder Befürchtungen vorweggenommen werden können – die Komplexität einer Erwartung, die kleinen Kindern oder Tieren fehlt: Man begibt sich wissentlich in eine voraussicht-

---

458 Palliative Versorgung kann schon sehr früh im Krankheitsverlauf ansetzen, auch präventiv; außerdem bei der Pflege Schwerstbehinderter.

459 Eine Form der Gratifikationskrise.

Tab. 39: Erträglichkeit von Situationen

Perspektive	vorher (prospektiv)	konkrete Betroffenheit	im Rückblick
erträglich	zwischen begründeter Zuversicht und überzogenem Optimismus	ich komme damit klar	Zuversicht – es war zu bewältigen
unerträglich	zwischen begründeter Angst und überzogenen Befürchtungen	ich halte das nicht aus	das möchte ich nicht noch einmal erleben

lich unangenehme bis schwer erträgliche Situation, in der Erwartung, sie zu überstehen und danach einen besseren Zustand als gegenwärtig zu erreichen (eine schwere Operation mit langwieriger Rehabilitation oder eine belastende Chemotherapie). Und es bleibt das Risiko, dass es schlimmer kommt und man seine Ansprüche an Lebensqualität nicht mehr an die Situation anpassen kann. Die Erträglichkeit eines Zustandes ist zwangsläufig subjektiv und es ist schwierig für Außenstehende,[460] die Balance zwischen objektiver Beobachtung und paternalistischer Bevormundung zu wahren.[461]

6.7.6 Sterbehilfe und Suizid

Die Zuständigkeit der Medizin endet mit dem biologischen Tod, je nach Todeskriterium (Hirntod, Herztod) etwas früher oder später. Darüber hinaus wird allenfalls noch durch die Leichenschau und – in seltenen Fällen – durch eine Obduktion die Todesursache oder der Todeszeitpunkt festgestellt. Die Rechtsmedizin bzw. forensische Medizin ist quasi der letzte Außenposten der Medizin. Die religiöse Bearbeitung des Todes kann die Reichweite eines Lebens weit über die biologische Lebensphase hinaus erweitern, z. B. durch die Verheißung eines Weiterlebens im Jenseits. Es müssen dann beim Behandeln eines Kranken oder Sterbenden nicht nur die diesseitigen Belange berücksichtigt werden – Schmerzen, Übelkeit, Angst, Depression –, sondern auch transzendente (übernatürliche, jenseitige). Dies kann so weit gehen, dass das biologische Leben religiösen oder spirituellen Belangen nachgeordnet wird, z. B. dem Seelenheil, göttlichen Willen oder Karma. Der Gläubige kann dadurch ein Sicherheitsgefühl gewinnen, das ihm hilft, aktuelle diesseitige Probleme – wie eben die Krankheit oder den bevorstehenden Tod – leichter zu bewältigen. Im Idealfall kann er dadurch einen übergreifenden Sinnzusammenhang empfinden und sein bevorstehendes Lebensende und seinen aktuellen Zustand positiv deuten, etwa als letzte Hürde oder Prüfung vor einem Übergang in ein glückliches Jenseits bzw. einer Verschmelzung mit dem Göttlichen. Es kommt aber auch vor, dass religiöse Glaubensvorstellungen

460 Dazu gehören auch die behandelnden Palliativmedizinerinnen und Pflegekräfte.
461 »Stellen Sie sich nicht so an, so weh kann das gar nicht tun; Andere haben das auch überstanden; Anderen geht es viel schlimmer, die hätten gerne Ihre Probleme usw.«

die Todesangst verstärken, wenn man etwa Angst vor einer göttlichen Strafe hat, oder davor, dass mit dem Verlust der Lebenskraft die Glaubenszuversicht schwindet. Auch die Hölle, an die manche Anhänger monotheistischer Religionen auch heute noch glauben, ist ja eine Variante einer jenseitigen Existenz.

Die gesellschaftliche Beschäftigung mit dem Tod wird von den Kulturwissenschaften und der Thanatosoziologie[462] beobachtet. Verschiedene gesellschaftliche Bereiche gehen unterschiedlich mit dem Tod um, und es darf nicht vergessen werden, dass sowohl Religion als auch Wissenschaft Teile der Gesellschaft und kulturelle Phänomene sind – und damit historischen Veränderungen unterliegen. Der Soziologe Klaus Feldmann unterscheidet drei Todesformen, den physischen Tod, den psychischen Tod und den sozialen Tod (▶ Tab. 40).[463]

Tab. 40: Drei Formen des Todes (Feldmann)

Physischer Tod	Tod des menschlichen Körpers nach biomedizinischen Kriterien (Atmung, Herzschlag, Hirnaktivität, Todeszeichen)
Psychischer Tod	Tod des Bewusstseins einer Person; Verlust von Persönlichkeit, Fähigkeiten und Erinnerungen (z. B. bei Demenz)
Sozialer Tod	Tod der gesellschaftlichen Bezüge bzw. Einbindung

Die drei Formen zeigen unterschiedliche Aspekte und müssen nicht zeitlich zusammenfallen. So können der psychische und der soziale Tod vor dem physischen Tod eintreten, der soziale Tod auch danach. Der soziale Tod tritt dann ein, wenn ein Mensch vergessen ist, wenn er für die Gesellschaft keine Bedeutung mehr hat. Umgekehrt sind historische Persönlichkeiten, die man heute noch kennt, noch nicht sozial gestorben. Fasst man den Todesbegriff großzügig, können manche Verlusterlebnisse im Laufe eines Lebens als kleine Tode interpretiert werden – das Ende von Freundschaften, Partnerschaften, die Vereitelung von Plänen und Zielen. Augenfällig für den psychischen Tod ist der Verlust des Gedächtnisses, der Persönlichkeit oder des Bewusstseins, häufig infolge von Schlaganfällen oder Hirnblutungen oder im Zuge einer demenziellen Erkrankung. Die extremste Form ist das Koma oder Wachkoma (PVS = Persistenter Vegetativer Zustand), ein Produkt der modernen Intensivmedizin. Der soziale Tod ist der dauerhafte bzw. endgültige Ausschluss einer Person aus der Gesellschaft, in abgeschwächter Form durch Arbeitslosigkeit oder Einsamkeit, prägnanter durch Verbannung, Inhaftierung oder als alleinstehende Person im Pflegeheim.[464]

Praktiken der vorzeitigen Lebensbeendigung werden von Menschen angestrebt, die sich als sozial tot empfinden oder den sozialen, physischen oder psychischen Tod vor Augen haben und Leiden vermeiden wollen. Die subjektive Le-

462 Tod heißt auf Altgriechisch »Thanatos«, zur Einführung z. B. Thieme 2019.
463 Vgl. Feldmann 2010: 19–21. Diese Formen entsprechen den drei Bezugssystemen von Gesundheit und Krankheit.
464 Ebd.: 132 ff.

bensqualität wird dabei über das Leben bzw. die absolute Lebensdauer gestellt. Unter dem Schlagwort Sterbehilfe ist die vorzeitige Lebensbeendigung Gegenstand moralischer und politischer Auseinandersetzungen. Wichtige Akteure der Debatte sind …

- Befürworter und Befürworterinnen: humanistische Organisationen, eine große Zahl liberal eingestellter Einzelpersonen und Sterbehilfevereine,[465] Teile der evangelischen Kirchen (Reformierte in NL und CH); Schlagworte: freie Entscheidung oder freier Wille, Selbstbestimmung, Erlösung.
- Gegnerinnen und Gegner: Die christlichen Großkirchen, allen voran die katholische Kirche, aber auch die meisten Führungspersonen bzw. Wortführer und Wortführerinnen der evangelischen Kirchen (in Deutschland), viele andere Religionsgemeinschaften; Schlagworte: sozialer Druck, Ganzheitlichkeit, Leben und Tod als Gottesgabe, Ausgrenzung des Todes.
- Ärztinnen und Ärzte: In der Ärzteschaft finden sich Gegner und Befürworter und Befürworterinnen der vorzeitigen Lebensbeendigung. In der Schweiz wird die geltende Regelung mehrheitlich unterstützt, auch von der SAMW. In Deutschland positionieren sich die Interessenvertretungen bisher konsequent gegen vorzeitige Lebensbeendigung (allen voran die BÄK und die Fachgesellschaften für Palliativmedizin), es gibt aber auch viele prominente Fürsprecher einer Liberalisierung.[466] In Umfragen wird diese je nach Fragestellung bzw. einzuschätzendem Modell von einem Drittel bis knapp der Hälfte der Ärztinnen und Ärzte unterstützt.[467] Für Österreich konnten keine einschlägigen Umfragen ausfindig gemacht werden.

Die meisten Akteure, die sich gegen vorzeitige Lebensbeendigung positionieren, können im kirchlichen Umfeld verortet werden; eindeutig die katholische Kirche und die orthodoxen Kirchen. Im Protestantismus gibt es dagegen viele autonome Teilkirchen, oft auf der Ebene von Nationalstaaten oder kleineren territorialen Einheiten, und dann wiederum unterschiedliche theologische und politische Strömungen innerhalb einzelner Staaten und Teilkirchen. Die Lebensschutzbewegung, die neben der vorzeitigen Lebensbeendigung auch Abtreibung bekämpft, ist vor allem in politisch konservativen Kreisen und in der evangelikalen Bewegung verankert. Diese Konfliktlinie findet sich auch in Staaten mit einer gesetzlichen Regelung bzw. Duldung (Niederlande, Schweiz); die Diskussion findet dort innerkirchlich statt, wobei die liberalen Teilkirchen oder Strömungen die geltenden Regelungen mehrheitlich unterstützen. Die Ablehnung der vorzeitigen Lebensbeendigung lässt sich in verschiedene thematische Stränge aufteilen, wobei die ersten drei ohne religiöse Fundierung auskommen.

- Sorge bezüglich der Gefahr, dass vorzeitige Lebensbeendigung als billige Alternative zu teurer Krankenbehandlung und Pflege betrachtet wird; verbun-

465 In D u. a. die DGHS, in CH EXIT und kleinere Vereine wie Dignitas.
466 U. a. Borasio, Jox, de Ridder, Thöns.
467 Vgl. Kögel 2016: 235 f.; IfD 2009.

den damit ist die Sorge, dass sozialer Druck auf Kranke, Behinderte und Alte entstehen könnte

- eine Beschädigung der Menschenwürde als Absolutwert, wenn der Schwerpunkt medizinischen Bemühens von der Linderung von Leiden auf die Beendigung leidbehafteter Existenz verlagert wird
- eine Beschädigung des Arztberufes bzw. des ärztlichen Ethos; abgeleitet davon die Beschädigung des Vertrauens der Patienten und Patientinnen in die Ärzteschaft
- die Betonung eines ausdrücklich oder indirekt religiösen Schicksalsbegriffes, wonach Leben und Tod eine Einheit bilden, christlich gedeutet als Plan oder Wille Gottes, dem eine vorzeitige Lebensbeendigung widerspräche[468]
- eine grundsätzliche Ablehnung des Suizids als schwere Sünde (»Selbstmord«), die auf theologische Lehren der frühen Kirche zurückgeht, vor allem auf Augustinus;[469] ohne direkten religiösen Bezug als moralische Verfehlung, deren nichtreligiöse Begründung aber kompliziert ist[470]

Unter der Devise Lebensschutz oder Patientenschutz können sehr vielfältige Zielsetzungen zusammenkommen. Kritisch wird das Anliegen, wenn es gegen den erklärten Willen der vermeintlich Schutzbefohlenen durchgesetzt wird. Einige Akteure möchten das Leben der betroffenen Patientin vor ihr selbst schützen, das biologische Leben des Organismus[471] wird gegen fehlgeleitete Motive ihres psychischen Systems verteidigt, indem diese Motive in Frage gestellt oder als das Ergebnis destruktiver Fremdbeeinflussung gedeutet werden. Die unheilbar Kranke werde entweder mittels sozialen Drucks zum Sterbewunsch gedrängt (durch Angehörige, die Gesellschaft oder Sterbehilfeorganisationen). Oder sie äußert mit ihrem Sterbewunsch in Wirklichkeit indirekt, verdeckt und subtil den Wunsch nach Palliativmedizin und Seelsorge. Dieses Narrativ ist weit verbreitet und untergräbt selbst wieder das Vertrauen sterbender Patienten in ihre Ärzte. Wer in Deutschland oder Österreich einen Suizid ernsthaft erwägt, wird dies seinem behandelnden Arzt im Krankenhaus nicht mitteilen, da er weiß, dass dieser ohnehin nicht helfen darf; und weil er befürchten muss, dass dieser intervenieren wird. So bleiben tatsächlich überwiegend die Patientinnen und Patienten übrig, die ihren Sterbewunsch als Appell verstehen und stützen so wieder das Narrativ.[472] Und gleich mit dazu ein weiteres Narrativ, nämlich dass Wünsche nach vorzeitiger Lebensbeendigung insgesamt sehr selten seien, weil die Palliativmedizin alles im Griff habe.

468 Interessanterweise aber nicht eine maschinell unterstützte Lebenserhaltung vgl. Frieß 2010: 118 ff.

469 In den biblischen Texten spielt das Thema keine Rolle, weder der Suizid noch vorzeitige Lebensbeendigung werden dort ausdrücklich behandelt. Ausführlich dazu Frieß 2010; kürzer bei Kögel 2016.

470 Z. B. durch Hoerster 1998: 31–35; vgl. Kögel 2016: 272.

471 Und vermutlich oft mit dazu dessen Seelenheil.

472 Vgl. Burchardi et al. in Vollmann/Schildmann 2011: 182 (dort in Bezug auf Patientenverfügungen bei fortgeschrittener ALS).

Völlig abwegig ist aus dieser Perspektive die Vorstellung, dass der Kranke oder Sterbende schlicht die zu erwartende Restlebensphase nicht für erstrebenswert hält und eine Mindestlebensqualität über eine Lebensverlängerung von einigen Wochen oder Monaten stellt. Die Mehrheit der Bevölkerung teilt die Ideale der Lebensschützer nämlich nicht – in Umfragen wünscht eine stabile Mehrheit von über zwei Drittel der Befragten für sich die Option einer vorzeitigen Lebensbeendigung; auch in Deutschland und Österreich, wo dies noch verboten ist. Möglicherweise wird die vorzeitige Lebensbeendigung allmählich zu einer normalen Art des Todes, als Gegenbewegung zu den fortgeschrittenen Möglichkeiten der Lebensverlängerung. Denn einige Narrative der Lebensschützer können auch zur Stützung von Pro-Choice-Positionen verwendet werden:

- Jede Entscheidung kann die Folge sozialen Drucks sein, auch die *gegen* eine vorzeitige Lebensbeendigung. Es gibt keine völlige Freiheit oder Autonomie, jeder Mensch ist in seinen Entscheidungen und in seinem Handeln Einflüssen und Gegebenheiten unterworfen.
- Sowohl die Unterstützung vorzeitiger Lebensbeendigung als auch ihre Unterbindung kann durch finanzielle Interessen motiviert sein. Intensivmedizinische Behandlungen werden hoch vergütet, z. B. eine länger andauernde maschinelle Beatmung. In dem Maße, wie ein Kostenträger ein Interesse daran haben kann, dass eine Sterbende schnell verstirbt, kann für die behandelnde Einrichtung ein Hinauszögern des Todes erstrebenswert sein.
- Der göttliche Wille ist objektiv unzugänglich, so dass man jede nach bestem Wissen und Gewissen ausgeführte Handlung im Einklang damit sehen kann. So gedeutet gibt man das geschenkte Leben durch den Suizid in Gottes Hände zurück.[473]

Als Modelle für eine geregelte Zulassung oder Duldung[474] vorzeitiger Lebensbeendigung dienen die Schweiz, die Niederlande und der Bundesstaat Oregon in den USA. Die existierenden Regelungen unterscheiden sich erheblich; in den Niederlanden[475] wird vor allem die Tötung auf Verlangen durch Ärzte und Ärztinnen praktiziert, in der Schweiz hingegen der assistierte Suizid mit Hilfe von privaten Sterbehilfevereinen. In Oregon wird der assistierte Suizid durch Ärztinnen und Ärzte umgesetzt, dieses Modell wird u. a. von Borasio et al. für Deutschland favorisiert.[476]

Sterbehilfe in den Niederlanden

Duldung ärztlicher Sterbehilfe als assistiertem Suizid oder Tötung auf Verlangen seit 2002, unter dem Oberbegriff Euthanasie.[477] Die Überprüfung der

473 Vgl. Frieß 2010: 118 ff.

474 Die juristische Grundkonstruktion besteht in den meisten Staaten aus einem grundsätzlichen Verbot vorzeitiger Lebensbeendigung mit definierten Ausnahmen.

475 Ähnlich in Belgien und Luxemburg.

476 Borasio et al. 2014.

Umsetzung und ihre wissenschaftliche Begleitung erfolgt durch regionale Kontrollkommissionen. Damit ist vorzeitige Lebensbeendigung grundsätzlich eine ärztliche Tätigkeit und als freiwillige Ausnahme in das Gesundheitswesen integriert.[478] Einen vergleichbaren Status hat der Schwangerschaftsabbruch in Deutschland und Österreich.

Im Jahr 2018 gab es insgesamt 6.126 Fälle vorzeitiger Lebensbeendigung, wobei die Tötung auf Verlangen mit 96 % den Hauptanteil ausmacht. Die meisten Fälle waren Patientinnen und Patienten mit Krebserkrankungen (4.013), Nervenkrankheiten wie MS, Parkinson oder ALS (382) und Mehrfacherkrankungen (738).[479] Größere mediale Aufmerksamkeit erhalten Sonderfälle: Patienten und Patientinnen mit Demenz, die ihre Tötung vorab verfügt hatten, aber zum Zeitpunkt nicht mehr einwilligungsfähig sind (zwei Fälle 2018); Jugendliche sowie Personen mit psychischen Erkrankungen oder gravierenden Altersbeschwerden. Insgesamt hat sich der Anteil vorzeitiger Lebensbeendigungen an allen Todesfällen seit 2016 bei ca. 4 % stabilisiert (▶ Tab. 41). Eine objektive Grenze, ab der von einer Fehlentwicklung gesprochen werden kann, gibt es nicht. Für die Verfechter der Pro-Life-Position ist jeder Fall einer zu viel und jede Zunahme ein Indiz für einen moralischen Dammbruch. Lässt man die moralische Wertung der Todesart außer Acht, muss der statistische Kontext berücksichtigt werden. Eine Fehlentwicklung könnte man an folgenden Kriterien festmachen: ein Rückgang der Lebenserwartung und parallel der DALY, verbunden mit einer rückläufigen Unterstützung der Euthanasie in der Bevölkerung. Für eine solche Entwicklung gibt es derzeit aber keine Anzeichen.

Sterbehilfe in der Schweiz

Grundsätzliche Zulässigkeit des assistierten Suizids, wenn die Assistenz nicht aus selbstsüchtigen Motiven erfolgt, die z. B. bei Verwandten und anderen nahestehenden Personen befürchtet werden. Bei der Umsetzung gibt es zwei wichtige Akteure: Allgemeinärzte, die das erforderliche Medikament verschreiben, und Sterbehilfeorganisationen, die sich auch als Fürsprecher für Patientenrechte sehen.

477 Außerhalb des deutschsprachigen Raums ist Euthanasie als Oberbegriff für Sterbehilfe üblich. In der NS-Zeit wurde dieser Begriff zur Beschönigung und Verschleierung der Ermordung von Menschen mit vor allem geistiger Behinderung verwendet, weshalb er in Deutschland diskreditiert ist. Hier wird er in der Debatte oft verwendet, um den Befürworter vorzeitiger Lebensbeendigung eine geistige Nähe zum Menschenbild des Nationalsozialismus zu unterstellen.

478 Vgl. Kögel 2016: 160 ff. und Frieß 2010: 52 ff.

479 Jahresbericht 2018; https://english.euthanasiecommissie.nl/the-committees/documents/.

Tab. 41: Euthanasie in den Niederlanden

Niederlande	2010	2012	2014	2015	2016	2017	2018
Tötung auf Verlangen	2.910	3.965	5.033	5.277	5.856	6.306	5.898
Assistierter Suizid	182	185	242	208	2616	250	212
Kombination	44	38	31	31	19	29	16
Summe	3.136	4.188	5.306	5.516	6.091	6.585	6.126
Anteil Frauen	–	–	–	–	48,6 %	48,6 %	47,9 %
% aller Todesfälle	2,3 %	3,0 %	3,8 %	3,8 %	4,0 %	4,4 %	4,0 %
Alle Todesfälle *	136.058	140.813	139.223	147.134	148.997	150.214	153.363

Quelle: Regionale Kontrollkommissionen, Jahresberichte 2010–2018; * https://www.cbs.nl

Die größte Sterbehilfeorganisation ist der Verein EXIT, der seit Jahren einen starken Zulauf verzeichnet und Ende 2019 fast 130.000 Mitglieder hatte.[480] Die Zahl der assistierten Suizide steigt allmählich an, 2017 waren es erstmals mehr als 1.000 Fälle (▶ Tab. 42).

Tab. 42: Assistierter Suizid in der Schweiz

Assistierter Suizid CH	2003	2009	2011	2012	2013	2014	2015	2016	2017	2018	2019
Summe	187	297	431	508	587	742	965	928	1.009	1.165 *	1.109 *
% aller Todesfälle	0,3	0,5	0,7	0,8	0,9	1,2	1,4	1,4	1,5		
Männer	70	132	185	201	249	320	426	399	413		
unter 65-jährig	19	33	39	42	47	58	60	60	61		
über 65-jährig	51	99	146	159	202	262	366	339	352		
Frauen	117	165	246	307	338	422	539	529	596		
unter 65-jährig	29	34	43	43	54	60	83	66	74		
über 65-jährig	88	131	203	264	284	362	456	463	522		
alle Todesfälle	63.070	62.476	62.091	64.173	64.961	63.938	67.606	64.964	66.971		

Zahlen des BfS
* für 2018 und 2019 Hochrechnung aus den Zahlen von EXIT (anhand des Anteils der Suizidbegleitungen durch EXIT 2013–2017 von durchschnittlich 77,7 %), die Daten des BfS lagen bis September 2020 noch nicht vor.

480 Jahresbericht 2019; https://exit.ch/verein/jahresberichte/jahresbericht-2019/.

Umfragen zufolge kann sich ein Viertel bis ein Drittel der deutschen Hausärztinnen und Hausärzte die Mitwirkung bei assistierten Suiziden vorstellen. In der Schweiz spielen Sterbehilfeorganisationen eine zentrale Rolle bei der Realisierung von assistierten Suiziden (FTB = Freitodbegleitungen), in den Niederlanden obliegt das Verfahren überwiegend der Ärzteschaft, überwacht durch die Kontrollkommissionen. In Deutschland werden Sterbehilfeorganisationen mehrheitlich als Gefahr konstruiert und waren das Ziel der Neufassung des § 217 StGB vom November 2015[481] mit dem Verbot der »geschäftsmäßigen Sterbehilfe«.

In allen existierenden Regelungen wirken Ärztinnen und Ärzte mit. Sie stellen die Diagnose (meistens schwere Leiden oder bevorstehende schwere Leiden ohne Aussicht auf Heilung, absehbar tödlicher Verlauf), verschreiben tödliche Medikamente oder vermitteln Kollegen und Kolleginnen, die dies tun. Die Notwendigkeit einer aktiven Mitwirkung von Ärztinnen und Ärzten hängt von den konkreten Regelungen und den eingesetzten Methoden ab. In der Schweiz beschränkt sich die ärztliche Mitwirkung auf die Überprüfung der Situation, die Verschreibung des Medikaments und die Feststellung des Todes, in den Niederlanden ist die Tötung an sich ärztliches Handeln. Wie bei der Abtreibung handeln Ärzte hier außerhalb der Grundkategorie des Heilens von Krankheiten bzw. der Lebensrettung. Die Notwendigkeit des aktiven ärztlichen Handelns bemisst sich an der Art des Eingriffs in den Körper, also der erforderlichen theoretischen und handwerklichen Expertise. Ein Medikament können die meisten selbst einnehmen, für das Legen eines Ports oder das Setzen einer Spritze ist geübte Hilfe nötig, wenigstens durch eine Pflegekraft. Operative Eingriffe[482] bleiben genuin ärztliches Handeln. Eine moralische Abgrenzung führt allenfalls die alte Unterscheidung zwischen Arzt und Bader wieder ein; im Extremfall die zwischen Arzt und Kurpfuscher (mit mangelnden Fertigkeiten und unzureichender Ausstattung, was Schäden durch Komplikationen provoziert).

Vorzeitige Lebensbeendigung ist die Durchsetzung eines Vorrangs der subjektiven Lebensqualität vor dem biologischen Überleben; sie bewegt sich in einem Übergangsbereich zwischen Medizin und Pflege. Die moralische Bewertung hängt letztlich davon ab, ob den Akteuren wohlwollende oder übelwollende Motive gegenüber den Patienten und Patientinnen zugeschrieben werden. In den aktuell realisierten Modellen ist ein schwerer subjektiver Leidenszustand ohne Aussicht auf Besserung oder Heilung maßgeblich, der von Ärztinnen und Ärzten bestätigt werden muss. Dieses Grundprinzip kommt an seine Grenzen, wenn die Bezugssysteme Subjekt und Medizinsystem zu unterschiedlichen Einschätzungen kommen oder wenn der Krankheits- bzw. Fallverlauf mit einer Auflösung des Subjekts einhergeht, wie es bei der Demenz der Fall ist. Im Endeffekt wird die betroffene Person entweder via Patientenverfügung zum Objekt ihres eigenen vergangenen Selbst oder via Vormundschaft zum Objekt der gegenwärtigen Bezugspersonen, die dann ihre Definition des Geschehens auf sie projizieren. Eine

481 Im April 2020 wurde es vom Bundesverfassungsgericht für verfassungswidrig und damit unwirksam erklärt.

482 Diese betreffen überwiegend die Abtreibung, Tötung auf Verlangen durch operatives Handeln dürfte eine sehr seltene Ausnahme sein.

allgemein überzeugende Auflösung dieses Dilemmas ist nicht absehbar. Politische, ethische und medizinische Regeln werden in der Gegenwart getroffen, von all denen, die aktuell nicht selbst betroffen sind. Maßgeblich sind für sie die Beobachtung der Leiden und des Todes der Anderen oder ihre gegenwärtigen Ängste und Befürchtungen für ihre eigene Zukunft. Das Risiko einer Fehleinschätzung betrifft alle, egal ob Katholiken, Protestantinnen, Atheisten, Ärztinnen, Pflegekräfte, Konservative oder Liberale. Weder Pro-Life noch Pro-Choice befindet sich auf der sicheren Seite. Die Gestorbenen können uns nicht berichten, ob sie rückblickend anders entscheiden würden.

6.7.7 Organtransplantation

Die Transplantationsmedizin etablierte sich ab den 1950er Jahren. Folgende Liste versucht eine grobe Zuordnung verschiedener Arten von Transplantationen. Außer Acht gelassen werden Transplantationen innerhalb eines Organismus (Haut, Haare, Finger/Zehen), da sie nicht problematisiert werden.

- Transplantation von Extremitäten: Diese gibt es als Motiv schon in der Spätantike,[483] die Umsetzung ist aber schwieriger als bei inneren Organen. Die erste erfolgreiche Transplantation einer Hand erfolgte 1998, die eines Gesichts 2005. Neben biomedizinischen gibt es dabei auch psychologische Schwierigkeiten, da Extremitäten offen sichtbar sind und man das fremde Organ quasi vor Augen hat.
- Bluttransfusionen von Tier (Lamm) zu Mensch werden seit dem 17. Jahrhundert berichtet.[484] Eine moderne alternativmedizinische Variante ist die sogenannte Frischzellentherapie,[485] mit dem alten Motiv der Verjüngung oder Heilung durch die Einverleibung fremder Lebenskraft.
- Bluttransfusionen von Mensch zu Mensch gibt es ab dem 19. Jahrhundert, erfolgreich und routinemäßig seit der Entdeckung der Blutgruppen (1900) und des Rhesusfaktors (1940).[486]
- Transplantation von Gewebe (Sehnen, Knorpel, Augenhornhaut u. a.), als Lebendspende z. B. Knochenmark.
- Technischer Organersatz und Organprothesen: Herz-Lungen-Maschine (1953), Herzschrittmacher (1958), Hämodialyse (1954),[487] Kunstherz (als Implantat ab 1966).
- Organtransplantationen: Niere (1954), Herz (1967), Leber (1963, Teilleber 1988); ein Durchbruch war die Unterdrückung der Immunreaktion (Abstoßung fremden Gewebes) durch Ciclosporin ab 1976.[488]

483 Z. B. der Mythos von Kosmas und Damian.
484 Vgl. Eckart 2013: 108 ff.
485 Vgl. Schweizerische Ärztezeitung 2002; 83: Nr. 32/33, 1726–1727.
486 Vgl. Eckart 2013: 109.
487 Vgl. Eckart 2011: 106.
488 Ebd.

- Organzüchtung: Versuche gibt es seit 2000; bisherige Erfolge sind Gewebeteile (Haut), Organoide als Organvorstufe und die Zellbesiedelung von vorgefertigten Gerüststrukturen. (Fern-)Ziel ist die Nachzüchtung kompletter neuer Organe mit körpereigenem Gewebe.

Die aktuelle Debatte um die Transplantationsmedizin konzentriert sich auf die Verpflanzung innerer Organe und Gewebe von Mensch zu Mensch, meistens von einem sterbenden Menschen, bei dem der Hirntod diagnostiziert wurde. Es gibt auch Lebendspenden mit eigenen ethischen Problemen (Gesundheitsrisiken für die Spenderinnen und Spender, Freiwilligkeit der Spende[489]). Verbreitet ist die Spende einer Niere oder eines Leberteilstücks,[490] und natürlich unterhalb der Organebene Blut und Knochenmark.

Die Todeskriterien für die Transplantationsmedizin zielen auf den biologischen Tod. Im Jahr 1967 wurde dazu der Hirntod definiert als irreversibles Koma, bei dem keine Aktivitäten des Groß-, Klein- und Stammhirns mehr nachweisbar sind. Der Kreislauf wird maschinell aufrechterhalten, bei Beendigung der maschinellen Unterstützung tritt der Tod ein. Neben dem Hirntod gibt es noch das Kriterium des Herz-Kreislauf-Todes; der Mensch gilt nach einer bestimmten Zeit eines Herz-Kreislauf-Stillstands als tot (z. B. in Spanien). Unter der kurzen Unterbrechung der Durchblutung kann die Qualität der Organe leiden. Die Kritik setzt an der Zulässigkeit dieser Kriterien an und bemängelt, dass die Betroffenen nicht wirklich tot seien, sondern allenfalls sterbend,[491] da einzelne Subsysteme des Organismus noch funktionieren würden. In Einzelfällen kamen Hirntote in die Pubertät oder es konnte eine bestehende Schwangerschaft bis zur Geburt eines lebensfähigen Kindes aufrechterhalten werden. Nach den Befürworter und Befürworterinnen des Hirntodkriteriums ist der Mensch als Person tot, und die Restfunktionen des Organismus sind moralisch nicht mehr relevant, zumal der Organismus nicht mehr eigenständig lebensfähig ist.[492] Zur Transplantationsmedizin werden verschiedene Themenkomplexe diskutiert.

1. Tod und Hirntod: Häufigster Fall ist die Entnahme von Organen von sterbenden Menschen, bei denen der Hirntod diagnostiziert wurde. Grundsätzlich wird darum gestritten, ob Hirntote tot genug sind oder noch zu lebendig. Begleitend werden Details der Diagnostik und der Organentnahme diskutiert – sind die Verfahren valide und zuverlässig, werden sie in der Praxis sorgfältig angewendet? Aus der Perspektive der grundsätzlichen Ablehnung von Organtransplantation sollen diese Details die Unzulänglichkeit des Ganzen illustrieren. Aus der Perspektive der grundsätzlichen Akzeptanz sind es Anfragen für technische und organisatorische Verbesserungen.

489 Für eine kurze Übersicht siehe Gründel in Wiesing 2004: 315–318.

490 Beispiel Schweiz: Im Jahr 2019 110 Lebendspenden (108 Nieren, zwei Teillebern), dazu 440 Organe von 157 Verstorbenen. Fast jede dritte Niere stammte aus einer Lebendspende (108 von 332). Swisstransplant Jahresbericht 2019.

491 Hans Jonas in Wiesing 2004: 340 ff.

492 Dieter Birnbacher in Wiesing 2004: 343–346.

2. Globale Gesundheitsökonomie und Gerechtigkeit: Hier werden Kosten-Nutzen-Rechnungen aufgestellt. Rechtfertigen die hohen Kosten im Einzelfall den individuellen und gesellschaftlichen Nutzen? Verfechterinnen und Verfechter einer globalen Basismedizin betrachten die Transplantationsmedizin als Luxuseinrichtung reicher Industriestaaten und fordern eine bessere Verteilung der Mittel zu denjenigen, die bisher medizinisch unterversorgt sind.
3. Medizinische Risiken und Effizienz: Trotz Immunsuppression sind Abstoßungsreaktionen ein großes Problem. Die Immunsuppression selbst führt zu Spätschäden (Schäden an Nieren und Leber, erhöhtes Krebsrisiko z. B. für Haut und Lymphdrüsen). Psychische Probleme (Identitätsstörungen – das Herz eines Anderen) scheinen außerhalb der Populärkultur keine große Rolle zu spielen.
4. Organspendebereitschaft innerhalb der Bevölkerung und Organisation der Spende: Obwohl die Mehrheit der Bevölkerung die Transplantationsmedizin befürwortet, ist die tatsächliche Bereitschaft deutlich geringer, wenn eine persönliche Zustimmung erforderlich ist. In Deutschland und der Schweiz gilt die sogenannte erweiterte Zustimmung. Wer grundsätzlich zur Organspende bereit ist, erklärt dies aktiv durch einen Organspendeausweis (Deutschland) oder den Eintrag in ein Organspenderegister (Schweiz). ›Erweitert‹ bedeutet, dass die Angehörigen bzw. Vorsorgebevollmächtigten entscheiden, wenn sich die sterbende Person zu Lebzeiten nicht erklärt hat. In Deutschland erklärt sich in Umfragen über die Hälfte der Bevölkerung grundsätzlich zur Organspende bereit, aber nur ein Drittel gibt an, aktuell über einen Ausweis zu verfügen.[493] In Österreich gibt es eine erweiterte Widerspruchslösung[494] – wer sich nicht *gegen* eine Spende ausgesprochen hat, gilt automatisch als spendebereit. Die Konsequenz ist, dass in Österreich anteilig viel mehr Organe zur Transplantation bereitgestellt werden als in Deutschland. Da beide Länder im Verbund Eurotransplant teilnehmen, ist dieses Missverhältnis auch ein Gerechtigkeitsproblem. Der Vorschlag, auch in Deutschland eine Widerspruchslösung einzuführen, wird ebenfalls von der Mehrheit der Bevölkerung unterstützt,[495] ein entsprechender Gesetzesentwurf scheiterte aber im Jahr 2019 im Deutschen Bundestag.
5. Verfügbarkeit und Warteliste: In Deutschland warteten Ende 2019 nach Angaben der DSO[496] 9.271 Menschen auf ein Organ. Im gleichen Jahr wurden 2.995 Organe von insgesamt 932 verstorbenen Spenderinnen und Spendern verpflanzt. Positiver ist die Bilanz in Österreich mit 837 Personen auf der Warteliste und 731 Transplantationen.[497] Insgesamt sind Organe also knapp, im Gebiet von Eurotransplant primär aufgrund der geringen praktischen Spendenbereitschaft in Deutschland und Ungarn (die anderen teilnehmenden

493 Mitgliederumfrage der Barmer Ersatzkasse 2018 (Personen von 14–64 Jahren).
494 U. a. auch in Portugal, Spanien oder Belgien.
495 Ebd.
496 Deutsche Stiftung Organtransplantation (DSO), Jahresbericht 2019: 8–11.
497 Eurotransplant, https://www.eurotransplant.org/patients/osterreich/. Die Zahlen für Deutschland weichen von denen der DSO ab (Warteliste: 9.004, Transplantationen: 3.538), die Tendenz ist aber dieselbe. Die Schweiz betreibt mit Swisstransplant ein eigenes System.

Staaten haben eine bessere Bilanz).[498] Dazu kommt, dass sowohl Spender als auch Empfängerinnen älter werden, was zu schlechteren Prognosen führt. Es gibt aber auch ein systemisches Problem: Würde die Zahl der gespendeten Organe deutlich steigen, könnte dies zu einer Ausweitung der Indikation für Transplantationen führen; es würden dann auch Personen operiert bzw. auf die Warteliste genommen, die man jetzt aufgrund schlechter Prognose nicht in Betracht zieht. Die Warteliste würde also fortbestehen.

Von der Mehrheit der Bevölkerung wird die Transplantationsmedizin grundsätzlich befürwortet, wobei der Grad der Zustimmung im Zuge aktueller Ereignisse schwanken kann. Im Zuge der Bearbeitung des Transplantationsskandals ab 2012[499] ging die Zustimmung etwas zurück, hat sich aber mittlerweile wieder erholt. Die gängigen Vorbehalte gegen Organtransplantation lassen sich grob in drei Hauptstränge zusammenfassen. Die Argumente für Organtransplantation sind naheliegend und daher wenig interessant (▶ Abb. 26).[500]

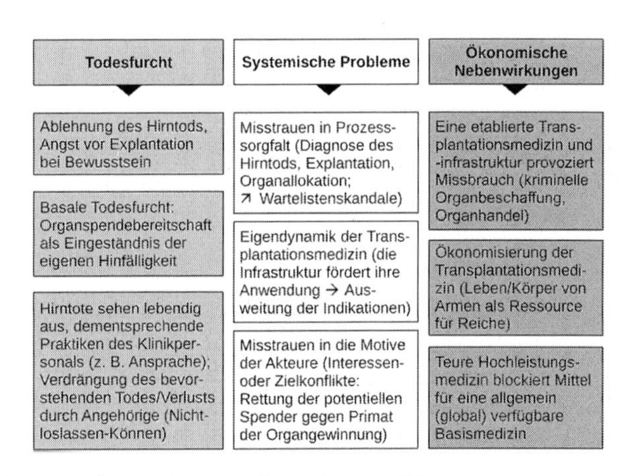

Abb. 26: Vorbehalte gegen die Transplantationsmedizin

498 In der Schweiz gab es 2019 157 verstorbene Spenderinnen/Spender. Von diesen wurden insgesamt 440 Organe verpflanzt, auf der Warteliste befanden sich 2.149 Personen (es warten aber nicht alle das ganze Jahr über, man kann auch nur wenige Tage auf der Liste sein); Quelle: Swisstransplant Jahresbericht 2019.

499 Eine ausführliche Darstellung durch Pohlmann 2018.

500 Die Konzentration auf Vorbehalte gegen die Transplantationsmedizin ist kein Zeichen einer moralischen Positionierung; der Verfasser hat selbst einen Organspendeausweis, aufgrund der pragmatischen Haltung, dass man nichts wegwerfen sollte, das noch jemand gebrauchen kann. Und dass hirntot tot genug ist.

6.8 Grauzonen zwischen Medizin und Religion

6.8.1 Versuche einer Bestimmung von Religion

Krankheit und ihre Behandlung sind traditionell ein religiöser Gegenstand. Die Medizin hat sich erst im 19. Jahrhundert in den westlichen Gesellschaften als eigenständiges Subsystem gebildet, ebenso wie die Religion. Was aber ist Religion? Drei wissenschaftliche Disziplinen befassen sich ausdrücklich mit dem Wesen der Religion: die Religionssoziologie und die Religionswissenschaft als Beobachterinnen aus einer gewissen Distanz; die Theologie aus einer Innenperspektive, ihre Protagonistinnen und Protagonisten sind meistens gläubige Mitglieder bestimmter Religionsgemeinschaften. Religion ist – ebenso wie die Medizin[501] – ein Teil menschlicher Kultur und kann sich somit historisch, kulturell und sozial unterscheiden und verändern. Es gibt außerdem unterschiedliche Selbstverständnisse und Zuschreibungen. Über die Abgrenzung der Religion von anderen kulturellen Phänomenen herrscht Uneinigkeit, aber man benötigt wenigstens eine Arbeitsdefinition, um entscheiden zu können, was man untersucht und was nicht. Je nach wissenschaftlicher Tradition kann eine Definition am Anfang oder am Ende des Forschungsprozesses stehen. Oder man kommt zu der Erkenntnis, dass eine klare Definition nicht möglich ist und bleibt bei Arbeitsdefinitionen,[502] was genauso anschlussfähig für weitere Wissenschaft ist. Die Religionssoziologie unterscheidet grob funktionalistische und substantialistische (inhaltliche) Religionsdefinitionen.

Der inhaltliche oder substantialistische Ansatz formuliert typische Merkmale von Religion, wie den Glauben an einen Gott oder Götter oder andere übernatürliche Mächte, bestimmte Praktiken wie Gebete, Rituale wie Opfer oder Prozessionen. Es gibt keine Einigkeit darüber, welche die wesentlichen Merkmale sind. Zu jeder Zusammenstellung finden sich gesellschaftliche Gruppen und Phänomene, die nicht alle Merkmale erfüllen. So kann man Religion einfach als den Glauben an Gott definieren; dann fallen aber Buddhismus (kein Gott) und Hinduismus (viele Götter) heraus und viele sogenannte Naturreligionen. Der Soziologe Martin Riesebrodt definierte Religion substantialistisch als »Komplex religiöser Praktiken, die auf der Prämisse der Existenz in der Regel unsichtbarer persönlicher oder unpersönlicher übermenschlicher Mächte beruhen.«[503]

Funktionalistische Definitionen charakterisieren Religion dadurch, dass sie bestimmte Funktionen für das Individuum oder die Gesellschaft erfüllen. Das wären z. B. die Begründung von Moral, die Neutralisierung von Kontingenz,[504] die

501 Vgl. Vogd 2011: 10.

502 Gerade die empirischen Wissenschaften laufen Gefahr, durch eine Fixierung auf exakte Definitionen a priori (also am Beginn der Forschung) ihr Blickfeld zu verengen und keine Spielräume für Kreativität und Überraschungen zu lassen.

503 Riesebrodt 2007: 113; er schreibt nicht »übernatürlich«, weil er den Begriff »natürlich« nicht für klar abgrenzbar hält.

504 So wie es ist, ist es gut; Teil einer größeren Ordnung, von Gott gewollt etc.

Bewältigung des Bewusstseins von der eigenen Sterblichkeit, das Stiften von Identität und Zusammenhalt (Integration). Auch hier ist eine Abgrenzung von anderen gesellschaftlichen Phänomenen schwierig, die dieselben oder ähnliche Funktionen erfüllen, wie z. B. Nationalismus oder Fußball.[505]

Kontingenz und Religion

Kontingenz bedeutet, dass ein Sachverhalt nicht notwendig ist, sondern auch anders sein könnte. Die Geschichte hätte anders verlaufen können, auf der Erde hätten sich andere Tierarten entwickeln können oder gar keines. Mein persönliches Leben könnte im Detail oder komplett anders aussehen; dass ich hier und jetzt dieses Leben führe ist keine Notwendigkeit, kein Schicksal, es hätte auch anders kommen können. Die Bewältigung von Kontingenz gilt als wichtiges Merkmal von Religion. Das Weltgeschehen wird in einen größeren, sinnhaften Zusammenhang eingebunden, der je nach Religion bzw. religiöser Richtung sehr unterschiedlich aussehen kann. Die Nähe zur Medizin ergibt sich bei der Verarbeitung von Krankheit, Verletzung, Hinfälligkeit: Warum gerade ich bzw. mein Kind oder eine andere nahestehende Person? Werde ich sterben, wann und unter welchen Umständen?

Die Religionssoziologie bescheinigt der modernen Gesellschaft eine Auflösung traditioneller religiöser Formen und zunehmend einen religiösen Markt, in dem viele sich ihren persönlichen Glauben aus verschiedenen verfügbaren Angeboten oder Modulen selbst zusammensetzen.[506] In Mitteleuropa äußert sich das in einer geringeren Kirchenbindung und einem Rückgang der Bekanntheit und Übernahme grundlegender christlicher Glaubensinhalte. Rückläufig sind z. B. der Glaube an die Existenz Gottes als ansprechbare Person, Jesus als Christus inklusive seiner Auferstehung und Himmelfahrt, das Jüngste Gericht oder Hölle und Verdammnis; nach wie vor weit verbreitet sind hingegen der Glaube an Engel, an Wunder und an ein Leben nach dem Tod.[507] Zusätzlich aufgenommen werden Elemente anderer Religionen und Einzellehren wie altgriechische bzw. fernöstliche Vorstellungen von Wiedergeburt oder der Pantheismus.[508] Unklar ist, ob eine solche Patchworkreligiosität tatsächlich ein modernes Phänomen ist; möglicherweise gab es sie immer, aber sie wurde früher durch die jeweils dominierenden Kirchen bzw. Glaubensgemeinschaften verdeckt oder unterdrückt.[509]

Nimmt man die Sichtbarkeit des Religiösen als Kriterium, kann man zwischen offen religiösen Bezügen und verdeckt religiösen Bezügen unterscheiden, wobei diese Unterscheidung (wie so häufig) nicht scharf ist, sondern die End-

505 Bei Riesebrodt 2007: 110 ff.; Pollack/Rosta 2015: 51–72.
506 Vgl. Pollack: 223–226.
507 Vgl. Befunde des ALLBUS 2018 in Kögel 2020.
508 Die Vorstellung, dass Gott die gesamte Natur oder das Universum ist, u. a. bereits im 17. Jahrhundert prominent vertreten von Spinoza. Vgl. Lang 2003: 91–95
509 Vgl. hierzu den Begriff der populären Religion bei Knoblauch 1999: 186–188.

punkte eines Kontinuums markiert. Offen sind religiöse Bezüge dann, wenn ausdrücklich auf übernatürliche Mächte Bezug genommen wird, etwa durch Glaubensbekundungen, Gebete und Anrufungen, religiöse Rituale, die Verwendung heiliger Gegenstände und durch eine religiöse Deutung des Geschehens – in der Medizin die Deutung von Krankheit, Leiden, der gelingenden oder scheiternden Heilung, des Todes. Neben Religion und Religiosität ist seit einigen Jahren der Begriff der Spiritualität populär geworden[510] und hat sich als niedrigschwelliges Umfeld oder Vorfeld konventioneller Religion und Frömmigkeit etabliert. Dazu passen Bestrebungen, das Fach Spiritual Care an medizinischen Fakultäten zu etablieren, oft durch kirchliche oder kirchennahe Akteure, die damit den spirituellen Bedürfnissen der Kranken Rechnung tragen möchten.[511]

Die Kirchen im Gesundheitswesen

Die meisten westlichen Gesellschaften sind durch eine jahrhundertelange christliche Tradition geprägt; Deutschland, Österreich und die Schweiz durch die römisch-katholische und/oder die evangelische Kirche bzw. regional unterschiedliche evangelische Teilkirchen, die früher z. T. Staatskirchen waren und auch heute noch eng mit dem Staat verflochten sind.[512] Im Gesundheitswesen wird diese enge Verflechtung deutlich, wenn man sich den Einfluss kirchlicher Wohlfahrtsverbände vergegenwärtigt. Im deutschen Gesundheitswesen sind Caritas (katholisch) und Diakonie (evangelisch) die größten Arbeitgeber. Die kirchliche Trägerschaft markiert einen Sonderstatus mit einem eigenen Arbeitsrecht.[513] In Deutschland beschäftigte die Diakonie (evangelische Kirche) 2018 knapp 600.000 Menschen, davon 111.575 in der Krankenhilfe. Je nachdem, welche der 106.000 Beschäftigten in der Behindertenhilfe und der 170.000 in der Altenhilfe man zum Gesundheitswesen dazurechnen kann, kommt man auf insgesamt knapp 400.000 Personen. Der Caritasverband (katholische Kirche) beschäftigte 660.000 Menschen, davon ebenfalls ca. 400.000 im Gesundheitswesen.

Aus systemtheoretischer Sicht haben sich sowohl Religion als auch Medizin im 19. Jahrhundert als autonome Subsysteme der Gesellschaft ausdifferenziert, und

510 Zur Abgrenzung der Begriffe vgl. Utsch/Klein: 25–40 in Klein/Berth/Balck 2011.

511 Nebenbei platzieren sie so die These, dass Spiritualität ein menschliches (anthropologisches) Grundbedürfnis sei. Im Kontrast dazu erheben religionskritischer Akteure den Vorwurf, dass solche Bestrebungen indirekte Missionierungsaktivitäten seien; gleichsam eine religiös-spirituelle Übergriffigkeit gegenüber Menschen, die aufgrund ihrer Verfassung psychisch vulnerabel sind. Scharf kritisiert das z. B. der Verein EXIT: https://exit.ch/artikel/netzwerk-der-spirituellen-am-werk/ (News-Meldung vom 10.07. 2015 [01.08.2020]).

512 Vgl. Großbölting 2013: 50–55.

513 So dürfen Arbeitnehmer nach Konfession bzw. Religionszugehörigkeit ausgewählt werden, statt Betriebsräten gibt es eine Mitarbeitervertretung. Kritisch dazu Müller 2013, Frerk 2015 (zur Rolle der Kirche in Österreich: Frerk et al. 2012).

jedes System folgt alleine seiner eigenen inneren Systemlogik. Zur Religion gehört es, Krankheit infolge des Wirkens übernatürlicher bzw. überweltlicher Mächte zu erklären, z. B. als Strafe für mangelnden Glauben oder moralische Verfehlungen, oder als Appell Gottes,[514] sein Leben zu ändern; oder einfach nur als Bestreben, in einem konkreten Krankheitsgeschehen einen (positiven) Sinn zu sehen. Die Medizin operiert dagegen ohne Gott oder andere übernatürlich Mächte. Selbstverständlich gibt es religiöse Pflegekräfte, Therapeutinnen und Ärzte; in den Einrichtungen kirchlicher Träger hängen Kruzifixe oder religiöse Bilder in den Zimmern, aber die Medizin selbst ist nicht religiös. Auch in einem kirchlichen Krankenhaus wird mit Medikamenten und chirurgischen Eingriffen therapiert. Religion gehört wie Politik und Wirtschaft zur Umwelt der Medizin. Das Wirken böser Mächte findet sich nicht im ICD.[515]

Beispiel

Art und Zeitpunkt einer Operation werden nicht durch religiöse Rituale bestimmt. Es werden keine Gebete oder Bußübungen verordnet, das Wachsen oder Schrumpfen eines Tumors wird nicht als Zeichen Gottes gedeutet, und wenn, dann vielleicht in der beiläufigen Bemerkung eines gläubigen Pflegers (Privatkommunikation), aber nicht in der Krankenakte (medizinische Kommunikation). Ein gläubiger Arzt mag morgens nach dem Aufstehen beten und Gott um Hilfe bitten. Das ist eine Operation seines psychischen Systems in der Umwelt des Medizinsystems. Seine Frömmigkeit kann seine emotionale Stabilität stärken (oder schwächen) und sich in seinem Berufsalltag auswirken, aber indirekt; sie ist nicht Teil des ärztlichen Handelns.

Abbildung 27 stellt zwei Analysedimensionen gegeneinander (▸ Abb. 27). Religion ist gesellschaftlich eher akzeptiert, wenn sie Teil einer etablierten kulturellen Tradition ist und wenn sie die Autonomie der anderen Systeme nicht in Frage stellt.

Die religiöse Rahmung einer Einrichtung kann auch andere Belange als die medizinischen betreffen – in Deutschland können z. B. kirchliche Träger aufgrund eines eigenen Arbeitsrechts von ihren Mitarbeiterinnen und Mitarbeitern eine Kirchenmitgliedschaft einfordern und das Einhalten moralischer Sonderregeln (je nach Knappheit des jeweiligen Berufs mehr oder weniger konsequent).[516] Aber auch dies findet in der Umwelt statt – letztlich ist die Fachkompetenz entscheidend; herrscht bei bestimmten Berufen Bewerbermangel, müssen spezielle moralische Ansprüche zurückgeschraubt werden.

514 Im neueren theologischen Sprachgebrauch ist auch von *Zeichen* die Rede, was gegenüber Strafe oder Appell neutraler klingt und unterschiedlichen Milieus größere Deutungsspielräume lässt, also breiter anschlussfähig ist.

515 Aber der Glaube daran kann in Kapitel V untergebracht werden.

516 Dies ist umstritten, vor allem angesichts der Tatsache, dass die von den kirchlichen Trägern erbrachten Leistungen von der Allgemeinheit finanziert werden, also auch von denen, die aufgrund solcher Sonderregeln diskriminiert werden. Kritisch dazu z. B. Müller 2013 oder Frerk 2015.

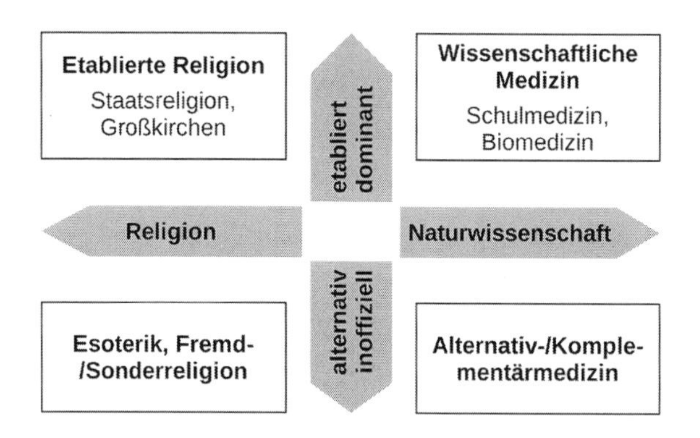

Abb. 27: Medizin und Religion

Die Versorgung der religiösen Bedürfnisse von Patientinnen und Mitarbeitern in stationären Einrichtungen ist als Krankenhausseelsorge oder Spitalseelsorge organisiert und damit nicht Teil des Medizinsystems (ebenso die Militär- oder Gefängnisseelsorge). Sie wird unabhängig von der Ausrichtung des Trägers angeboten, in der Regel von den großen Kirchen, aber grundsätzlich von jeder Religionsgemeinschaft als Körperschaft bürgerlichen Rechts.

6.8.2 Alternativmedizin und Komplementärmedizin

Wenn man von einer Alternative redet, unterscheidet man einen Gegenstand von einem bekannten Referenzgegenstand. Alternativen zur Biomedizin können auf verschiedenen Achsen bestimmt werden: einer räumlichen (hier oder anderswo), einer zeitlichen (früher und heute), einer kulturellen (wobei man in einer medial vernetzten Weltgesellschaft Geografie und Kultur auch zusammenlegen kann zu einer Dimension *herkömmlich – fremd*). Zusätzlich gibt es noch die Unterscheidung zwischen einem wissenschaftlichen und einem religiösen Selbstverständnis.

1. Wissenschaftliches Selbstverständnis: Man beansprucht für seine Lehre und Praxis Wissenschaftlichkeit und weist auf die notorische Lückenhaftigkeit des Wissens der Biomedizin hin (Pattsituation); ggf. verwendet man eigene Kriterien für Wissenschaftlichkeit.
2. Religiöses Selbstverständnis: Man gestaltet und kommuniziert seine Lehre und Praxis offen als religiös. Dann kann sie entweder in Konkurrenz zur Wissenschaft gesetzt werden oder als Ergänzung für spezielle Bedürfnisse, ggf. zur Vervollständigung im Rahmen eines Ideals der Ganzheitlichkeit.

Man kann diese Unterscheidung zwischen Innen- und Außenperspektive kreuzen und erhält dann eine Vierfeldertabelle (▶ Tab. 43), bei der ein Feld nicht besetzt ist. Bei der Außenperspektive wird religiös mit unwissenschaftlich gleichgesetzt, weil die konkrete Einordnung vom Beobachter und der Beobachterin abhängt. Eine Etikettierung als *religiös* gegen das Selbstverständnis nehmen vermutlich eher Experten und Expertinnen für Religion vor.

Tab. 43: Religiöses versus wissenschaftliches Selbstverständnis

Zuschreibung von Beobachtern ↓	Selbstverständnis der Alternativmedizin	
	wissenschaftlich	religiös
wissenschaftlich	Biomedizin	
religiös, unwissenschaftlich	Alternativmedizinen mit wissenschaftlichem Anspruch (ohne Evidenz)	offen religiöse Lehren und Praktiken

Keine tauglichen Unterscheidungen sind die zwischen Expertinnen und Laien (auch approbierte Medizinerinnen vertreten Alternativmedizinen, einige erfinden selbst welche) oder der Stellenwert des Profits (geschäftstüchtige Akteure finden sich auf allen Seiten).

Die Benennung einer Alternative kann beide Seiten als gleichwertig auffassen[517] oder aber eine Seite als die bessere (meistens die bezeichnete Alternative; wenn eine Möglichkeit als schlechtere Alternative angesehen wird, nennt man sie ausdrücklich so). Alternativmedizinen sehen sich entweder grundsätzlich oder für bestimmte Teilbereiche als bessere Alternative zur Referenzkategorie Biomedizin, die seit Hahnemann als *Schulmedizin*[518] abgewertet wird. Abwertung muss aber nicht destruktiv und fundamental sein; sie findet auch schon statt, wenn das alternative Verfahren als schonender, natürlicher, exklusiver betrachtet wird. Eher selten wird die Biomedizin pauschal abgelehnt, man konzentriert sich auf Teilbereiche. In Deutschland ist es üblich, dass Allgemeinmediziner Zusatzqualifikationen in einem Alternativmedizinischen Gebiet haben, z. B. der Homöopathie oder der Naturheilkunde als Sammelkategorie. Die Domänen der Alternativmedizinen liegen in den Randbereichen der Biomedizin: die Behandlung diffuser, schwer greifbarer Krankheitsbilder (chronische Schmerzen, Befindlichkeitsstörungen), biomedizinisch austherapierter Krankheiten oder der Nebenwirkungen harter Behandlungen (z. B. Chemotherapie). Etwas anders gelagert ist das Attribut »komplementär«, das in seiner positiven Bedeutung (»ergänzend«) eine friedliche und fruchtbare Koexistenz mitkommuniziert. In Literatur und Praxis werden Alternativ- und Komplementärmedizin aber nicht konsequent voneinander unterschieden.[519]

517 Abstrakt formuliert als kontingent – es gibt keinen objektiven bzw. allgemeinverbindlichen Vorzug für die eine oder die andere Variante. Beides geht.

518 Oder *Allopathie*, als Gegenprinzip zur von Hahnemann begründeten Homöopathie.

519 Im englischsprachigen Raum werden sie unter der Abkürzung CAM zusammengefasst (Complementary and Alternative Medicine), vgl. Goldsteen 2020: 375.

Tab. 44: Analysedimensionen zur Alternativmedizin

	Herkömmlich	Fremd
Heute	**Positiv:** wissenschaftlich, modern **Abwertend:** technokratisch, reduktionistisch, Schulmedizin	**Positiv:** exotisch, wild, natürlich **Abwertend:** Esoterik, Scharlatanerie, Quacksalberei, Fremdkörper
Früher	**Positiv:** uraltes Heilwissen, seit Jahrhunderten bewährt, traditionell **Negativ:** vorwissenschaftlich, Aberglaube aus der eigenen Tradition	**Positiv:** uraltes Heilwissen eines bewunderten Volkes (z. B. die Maya) **Negativ:** Aberglaube aus fremden Traditionen

Es gibt keinen festen Bezug zwischen der Kreuzung herkömmlich-fremd/heute-früher und der Ablehnung oder Akzeptanz eines Verfahrens (▶ Tab. 44). Wenn man beispielsweise TCM (Traditionelle Chinesische Medizin) ablehnt, kann man gleichermaßen »heute« und »früher« zur Verstärkung der Ablehnung verwenden. Man kann z. B. darauf hinweisen, dass die TCM in ihrer heutigen, westlichen Verwendung eine Konstruktion des Maoistischen China der 1960er Jahre ist, und damit nicht so traditionell, wie sie tut,[520] um damit den positiv-romantischen Nimbus zu beschädigen. Die tatsächlich alten Elemente können von den Anhängerinnen und Anhängern der TCM dann wiederum einem vorwissenschaftlichen Aberglauben zugeordnet werden, am Beispiel der Chinesischen Medizin z. B. Substanzen wie pulverisiertes Horn des Nashorns. Jede Kombination kann zur Auf- oder Abwertung verwendet werden.

Das Feld der Alternativmedizinen ist enorm und die maßgebliche gemeinsame Eigenschaft ist zunächst die Abgrenzung zur Biomedizin. Nachfolgend werden gängige alternativmedizinische Konzepte skizziert, ohne Anspruch auf Vollständigkeit (▶ Tab. 45).

Techno-Esoterik ist ein Idealtyp. Viele Einzelkonzepte sind nur äußerlich technoid (Begriffe und Bildsprache), ähneln sonst aber der herkömmlichen Esoterik oder Naturromantik. Mit Phantasie und sprachlichem Geschick lässt sich das Channeln von Engeln als Quantenphänomen beschreiben, Magie oder Telepathie als physikalische Phänomene. Für den wissenschaftlichen Laien ist beides nicht überprüfbar,[521] maßgeblich ist das Vertrauen in den Anbieter und der sprachlich-kulturelle Rahmen. Die meisten Patientinnen und Patienten (sowie Ärzte und Ärztinnen) vertrauen MRT-Befunden ja nicht, weil sie die Funktion des Apparates verstehen, sondern weil sie ihn als Produkt der technischen Zivilisation und der modernen Wissenschaft einordnen und anerkennen. Technoid ist auch die Verdeckung des religiösen Aspekts durch den äußeren Anschein. Vieles Esoterische sieht auf den ersten Blick nach herkömmlicher Medizin aus: Pillen, Pulver, Tropfen werden von Menschen in weißen Kitteln in Laboren und Fabri-

520 Ähnlich bei kulturellen Traditionen wie der »Schwäbisch-Alemannischen Fastnacht« oder dem Shinto (japanische Nationalreligion).

521 Vergleichbar der These des Science-Fiction-Schriftsteller Arthur C. Clarke: »Jede ausreichend fortschrittliche Technologie kann nicht von Magie unterschieden werden« (eigene Übersetzung, engl. in: Profiles of the Future, 1962).

Tab. 45: Gängige alternativmedizinische Konzepte

Ursprung	Lehre/Grundkonzept
Europäische Antike	Vier-Säfte-Lehre (Humoralpathologie): Gesundheit als das Gleichgewicht der vier Körpersäfte Blut, Schleim, schwarze Galle und gelbe Galle; klassisches medizinisches Prinzip, das im Zuge der Aufklärung abgelöst wurde, aber in einigen Nischen überdauert hat.
Altes China	Chinesische Medizin: Lebensenergie (Chi) im Spannungsfeld der beiden Grundprinzipien Yin (kalt, passiv) und Yang (heiß, aktiv); Gesundheit als Gleichgewicht, Krankheit als Ungleichgewicht mit gestörtem Fluss des Chi. Populäre Praktiken der TCM sollen Ungleichgewichte beheben, z. B. Akupunktur. Ausgeblendet werden kulturell bzw. ästhetisch nicht kompatible Elemente (z. B. Tierprodukte).
Altes Indien	Ayurveda als Sammelbegriff für verschiedene Praktiken
Moderne	Exotische Verfahren/Präparate in wechselnden Moden: Das Exotische wird naturromantisch verklärt, manchmal mit dem positiven Attribut ›alt‹ kombiniert. Das Angebot ist unüberschaubar und als Ergebnis einer Beschäftigung mit dem Gegenstand (z. B. alter/indianischer/mongolischer/keltischer … Schamanismus) oder oberflächlich als Werbegeschichte für medizinähnliche Nahrungsergänzungsmittel.
Moderne	Rückgriff auf eine romantisch verklärte Vergangenheit des eigenen Kulturkreises: z. B. das uralte Kräuterwissen der Klöster, Heiligenfiguren wie Hildegard von Bingen, aber ohne zu offensichtliche Berührung mit dem christlich Religiösen – also ohne Reliquien, Gebete, Wunder oder einen tiefen persönlichen Glauben. Das Heilende ist verankert in der authentischen Reinheit der Figur und der romantisierten Natur.
Europäische Antike	Religiöse Tradition der monotheistischen Religionen (Judentum, Christentum, Islam): Krankheit direkt als Strafe Gottes oder indirekt als Folge der Sünde oder Zeichen[522] eines gestörten Glaubens bzw. Gottesbezugs in konservativen oder fundamentalistischen Strömungen und Sondergemeinschaften (z. B. die »Christliche Wissenschaft«).
Antike und davor	Vorwissenschaftliche Erklärungsmodelle, die z. T. nachträglich mit wissenschaftlichen oder wissenschaftlich klingenden Narrativen oder Einzelbegriffen stabilisiert werden, z. B. Astrologie oder Einflüsse des Mondes.
Antike und Mittelalter	Vorwissenschaftliche Konzepte, die in eine neu entwickelte Lehre integriert werden, z. B. die Homöopathie Hahnemanns mit dem Simile-Prinzip (alt) und der Übertragung von Heilkraft durch Verdünnung (neu).
Moderne	Techno-Esoterik: Die Zeitachse wird in die Zukunft verlängert, und die Romantik orientiert sich an Motiven der modernen Wissenschaft bis hin zur Science-Fiction. An die Stelle von Magie, Geist und göttlicher Kräfte treten Quanten, Wellen, Strahlen, Felder und Energie. Meist kommen technische Apparaturen zum Einsatz, die irgendetwas messen bzw. anzeigen (z. B. Bioresonanz).
Moderne, womöglich zeitlos	Vorgetäuschte Wissenschaftlichkeit: heute eine Variante der Techno-Esoterik; keine Alternativmedizin, sondern einfach die Tarnung nutzloser Produkte mit wissenschaftlichen Begriffen und wissenschaftlicher Ikonografie (Bilder, Design, Präsentation) zur Verkaufsförderung.

522 Der Begriffsübergang von der Strafe zum Zeichen markiert eine Abstraktion, welche die konkreten Möglichkeiten der Ausgestaltung erweitert bzw., systemtheoretisch gesprochen, die Anschlussfähigkeit erhöht.

ken hergestellt und von einem ordentlich approbierten Arzt verabreicht oder verschrieben, der selbst von der Wissenschaftlichkeit überzeugt ist. Für Laien sind die Bereiche dann kaum auseinanderzuhalten, man muss sich dann an Kritikerinnen und Kritiker wie Verbraucherschützer halten, wie bei der Über- und Fehlbehandlung innerhalb der etablierten Biomedizin.

6.9 Medizin und Massenmedien

Die Massenmedien sind die wichtigsten Informationsquellen außerhalb der unmittelbaren eigenen Alltagserfahrung. Luhmann beginnt seine Medientheorie mit der provokanten These: »Was wir über unsere Gesellschaft, ja über die Welt, in der wir leben, wissen, wissen wir durch die Massenmedien.«[523] Das ist selbstverständlich überzogen, da wir neben den Massenmedien unsere eigenen Erfahrungen und Kommunikationen aus dem persönlichen Umfeld haben. Dennoch ist der Einfluss der Massenmedien auf unser Wissen beträchtlich. Massenmedien sind zunächst der Buchdruck und damit sämtliche aus ihm abgeleiteten Printmedien – Bücher, Zeitschriften, Zeitungen –, dann der Rundfunk mit Radio und später dann Fernsehen. Die Entwicklung des Internets war Mitte der 1990er Jahre noch nicht absehbar, Luhmann zählte es damals ausdrücklich nicht zu den Massenmedien. Eines seiner zentralen Kriterien für Massenmedien ist die Unterbrechung direkter Interaktion, und interaktive Kommunikation war damals der wichtigste Aspekt der Internetnutzung: E-Mail, Chats, Foren und Marktplätze. Aus heutiger Sicht haben manche Internetdienste massenmedialen Charakter, andere nicht. So sind z. B. die Homepages von Zeitungen oder Fernsehsendern oft nur zusätzliche Verbreitungskanäle der typischen massenmedialen Inhalte, und die Kommentarbereiche oder Foren gehen kaum weiter als das klassische Format des Leserbriefs. Das Deutsche Ärzteblatt bleibt eine Zeitschrift, egal ob man sie auf Papier oder über einen Browser liest. Auch die Wikipedia ist in den letzten Jahren qualitativ näher an klassische Lexika herangerückt, zumindest bei wissenschaftlichen Artikeln. Kein Massenmedium sind hingegen stark interaktiv und dezentral gestaltete Dienste wie Facebook, Instagram oder Twitter, bei denen die unmittelbare Interaktion mit dem Publikum integraler Bestandteil ist.

Luhmann unterscheidet drei Arten von Programmen: Nachrichten und Berichte, Unterhaltung und Werbung. Alle drei Arten sind für das Medizinsystem relevant. Nachrichten und Berichte über Gesundheitsthemen sind ein wichtiges Themengebiet von Publikumsmedien, am stärksten ausgeprägt bei Angeboten für ältere Zielgruppen. Kritische Berichterstattung über Akteure im Gesundheitswesen kann sich spürbar auswirken und ist vor allem im öffentlich-rechtlichen Rundfunk sehr präsent.

523 Luhmann 1996: 9.

Ein seit langer Zeit populäres Thema der Unterhaltung ist die Arzt-Patienten-Beziehung, und die Zahl an Arztserien im Fernsehen ist unüberschaubar. Die klassischen Geschichten um heldenhafte Heilungen und Liebesbeziehungen des (männlichen) Arztes zu Patientinnen und Personal wurden in den letzten Jahrzehnten u. a. durch Hybridformate ergänzt. Populär sind seit den 2000er Jahren Kreuzungen mit dem Krimisegment; z. B. werden Anamnese und Diagnose im Stil eines Krimis inszeniert (Dr. House) oder es wird die Rechtsmedizin oder Forensik in das Zentrum der Handlung gerückt, inklusive der Vermischung von Arzt- und Ermittlerrolle (CSI, Der letzte Zeuge, Tatort aus Münster). Auch wenn die meisten Unterhaltungsprodukte keinen Anspruch auf Authentizität erheben, darf ihre Wirkung nicht unterschätzt werden. Rahmenhandlungen, Settings und Beiläufigkeiten prägen dennoch die Wahrnehmung der Zuschauer und damit Erwartungen an reale Kontakte mit dem Medizinsystem: dass Ärzte sich Zeit nehmen und am Schicksal der Patientinnen (oder Opfer) Anteil nehmen, dass die meisten Krankheiten geheilt werden, dass Wachkomapatientinnen am Ende aufwachen und dann nicht beeinträchtigt sind. Unterhaltung soll unterhalten und bedient Wünsche und Erwartungen des Publikums, die damit aber in einer Art Rückkopplung stabilisiert oder gestärkt werden können.

Werbung ist das penetrante Nebenprogramm der anderen Medienkanäle. Vom Wirtschaftssystem als »Produktinformation« verbrämt wird sie vom Publikum extrem kontrovers aufgenommen als Bestandteil der Unterhaltung bis zur ärgerlichen Belästigung, derer man sich zumindest im Internet mit Script- oder Ad-Blockern zu entledigen versucht. Die Besonderheit der Werbung sieht Luhmann in ihrem Verhältnis zu Wahrheit bzw. Authentizität:

> »Die Werbung sucht zu manipulieren, sie arbeitet unaufrichtig und setzt voraus, daß es vorausgesetzt wird. (…) Die Werbung deklariert ihre Motive. (…) Es geht heute nicht mehr nur darum, daß die angebotenen Objekte zutreffend und mit informativen Details beschrieben werden, so daß man weiß, daß es sie gibt und zu welchem Preis sie zu haben sind. Man wirbt mit psychologisch komplexer eingreifenden Mitteln, die die zur Kritik neigende kognitive Sphäre umgehen.«[524]

In hoher Konzentration kann man Endkundenwerbung im Fernsehprogramm für Zielgruppen im Rentenalter finden. Die Werbeblöcke im Vorabendprogramm des öffentlich-rechtlichen Fernsehens werden von OTC-Präparaten dominiert, in Klatschmagazinen für ältere Frauen sind Nahrungsergänzungsmittel stark vertreten, oft als Medikamente getarnt. Ob die Manipulationsabsicht und Unaufrichtigkeit tatsächlich allen Zielpersonen offenkundig sind, darf bezweifelt werden. Wie schon an anderer Stelle thematisiert wurde, ist das Medizinsystem kein typischer Hintergrund für einen Markt. Gesundheitliche Probleme, Angst oder Verzweiflung beeinträchtigen die Wahrnehmung und das Urteilsvermögen und machen anfällig für Erpressung und Heilsversprechen. Was für einen nicht betroffenen Zuschauer absurd oder komisch wirkt, weckt in den kranken oder krankheitsängstlichen Zielgruppen Hoffnung. Und wie die Unterhaltungsprogramme transportieren Werbespots Nebeninformationen und Normen, die sich

---

524 Luhmann 1995: 85 f.

unauffällig auswirken – Umgebungen, Situationsskripte, Rollenerwartungen: das Schlucken von Medikamenten als normaler und unbedenklicher Umgang mit Beschwerden, typische Lebensumgebungen, Rechte und Pflichten von Großeltern oder Lebenspartnern und -partnerinnen. So verschiebt sich seit einigen Jahren die Darstellung von Kranken – statt Mitleid wird moralischer Druck aufgebaut: Die erkälteten Protagonistinnen und Protagonisten eines Werbespots fallen ihrer Umgebung zur Last und können bzw. sollen durch die beworbene Selbstmedikation soziale Erwartungen erfüllen – den Partner nicht durch Husten und Niesen beim Schlafen stören, schnell wieder arbeitsfähig sein; in einem anderen Spot muss die Großmutter trotz Knieschmerzen ihrer Verpflichtung als Spielgefährtin des Enkels nachkommen.

Anhang

Abkürzungen

ACA	Affordable Care Act (das Gesetzespaket zur Reform des US-Gesundheitswesens unter Barack Obama, häufig als »Obamacare« abgekürzt)
AHV	Alters- und Hinterlassenenversicherung (die staatliche Säule der Renten- und Invalidenversicherung der Schweiz – im Rahmen des Dreisäulensystems)
AMA	American Medial Association (größte Ärztevereinigung der USA, gibt das Journal JAMA heraus)
BÄK	Bundesärztekammer (Deutschland); www.bundesaerztekammer.de
BfArM	Bundesinstitut für Arzneimittel und Medizinprodukte (Deutschland, wurde 2020 mit dem DIMDI zusammengeführt); www.dimdi.de
BfS	Bundesamt für Statistik (Schweiz); www.bfs.admin.ch
BMG	Bundesministerium für Gesundheit (Deutschland); www.bundesgesundheitsministerium.de
BMI	Body Mass Index (grober Indikator für Übergewicht, berechnet aus Gewicht in kg geteilt durch Körpergröße^2. Für eine Person mit 72 kg und einer Größe von 1,83 m erhält man einen BMI von $72/1{,}83^2 = 21{,}5$. Interpretation: BMI 20–25 Normalgewicht, 25–30 leichtes bis moderates Übergewicht, 30+ starkes Übergewicht, < 20 Untergewicht. Der BMI ist u. a. unzuverlässig bei sehr muskulösen Menschen.)
bpb	Bundeszentrale für politische Bildung (Deutschland); www.bpb.de
BzGA	Bundeszentrale für gesundheitliche Aufklärung (Behörde des BMG in Deutschland; zuständig für Prävention und Gesundheitsförderung)
CHP	Clinton Health Plan (der 1993 gescheiterte Versuch einer Gesundheitsreform mit einer NHI unter Präsident Clinton)
DÄ	Deutsches Ärzteblatt; www.aerzteblatt.de
DeStatis	Statistisches Bundesamt (Deutschland); www.destatis.de
DIMDI	Deutsches Institut für Medizinische Dokumentation und Information (seit 2020 Teil des BfArM); im August 2020 noch unter www.dimdi.de
DRG	Diagnosis Related Group (Diagnosebezogene Fallgruppe (Krankheitsfall mit typischem Behandlungsverlauf im Krankenhaus, Vergü-

	tung durch den Kostenträger als Fallpauschale. Löste nach 2000 die Vergütung nach Liegezeit ab.)
DSM	Diagnostic and Statistical Manual of Mental Disorders (diagnostisches und statistisches Handbuch der Psychischen Störungen; das DSM-5 wurde 2013 veröffentlicht (auf Deutsch 2014) und überschneidet sich mit dem fünften Kapitel des ICD-10 bzw. des kommenden ICD-11. Außerhalb der USA ist das ICD maßgeblich.)
G-BA	Gemeinsamer Bundesausschuss (Deutschland)
GKV	Gesetzliche Krankenversicherung (in Deutschland bestehend aus den AOK und den Ersatzkassen)
ICD	International Statistical Classification of Diseases and Related Health Problems (Internationales Klassifikationssystem für Krankheiten und Gesundheitsprobleme der WHO; seit den 1990er Jahren gilt das ICD-10, es wird 2022 vom ICD-11 abgelöst)
ICF	International Classification of Functioning, Disability and Health (Internationale Klassifikation der Funktionsfähigkeit, Behinderung und Gesundheit, erstmals 2001 als ergänzendes System zum ICD); abrufbar unter: https://www.dimdi.de/dynamic/de/klassifikationen/icf/
IGeL	Individuelle Gesundheitsleistung (privatärztliche Leistungen in Deutschland für Versicherte der GKV, die selbst bezahlt werden müssen)
IPV	Individuelle Prämienverbilligung (Nachlässe auf die Kopfprämie in der Schweiz, in der Regel von den Kantonen getragen)
IVF	In-Vitro-Fertilisation (»künstliche Befruchtung« – Zusammenführung von Ei- und Samenzelle im Labor, mittlerweile in vielen verschiedenen Varianten unter der Verwendung genetischen Materials von bis zu drei verschiedenen Personen)
JAMA	Journal oft the American Medical Association (wöchentlich erscheinende Fachzeitschrift der AMA)
LÄK	Landesärztekammer(n) (Deutschland)
MDS	Medizinischer Dienst des Spitzenverbandes Bund der Krankenkassen in Deutschland; https://www.mds-ev.de
NHI	National Health Insurance (eine bisher nicht realisierte GKV bzw. allgemeine Versicherungspflicht für die USA)
NHS	National Health Service (das staatliche Gesundheitswesen Großbritanniens); https://www.nhs.uk
NICE	National Institute for Care Excellence (Behörde des NHS, die die Evidenz und Effizienz von Medikamenten und Verfahren beurteilt und deren Aufnahme in den Leistungskatalog des NHS empfiehlt oder eben nicht)
OECD	Organization for Economic Co-Operation and Development (Organisation für wirtschaftliche Zusammenarbeit und Entwicklung)
OTC	Over-the-Counter (OTC-Präparate sind Medikamente, die ohne ärztliche Verschreibung frei verkäuflich sind, dies umfasst Produkte mit und ohne Apothekenpflicht; Endkundenwerbung ist erlaubt)
PKV	Private Krankenversicherung

PID	Präimplantationsdiagnostik (Untersuchungen des Erbguts eines Embryos im Rahmen der IVF)
PND	Pränataldiagnostik (verschiedene Arten vorgeburtlicher Untersuchungen am Fötus in utero, meist auf Erbgutschäden oder Missbildungen)
RC	Rational Choice
SAMW	Schweizerische Akademie der Medizinischen Wissenschaften; https://www.samw.ch/de.html
SDM	Shared Decision Making (gemeinsame Entscheidungsfindung von Ärztin/Therapeut und Patientin)
SoC	Sence of Coherence (Kohärenzgefühl; Hauptfaktor individueller Gesundheit in Antonovskys Modell der Salutogenese)
VA	Veterans Affairs (Bundesbehörde der USA, die u. a. eine eigene Krankenversorgung für Angehörige und Veteranen der Armee zur Verfügung stellt, inklusive eigener Kliniken)
VZÄ	Vollzeitäquivalente (Gewichtung von berufstätigen Personen nach ihrem Tätigkeitsumfang. Die geleistete Arbeitszeit wird in Vollzeitstellen umgerechnet. Bei einem hohen Anteil an Teilzeitstellen liegt die Zahl der VZÄ deutlich unter der Zahl der arbeitenden Personen.)
WHO	World Health Organization (Weltgesundheitsorganisation, Sonderorganisation der UN, gegründet 1948); https://www.who.int

Glossar soziologischer Formulierungen

Anschlussfähigkeit Eine Handlung, Kommunikation oder ein Ereignis gibt Anlass zu weiteren Handlungen bzw. weiterer Kommunikation (sogenannte Anschlusskommunikation). Ein Wissenschaftler stellt z. B. eine Behauptung auf. Diese wird nicht ignoriert, sondern erfährt Zustimmung oder Widerspruch (beides sind Anschlüsse); sie führt zu weiterer Forschung, Medien berichten darüber; Interessengruppen fühlen sich bestätigt, verwenden sie in ihrem Sinne und berufen sich darauf oder lehnen sie ab und äußern sich kritisch. Anschlussfähigkeit bedeutet in der Systemtheorie im Grundsatz, dass die Kommunikation weitergeht. Nicht anschlussfähig bedeutet, dass niemand etwas mit einer Handlung oder Information anfangen kann und sie daher keine weiteren Auswirkungen hat. Sie wird ignoriert oder achselzuckend zur Kenntnis genommen und dann rasch vergessen.

Differenzierung

Das Vorhandensein von Unterschieden oder ihre Erzeugung; Gegenbegriff zu Vereinfachung oder Zusammenfassung. Differenzierung beschreibt sowohl einen Zustand (z. B. die soziale Differenzierung einer Gesellschaft) als auch einen Vorgang (durch Ausdifferenzierung entstehen z. B. neue soziale Systeme).

Figur

Erzählfiguren und Argumentationsfiguren sind kurze Erzähleinheiten mit charakteristischer Struktur. Sie lassen sich nicht klar von *Narrativen* abgrenzen. Eine bekannte Argumentationsfigur ist der Dammbruch bzw. die schiefe Ebene (Slippery Slope), also die Befürchtung, dass schon die geringfügige Lockerung einer moralischen Regel zu einer nicht mehr aufhaltbaren Bewegung zum Schlechten hinführt. Verwandte Figuren sind Erklärungsmuster.

Irritation

In der Systemtheorie spricht man von Irritation, wenn ein System durch ein Ereignis in seiner Umwelt zu internen Änderungen angeregt wird: Etwas Ungewohntes passiert und stört die gewohnten Abläufe. Der Begriff ist wertfrei, Störungen können schädlich oder produktiv sein. Wichtig ist in der Systemtheorie, dass es keine direkten Einflüsse auf Systeme gibt. Z. B. kann eine Lehrerin in der Ausbildung eine Anregung geben, aber sie kann nicht deren Auswirkungen steuern. Ganz basal ist jede Wahrnehmung eines Systems (z. B. eines biologischen Organismus) eine Irritation und stößt interne Prozesse an. Mittels von Gesetzen und Regelungen kann das Politiksystem das Medizinsystem irritieren. Die Politik verfolgt bestimmte Ziele, es besteht aber stets die Gefahr unbeabsichtigter Nebenwirkungen.

Konstruktion, Konstrukt

Ein Grundbegriff des Konstruktivismus und der Systemtheorie: Damit soll betont werden, dass Systeme ihre Wahrheit und Wirklichkeit intern selbst erzeugen und keinen direkten Zugriff auf die wirkliche Welt haben. Wenn in Zuge einer soziologischen Beschreibung die Vorstellung sozialer Akteure als Konstruktion bezeichnet wird, ist das kein Ausdruck eines Zweifels an der Wahrheit oder Angemessenheit dieser Vorstellung. Jede Beobachtung ist eine Konstruktion des beobachtenden Systems, und damit auch die soziologische Beobachtung anderer Akteure bzw. sozialer Systeme.

Kontingenz

Ist ein Zustand kontingent, so bedeutet das, dass er nicht notwendig so ist, wie er aktuell ist. Es könnte auch anders sein bzw. es hätte auch anders kommen können. Kontingenz ist ein Gegenbegriff zum Schicksal bzw. einer zwangsläufigen Entwicklung, aber weniger offen wie z. B. Zufall.

Narrativ

Eine umfangreichere Annahme, oft im Zuge einer Argumentation: Der größte Teil eines Narrativs wird als bekannt vorausgesetzt, in Form von Klischees, Legenden, Stereotypen, Erzählfiguren.

Operieren

Bei der Beschäftigung mit der Medizin ein schwieriger Begriff, weil man natürlich zunächst an Skalpelle und andere Werkzeuge denkt. In der Systemtheorie ist Operation ein abstrakter Überbegriff für Handlungen, Wahrnehmungen, Denkprozesse, Reaktionen, Kommunikationen. Systeme operieren, alltagssprachlich ist es eine Art eigensinniges Vor-sich-hin-Wurschteln. Wissenschaftliche Beobachtung versucht, dieses näher zu beschreiben und ggf. Ansatzpunkte für Einflussnahmen zu finden.

Strittig

Mit dem Begriff soll im Rahmen einer soziologischen Darstellung darüber informiert werden, dass es dazu unterschiedliche Meinungen gibt von ernstzunehmenden Teilnehmerinnen und Teilnehmern des Diskurses. Die Bezeichnung als *strittig* ist kein Hinweis auf eine Missbilligung des Sachverhaltes durch den Autor.

Systemisch

Ein Sachverhalt (oft: ein Problem) ist systemisch, wenn er sich aus der Funktionslogik eines Systems ergibt – erwartbar, möglicherweise sogar zwangsläufig. So gilt z. B. Doping im Hochleistungssport als systemisch, weil es eine plausible und erwartbare Folge des Codes Sieg/Niederlage ist – und des sich daraus ergebenden Erfolgsdrucks auf Sportlerinnen und Sportler und ihr Betreuungspersonal.[525]

525 Vgl. Bette/Schimank 2006.

Abbildungsverzeichnis

Tabellenverzeichnis

Literatur

Acock, Alan (2018, 6. Aufl.): A Gentle Introduction to Stata. Texas: Stata Press
Anderson, John R. (2001, 3. Aufl.): Kognitive Psychologie. Berlin, Heidelberg: Spektrum
Antonovsky, Aaron (1985, 5. Aufl.): Health, Stress and Coping. London/San Francisco: Jossey-Bass
Aydin/Saka/Bas/Bas/Coban/Yildirim/Guran/Darendeliler (2019): Frequency of Ambiguous Genitalia in 14,177 Newborns in Turkey. Journal of the Endocrine Society, 3(6): 1185–1195. DOI: 10.1210/js.2018-00408. URL: https://academic.oup.com/jes/article/3/6/1185/5476580
Barmer Ersatzkasse (2018): Einstellung und Informationsstand Organspende und Organspendeausweis (Foliensatz als PDF). URL: https://www.barmer.de/blob/155218/145b95c4330a06e341bad50996b6cb30/data/dl-studie.pdf [20.08.2020]
Baumgart, Franzjörg (Hrsg; 2008, 4. Aufl.): Theorien der Sozialisation. Bad Heilbrunn: Klinkhardt/UTB
Baxby D. (1996): The Jenner Bicentenary; still Uses for Smallpox Vaccine. Epidemiology and Infection, 116(3), 231–234. DOI:10.1017/s0950268800052523
Benzenhöfger, Udo (2009): Der gute Tod? Geschichte der Euthanasie und Sterbehilfe. Göttingen: Vandenhoeck & Ruprecht
Berghaus, Margot (2011, 3. Aufl.): Luhmann leicht gemacht. Köln: Böhlau
Berndt, Christian; Bei der Kellen, Ralf (2019): Die Geschichte der Damenkapellen. Radiofeature des Deutschlandfunk Kultur vom 23.01.2019
Bette, Karl-Heinrich; Schimank, Uwe (2006, 2. Aufl.): Doping im Hochleistungssport. Frankfurt/M.: Suhrkamp
Bittmann, Felix (2019): Stata. A really Short Introduction. Berlin: De Gruyter
Borasio, Gian Domenico; Jox, Ralf; Taupitz, Jochen; Wiesing, Urban (2014): Selbstbestimmung im Sterben – Fürsorge zum Leben. Ein Gesetzesvorschlag zur Regelung des assistierten Suizids. Stuttgart: Kohlhammer
Bourdieu, Pierre (1982): Die feinen Unterschiede. Frankfurt/M.: Suhrkamp
Brandenburg, Paul (2013): Kliniken und Nebenwirkungen. Überleben in Deutschlands Krankenhäusern. Frankfurt/M.: S. Fischer
Brehm, Sharon; Brehm, Jack (1981): Psychological reactance. New York: Academic Press
Brosius, Felix (2018, 8. Aufl.): SPSS. Bonn: mitp
Bühl, Achim (2018): Einführung in die moderne Datenanalyse ab SPSS 25. München: Pearson
Bundesministerium für Arbeit, Soziales, Gesundheit und Konsumentenschutz (BMASGK, 2019, 3. Aufl.): Das Österreichische Gesundheitssystem. Wien. URL: https://broschuerenservice.sozialministerium.at/Home/Download?publicationId=636 [16.08.2020]
Bundesrechnungshof (2018): Abschließende Mitteilung an das Bundesministerium für Gesundheit und den GKV-Spitzenverband über die Prüfung der Leistungen für Kieferorthopädie. URL: https://www.bundesrechnungshof.de/de/veroeffentlichungen/produkte/pruefungsmitteilungen/langfassungen/2018/2018-pm-leistungen-fuer-kieferorthopaedie-pdf [25.09.2019]
Bundeszentrale für politische Bildung (2018): Datenreport 2018; Bonn: bpb
Carrier, Martin (2006). Wissenschaftstheorie zur Einführung. Hamburg: Junius
Coleman, James S. (1991): Grundlagen der Sozialtheorie. Band 1: Handlungen und Handlungssysteme. München: Oldenbourg
Deutsche Stiftung Organtransplantation (Hrsg.; 2020): Jahresbericht Organspende und Transplantation in Deutschland 2019. Frankfurt/M. Online unter: https://www.dso.de/SiteCollectionDocuments/DSO-Jahresbericht%202019.pdf [20.08.2020]
Diaz-Bone, Rainer (2018, 3. Aufl.): Statistik für Soziologen. Konstanz: UVK
Diekmann, Andreas (2013, 7. Aufl.): Empirische Sozialforschung. Grundlagen, Methoden, Anwendungen. Reinbek: Rowohlt

Eckart, Wolfgang U. (2013, 7. Aufl.): Geschichte, Theorie und Ethik der Medizin. Berlin/Heidelberg: Springer

Eckart, Wolfgang U. (2011, 2. Aufl.): Illustrierte Geschichte der Medizin. Berlin, Heidelberg: Springer

Esser, Hartmut (1999): Soziologie. Spezielle Grundlagen. Band 1: Situationslogik und Handeln. Frankfurt/New York: Campus

Esser, Hartmut (1999, 3. Aufl.): Soziologie. Allgemeine Grundlagen. Frankfurt/New York: Campus

Feldmann, Klaus (2010, 2. Aufl.): Tod und Gesellschaft. Wiesbaden: VS

Fenner, Dagmar (2019): Selbstoptimierung und Enhancement: Ein ethischer Grundriss; UTB

Flick, Uwe; Kardorff, Ernst von; Steinke, Ines (Hrsg.; 2010, 8. Aufl.): Qualitative Forschung. Ein Handbuch. Reinbek: Rowohlt

Frances, Allen (2013): Normal. Gegen die Inflation psychiatrischer Diagnosen. Köln: Dumont

Frerk, Carsten (2015): Kirchenrepublik Deutschland. Aschaffenburg: Alibri

Frerk, Carsten; Baumgarten, Christoph (2012): Gottes Werk und unser Beitrag. Kirchenfinanzierung in Österreich. Wien: Czernin

Frieß, Michael (2010): Sterbehilfe. Zur theologischen Akzeptanz von assistiertem Suizid und aktiver Sterbehilfe. Stuttgart: Kohlhammer

Gehlen, Arnold (1997, 13. Aufl., erstmals 1940): Der Mensch. Wiesbaden: Aula

Geißler, Rainer (2014, 7. Aufl.): Die Sozialstruktur Deutschlands. Wiesbaden: VS

Gerlinger, Thomas; Mosebach, Kai (2014): Versorgungsstrukturen des britischen Gesundheitssystems. Bonn: bpb. URL: https://www.bpb.de/politik/innenpolitik/gesundheitspolitik/72931/versorgungsstrukturen [01.07.2020]

Gigerenzer, Gerd (2013): Risiko. München: btb

Goffman, Erving (2018, 24. Aufl., erstmals 1963): Stigma. Über Techniken der Bewältigung beschädigter Identität. Frankfurt/M.: Suhrkamp

Goffman, Erving (1996, 5. Aufl., erstmals 1959): Wir alle spielen Theater. Die Selbstdarstellung im Alltag. München: Piper

Goffman, Erving (1977, im Original 1974): Rahmen-Analyse. Ein Versuch über die Organisation von Alltagserfahrungen. Frankfurt/M.: Suhrkamp

Goldsteen, Raymond; Goldsteen, Karen; Goldsteen Benjamin (2020, 9. Aufl., übernommen von Jonas, Steven): Jonas' Introduction to the U. S. Health Care System. New York: Springer

Goldsteen, Raymond; Goldsteen, Karen; Goldsteen Benjamin (2017, 8. Aufl., übernommen von Jonas, Steven): Jonas' Introduction to the U. S. Health Care System. New York: Springer

Greer, Scott L. (2019): Das englisches Gesundheitssystem. In: Sturm, Roland: Länderbericht Großbritannien. Bonn: bpb

Großbölting, Thomas (2013): Der verlorene Himmel. Glaube in Deutschland seit 1945. Bonn: bpb

Häder, Michael (2019, 4. Aufl.): Empirische Sozialforschung. Wiesbaden: VS

Hartmann, Michael (2018): Die Abgehobenen. Wie die Eliten die Demokratie gefährden. Frankfurt/New York: Campus

Hehlmann/Schmidt-Semisch/Schorb (2018): Soziologie der Gesundheit. UVK

Hibbeler, Birgit; Korzilius, Heike (2008): Arztberuf: Die Medizin wird weiblich. Deutsches Ärzteblatt, 105(12): A-609/B-539/C-527

Hill, Sir Austin Bradford (1965): The Environment and Disease: Association or Causation? In: Proceedings of the Royal Society of Medicine. Band 58, Nr. 5: 295–300. URL: https://www.ncbi.nlm.nih.gov/pmc/articles/PMC1898525/pdf/procrsmed00196-0010.pdf [28.10.2019]

Himmelstein, David; Lawless, Robert; Thorne, Deborah; Foohey, Pamela; Woolhandler Steffie (01.03.2019): »Medical Bankruptcy: Still Common Despite the Affordable Care Act«, American Journal of Public Health, 109(3): 431–433. URL: https://doi.org/10.2105/AJPH.2018.304901 [21.02.2020]

Hofstadter, Douglas R. (1979): Gödel, Escher, Bach. Stuttgart: Klett
Huebler, Olaf Elmar (2009): The Nonlinear Link between Height and Wages in Germany, 1985–2004. In: Economics & Human Biology. Elsevier
Huinink, Johannes; Schröder, Torsten (2019, 3. Aufl.): Sozialstruktur Deutschlands. München: UVK
Hume, David (1982, im Original 1777): Eine Untersuchung über den menschlichen Verstand. Stuttgart: Reclam
Hurrelmann, Klaus (2020, 13. Aufl. und 2006, 9. Aufl.): Einführung in die Sozialisationstheorie. Weinheim/Basel: Beltz
Hurrelmann, Klaus (2013, 8. Aufl.): Gesundheits- und Medizinsoziologie. Weinheim: Juventa
Huster, Stefan (2012): Soziale Gesundheitsgerechtigkeit. Bonn: bpb
Illich, Ivan (1977): Die Nemesis der Medizin. Reinbek: Rowohlt
Institut für Demoskopie Allensbach: Ärztlich begleiteter Suizid und aktive Sterbehilfe aus Sicht der deutschen Ärzteschaft. Allensbacher Archiv, IfD-Umfrage 5265, August 2009
Jahoda, Marie; Lazarsfeld, Paul; Zeisel, Hans (1994, 13. Aufl., erstmals 1933). Die Arbeitslosen von Marienthal. Frankfurt/M.: Suhrkamp
Jonas, Klaus; Stroebe, Wolfgang; Hewstone, Miles (2014, 6. Aufl.): Sozialpsychologie. Berlin/Heidelberg: Springer
Jordt, Melanie; Girr, Thomas; Weiland, Ines-Karina (2012, 2. Aufl.): Erfolgreich IGeLn. Analyse, Organisation, Vermarktung. Berlin/Heidelberg: Springer
Jütte, Robert (2019): Placeboforschung: Selbst eingebildete Pillen können wirken. Deutsches Ärzteblatt, 116(31/32): A-1426/B-1181/C-1165 URL: https://www.aerzteblatt.de/archiv/209146/Placeboforschung-Selbst-eingebildete-Pillen-koennen-wirken [02.09.2020]
Kaesler, Dirk (Hrsg., 1999): Klassiker der Soziologie 2. Von Talcott Parsons bis Pierre Bourdieu. München: Beck
Karmasin, Matthias; Ribing, Rainer (2020, 10. Aufl.): Die Gestaltung wissenschaftlicher Arbeiten. Wien: Facultas/UTB
Kastl, Jörg Michael (2017, 2. Aufl.): Einführung in die Soziologie der Behinderung. Wiesbaden: VS
Kelle, Udo (2008, 2. Aufl.): Die Integration qualitativer und quantitativer Methoden in der empirischen Sozialforschung. Wiesbaden: VS
Kirschner, Marc W.; Gerhart, John C. (2007): Die Lösung von Darwins Dilemma. Wie die Evolution komplexes Leben schafft. Reinbek: Rowohlt
Klein, Constantin; Berth, Hendrik; Balck, Friedrich (Hrsg., 2011): Gesundheit – Religion – Spiritualität. Konzepte, Befunde und Erklärungsansätze. Weinheim: Juventa
Knoblauch, Hubert (2009): Populäre Religion. Frankfurt/M.: Campus
Knoblauch, Hubert (1999): Religionssoziologie. Berlin: De Gruyter
Kögel, Andreas (2020): Glaube in Deutschland – Befunde des ALLBUS 2018. Deutsches Pfarrerblatt, Ausgabe 06 (120. Jahrgang)
Kögel, Andreas (2016): Tod und Sterben als Risiken. Münster: MV-Verlag. URL: http://nbn-resolving.de/urn:nbn:de:hbz:6-66219665757
Kromrey, Helmut; Roose, Jochen; Strübing, Jörg (2016, 13. Aufl.): Empirische Sozialforschung. Konstanz: UVK
Künzer, Kilian; Morger, Mario (2018): Einkommen, OKP-Leistungen und Beschäftigungssituation der Ärzteschaft 2009–2014. Büro für Arbeits- und Sozialpolitische Studien BASS AG Bern (im Auftrag des BAG)
Kuhn, Thomas S. (1967, erstmals 1962): Die Struktur wissenschaftlicher Revolutionen. Frankfurt/M.: Suhrkamp
Lamnek, Siegfried (2005, 4. Aufl.): Qualitative Sozialforschung. Weinheim, Basel: Beltz
Lang, Bernhard (2003): Himmel und Hölle. Jenseitsglauben von der Antike bis heute. München: C. H. Beck
Lang, Bernhard (1994, 2. Aufl.): Die Bibel. Eine kritische Einführung. Paderborn: UTB Schöningh

Layer, F; Strommenger; Cuny; Noll; Klingeberg; Werner (2019): Eigenschaften Häufigkeit und Verbreitung von MRSA in Deutschland – Update 2017/2018. Epid Bull 42: 437–442. DOI 10.25646/6320.2

Lieb; Klemperer; Ludwig (2011): Interessenkonflikte in der Medizin. Berlin/Heidelberg

Livius, Titus (1987, erstmals 25 v. Chr.): Ab urbe condita Liber II/Römische Geschichte, 2. Buch (zweisprachige Ausgabe). Stuttgart: Reclam

Löbach, Sylvia (2017): Chefarztvergütung im Fokus: Ergebnisse des Kienbaum-Vergütungsreports 2017. Kienbaum Consultants International GmbH. URL: https://www.iww.de/cb/verguetung/gehaltsstatistik-chefarztverguetung-im-fokus-ergebnisse-des-kienbaum-verguetungsreports-2017-f109493?save [02.07.2020]

Loos, Stefan; Albrecht, Martin; Zich, Karsten (2019): Zukunftsfähige Krankenhausversorgung. Simulation und Analyse einer Neustrukturierung der Krankenhausversorgung am Beispiel einer Versorgungsregion in Nordrhein-Westfalen. Bertelsmann-Stiftung, online über www.bertelsmann-stiftung.de

Luhmann, Niklas (2017): Systemtheorie der Gesellschaft. Frankfurt/M: Suhrkamp

Luhmann, Niklas (2014, 5. Aufl., erstmals 1968): Vertrauen. Konstanz: UVK

Luhmann, Niklas (2009, 4. Aufl., erstmals 1990): Soziologische Aufklärung 5. Konstruktivistische Perspektiven. Wiesbaden: VS

Luhmann, Niklas; Baecker, Dirk (Hrsg., 2005): Einführung in die Theorie der Gesellschaft. Heidelberg: Carl Auer

Luhmann, Niklas (2003/1991, unv. Nachdruck): Soziologie des Risikos. Berlin: De Gruyter.

Luhmann, Niklas (1997, 2 Bände): Die Gesellschaft der Gesellschaft. Frankfurt/M.: Suhrkamp

Luhmann, Niklas (1995): Die Realität der Massenmedien; Wiesbaden: VS

Luhmann, Niklas (1991, 2. Aufl.): Paradigm Lost. Über die ethische Reflexion der Moral. Frankfurt/M.: Suhrkamp

Madea, Burkhard; Rothschild Markus (2010): Ärztliche Leichenschau. Deutsches Ärzteblatt, 107(33): 575–588. URL: http://www.aerzteblatt.de/archiv/77950/Aerztliche-Leichenschau [20.08.2020]

Manes, Alfred (1905): Grundzüge des Versicherungswesens. Leipzig: Teubner

Marck, A.; Antero, J.; Berthelot, G.; Saulière, G.; Jancovici, J.-M.; Masson-Delmotte, V.; Boeuf, G.; Spedding, M.; Le Bourg, É.; Toussaint, J.-F. (2017) Are We Reaching the Limits of Homo sapiens? Front. Physiol. 8: 812. DOI: 10.3389/fphys.2017.00812

Mathe, Thomas (2005, 2. Aufl.): Medizinische Soziologie und Sozialmedizin. Idstein: Schulz-Kirchner

Maturana, Humberto; Varela, Francisco (1987, 11. Aufl.): Der Baum der Erkenntnis. Die biologischen Wurzeln menschlichen Erkennens. Goldmann

Mazzucato, Mariana (2019): Wie kommt der Wert in die Welt? Bonn: bpb

Merton, Robert (1995, erstmals 1967): Soziologische Theorie und Soziale Struktur. Berlin/New York: De Gruyter

Messmer, Heinz (2003): Der Soziale Konflikt. Stuttgart: Lucius & Lucius (De Gruyter)

Miebach, Bernhard (2014, 4. Aufl.): Soziologische Handlungstheorie. Wiesbaden: VS

Moliére (1986, erstmals 1673): Der eingebildete Kranke. Stuttgart: Reclam

Morel, Julius et al. (1995, 4. Aufl.): Soziologische Theorie. Abriß der Ansätze ihrer Hauptvertreter. München: Oldenbourg

Müller, Eva (2013): Gott hat hohe Nebenkosten. Köln: Kiepenheuer & Witsch

Munnell, Alicia; Hatch, Robert; Lee, James (2004): Why Is Life Expectancy so Low in the United States? Boston College, Center of Retirement Research. URL: http://www.bc.edu/crr

NHS Improvement (2019): Monitor: Annual Report and Accounts 2018/19. NHS London. URL: https://www.gov.uk/official-documents [22.09.2019]

NIH Office of Behavioral and Social Sciences (2018): Best Practices for Mixed Methods. URL: https://obssr.od.nih.gov/wp-content/uploads/2018/01/Best-Practices-for-Mixed-Methods-Research-in-the-Health-Sciences-2018-01-25.pdf [21.09.2019]

Nuland, Sherwin B. (1999/1994): Wie wir sterben. Augsburg: Weltbild (1994 München: Kindler)

Oggier, Willy (2015, 5. Aufl.): Gesundheitswesen Schweiz 2015–2017. Eine aktuelle Übersicht. Bern: Hogrefe
ONS (Office for National Statistics, 2019): How Does UK Healthcare Spending Compare with other Countries? An Analysis of UK Healthcare Spending Relative to Comparable Countries, Using Data Produced to the International Definitions of the System of Health Accounts (SHA 2011). URL: https://www.ons.gov.uk/peoplepopulationandcommunity/healthandsocialcare/healthcaresystem/articles/howdoesukhealthcarespendingcomparewithothercountries/2019-08-29 [24.06.2020]
Parsons, Talcott (1951): The Social System. London
Pease, Allan; Pease, Barbara (2002, 21. Aufl.): Warum Männer nicht zuhören und Frauen schlecht einparken. Berlin: Ullstein
Pelikan, Jürgen (2009): Ausdifferenzierung von spezifischen Funktionssystemen für Krankenbehandlung und Gesundheitsförderung oder: Leben wir in der »Gesundheitsgesellschaft«? In: Österreichische Zeitschrift für Soziologie, 34(2): 28–47
Pilz, Frank (2009): Der Sozialstaat. Ausbau – Kontroversen – Umbau. Bonn: bpb, Schriftenreihe Band 761
Pohlmann, Markus (2018): Der Transplantationsskandal in Deutschland. Eine sozialwissenschaftliche Analyse der Hintergründe. Heidelberg: VS
Pollack, Detlef; Rosta, Gergely (2015): Religion in der Moderne. Frankfurt/M: Campus
Porst, Rolf (2014, 4. Aufl.): Fragebogen. Ein Arbeitsbuch; Wiesbaden: VS
Remus, Daniela (2017): Prävention – Tatsächlich mehr Gesundheit? Radiowissen, Radiofeature BR2 vom 17.02.2017. URL: https://www.br.de/mediathek/podcast/radiowissen/praevention-tatsaechlich-mehr-gesundheit/32237 [14.10.2018]
Richter, Matthias; Hurrelmann, Klaus (Hrsg.; 2016): Soziologie von Gesundheit und Krankheit. Wiesbaden: VS
Ridder, Michael de (2010): Wie wollen wir sterben? Ein ärztliches Plädoyer für eine neue Sterbekultur in Zeiten der Hochleistungsmedizin. München: DVA
Riesebrodt, Martin (2007): Cultus und Heilsversprechen. München: C. H. Beck
Romains, Jules (1997, erstmals 1924): Knock oder Der Triumph der Medizin. Stuttgart: Reclam
Ryll, Andreas (1989): Die Spieltheorie als Instrument der Gesellschaftsforschung. MPIFG Discussion Paper 89/10. URL: https://pure.mpg.de/rest/items/item_1235936/component/file_2144618/content [21.01.2021]
Saake, Irmhild; Vogd, Werner (Hrsg.; 2008): Moderne Mythen der Medizin. Studien zur organisierten Krankenbehandlung. Wiesbaden: VS
Sacks, Oliver (1992, 10. Aufl.): Stumme Stimmen. Reinbek: Rowohlt
Schimank, Uwe (1996): Theorien gesellschaftlicher Differenzierung. Opladen: Leske & Budrich
Schnell, Reiner; Hill, Paul B.; Esser, Elke (2013, 10. Aufl.): Methoden der empirischen Sozialforschung. München: Oldenbourg
Schöne-Seifert, Bettina (2007): Grundlagen der Medizinethik. Stuttgart: Kröner
Schrum, Anja; Aster, Ernst-Ludwig von (24.02.2016): Königreich Krankenhaus. Der Frust mit starren Hierarchien. Radiofeature für SWR2 Wissen. URL: https://www.ardaudiothek.de/wissen/der-frust-mit-starren-hierarchien/54005382 [23.08.2020]
Schug, Albert (2011): Der Versicherungsgedanke und seine historischen Grundlagen. Göttingen: Vandenhoeck & Ruprecht
Schürz, Martin (2020): Überreichtum. Bonn: bpb
Schwarzer, Ralf (2000, 4. Aufl., erstmals 1981): Stress, Angst und Handlungsregulation. Stuttgart: Kohlhammer
Swisstransplant (Hrsg.; 2019): Swisstransplant Jahresbericht 2019. URL: https://www.swisstransplant.org/de/swisstransplant/publikationen/jahresberichte/
Siegrist, Johannes (2005, 6. Aufl.): Medizinische Soziologie. München/Jena: Urban & Fischer
Simon, Michael (2017, 6. Aufl.): Das Gesundheitssystem in Deutschland. Bern: Hogrefe
Singer, Peter (1994, 2. Aufl., erstmals 1979): Praktische Ethik. Stuttgart: Reclam

Singer, S.; Brähler, E. (2007): Die »Sense of Coherence-Scale«. Testhandbuch zur deutschen Version. Göttingen: Vandenhoeck & Ruprecht
Sommer, Volker (2008, 2. Aufl.): Darwinisch denken. Horizonte der Evolutionsbiologie. Stuttgart: Hirzel
STATISTIK AUSTRIA (2020): Jahrbuch der Gesundheitsstatistik 2018. Wien
Statistisches Bundesamt (2020): Wirtschaftsrechnungen. Fachserie 15 Reihe 3. LEBEN IN EUROPA (EU-SILC). Einkommen und Lebensbedingungen in der Europäischen Union. Abrufbar über www.destatis.de
Statistisches Bundesamt (2016): Sozialleistungen. Angaben zur Krankenversicherungen (Ergebnisse des Mikrozensus)
Statistisches Bundesamt: Datenreport 2008. Ein Sozialbericht für die Bundesrepublik Deutschland. Bonn
Steiner, Elisabeth; Benesch, Michael (2018, 5. Aufl.): Der Fragebogen. Von der Forschungsidee zur SPSS-Auswertung. Wien: Facultas/UTB
Strübing, Jörg (2018, 2. Aufl.): Qualitative Sozialforschung. Boston/Berlin: De Gruyter
Strübing, Jörg; Hirschauer, Stefan; Ayaß, Ruth; Krähnke, Uwe; Scheffer, Thomas (2018): Gütekriterien qualitativer Sozialforschung. Ein Diskussionsanstoß. Zeitschrift für Soziologie; 47(2): 83–100. Boston/Berlin: De Gruyter
Sturm, Roland (2019): Länderbericht Großbritannien. Bonn: bpb
Thieme, Frank (2019): Sterben und Tod in Deutschland. Eine Einführung in die Thanatosoziologie. Wiesbaden: VS
Thiem, Lutz (2020): Jung stirbt, wen die Götter lieben? Zur Mortalität deutscher Olympiateilnehmer 1956–2016. Ger JExercSport Res 50: 280–296. URL: https://doi.org/10.1007/s12662-020-00654-x [22.08.2020]
Thöns, Matthias (2016): Patient ohne Verfügung. Das Geschäft mit dem Lebensende. München/Berlin: Piper
Tillmann, Klaus-Jürgen (2017, 2. Aufl.): Sozialisationstheorien. Reinbek: Rowohlt
Tuma, René; Schnettler, Bernt; Knoblauch, Hubert (2013): Videographie. Einführung in die interpretative Videoanalyse sozialer Situationen. Wiesbaden: VS
Verbraucherzentrale; Wolf, Tanja (2015): IGeL-Angebote beim Arzt. Verbraucherzentrale NRW
Vogd, Werner (2011): Zur Soziologie der organisierten Krankenbehandlung. Weilerswist: Velbrück
Vollmann, Jochen; Schildmann, Jan (Hrsg.; 2011): Empirische Medizinethik. Konzepte, Methoden und Ergebnisse. Berlin
Weber, Max (1984, 6. Aufl.; erstmals 1921): Soziologische Grundbegriffe. Sonderausgabe der Einleitung von »Wirtschaft und Gesellschaft«. Tübingen: Mohr/UTB
Weisbach, Christian-Rainer (2003, 6. Aufl.): Professionelle Gesprächsführung. München: dtv
Weischer, Christoph; Gehrau, Volker (2017): Die Beobachtung als Methode in der Soziologie. Konstanz: UVK
Weiß, Christel (2019, 7. Aufl.): Basiswissen Medizinische Statistik; Heidelberg: Springer
Weiss, Gary (2012): Ayn Rand Nation: the Hidden Struggle for America's Soul. New York: St. Martin's Press
Wilkinson, Richard; Pickett, Kate (2010, 2. Aufl.): The Spirit Level. Why Equality Is Better for Everyone. London: Penguin
Wolff, E. (2002): Vor 50 Jahren: Paul Niehans bringt den Begriff »Zellulartherapie« in die Öffentlichkeit. Schweizerische Ärztezeitung 83 (32/33): 1726–1727. DOI: https://doi.org/10.4414/saez.2002.09172 [20.08.2020]
Wollschläger, Daniel (2017, 4. Aufl.; 5. Aufl. für Ende 2020 angekündigt): Grundlagen der Datenanalyse mit R. Berlin: Springer
Ziegler, Jean (2008): Das Imperium der Schande. München: Goldmann
Zimmermann, Peter (2006, 3. Aufl.): Grundwissen Sozialisation. Einführung zur Sozialisation im Kindes- und Jugendalter. Wiesbaden: VS

Sämtliche Internetquellen wurden vom Autor gesichert. Sollte ein Text nicht mehr abrufbar sein, wird er auf Anfrage gerne zur Verfügung gestellt (E-Mail-Adresse: an.koegel@uni-bayreuth.de).